Oscar W. Gabriel / Beate Neuss / Günther Rüther (Hrsg.)
Eliten in Deutschland

Schriftenreihe Band 506

Oscar W. Gabriel / Beate Neuss
Günther Rüther (Hrsg.)

Eliten in Deutschland

Bedeutung – Macht – Verantwortung

bpb: Bundeszentrale für politische Bildung

Bonn 2006

Redaktion: Verena Artz
Lektorat: Verena Artz

Umschlaggestaltung: Michael Rechl, Wanfried
Umschlagmotiv: Jens Büttner
Satzherstellung: Satzbetrieb Schäper GmbH, Bonn
Druck: Bercker, Kevelaer
ISBN-3-89331-631-0

Inhalt

Teil IV: Elitenförderung in der Schule

Anhang

Oscar W. Gabriel/Beate Neuss/Günther Rüther

Wozu Eliten?

Deutschland hat die besten Chancen in den nächsten zehn Jahren wieder zur Spitzengruppe der erfolgreichsten Nationen der Welt aufzuschließen. Das ist nicht zuletzt ein Erfolg der politischen Elite. Das Land verfügt über ein politisches System, das sich in den zurückliegenden Jahrzehnten als außerordentlich krisenfest, leistungsfähig und beständig erwiesen hat, nicht zuletzt, weil seine Eliten und Bürger einen weitgehenden Konsens über die Ausrichtung und Werte des Gemeinwesens erreichen konnten. Seine Verfassungsorgane bewährten sich auch in schwierigen Zeiten. Bund, Länder und Gemeinden haben ihre Zuständigkeiten ausgefüllt und im Großen und Ganzen zum Wohle der Menschen in den politischen Prozess eingebracht. Die politische Elite hat, wenn es darauf ankam, dem Allgemeinwohl dienliche Richtungsentscheidungen getroffen und persönliche und gruppenspezifische Interessen zurückgestellt, um die für die Gesellschaft besten Lösungen zu finden. Dies gilt für die wegweisenden außen- und sicherheitspolitischen Fragen genauso wie für die ordnungs- und sozialpolitischen Weichenstellungen. Dabei wurde Bewährtes erhalten, und es wurden notwendige Reformen auf den Weg gebracht. Die Parteien haben sich am Wählerwillen orientiert und mehrheitsfähige Regierungen gebildet, auch wenn ihnen dies, wie nach der Bundestagswahl 2005, nicht leicht gefallen ist.

Natürlich kann man die Auffassung vertreten, dass in dem einen oder anderen Fall zu voreilig oder zu zögerlich, zu zaghaft oder zu schneidig, zu konflikt- oder zu konsensorientiert vorgegangen worden ist oder notwendige Korrekturen zu spät oder bis heute nicht erfolgt sind. Bei alledem ist jedoch zu bedenken, dass Deutschland es nach der nationalsozialistischen Katastrophe und seiner völligen moralischen Diskreditierung und wirtschaftlichen Zerstörung in wenigen Jahrzehnten geschafft hat, in den Kreis der wohlhabenden und angesehenen Völker der Welt zurückzukehren. Dies ist vor allem den Menschen zu verdanken, die nach dem Krieg die Ärmel hochkrempelten und zu einem demokratischen Deutschland zurückfanden, auch wenn dies zunächst nur im Westen möglich war.

So wie die politische Elite unter schwierigen Bedingungen mit Geschick und Augenmaß den Wiederaufbau und auch die Konsolidierung der Bundesrepublik Deutschland vorantrieb, die verlorene Reputation durch Verlässlichkeit im Bündnis mit dem Ausland und gegenüber den Wählern das erschütterte Vertrauen zurückerwarb, so leistete auch die Wirtschaftselite als zweite große einflussreiche Säule im Gemeinwesen einen wesentlichen Beitrag zum Gemeinwohl und zum Wohlstand der Menschen und damit, wie viele meinen, auch zur Akzeptanz der parlamentarischen Demokratie und unserer Verfassung. Dies gilt zuerst für die namhaften Unternehmerpersönlichkeiten, aber auch für die Vorstände der großen Aktiengesellschaften – auch wenn es hier insbesondere in den letzten Jahren zu einzelnen Fehlentscheidungen und Fehlentwicklungen gekommen ist, so bleibt doch festzuhalten, dass sie am Wiederaufbau großen Anteil hatten und Deutschland schließlich heute zum »Exportweltmeister« gemacht haben.

Ungeachtet der schwachen Binnennachfrage weisen viele deutsche Unternehmen in ihren Bilanzen nach wie vor beeindruckende Gewinne aus und zeigen sich auch im internationalen Vergleich gut aufgestellt. Dies zeigt sich nicht zuletzt auch darin, dass deutsche Unternehmen expandieren und namhafte ausländische Konkurrenten aufkaufen. Deutsche Unternehmer beurteilen nicht nur den Wirtschaftsstandort Deutschland überwiegend positiv, sie sehen auch aufgrund der erfolgten Restrukturierungen zuversichtlich in die Zukunft. Deutschland bleibt auch für ausländische Investoren ein attraktiver Standort. Bisher ist es trotz der Schließung einzelner Werke nicht dazu gekommen, dass große Firmen ihre Produktionsstätten gänzlich ins Ausland verlagert haben. Ausschlaggebend dafür sind die im internationalen Vergleich nach wie vor als gut zu bezeichnenden Rahmenbedingungen, die in den letzten fünf Jahrzehnten entstanden sind. Politische und wirtschaftliche Elite stehen nun gemeinsam vor der neuen, großen Herausforderung, im Zeitalter der Globalisierung Arbeitsplätze zu erhalten und den Umbau der Wirtschaft gemeinwohlverträglich zu gestalten.

Trotz dieser hier skizzierten im Großen und Ganzen positiven Entwicklung wird es in den nächsten Jahren maßgeblich darauf ankommen, die bestehenden, zum Teil erheblichen innenpolitischen Probleme zu lösen. Die Eliten stehen in Deutschland vor fünf »Großbaustellen«:

- der außergewöhnlich hohen Verschuldung der öffentlichen Haushalte mit einer jährlichen Nettokreditaufnahme im Bundeshaushalt in den letzten zehn Jahren von mindestens 22 Milliarden Euro (2001) bis zu maximal 40 Milliarden Euro (1996) und einem Haushaltsdefizit gemessen am Bruttoinlandsprodukt (BIP) zwischen 1,2 Prozent (2000) und 4,1 Prozent (2003);
- der hohen Arbeitslosigkeit und der von ihr ausgehenden Perspektivlosigkeit für Millionen von Menschen. Besonders die älteren unter ihnen

haben nur geringe Aussichten auf eine Reintegration in das Erwerbsleben. Zunehmend verschlechtern sich auch die Bedingungen für Berufseinsteiger nach Abschluss der Ausbildung;
- der Überdehnung der sozialen Systeme und der damit verbundenen Sorge vieler Menschen vor Armut im Alter. Diese Sorge wird durch die demographische Krise und die Entfamialisierung unserer Gesellschaft verstärkt;
- der Reform des Bildungssystems und der Universitäten, damit Deutschland als rohstoffarmes Land seine Wettbewerbsvorteile weiterhin einbringen kann. Bildung und Wissen bleiben unsere wichtigsten Ressourcen;
- dem Abbau von Bürokratie und Überregulierung unserer Gesellschaft. So waren nach Angaben des Bundesverbands Deutscher Banken 2005 allein auf Bundesebene ca. 2100 Gesetze mit knapp 46000 Einzelvorschriften und 3100 Rechtsverordnungen in Kraft.

Die immer schneller voranschreitende Globalisierung mit ihren politischen, wirtschaftlichen und kulturellen Folgen erschwert die Erfüllung dieser Aufgaben und macht sie zugleich immer dringlicher. Die Globalisierung hat nach der Auffassung Francis Fukuyamas zur Folge, »dass Gesellschaften sich zunehmend wirtschaftlich und kulturell durchdringen; technische Erneuerungen oder neue Investitionen können in einer Entfernung von tausenden Kilometern zu Arbeitsplatzverlusten, neuen kulturellen Einflüssen oder Umweltschäden führen«. Diese Durchdringung erfährt durch die politisch und wirtschaftlich aufstrebenden bevölkerungsreichen Mächte China und Indien weitere Dynamik. Darin liegt die zentrale Herausforderung für die westlichen Industrieländer.

Der Zeitgeschichtler Paul Nolte spricht in diesem Zusammenhang von der »Riskanten Moderne«. Er diagnostiziert das Ende der Postmoderne mit der vor zwanzig Jahren prognostizierten Auflösung sozialer Bindungen und der in Aussicht gestellten »Befreiung« der Individuen, die sich das Motto »anything goes« zum Lebensgrundsatz gewählt haben. Heute gilt es stattdessen, wieder den Mut zu ggf. auch unpopulären Entscheidungen aufzubringen und das Risiko einer Festlegung einzugehen, die sich als falsch und folgenschwer erweisen könnte. Die von der Globalisierung freigesetzten und sich entwickelnden Kräfte entziehen sich weitgehender Kontrolle. Sie lösen bei vielen Menschen Ängste aus, die sich insbesondere aus einer unsicherer gewordenen Zukunft speisen. Eliten müssen sich dieser Herausforderung stellen, wollen sie ihrer Aufgabe gerecht werden. Dazu gehört auch, den Menschen zu erläutern, dass Staat und Gesellschaft ein »Fitness-Programm« brauchen, um im Klima des sich international verschärfenden Wettbewerbs bestehen zu können. Nicht zuwarten, sondern überzeugen, zupacken und führen heißt nunmehr die Devise.

Gerade in Zeiten des Wandels und Umbruchs stellen die Menschen die Frage, ob die Verantwortlichen in Politik und Wirtschaft ihrer Aufgabe gerecht werden, entschiedener als in Zeiten politischer Stabilität und wirtschaftlichen Aufschwungs. Sie tun dies mit gutem Recht, weil die Eliten mit über ihre Zukunft entscheiden. Da die neuen Herausforderungen nicht mit alten Rezepten gemeistert werden können, bedarf es einer breiten Übereinstimmung nicht nur zwischen den Eliten, sondern auch zwischen ihnen und der Mehrheit der Bevölkerung, um neue Wege einzuschlagen. Hier zeigt sich, dass es in einer offenen Gesellschaft und einem demokratisch verfassten politischen System keine Trennung zwischen den Eliten und der Bevölkerung geben darf. Bundespräsident Köhler hat dies in seiner Antrittsrede am 1. Juli 2004 im Deutschen Bundestag mit den Worten zum Ausdruck gebracht, dass wir die Kraft brauchen, »Lagerdenken in unserer Gesellschaft zu überwinden. Arbeitnehmer und Arbeitgeber, Kultur, Wissenschaft und Wirtschaft – wir sitzen alle in einem Boot: Jeder kann Verantwortung für das Wohl des Landes übernehmen, jeder kann Vorbild sein«.

Dies ist eine klare Absage an einen »elitären« Elitebegriff, an eine Elite, die sich durch Arroganz, Größenwahn und Abfindung zu definieren versucht, an eine Elite, die etwas Besseres sein will. Es ist zugleich die Forderung nach einer »responsiven Elite«, einer Elite, die über ihre Ziele öffentlich nachdenkt und die Menschen auf dem Weg des Wandels mitnimmt, indem sie versucht, die Bürger von der Notwendigkeit der Reformen zu überzeugen. Erfolgreich wird dieser Prozess vor allem dann sein, wenn die Eliten Vorbilder sind und ihren Orientierungsauftrag ernst nehmen. Deshalb muss die Funktionselite auch zugleich eine Werteelite sein.

Was kennzeichnet die Werteelite? Die Werteelite soll sich insbesondere durch ihre Gemeinwohlorientierung auszeichnen, das heißt, sie soll bei ihren Entscheidungen über die Konsequenzen für die ihnen anvertrauten Mitarbeiter und Mitarbeiterinnen ebenso nachdenken wie über die Auswirkungen für Staat und Gesellschaft insgesamt. Gerade von der Werteelite wird die Bereitschaft zur Selbstkritik und Selbstkorrektur erwartet. Dabei können ihnen die von Platon in seiner Schrift »Der Staat« entwickelten vier Kardinaltugenden Klugheit, Tapferkeit, Mäßigung und Gerechtigkeit ebenso behilflich sein wie die im Christentum grundgelegten Grundwerte der Treue, Hoffnung und Nächstenliebe.

Für viele mag das sehr angestaubt und realitätsfern klingen. Aber diese Begriffe lassen sich natürlich auch in unsere moderne Sprache übertragen. So klingt es schon ganz anders, wenn wir von »Wissen und Können«, »Mut und

Zivilcourage«, »Maß halten«, »Fair Play«, »Zuverlässigkeit«, »Motivation und Perspektive« oder »Solidarität« sprechen. Ohne einen solchen Wertekanon wird es den Eliten jedenfalls nicht möglich sein, den ihnen anvertrauten Menschen, sei es in der Politik, in der Wirtschaft oder an anderer Stelle in der Gesellschaft, die notwendige Orientierung zu vermitteln. Im Übrigen brauchen sie diese auch selbst, um die richtigen Entscheidungen zu treffen.

Eine von dem Wirtschaftmagazin »brand eins« Ende 2005 durchgeführte Befragung ohne Anspruch auf Repräsentativität unter Persönlichkeiten aus Wissenschaft, Politik, Wirtschaft und Kultur ergab, dass ca. 30 Prozent der Befragten sich dafür aussprechen, dass »Elite Sinn stiftet«. Elite sei kein Selbstzweck, sie solle vielmehr »dem Gemeinwohl dienen«. Der Zukunftsforscher Horst W. Opaschowski sieht in der »Wiederentdeckung des Gemeinsinns« den radikalsten Wertewandel seit den 1970er-Jahren. Der in der gesamten westlichen Welt verloren gegangene Gemeinsinn kehre auf breiter Linie zurück. Insbesondere junge Menschen lösen sich aus dem Schatten der Werterevolution der 68er-Generation und besinnen sich auf traditionelle Werte.

Es ist schwer, die Ursachen für diesen kulturellen Wandel zu benennen. Die Gefährdung unserer sozialen und wirtschaftlichen Ordnung durch Globalisierung und Alterung der Gesellschaft ist wohl ein Faktor. Sicher spielt dabei aber, wenn wir es an einem symbolischen Datum festmachen wollen, der 11. September 2001 eine wesentliche Rolle. Er ist Ausdruck der »riskanten Moderne«. Auch wenn dieses Datum nur am Rande etwas mit dem Reformstau in Politik, Wirtschaft und Gesellschaft zu tun hat, so steht dieser Tag doch für einen kulturellen Wandel: Bedrohung unseres freiheitlichen, demokratischen Wertesystems durch neue Gefahren in einer eng vernetzten Welt, in der sich Kulturen mit unterschiedlichen Werten reiben. In der Studie »Der Wettbewerb der Sinnproduzenten« über die Folgen der Globalisierung gelangt Herfried Münkler zu der Überzeugung, dass sich die Eliten wieder stärker um den Wertekanon und Wertekonsens kümmern und die moralischen Standards und Überzeugungen in der Gesellschaft pflegen müssen. »Die Vorstellung, im Prozess der Liberalisierung und Individualisierung moderner Gesellschaften werde am Schluss die Wertelite verschwinden und es keine verbindlichen Wert- und Sinnvorstellungen mehr geben, hat sich als offenkundig falsch erwiesen. Die auslagenförmige Präsentation unterschiedlicher Sinnangebote, aus denen jeder Gesellschaftsangehörige das ihm Passende zusammenstellt, überfordert die allermeisten Menschen und führt gleichzeitig zu sozialmoralisch desintegrierten Gesellschaften, die den inneren wie äußeren Herausforderungen nicht mehr gewachsen sind.« Eine Elite in Politik und Wirtschaft, die ihre Entscheidungen mehrheitlich, in den zurückliegenden Jahrzehnten durchaus erfolgreich, vor allem an Leistung, Wachstum und Effizienz ausrichtet, wird scheitern, weil diese sekundären Werte in schwierigen Zeiten als Sinnangebote nicht mehr ausreichen und tief greifende, strukturelle Reformprojekte nicht legitimieren können. Sie wären zum Scheitern verurteilt, weil sie nicht erklären, was gut und richtig ist.

In seinem dreiteiligen Werk »Recht, Gesetzgebung und Freiheit« trifft Friedrich A. von Hayek eine in diesem Zusammenhang interessante Unterscheidung, die deutlich macht, wie sehr die Elite bei der Umsetzung ihrer Entscheidungen auf die Tiefenschicht einer Gesellschaft stößt, die sie unterstützen aber auch blockieren kann. Hayek differenziert im ersten Band »Regeln und Ordnung« zwischen der »gewachsenen und der gemachten Ordnung«. Die gewachsene Ordnung, die er auch »Kosmos« nennt, zeichnet sich vor allem dadurch aus, dass sie von niemandem bewusst geschaffen worden und deshalb auch nicht ohne weiteres beeinflussbar ist. Sie ist zu unterscheiden von der gemachten Ordnung, der »Taxis«, die das Ergebnis konkreter menschlicher Planung darstellt. Die Elite kann durch entsprechende Entscheidungen beschließen, die »Taxis« zu verändern, etwa die Struktur eines Unternehmens neu auszurichten oder die Staatsschulden in den nächsten Jahren so weit abzubauen, dass es keiner Neuverschuldung mehr bedarf. Besonders letzteres wird jedoch nur gelingen, wenn sie dafür auch die notwendige Zustimmung in der gewachsenen Ordnung gewinnt. Die Elite braucht also für grundlegende Veränderungen, die einen Paradigmenwechsel bzw. einen kulturellen Wandel einleiten sollen, die Zustimmung der Gesellschaft. Diese muss sich zumindest weitgehend mit ihren Zielen identifizieren. Anderenfalls wird die Gestaltungskraft der Elite nicht ausreichen. Sie wird an den gesellschaftlichen Widerständen scheitern, das heißt, der Einfluss der »Taxis« auf den »Kosmos« ist begrenzt. Wir haben es hier mit »gewachsenen Strukturen zu tun, die einen Grad von Komplexität haben, den sie nur erreicht haben und erreichen konnten, weil sie von spontanen Ordnungskräften gebildet wurden. »Sie bieten uns infolgedessen«, so schreibt Hayek, »besondere Schwierigkeiten bei unserem Bemühen, sie zu erklären, wie bei jedem Versuch, ihren Charakter zu beeinflussen.«

Dies verdient deshalb besondere Erwähnung, weil hieran deutlich wird, wie begrenzt der Einfluss der Elite, trotz der Macht, die sie in Teilbereichen der Politik oder der Wirtschaft auszuüben vermag, in der Demokratie letztlich ist und warum in ihr nur eine »responsive Elite« erfolgreich sein kann. Die Vorstellung, wie sie immer wieder zu hören und zu lesen ist, es könne so etwas wie einen »Masterplan« zur Lösung unserer gesamtgesellschaftlichen Probleme geben, ist verfehlt. Sie verkennt, dass neben der »gemachten« auch die »gewachsene« Ordnung in den Veränderungsprozess einbezogen werden muss. Deshalb sind gerade in Demokratien mit ihren komplexen Strukturen einfache Lösungen ebenso selten erfolgreich wie schnelle.

Dieser Sammelband versucht, das in der politischen Bildung über Jahrzehnte vernachlässigte Thema der Stellung, der Bedeutung, der Macht, der Verantwortung und des Versagens der Eliten unter verschiedenen Aspekten aufzugreifen. Die Geschichte, nicht nur des 20. Jahrhunderts, hat offenbart, dass zu einer Idealisierung der Eliten keine Veranlassung besteht. Andererseits verstellt eine Verteufelung der Elite den Blick dafür, welchen Beitrag sie für das Allgemeinwohl zu leisten vermag. Diese dem Begriff »Elite« innewohnenden Spannungen weisen darauf hin, welche historischen und ideologischen Belastungen in diesem mitschwingen und warum er vermutlich bis heute in der politischen Bildung keine nennenswerte Rolle spielt. Schwierig ist der Begriff auch deshalb, weil er sich einer präzisen sozialwissenschaftlichen Definition entzieht. Das zeigt sich schnell, wenn die Frage aufgeworfen wird, wer denn nun dazu gehört: »Die Spitzen der Gesellschaft, die Oberschicht, diejenigen, die die höchsten Ämter innehaben, die Mächtigen und Einflussreichen, die Leistungsträger, die Spitzenverdiener, die ›gute‹ Gesellschaft, die Kompetentesten, die Engagiertesten, die gesellschaftlichen Vorbilder oder eine mehr oder minder abgeschottete Führungskaste, eine ›Parallelgesellschaft‹ ganz eigener Art, über deren Innenleben wir nur Vermutungen anstellen können?«, so fragen Klaus-Peter Gushurst und Gregor Vogelsang in der Neuerscheinung »Die neue Elite«. Die Frage ist berechtigt, doch wäre es fatal, angesichts ihrer Komplexität den Versuch zu unterlassen, sich mit ihr auseinanderzusetzen. Die Eliten spielen seit Menschengedenken eine zentrale Rolle in Staat und Gesellschaft. In diesem Buch geht es daher letztendlich um folgende Analysefelder:

- die Rolle, Struktur, Rekrutierung, Verantwortung, Entscheidungsfähigkeit und das Entscheidungsverhalten der politischen Elite,
- das Versagen der Eliten in Deutschland im 20. Jahrhundert, um Elitenwechsel, Elitenkontinuität und Entscheidungsblockaden,
- Funktionseliten in ausgewählten Politikfeldern,
- Elitebildung in der Schule.

Dieser Band soll dazu beitragen, die in Deutschland stärker als in anderen Ländern belastete Debatte über die Eliten zu entmythologisieren und zu versachlichen. Es soll sichtbar werden, dass auch eine parlamentarische Demokratie auf gut ausgebildete, leistungsstarke und verantwortungsbewusste Eliten angewiesen ist. Ziel des Buches ist es nicht, den Status der Eliten zu erläutern oder ihre Verantwortung zu schmälern. Vielmehr möchte es einen

Beitrag dazu leisten, sich noch stärker als bisher in der politischen Bildung mit ihnen kritisch zu beschäftigen. Die Elite stellt zwar nur eine kleine Gruppe innerhalb der Gesellschaft dar, sie ist aber zu wichtig, um sie nur sich selbst zu überlassen.

Teil I: Eliten in der demokratischen Gesellschaft

Karsten Grabow

Zur Rolle der Eliten in der demokratischen Gesellschaft

Einleitung

Gäbe es annähernde Vollbeschäftigung in der Bundesrepublik, für jedermann Berufs- und Entwicklungsperspektiven, die im Einklang mit der individuellen Qualifikation, den Fähigkeiten und der Leistungsbereitschaft stehen, stünden die sozialen Sicherungssysteme unseres Landes, besonders die gesetzliche Renten- oder die Pflegeversicherung, nicht kurz vor dem finanziellen Zusammenbruch, kaum jemand hätte Grund, sich Gedanken über die Aufgaben und vor allem die Leistungsfähigkeit von Eliten zu machen. Leider ist in den genannten Punkten das Gegenteil der Fall. Die Bundesrepublik befindet sich in der tiefsten wirtschaftlichen Krise seit ihrem Bestehen. Auch mit der politischen Leistungs- und vor allem der Reformfähigkeit steht es nicht zum Besten. Die sozial-ökonomischen Problemlagen sind hinlänglich bekannt und beinahe täglich spürbar. Rekordarbeitslosigkeit, Rekordverschuldung und leere öffentliche Kassen, massive Struktur- und Finanzprobleme der Sozialversicherungssysteme, ein Bildungssystem, dem in internationalen Vergleichen nur noch Mittelmaß attestiert wird, und andere Krisensymptome geben Anlass, die Leistungs- und Problemlösungsfähigkeit der Eliten unseres Landes anzuzweifeln.

In den öffentlichen Diskussionen kommt insbesondere das politische Führungspersonal regelmäßig schlecht weg. »Abgehoben« von den Alltagserfahrungen und -problemen der Bevölkerungsmehrheit, ausschließlich an sich selbst und seinem Fortkommen interessiert, »weder Fachmann noch Dilettant, sondern Generalist mit Spezialwissen, wie man politische Gegner bekämpft« – so und ähnlich lauten seit Jahren die Urteile.[1] Der fliegende Wechsel von Altkanzler Schröder an die Spitze eines von ihm selbst noch während seiner Amtszeit maßgeblich mit eingefädelten Milliardenprojekts in der internationalen Wirtschaft, kurz nachdem er den Delegierten auf dem Gewerkschaftskongress der IG BCE signalisiert hatte, unter ihnen bleiben zu wollen, weil er wisse, wo er herkomme und hingehöre, trägt nicht zur Steigerung der Glaubwürdigkeit des politischen Spitzenpersonals bei. Dies gilt auch für die Tatsache, dass vor den dringend notwendigen inhaltlichen Klärungen bei den Koalitionsverhandlungen im Herbst 2005 fast ausschließlich Personalfragen zwischen den Koalitionspartnern dominierten. Der Verzicht des CSU-Vorsitzenden Stoiber auf das von ihm ursprünglich, wenngleich halbherzig beanspruchte »Superministerium« für Wirtschaft und Technologie oder die immer wieder aufkommenden Diskussionen um reguläre Bezüge, Nebeneinkünfte und Ruhestandsversorgung der (ehemaligen) Mandats- und Amtsinhaber – all dies nährt die weit verbreitete Auffassung, es ginge dem politischen Führungspersonal um nichts anderes als um sich selbst, die Steigerung des eigenen Vorteils oder die Minimierung des eigenen Risikos, wo doch von allen anderen beständig eine höhere Risikobereitschaft gefordert wird.

In diesem Beitrag geht es, wie im gesamten Band, nicht um populistische »Elitenschelte«. Vielmehr gilt es neben der Beantwortung analytischer Fragen zu klären, worin über die Wahrnehmung der unmittelbaren Führungsaufgaben hinaus weitere Aufgaben von Eliten in demokratischen Gesellschaften liegen. Dies wird im Folgenden sowohl aus normativer als auch aus empirisch-funktionalistischer Perspektive erörtert. Letztere bezieht ein, welche Führungsaufgaben, Legitimationsquellen und Handlungsbedingungen verschiedene Teileliten haben. Daran schließt sich eine Diskussion der Fragen an, über welche Führungsressourcen (politische) Eliten verfügen, ob und wie sie in pluralistischen Gesellschaften zum Wohle des Gemeinwesens kooperieren können und welche strukturellen Faktoren sie bei der Wahrnehmung ihrer Aufgaben im Allgemeinen und im besonderen Falle der Bundesrepublik behindern. Politische Führung ereignet sich nicht in einem Vakuum, sondern unter konkreten historischen wie strukturellen Rahmenbedingungen, die Eliten mit Handlungsressourcen ausstatten, aber auch ihre Gestaltungs- und Entscheidungsmöglichkeiten begrenzen.

Wenn Defizite im Handeln der Eliten oder gar »Elitenversagen« konstatiert werden, gilt es, diese Defizite nicht ausschließlich mit individuellem Fehlverhalten zu begründen. Vielmehr müssen auch politische Strukturen oder Strukturdefizite berücksichtigt werden, denn sie bestimmen den Rahmen, in dem Eliten handeln.

Theoretische Annäherung

Die Diskussion über Eliten und erst recht die sozialwissenschaftliche Elitenforschung sollten zunächst bestrebt sein, zwei grundsätzliche Fragen zu beantworten: Was sind Eliten[2] und worin besteht ihre Aufgabe? Gehen wir einen Schritt weiter und wenden uns den Aufgaben von Eliten in demokratisch verfassten Gesellschaften zu, ergeben sich mindestens zwei weitere Problemstellungen:

1. Sind Demokratie, verstanden als Volksherrschaft auf der Grundlage des Prinzips der politischen Gleichheit aller Staatsbürgerinnen und -bürger, und das Vorhandensein von Eliten vereinbar?
2. Woher beziehen die Inhaber einer herausgehobenen Position die Legitimation für ihre Stellung, aus der heraus sie Entscheidungen treffen oder zumindest beeinflussen, die für die gesamte Gesellschaft Folgen haben?

Das Hauptinteresse der sozialwissenschaftlichen Forschung gilt der politischen Elite, also jenem Personenkreis, der – zunächst unabhängig von der Legitimationsquelle – qua Amt oder Position gesamtgesellschaftlich verbindliche Entscheidungen trifft oder diese zumindest beeinflussen oder auch verhindern kann. In der Elitenforschung besteht Konsens darüber, dass es in modernen, arbeitsteiligen und hochgradig differenzierten Gesellschaften *eine* sozial oder von ihren funktionalen Aufgaben her homogene Elite nicht gibt.[3] Stattdessen hat jeder gesellschaftliche Teilbereich – Politik, Wirtschaft, Interessenverbände, Verwaltung, Medien, Wissenschaft, Kultur, Militär – eigene Eliten, die, wie in der Politik, gewählt und befristet oder, wie z. B. in der Wissenschaft, ernannt und auf Lebenszeit im Amt sind. Einigkeit herrscht in der Forschung auch dahingehend, dass diese Teileliten nicht gleichermaßen einflussreich oder machtvoll sind, sondern dass ihr Einfluss auf die Gesamtgesellschaft zwischen »hoch« (Politik, Wirtschaft und zum Teil Verbände) und »eher niedrig« oder »nur punktuell wirksam« (Wissenschaft, Kultur) anzusiedeln ist. Zwar nehmen alle Mitglieder einer Funktionselite Führungsaufgaben wahr und treffen in ihren Positionen weitreichende Entscheidungen. Aber die Entscheidungen einiger Eliten gehen weit über die Grenzen ihres jeweiligen Teilbereichs hinaus. Oft erlangen sie gesamtgesellschaftliche Wirksamkeit: in der Politik z. B. bei der Gesetzgebung, in der Wirtschaft bei Investitionsentscheidungen und Entscheidungen zur Schaffung oder zum Abbau von Arbeitsplätzen. Aber erschöpft sich die Aufgabe von Eliten darin, zum Teil zeitlich befristete Führungsaufgaben wahrzunehmen und wichtige bzw. folgenreiche Entscheidungen zu treffen? Haben sie über ihre unmittelbaren Führungsaufgaben hinaus weitere Aufgaben oder gar Verpflichtungen gegenüber der Gesellschaft?

Auch diesen Fragen wurde in der Elitenforschung große Aufmerksamkeit gewidmet. Die Antworten darauf fallen höchst unterschiedlich aus. Diese Varianz erklärt sich u. a. daraus, was man von Führungspersönlichkeiten erwartet und welches Motiv man ihrem Bestreben, eine Führungs- und Entscheidungsposition zu erreichen, unterstellt. Anhänger eines rationalen und auf die reine Funktionsausübung ausgerichteten Verständnisses von Führung[4] würden die erste der beiden oben gestellten Fragen sicher bejahen und die zweite verneinen, zumindest aber von Führungspersönlichkeiten nicht a priori erwarten, dass sie über ihre unmittelbaren Führungsaufgaben hinaus weitere, eventuell gar gemeinwohlorientierte Aufgaben wahrnehmen. Sie würden sich wahrscheinlich veranlasst sehen, die Gegenfrage »Warum sollten sie?« zu stellen. In Modellen von politischer und administrativer Führung, die an Max Webers (1864–1920) Rationalitätskonzept[5] angelehnt sind, wird betont, dass ein »guter« Führer seinen Geschäftsbetrieb effizient und ohne weitgehenderes gesellschaftliches Engagement zu leiten hat. Wenn auch Bereiche außerhalb des unmittelbaren Geschäftsfeldes, womöglich gar die gesamte Gesellschaft, davon profitieren, dann ist dies bestenfalls ein Nebenprodukt der guten Führungstätigkeit, und das Ziel, das den Inhaber der Führungsposition geleitet hat, ist nicht die Vermehrung gesellschaftlicher Wohlfahrt, sondern primär die Befriedigung individueller Bedürfnisse.

Genau umgekehrt würden Anhänger eines normativen Verständnisses von Führung, insbesondere politischer Führung, auf die beiden Fragen antworten, sie würden also die erste Frage verneinen und die zweite bejahen. Eliten – so die Erwartung nicht nur kritischer Intellektueller, sondern auch eines Teils der Bürgerinnen und Bürger – haben über die effiziente Ausübung der unmittelbaren Führungsposition hinaus soziale Verantwortung und Vorbildfunktionen zu übernehmen bzw. auszuüben.

Hohe Erwartungen aus der Gesellschaft an sozial verantwortungsvolles, ethisch und moralisch vorbildliches sowie gesetzestreues Handeln von Eliten haben mindestens drei Quellen. Zum einen werben Kandidaten für Führungspositionen in der Politik für sich nicht nur mit ihren Führungsqualitäten und ihrer Problemlösungskompetenz, sondern auch mit politischen Sekundärtugenden wie Familiensinn, Sportlichkeit, früherem oder aktuellem Engagement für die Gesellschaft, z. B. in Form von Mitgliedschaften in Verbänden, Vereinen, Stiftungen etc. Zum anderen wird zumindest das politische Führungspersonal aus öffentlichen Mitteln überdurchschnittlich gut bezahlt und nach dem Ausscheiden aus der Politik auch ebenso gut versorgt. Damit wird die Erwartung verbunden, dass insbesondere die politische Elite über die unmittelbaren Führungsaufgaben hinaus weitgehendere Dienste für die Gesellschaft erbringt, zumindest aber eine Vorbildfunktion durch engagiertes, glaubwürdiges und ehrliches Handeln erfüllt. Schließlich bürdet auch die Ausbildung von Eliten und Elitekandidaten aller Bereiche der Gesellschaft Kosten auf, z. B. in Form von steuerfinanzierten Studienplätzen oder Stipendien im Bereich der Studien- und Begabtenförderung (so der in der Praxis angewendete Begriff, der dem politisch instrumentalisierbaren und instrumentalisierten Begriff der Elitenförderung vorzuziehen ist). Auch dies nährt die Erwartung, dass Führungspersonen ab dem Moment, von dem an sie ihre vergleichsweise gut dotierten und teilweise mit Exekutivmacht ausgestatteten Positionen wahrnehmen, der Gesellschaft etwas zurückgeben und nicht ausschließlich individuell nützliche Karrierepläne verfolgen.

Nach diesem normativen Verständnis von Eliten und ihrem Handeln müsste es sich bei Führungspersönlichkeiten in der Tat nicht nur um die fachlich besten oder am meisten geeigneten Kandidaten handeln, sondern auch um Altruisten mit Verantwortungsbewusstsein für die gesamte Gesellschaft. Diese Vorstellung von einer der Gesellschaft verpflichteten Führung, die sich insbesondere auf politische Führung und politische Führungspersönlichkeiten bezieht, stammt bereits aus der antiken politischen Philosophie. Platon (ca. 428–348 v. Chr.) zufolge könnten Eigennutz und alle Übel dieser Welt nur dann beseitigt werden, wenn entweder die wahren Philosophen, sprich umfassend gebildete und allein der Mehrung des Gemeinwohl verpflichtete Führer, an die Macht kämen oder aber die politisch Mächtigen zu derartigen Philosophen würden.[6] Diese Auffassung von (politischer) Führung wurde von Vertretern der realistischen Demokratietheorie[7] und von unseren Alltagserfahrungen wenn nicht vollkommen widerlegt, so doch in ihrer Plausibilität erheblich eingeschränkt.

Festzuhalten ist an dieser Stelle zunächst, dass es eine erschöpfende Antwort auf die Frage, was Eliten über ihre unmittelbaren Führungs- und Entscheidungsaufgaben hinaus zu tun haben (sollten), nicht gibt. Was wir von Eliten erwarten, hängt davon ab, welche Handlungsmotive – eigennutz- oder gemeinwohlorientiert – wir ihnen unterstellen oder beobachten können. Das heißt, es gilt, zwischen normativen und empirisch überprüfbaren Kriterien zu unterscheiden. Ohne weitgehendere empirische Untersuchungen bleiben Überlegungen zu den Aufgaben von Eliten im Bereich der Theorie. Zu zeigen, was sie tun können, ist Aufgabe der vergleichenden Forschung, die den konkreten historischen wie strukturellen Kontext, in dem Eliten handeln, berücksichtigt. Auf die Erwartungen an und die Aufgaben von Eliten in Demokratien im Allgemeinen und in der Bundesrepublik im Besonderen gehe ich in den folgenden Abschnitten nochmals ein. Zuvor sollen jedoch die beiden anderen oben gestellten Fragen angesprochen werden: die nach der Vereinbarkeit von Eliten und Demokratie und die nach den Legitimationsquellen und -problemen von Eliten und ihrem Handeln.

Volksherrschaft und Eliten

In der Demokratietheorie Jean-Jacques Rousseaus (1712–1778) war kein Platz für institutionalisiert herausgehobene und in irgendeiner Weise privilegierte Positionen für Einzelne. Rousseaus demokratische Gesellschaft stützt sich auf einen Gesellschaftsvertrag, dem sich alle Staatsbürger unterwerfen, wobei sich Volkssouveränität und -herrschaft nur aus den Grundsätzen der politischen Gleichheit und der gleichen Partizipationschancen ergeben können. Institutionalisierte Aufgaben- und damit auch Gewaltenteilung, Interessenpluralismus oder Wettbewerb widersprechen in dieser Vorstellung dem Ziel des demokratischen Staates, dem Wohle der Gesamtheit aller Bürger zu dienen und soziale wie politische Ungleichheit aufzuheben.

Für Vertreter der realistisch genannten Demokratietheorie, die parallel mit der Ausbreitung der Massendemokratie, ihrer Institutionen und Organisationen (z.B. Parteien) im ausgehenden 19. Jahrhundert entstand,[8] war dies nichts als Utopie. *Jeder* soziale Verband, sei es eine traditionale Stammesgesellschaft oder eine zeitgenössische Gesellschaft, so die Prämisse der realistischen Demokratietheoretiker, ist geteilt in eine kleine Gruppe, die führt, und die weitaus größere Gruppe derjenigen, die der Führung unterworfen sind, und zwar unabhängig davon, worauf diese Teilung beruht.[9] Den für die Demokratietheorie problematischen Konflikt zwischen herrschender Minderheit und herrschaftsunterworfener Mehrheit haben der sich zu Beginn des 20. Jahrhunderts vollständig durchsetzende und in zahlreichen westlichen Ländern seitdem ununterbrochen bestehende Parlamentarismus und die Theorie der demokratischen Elitenherrschaft aufgelöst.[10]

Diese Theorie folgt den Prämissen, dass in modernen Flächen- oder Territorialstaaten die Zahl der Staatsbürger und die Probleme, die sich den Regierenden stellen, zu groß sind, als dass alle Staatsbürger gleichermaßen Herrschaftsaufgaben wahrnehmen könnten. Erforderlich ist es daher, eine Auswahl zu treffen und Repräsentanten des Volkes mit dem zeitlich befristeten Mandat auszustatten, repräsentative, exekutive, legislative und Kontrollfunktionen im Auftrag des Souveräns auszuüben. Dabei kommt es entweder zu einem doppelten Legitimationsvorgang oder zu einer Legitimationskette, je nachdem, über welches Regierungssystem eine Demokratie verfügt. In präsidentiellen Regierungssystemen ist der Souverän zweimal zur Stimmabgabe aufgerufen: einmal zur Auswahl des Staatsoberhaupts und des Chefs der Exekutive und zum anderen zur Wahl der Volksvertreter, die die Tätigkeit der Exekutive kontrollieren und darüber hinaus als Gesetzgeber handeln sollen. In parlamentarischen Regierungssystemen ist der Souverän (grundsätzlich) nur einmal alle vier bis fünf Jahre aufgefordert, über die

Zusammensetzung des Parlaments abzustimmen. Die Volksvertreter wählen dann aus ihrer Mitte eine/n Regierungschef/in, er oder sie ernennt die Mitglieder des Kabinetts in der Regel ohne weitere Wahl. Der Erfolg des Führungskollegiums ist dann von der Unterstützung durch die Parlamentarier abhängig.

»Elitär« an dieser Vorstellung von Demokratie ist, dass es immer nur eine kleine Gruppe politischer Kandidaten ist, die sich zur Wahl stellt und im Erfolgsfall die öffentlichen Spitzen- und Entscheidungspositionen einnimmt. »Demokratisch« daran ist, dass die wahlberechtigte Bevölkerung eine Auswahl zwischen konkurrierenden Personen treffen kann, wenngleich in der Theorie der demokratischen Elitenherrschaft vorwiegend dem Prinzip der Konkurrenz und weniger den Inhalten Aufmerksamkeit gewidmet wurde.[11] In dieser Lesart verkümmert die Demokratie lediglich zu einer pragmatischen Methode zur Auswahl des politischen Führungspersonals; sie ist also nicht Leitbild eines konstitutionell und rechtsstaatlich eingebetteten Regelsystems zur friedlichen Austarierung gesellschaftlicher Interessenkonflikte oder gar Leitbild der einzigen politischen Herrschaftsform, die grundlegende Menschen-, bürgerliche Freiheits- und individuelle Schutzrechte respektiert und dabei politische Herrschaft auf der Grundlage von Auswahl und Kontrolle erlaubt. Denn in der liberalen und rechtsstaatlichen Demokratie – und das erklärt die grundsätzliche Vereinbarkeit von Volkssouveränität und Elitenexistenz bzw. -handeln – verfügen die mit legislativen und exekutiven Aufgaben beauftragten Führungspersonen über eine Legitimation ihrer Positionen durch das Volk. Darüber hinaus steht das politische Führungspersonal in der rechtsstaatlichen Demokratie nicht nur unter Beobachtung einer politisch unabhängigen Justiz, sondern auch unter der des Souveräns. Die Inhaber öffentlicher Führungspositionen müssen damit rechnen, von den Wählerinnen und Wählern für ihr Handeln verantwortlich gemacht zu werden. Zahlreiche Autoren sehen darin auch einen Grund für das Nicht- oder nur symbolische Handeln politischer Führungskräfte, da politische Entscheidungen für die Bevölkerungsmehrheit mitunter schmerzhaft sind und die Entscheidungsträger damit rechnen müssen, im Falle notwendiger aber unpopulärer Entscheidungen abgewählt zu werden.[12]

Durch diese Art der Legitimation und die so genannte vertikale Herrschaftskontrolle durch das Volk unterscheiden sich politische Eliten in demokratischen Gesellschaften jedoch von anderen Eliten, allen voran von denen in den Bereichen der Wirtschaft und der öffentlichen Verwaltung. Während in der Bürokratie Entscheidungen gefiltert und mitunter gar eigenmächtig ausgelegt werden,[13] fallen insbesondere in der Wirtschaft Entscheidungen, die zwar gesellschaftlich von allerhöchster Bedeutung sein können – denken wir an die Entscheidung US-amerikanischer Investoren zur Industrieansiedlung im »Saxony Valley« oder aber an den massiven Arbeitsplatzabbau der börsennotierten deutschen Großunternehmen in den vergangenen Jahren –, die aber in keiner Weise demokratisch legitimiert sind. Die Tatsache, dass gesellschaftlich folgenschwere Entscheidungen in politisch nicht oder nur eingeschränkt kontrollierten Bereichen der Chefetagen von Unternehmen fallen, liegt jedoch in der Natur der auf Privateigentum der Produktionsfaktoren beruhenden Wirtschaftsordnung, deren prinzipielle Höherwertigkeit gegenüber alternativen Wirtschaftsordnungen kaum noch ernsthaft bestritten wird. Aber unter den Bedingungen einer marktwirtschaftlichen Wirtschaftsordnung, die nach ökonomisch-rationalen Effizienzkriterien und Renditeerwartungen der Investoren funktioniert, sind die Gesellschaft und deren politische Führer mit »Zonen der Unsicherheit« konfrontiert, in denen ohne demokratische Kontrolle oder gar Mitbestimmung »vollendete Tatsachen« geschaffen werden. Sie können für das politische Führungspersonal erhebliche Handlungsrestriktionen darstellen. In den Worten des US-amerikanischen Politikwissenschaftlers Fred Block gesagt, trifft auch – oder gerade – für die liberale Demokratie und ihre Wirtschaftsordnung zu, dass »the ruling class does not rule [...] but capital does«[14]. Erforderlich für eine Annäherung an ein gemeinwohlorientiertes Handeln ist daher die – ggf. institutionalisierte – Kooperation der Eliten. Unter den Bedingungen von Arbeitsteilung und Elitenpartikularismus, einem jeweils eigenen Rollenverständnis der Teileliten, eigenen Handlungslogiken und -zwängen oder zunehmenden politischen und ökonomischen Interdependenzen, denken wir nur an die Verlagerung zahlreicher Entscheidungen auf die EU-Ebene, kann man eine solche Kooperation jedoch nicht als selbstverständlich erwarten.

Elitenpartikularismus, sektorale Rationalität und gemeinwohlorientierte Elitenkooperation

Es besteht in zeitgenössischen Eliten- und Demokratietheorien Einigkeit dahingehend, dass unsere modernen, arbeitsteiligen Industrie-, Dienstleistungs- oder Wissensgesellschaften in komplexe Teilbereiche gegliedert sind. In ihnen müssen gewählte, ernannte oder kooptierte Spezialisten[15] Führungs- und Entscheidungsaufgaben wahrnehmen, um Struktur, Steuerbarkeit und soziale Funktion des Teilbereichs oder, wie auf Regierungsebene, der Gesellschaft zu gewährleisten bzw. zu erfüllen.

Ein wichtiges Auswahl-, Ernennungs- oder Kooptationskriterium zum Aufstieg in eine Elite war bereits für den italienischen Elitentheoretiker Gaetano Mosca (1858–1941) die individuelle Eignung, und zwar zunächst unabhängig davon, ob sie sich ausschließlich aus fachlicher Expertise, individuellen Führungsqualitäten wie Organisationstalent oder Motivationsfähigkeit, Autorität, Durchsetzungsfähigkeit, verfügbare Zeit und hinreichende Motivation zur Übernahme einer Führungsposition oder aus einer Kombination dieser Eigenschaften ergibt.[16] Aber selbst dann, wenn Führungspositionen ausschließlich nach moralisch hochwertigen Kriterien vergeben werden, also vor allem nach fachlicher Eignung und sozialer Kompetenz und nicht aufgrund von Patronage- oder anderen dem Aufstieg förderlichen Beziehungen, hat jeder gesellschaftliche Teilbereich nicht nur spezifische Aufgaben zu erfüllen, auch das jeweilige Führungspersonal unterliegt spezifischen Handlungserwartungen sowohl von Seiten der unmittelbar Untergebenen als auch von Seiten der Gesellschaft im Allgemeinen.

Diese vielfältigen Handlungserwartungen und -zwänge können die Chancen auf eine dauerhafte und gemeinwohlorientierte Kooperation der Eliten durchaus begrenzen. Sie ergeben sich einerseits aus der spezifischen gesellschaftlichen oder politischen Aufgabenstellung eines Teilbereichs, die wiederum mit denen eines anderen in Konflikt geraten kann, und andererseits aus den Erwartungen der Bürgerinnen und Bürger in ihren zahlreichen sozialen Rollen. Als Staatsbürger, Steuerzahler oder – im Sinne der repräsentativen Demokratietheorie – »Auftraggeber der Politik« erwarten wir von der Regierung, nach diesem Verständnis dem vom Souverän beauftragten »Auftragnehmer«,[17] die Aufrechterhaltung der öffentlichen Ordnung, die Sicherung oder gar Schaffung von Arbeitsplätzen. Gleichzeitig erwarten wir aber auch, dass sie dazu keine weiteren Steuereinnahmequellen erschließt, sondern die Abgabenlast möglichst senkt, zudem, dass sie die Staatsschuld abbaut und damit kommenden Generationen überhaupt noch einen finanzpolitischen Spielraum gestattet und zahlreiche andere Dinge. Als Patienten oder auch nur mittelbar Betroffene fordern wir vom Gesundheitssystem und seinen Akteuren, dass es zur Erhaltung unserer Gesundheit und zur Bekämpfung von heute noch tödlich verlaufenden Krankheiten beiträgt und zwar ohne dass weitere »Nutzergebühren« erhoben werden oder die Beitragssätze steigen. Private und öffentliche Arbeitgeber, Arbeiter und Angestellte sowie die Bundesgesundheitsministerin wiederum erwarten von den Spitzenfunktionären der gesetzlichen Krankenversicherungen die Senkung der Beiträge, nachdem die Versicherten verpflichtet wurden, höhere Zuzahlungen leisten. Doch die Krankenkassenvertreter stellen die finanzielle Sanierung der Kassen durch erhöhte Patientengebühren über den

Wunsch der anderen Akteure, die Beiträge zu senken.[18] Von Universitätsrektoren schließlich erhofft sich zumindest ein Teil der Bevölkerung, dass sie gefährdete Stellen retten oder gar die Einrichtung neuer durchsetzen, möglichst ohne dass dazu Studiengebühren oder andere Zwangsabgaben erhoben werden.

All diese Erwartungen an die (Teil)Eliten haben zur Folge, dass sich in der Bevölkerung eine Erwartungsspirale oder ein Erwartungsdruck aufbaut, dem einzelne Bereiche oder ihr Führungspersonal unter Umständen nicht standhalten können. Entscheidend ist dabei oft, über welche materiellen und politischen Ressourcen die Vertreter eines Teilbereichs verfügen, das heißt, welche Drohkulisse sie gegenüber anderen Teileliten aufbauen und ob sie ihnen sowie der gesamten Gesellschaft mit einem relevanten Leistungsentzug drohen können.[19] Statt mit einer a priori möglichen und auch tatsächlich bzw. dauerhaft gemeinwohlorientierten Kooperation haben wir es in der pluralistischen Gesellschaft viel eher mit einer ständigen Konkurrenz der Eliten zu tun,[20] dies nicht nur im liberalen Sinne von Konkurrenz um Ideen und Parteiprogramme oder zwischen Parteien und Personen, sondern auch mit Konkurrenz um knappe und immer knapper werdende Ressourcen.

Eine dauerhafte und gemeinwohlorientierte Kooperation der Eliten ist, abgesehen von dem kaum lösbaren Problem, ein konsensfähiges Verständnis von »Gemeinwohl« herzustellen, das über den demokratischen Grundkonsens unserer Gesellschaft hinausgeht, unter diesen Bedingungen schwer möglich: Was der Sachverständigenrat zur Begutachtung der wirtschaftlichen Lage für richtig hält und empfiehlt, würde bei vollständiger Realisierung jede Regierung zwangsläufig ihr Amt kosten. Die Vorschläge der hochrangig besetzten Rürup-Kommission zur Schaffung einer Bürgerversicherung in vollem Umfang wurden in der Fachwelt anerkannt und gelobt, weil sie nach Regeln guter wissenschaftlicher Praxis erarbeitet wurden, als versicherungsmathematisch stimmig und auch als volkwirtschaftlich nützlich gelten. Politisch umsetzen können die Volksvertreter die Vorschläge der Kommission jedoch kaum, weil sie den Interessen aller Beamten und aller Besserverdienenden zuwiderlaufen oder auch die Existenz der privaten Krankenversicherung gefährden würden. Auch das Aufgaben- und Führungsverständnis wirtschaftlicher Eliten hat mit dem anderer Teileliten und großer Bevölkerungsgruppen nichts gemein. Wie sollte man sonst erklären, dass der Siemens-Konzern wenige Tage nach der Ernennung seines Aufsichtsratsvorsitzenden von Pierer zum wirtschaftspolitischen Berater der damaligen Kanzlerkandidatin und heutigen Bundeskanzlerin die Streichung mehrerer tausend Arbeitsplätze mit der Begründung bekannt gab, nur dadurch könne langfristig die internationale Konkurrenzfähigkeit des Konzerns erhalten und ein weiterer Arbeitsplatzabbau in Deutschland verhindert werden?

Dies sind nur einige Beispiele, in denen Aufgaben eines gesellschaftlichen Bereichs und das Führungs- und Entscheidungsverständnis seiner Führungspersönlichkeiten denen eines anderen Bereichs konträr gegenüberstehen. Es ließen sich zahlreiche andere Beispiele ergänzen. Wer dieses »Spiel« der Elitenkonkurrenz dominiert, ist eine Frage der von den Teileliten kontrollierten Ressourcen und des damit verbundenen Droh-, Verhandlungs- oder Vetopotentials. Es ist auch eine Frage der sektoralen und/oder individuellen Eigeninteressen der handelnden Akteure.

Ist dies das Schicksal der liberalen und pluralistischen Demokratie? Die Antwort, die die Pluralismustheorie darauf gibt, ist ein eingeschränktes »ja«. Denn es gab und gibt zahlreiche Versuche, die ungleiche Verteilung materieller und politischer Ressourcen auszugleichen und konkurrierende Eliten zur institutionalisierten Kooperation zu bewegen, auf internationaler (z.B. WTO-Abkommen, GATT) ebenso wie auf nationaler Ebene, in der Bundesrepublik ebenso wie in unseren Nachbarstaaten. Als prominente Beispiele aus der jüngeren deutschen Vergangenheit seien hier zum einen das von der rot-grünen Bundesregierung initiierte Bündnis für Arbeit oder aber die Ende 2004 vorläufig gescheiterte Föderalismuskommission genannt. Beides waren Versuche, grundsätzlich divergierende Interessen durch eine institutionalisierte Kooperation von Teileliten aufeinander abzustimmen.

Konzertierung, das heißt institutionalisierte Kooperation auf Veranlassung und mit Beteiligung der Regierung, scheint neben der auf Freiwilligkeit beruhenden Kooperation die einzige Möglichkeit zu sein, Eliten zur gemeinwohlfördernden Zusammenarbeit zu bewegen, da in der liberalen Demokratie die Möglichkeit des Kooperationszwangs in der Regel nicht gegeben ist. Trotzdem scheitern sowohl Konzertierungen als auch weniger stark institutionalisierte Formen einer bereichsübergreifenden Elitenkooperation häufig an den divergierenden Präferenzen der Teileliten – oder einvernehmliche Lösungen werden, wie im Falle der Föderalismuskommission, erst nach jahrelangen Verhandlungen als Minimalkonsens erreicht.[21]

Neben den nur eingeschränkt Erfolg versprechenden Möglichkeiten der institutionalisierten Formen von Elitenkooperation durch Konzertierung »von oben« gibt es allerdings noch »weichere«, das heißt informelle Formen der gemeinwohlförderlichen Kooperation der Teileliten. Denn, wie oben erwähnt, sind wir alle unabhängig von beruflicher oder amtlicher Stellung oder der Einkommenssituation Inhaber verschiedener sozialer Rollen. Das gilt selbstverständlich auch für Vertreter der Eliten. Sie sind nicht nur Vorstandsvorsitzender, Bundeskanzler, Fraktionsvorsitzender oder Chefredakteur, sondern auch Mitglied eines Chores oder eines Sportvereins. Sie besuchen dieselben Theater- oder andere öffentliche Veranstaltungen. Angehörige aus unterschiedlichen Elitegruppen sind evtl. in einem Umweltschutz- oder Menschenrechtsprojekt aktiv usw.

Durch überlappende Mitgliedschaften entsteht im Lichte pluralismustheoretischer Annahmen über Rollenwahrnehmung und -ausübung bei den (Teil)Eliten Sensibilität für die Belange anderer gesellschaftliche Bereiche, die über den eigenen funktionalen Aufgabenbereich hinausgeht.[22] Dies, so die Theorie, fördert eine gesellschaftlich nutzbringende Kooperation der Teileliten, sei es aufgrund der Mitgliedschaft im gleichen Verein (Gruppensolidarität) oder aus rein persönlichen Gründen (Freundschaft oder Patronage). Die Angehörigen einer Teilelite fungieren über ihre unmittelbare Position hinaus in weiteren Rollen, in denen sie als Multiplikatoren ihre Werte und Entscheidungen vermitteln oder in denen sie Einfluss auf die Meinungs- und Willensbildung anderer ausüben. Gleichzeitig nehmen sie Auffassungen und Probleme wahr, die über den eigenen beruflichen Horizont hinausgehen. Dadurch kann eine responsive, das heißt eine gesamtgesellschaftlich verantwortungsvolle und gemeinwohlorientierte oder aber zumindest an Interessen und Problemen anderer gesellschaftlicher Bereiche nicht vollkommen desinteressierte Führung in Politik, Wirtschaft und anderen sozialen Bereichen gefördert werden.[23]

Inwieweit eine informelle Kooperation der Teileliten konkrete Entscheidungen tatsächlich beeinflusst und gar zu dauerhafter bereichsübergreifender Kooperation führt, soll an dieser Stelle offen bleiben. Dies herauszuarbeiten ist Aufgabe der empirischen Forschung. Informelle Kooperation ist jedoch ohne Zweifel eine Ressource politischer Führung, auch wenn vieles dafür spricht, dass die unterschiedlichen Handlungslogiken und -zwänge der Teileliten eine dauerhafte und gesamtgesellschaftlich förderliche Kooperation eher blockieren als fördern.

Führungsressourcen und Grenzen der Steuerungsfähigkeit

Normative Elitentheorien bieten uns ein Leitbild der idealen Führungspersönlichkeit. Die empirische Elitenforschung versorgt uns zudem, wie skizziert, nicht nur mit Informationen über die strukturellen Schranken oder die eher begrenzten Möglichkeiten von dauerhafter und gemeinwohlorientierter Elitenkooperation unter den Bedingungen der liberalen, auf Versammlungsfreiheit, Interessenartikulation und -wahrnehmung sowie auf Konkurrenzprinzipien basierenden Demokratie. Sie liefert uns auch Informationen über die Sozialstruktur von Eliten. Statistisch gesehen ist das mittlere Mitglied einer Elite in Deutschland männlich, bei Eintritt in seine Position knapp fünfzig, es verfügt über einen Hochschulabschluss und ein Parteibuch.[24] Damit sind wichtige empirische Voraussetzungen für den Aufstieg in eine Elite und zentrale Ressourcen zur Wahrnehmung von Führungsaufgaben benannt. Formale Qualifikation und Fachwissen zum einen, individuelle Führungsqualitäten wie moralische Reife, Motivation, Belastbarkeit, Rede- und Organisationstalent, Entscheidungs- und Verantwortungsbereitschaft zum anderen und in der Regel auch parteipolitische Bindungen qualifizieren nach den Befunden der empirischen Forschung zur Übernahme und Ausübung einer Führungs- und Entscheidungsposition. In dieser Position kann der Inhaber allein oder mit anderen für den Teilbereich relevante oder gar gesellschaftlich verbindliche Entscheidungen treffen, beeinflussen oder auch verhindern. Damit dies jedoch gelingt und abgesichert ist, bedarf es nicht nur beim Aufstieg in die entsprechende Position, sondern auch nach deren Übernahme weiterer formaler wie informeller Führungsressourcen. Dazu zählen personelle Netzwerke und ein Kern loyaler Unterstützer. Nachfolgend stehen zwei Dinge im Vordergrund. Zunächst soll ein Blick auf formale Führungsressourcen und Faktoren zur Absicherung der Führungsposition geworfen werden. Danach folgt eine Diskussion der zahlreichen faktischen Grenzen, an die eine responsive und effektive politische Führung stößt.

Formale politische Führungsressourcen

Spätestens der Moment, in dem ein politischer Kandidat oder eine politische Kandidatin den Marsch durch die innerparteilichen Gremien erfolgreich durchlaufen und sich gegenüber allen innerparteilichen Konkurrenten durchgesetzt hat und zum Spitzenkandidaten bzw. zur Spitzenkandidatin gewählt wird, gilt als Nachweis darüber, dass er oder sie über ausreichende individuelle Führungsqualitäten verfügt. Das ist zumindest die pragmatische bzw. induktiv gewonnene Auffassung von Führungseignung nach Gaetano Mosca: Nicht weil sie die – nach welchen Kriterien auch immer ausgewählten – »Besten« sind, sind sie in Führungspositionen gelangt, sondern umgekehrt, *weil* sie diese Positionen erreicht haben, *müssen* sie die zur Ausübung dieser Position am besten geeigneten Personen sein.[25] Damit eine politische Führungsposition auch wirkungsvoll ausgeübt werden kann, bedarf es – neben all den anderen notwendigen individuellen und informellen Führungsqualitäten bzw. -ressourcen – institutioneller Regelungen, die den Inhaber zur Ausübung seines Amtes berechtigen und dieses stärken.

Unter den Bedingungen der liberalen Demokratie erhält der Inhaber eines politischen Spitzenamtes die Legitimation dafür durch eine Wahl, sei es in Form einer direkten Volkswahl, wie z. B. bei der Wahl des französischen oder österreichischen Staats- bzw. Bundespräsidenten, oder indirekt durch ein Wahlgremium, wie in der Bundesrepublik. Das Amt, das im deutschen Regierungssystem mit der umfangreichsten Legitimation und Exekutivmacht ausgestattet ist, ist das des Bundeskanzlers bzw. der Bundeskanzlerin. Er bzw. sie ist das einzige gewählte Mitglied einer Bundesregierung, ist vor einfacher Abwahl durch das konstruktive Misstrauensvotum geschützt und verfügt über die Richtlinienkompetenz sowie die Organisationsgewalt.[26]

Legitimation, Schutz und Machtfülle des Amtes gaben Anlass, das deutsche Regierungssystem als »Kanzlerdemokratie« zu bezeichnen. Dieser Auffassung muss man nicht zustimmen. Formal ist die Machtposition des deutschen Bundeskanzlers zwar stark. Im internationalen Vergleich zeigt sich jedoch, dass seine Exekutivmacht formal wie faktisch von der anderer europäischer Regierungschefs noch übertroffen wird.[27] Insbesondere der britische Premierminister genießt mit dem Einparteienkabinett, einer in der Regel komfortablen Mehrheit im Unterhaus, dem zentralistischen Staatsaufbau Großbritanniens und der Tatsache, dass sich zentrale politische Steuerungsbereiche, wie z. B. der staatliche Gesundheitsdienst, unter direkter Kontrolle der Exekutive befinden, weitaus günstigere Handlungs- und Entscheidungsbedingungen als ein deutscher Kanzler, der in der Regel mit einem Koalitionspartner, dem mit Vetomacht ausgestatteten Bundesrat oder mit kollektiven Akteuren auskommen muss, die, wie z. B. im Gesundheitswesen, quasi-staatliche Steuerungsaufgaben ausüben. Ungeachtet der formalen Schutzmechanismen und Führungsressourcen ist ein deutscher Regierungschef daher nicht »allmächtig«.

Zahlreiche Faktoren schränken die Handlungs- oder Entscheidungsfähigkeit des Bundeskanzlers und seines Kabinetts ein. Genannt seien hier zum Beispiel der zunehmende globale wirtschaftliche Druck, die bereits angesprochene starke und von politischem Handeln zum Teil unabhängige Position der Wirtschaft und ihrer Eliten, die mit Verlagerung von Produktionsstandorten und Arbeitsplätzen vollendete Tatsachen schaffen können, Eliten, die miteinander konkurrieren oder sogar einander blockieren, oder auch internationale Abkommen. An dieser Stelle möchte ich nur zwei Gesichtspunkte hervorheben: institutionelle und strukturelle Restriktionen der Regierungsfähigkeit und informelle Muster der Rekrutierung von (politischem) Führungspersonal. Letztere sind, so der Tenor der politikwissenschaftlichen Elitenforschung, einer gesamtgesellschaftlich verantwortlichen Ausübung von Führung eher hinderlich.

Institutionelle und strukturelle Grenzen politischer Führung in Deutschland

Die Bundesrepublik Deutschland zählt man typologisch zu den so genannten Konsensdemokratien. Deren oberstes Anliegen ist es, möglichst keine gesellschaftliche oder politische Kraft von der Teilnahme am politischen Artikulations- und Entscheidungsprozess auszuschließen und Exekutivmacht möglichst breit zu streuen. Um dies zu erreichen, wurden in Konsensdemokratien entsprechende politische Institutionen errichtet. Neben dem Verhältniswahlsystem, das eine annähernd proportionale parlamentarische Repräsentation der politischen Parteien anstrebt und dabei in der Regel zu Mehrparteiensystemen und Koalitionsregierungen führt, zählen vor allem die Bundesstaatlichkeit und die Existenz annähernd gleichgewichtiger zweiter Kammern zu den charakteristischen Merkmalen von Konsensdemokratien.

Diese Merkmale treffen für Deutschland zu. Aufgrund der gesellschaftlichen Interessenlagen und des Wahlsystems, das auch kleineren Parteien die Chance auf parlamentarische Vertretung oder gar Regierungsbeteiligung eröffnet, hat die Bundesrepublik ein Mehrparteiensystem und Koalitionsregierungen auf Bundes- und Landesebene. Aus dem Koalitionszwang entsteht zwangsläufig die im Modell der Konsensdemokratie angelegte Notwendigkeit zur Kompromissfindung zwischen den Koalitionspartnern, denn in einer Koalition kann der eine Partner keine Entscheidung gegen den anderen Partner durchsetzen.[28] Entscheidungen unter den Bedingungen einer Koalitionsregierung sind daher immer Kompromisslösungen, die starke oder entschlossene politische Führung auf der Grundlage *eines* Parteiprogramms beeinträchtigen können. Gerade bei Großen Koalitionen kann sich dieses Problem verschärfen, weil gemeinsame Positionen unter Umständen nur einem Minimalkonsens entsprechen.

Der zweite institutionelle, in diesem Falle sogar konstitutionelle Faktor, der die Entscheidungs-, Durchsetzungs- oder Führungsfähigkeit einer Bundesregierung erheblich begrenzt, liegt in der Bundesstaatlichkeit, besonders beim Bundesrat. Er hat ein konstitutionell verbrieftes Mitentscheidungsrecht im Gesetzgebungsverfahren und häufig vom Bundestag parteipolitisch abweichende Mehrheitsverhältnisse. Beides macht ihn zu einem machtvollen Vetospieler, gegen den sich der Bund, wenn überhaupt, nur sehr zeit-

und verhandlungsaufwendig und in der Regel nur dank finanzieller Zugeständnisse an die Länder durchsetzen kann.[29]

Als weitere strukturelle Restriktion der Führungs- oder Regierungsfähigkeit soll an dieser Stelle ergänzt werden, dass bereits in der Frühphase der Bundesrepublik wichtige öffentliche Versorgungs- und Steuerungsaufgaben an Verbände delegiert worden sind. Ein bekanntes Beispiel ist das Gesundheitswesen, in dem die Verbände der gesetzlichen Krankenkassen und die Kassen(zahn)ärztlichen Vereinigungen im Rahmen der so genannten Selbstverwaltung eine weitreichende Verwaltungs- und Entscheidungsautonomie besitzen und sich politischer Einflussnahme durchaus entziehen können. Beschlüsse der Bundesregierung, wie z. B. die mit der 2004 in Kraft getretenen Gesundheitsreform beabsichtigte Senkung der Beiträge, laufen unter diesen Bedingungen schnell ins Leere.

Die konstitutionellen und strukturellen Grenzen einer hohen politischen Durchsetzungs- und Steuerungsfähigkeit der demokratisch legitimierten Eliten auf Bundesebene, besonders der Exekutive, sind seit Jahrzehnten Gegenstand politikwissenschaftlicher Reformdiskussionen.[30] Nicht ganz frei von Sarkasmus ist die Behauptung Manfred G. Schmidts, dass in der Bundesrepublik die Machtaufteilung zwischen der Exekutive auf Bundes- und Länderebene sowie den Akteuren, die mit quasi-staatlichen Steuerungsaufgaben betraut sind, besonders gut gelungen ist.[31] Nicht nur Schmidt sieht als Resultat dieser Machtaufteilung eine vergleichsweise geringe Konzentration von Exekutivmacht im Bundeskabinett, Politikverflechtung, unklare Zuständigkeiten, mangelnde Transparenz und allgemein hohe Steuerungsbarrieren, am Ende eventuell gar die Nichtregierbarkeit des Gesamtstaats. Einigkeit herrscht in den politikwissenschaftlichen Diskussionen auch dahingehend, dass grundlegende Änderungen wenig wahrscheinlich sind. Bei einer eventuellen Fundamentalreform, die in Bezug auf die Bundesstaatlichkeit, die Länderkammer und ihre Rolle im deutschen Regierungssystem vom Grundgesetz her ohnehin ausgeschlossen ist, müssten die beteiligten Akteure gegen ihre Interessen und damit auch ihre Existenzgrundlage stimmen. Das ist unter den gegebenen Bedingungen kaum zu erwarten.[32]

Die hier skizzierten strukturellen Faktoren stellen gegenüber politischer Durchsetzungsfähigkeit und effektiver wie responsiver politischer Führung wirksame und kaum änderbare Restriktionen dar. Darüber hinaus wird, so die verbreitete Auffassung in den politikwissenschaftlichen Diskussionen, eine qualifizierte und gesamtgesellschaftlich verantwortungsvolle Führung auch durch die informellen Muster der Rekrutierung von politischem Führungspersonal faktisch behindert.

Informelle Grenzen politischer Führung

Die Ein- und Aufstiegskanäle in politische oder auch politisch einflussreiche Ämter werden von den Parteien kontrolliert. Sie haben dabei regelrechte Aufstiegs- und Versorgungs-»Kartelle« ausgebildet.[33] Der Aufstieg in politische Spitzenämter setzt jedoch nicht nur die einfache Parteimitgliedschaft voraus. In der Regel sind politische Spitzenämter mit der häufig zitierten »Ochsentour« durch innerparteiliche Gremien und Hierarchien verbunden. Der Aufstieg in und über Parteien erfordert neben hoher individueller Motivation zur Kärrnerarbeit in der Lokal-, später Landes- und evtl. einmal Bundespolitik auch, dass ambitionierte Parteiaktivisten über ausreichende Aktivitäts- und Teilnahmeressourcen, das heißt vor allem über verfügbare Zeit neben dem regulären Beruf verfügen müssen. Bei weitem nicht jeder, der an der Lösung eines (lokal)politischen Problems, am Dienst am Gemeinwesen oder auch an einer Parteikarriere interessiert ist, verfügt über die notwendigen Voraussetzungen zur aktiven Parteiarbeit. Folge der parteipolitisch determinierten Rekrutierungsmuster ist häufig, dass nicht unbedingt Expertise sowie fachliche und persönliche Eignung die entscheidende Ressource für den Aufstieg in Elitepositionen darstellen, sondern vielmehr dass der richtige parteiliche »Stallgeruch« den Ausschlag bei der Besetzung von Führungspositionen gibt. Dieses Rekrutierungsmuster, das – allerdings nicht nur in Deutschland – weit in nahezu alle gesellschaftlichen Bereiche hineinreicht, ist, ebenso wie die geringe Durchlässigkeit für Nicht-Parteimitglieder oder so genannte Seiteneinsteiger, häufig kritisiert worden, weil nicht in jedem Fall die fachliche Eignung, sondern Parteizugehörigkeit und -treue zur Bedingung für den Aufstieg in die politische Elite wird.[34]

Auch in diesem Punkt besteht wenig Aussicht auf Änderung. Die politischen Parteien kontrollieren Aufstiegs- und Karrierekanäle nahezu konkurrenzlos. Zudem sind Aufstiegs- oder Karrierechancen die einzigen selektiven und materiellen Anreize, die Parteien ihren (potentiellen) Mitgliedern und Aktivisten anbieten können, um eine aktive Mitgliedschaft attraktiv zu machen,[35] und dieses Pfund geben sie kaum aus der Hand.

Schlussbetrachtungen

Wie eingangs erwähnt, genießen die Inhaber politischer Führungs- und Entscheidungspositionen ebenso wie ihre politischen Heimat-, Sozialisierungs- und Rekrutierungsorganisationen, die politischen Parteien, seit Jahren in der öffentlichen Meinung oder in einer Vielzahl fachwissenschaftlicher Beiträge keinen besonders guten Ruf. Empirisch belegbare Fakten, wie die gegenwärtig inakzeptabel hohe Arbeitslosigkeit und die damit verbundene Perspektivlosigkeit für Millionen Menschen, Struktur- und Finanzprobleme der sozialen Sicherungssysteme, Defizite im Bildungswesen u. a. Problemlagen begründen den schlechten Ruf unseres politischen Führungspersonals. Dazu zählen aber auch subjektive Wahrnehmungen, wie die, dass Angehörige der »politischen Klasse« ungerechtfertigt hohe oder leistungsunabhängige (Alters)Bezüge erhalten oder sich kraft ihrer Stellung und ihres Einkommens aus der solidarischen Finanzierung der Sozialversicherung heraushalten können. Nicht jeder dieser Kritikpunkte ist – sachlich betrachtet – berechtigt. Denn dass Inhaber verantwortungsvoller politischer Führungspositionen angemessen bezahlt werden, sollte an sich kein Grund zur Kritik sein. Auch die Unzufriedenheit größerer Bevölkerungsgruppen mit Entscheidungen des politischen Führungspersonals berechtigt nicht zu dem Schluss, es hätte versagt. Es ist die Aufgabe des politischen Führungspersonals, Entscheidungen zu treffen, auch wenn diese Unmut in der Bevölkerung hervorrufen mögen, z. B. dann, wenn angesichts horrender Haushaltsdefizite Steuersubventionen gestrichen oder »Nutzergebühren« im Gesundheitswesen angehoben werden. Kritikwürdig ist an diesen Entscheidungen allenfalls die Verteilung der Lasten, nicht die Tatsache, dass entschieden oder regiert wird.

Demokratische Regierungstätigkeit unter den Bedingungen der pluralistischen, liberalen Demokratie ist ein »schwieriges Geschäft«, denken wir nur an Winston Churchills pointiert formulierte Wertschätzung dieser Form politischer Herrschaft, als er meinte, sie wäre die schlechteste – nach allen anderen. Tatsächlich sind die Inhaber der Führungs- und Entscheidungspositionen unter den Bedingungen der liberalen Demokratie täglich mit dem Zwang zur Austarierung divergierender Interessen und zur Kompromissfindung konfrontiert. Damit ihre Entscheidungen als legitim angesehen werden können und Folgebereitschaft hervorrufen, bedarf es jedoch einer umfassenden Auf- oder zumindest Erklärung über die Absichten dieser Entscheidungen und auch einer Vorbildfunktion der politischen Entscheidungsträger.

Politische Eliten sollen und können gemeinwohlförderlich führen, dazu sind sie legitimiert und durch formale Regeln gleichermaßen mit Ressourcen ausgestattet und geschützt. Aber sie sollten den Wählern erklären (und nicht kommerziell »kommunizieren« lassen), was sie beabsichtigen. Beispiele für massenhaft anerkannte und gar sinnstiftende Politikentwürfe gab und gibt es ebenso wie »gutes«, das heißt gemeinwohlförderliches und vorbildliches Handeln der Eliten. Genannt seien hier nur Konrad Adenauers Engagement für die deutsch-französische Aussöhnung und die Europäische Integration (auch wenn es nicht in jedem Falle den Anforderungen an das Ideal von »innerparteilicher Demokratie« genügt haben dürfte) oder Willy Brandts Aussöhnungspolitik. Auch das Amt des Bundespräsidenten wurde von den Inhabern häufig für den Versuch genutzt, sinnstiftende Politik zu formulieren oder gesellschaftspolitische Leitbilder zu entwerfen.

Sinnstiftende Politik, insbesondere kurz- bis mittelfristig auch schmerzhafte Reformpolitik unter den Bedingungen des außerordentlich hohen Reformdrucks der Gegenwart, setzt vorbildliches Verhalten der politischen Eliten voraus. Wer beschließt, die Renten einzufrieren, darf sich selbst nicht eine erneute Diätenerhöhung gestatten, wer die Anhebung der individuellen Zuzahlungen der gesetzlich Krankenversicherten bei Arztbesuchen verlangt, darf sich nicht aus der gesetzlichen Krankenversicherung heraushalten usw. Dieser Zusammenhang wurde in der Vergangenheit häufig ignoriert und erklärt den allgemein eher schlechten Ruf der politischen Elite in der Bundesrepublik.

Politische Eliten sollen und können führen, aber dies können sie nicht in jedem Land gleichermaßen. Die formalen Handlungsspielräume, die, wie oben erwähnt, das Amt des britischen Premierministers, des französischen Staatspräsidenten oder des spanischen Ministerpräsidenten stärken oder die sich ein italienischer Ministerpräsident verschafft hat, stehen einer deutschen Bundeskanzlerin nicht in gleichem Maße zur Verfügung. Wer zu dem Schluss kommt, die Bundesrepublik hätte ein Elitenproblem – sei es lediglich temporär, individuell oder gar auf Dauer –, der muss auch berücksichtigen, dass sie mindestens genauso sehr ein Strukturproblem hat, aus dem sich jedoch weder die administrativ wie parteipolitisch heterogene politische Elite und schon gar nicht die Bevölkerung befreien kann, jedenfalls nicht ohne einen vorherigen massiven politischen Schock.[36]

Inwieweit eine aktive Zivilgesellschaft als Gegengewicht zu individuellem Fehlverhalten der Eliten oder strukturellen Defiziten fungieren kann, ist – empirisch gesehen – offen. In der politischen Theorie ist sie der soziale »Mutterboden« der Demokratie und das politisches Führungspersonal ist moralisch stets nur so gut oder schlecht wie die Gesellschaft selbst. Unabhängig von individuellen und strukturell bedingten Defiziten in ihrem Handeln gab und gibt es selbstverständlich hohes individuelles, soziales und gemeinwohlnützliches Engagement von Eliten, denken wir an Stifter- oder andere gemeinnützige Tätigkeiten von Mitgliedern verschiedener Teileliten, die sich z. B. in Menschenrechtsorganisationen, in Umweltverbänden oder für Weltgesundheitsprojekte engagieren, oder an großzügige Forschungsförderung vonseiten der Wirtschaft oder wohlhabender Einzelpersonen. Ohne solche Eingabeleistungen aus der Zivilgesellschaft, die weit über Mildtätigkeit von Privilegierten hinausgehen, wäre die liberale Demokratie nicht lebensfähig.

Anmerkungen

1 Siehe dazu z. B. Hans-Herbert von Arnim: Fetter Bauch regiert nicht gern. Die politische Klasse – selbstbezogen und abgehoben, München 1997, S. 27, 32ff.; Richard von Weizsäcker im Gespräch mit Gunter Hofmann und Werner A. Perger, Frankfurt/M., 1992, hier zitiert nach G. Hofmann/W.A. Perger (Hrsg.): Die Kontroverse. Weizsäckers Parteienkritik in der Diskussion, Frankfurt/M. 1992, S. 9f.; Elmar Wiesendahl: Die Parteien in Deutschland auf dem Weg zu Kartellparteien?, in: Hans-Herbert von Arnim (Hrsg.): Adäquate Institutionen: Voraussetzungen für »gute« und bürgernahe Politik?, Berlin 1999, S. 48–72.

2 Siehe dazu z. B. Victoria Kaina in diesem Band.

3 Siehe Ursula Hoffmann-Lange: Das pluralistische Paradigma in der Elitenforschung, in: Stefan Hradil/Peter Imbusch (Hrsg.): Oberschichten – Eliten – Herrschende Klassen, Opladen 2003, S. 111–118; dies.: Eliten, Macht und Konflikt in der Bundesrepublik, Opladen 1992.

4 Rationalität bezieht sich dabei zum einen auf die politisch neutrale Funktionsausübung einer Führungspersönlichkeit in Politik, Wirtschaft und vor allem der öffentlichen Verwaltung, zum anderen auf das Motiv zur Übernahme einer Führungsposition, das in erster Linie im Erreichen von individuell konsumierbaren Amtsvorteilen wie Einkommen, Amtsmacht oder Prestige gesehen wird. Siehe Max Weber: Wirtschaft und Gesellschaft, Tübingen 1985, Kap. III und IX.

5 Siehe dazu Weber (wie Anm. 4); Joseph Alois Schumpeter: Kapitalismus, Sozialismus und Demokratie, Tübingen 1950.

6 Siehe Wilfried Nippel: Politische Theorien der griechisch-römischen Antike, in: Hans-Joachim Lieber (Hrsg.): Politische Theorien von der Antike bis zur Gegenwart, Bonn 1993, S. 17–46, hier S. 22.

7 Siehe Schumpeter (wie Anm. 5); Robert Michels: Zur Soziologie des Parteienwesens, Stuttgart 1957.

8 Zu den Vertretern gehören neben Max Weber und Robert Michels vor allem die Italiener Vilfredo Pareto und Gaetano Mosca.

9 Siehe dazu vor allem Gaetano Mosca: Die herrschende Klasse. Grundlagen der politischen Wissenschaft, Bern 1950.

10 Siehe z. B. Seymour M. Lipset: Soziologie der Demokratie, Neuwied 1962; Peter Bachrach: Die Theorie demokratischer Elitenherrschaft, Frankfurt/M. 1970.

11 Siehe dazu z. B. Schumpeter (wie Anm. 5); Anthony Downs: Ökonomische Theorie der Demokratie, Tübingen 1967.

12 Siehe dazu u. a. Charles Lindblohm: The Science of »Muddling Through«, in: Public Administration Review 13 (1959), S. 79–88; siehe auch Oscar W. Gabriel und Detlef Grieswelle in diesem Band.

13 Zur Rolle der Bürokratie und der Verwaltungseliten in der Demokratie siehe z. B. die »modernen Klassiker« William A. Niskanen: Bureaucracy and Representative Government, Chicago 1971, Anthony Downs: Nichtmarktwirtschaftliche Entscheidungssysteme. Eine Theorie der Bürokratie, in: Hans-Peter Widmaier (Hrsg.): Politische Ökonomie des Wohlfahrtsstaates, Frankfurt/M. 1974, S. 199–207; Dietmar Braun: Theorien rationalen Handelns in der Politikwissenschaft, Opladen 1999, S. 137–162.

14 Fred Block: The Ruling Class does not Rule. Notes on the Marxist Theory of the State, in: Socialist Revolution 33 (1977), S. 6–28.

15 Siehe dazu Oscar W. Gabriel in diesem Band. Zur Unterscheidung der Auswahl- und Berufungsmethoden siehe Ursula Hoffmann-Lange in diesem Band.

16 Siehe Mosca (wie Anm. 9), Kap. XVI.

17 In politikwissenschaftlichen Modellen zur repräsentativen Demokratie wird häufig von »Auftraggeber« oder »Prinzipal« (Herr, Meister) gesprochen, wenn der Souverän, also die Staatsbürger, gemeint ist. Als »Aufragnehmer« oder »Agent« gilt die Regierung, die bei ihren Entscheidungen bestrebt sein sollte, den Interessen der Bevölkerungsmehrheit zu entsprechen. Zum Prinzipal-Agent-Modell siehe Braun (wie Anm. 13), S. 162ff.

18 Siehe dazu z. B. Karsten Grabow: Fighting with Goliath. The Reform of the Public Health Care Insurance Scheme in Germany, its Potential to Increase Employment and Alternative Models of Reform, in: German Politics 14 (2005) 1, S. 51–73.

19 Siehe dazu z. B. Claus Offe/Helmut Wiesenthal: Two Logics of collective action: theoretical notes on social class and organizational form, in: Political Power and Social Theory (1980) 1, S. 67–115.

20 Vgl. Kurt Lenk: Probleme der Demokratie, in: Hans-Joachim Lieber (Hrsg.): Politische Theorien von der Antike bis zur Gegenwart, Bonn 1993, S. 933–989, hier S. 953.

21 Zu den Ursachen des Scheiterns des Bündnisses für Arbeit und der Föderalismuskommission Ende 2004 siehe z. B. Wolfgang Streeck: No longer the Century of Corporatism. Das Ende des »Bündnisses für Arbeit«, Köln: MPIfG, Working Paper 03/4, 2003; Rolf G. Heinze: Das »Bündnis für Arbeit« – Innovativer Konsens oder institutionelle Erstarrung?, in: Christoph Egle/Tobias Ostheim/Reimut Zohlnhöfer (Hrsg.): Das rot-grüne Projekt: Eine Bilanz der Regierung Schröder 1998–2002, Wiesbaden 2003, S. 137–161; Arthur Benz, Kein Ausweg aus der Politikverflechtung. Warum die Bundesstaatskommission scheiterte, aber nicht scheitern musste, in: Politische Vierteljahresschrift 46 (2005) 2, S. 204–214.

22 Siehe Roland Czada: Interessengruppen, Eigennutz und Institutionenbildung: Zur politischen Logik kollektiven Handelns, in: Klaus Schubert (Hrsg.): Leistungen und Grenzen politisch-ökonomischer Theorie. Eine kritische Bestandsaufnahme zu Mancur Olson, Darmstadt 1992, S. 57–78.

23 Unter Responsivität (lat.: *respondere*, antworten, entsprechen) wird in der Politikwissenschaft die »Rückkopplung des politischen Handelns in Legislative und Exekutive an die Interessen und Forderungen der Wählerinnen und Wähler« (Suzsanne S. Schüttemeyer) verstanden. Politische Entscheidungen wären vollständig responsiv, wenn die Entscheidungen der Repräsentanten des Volkes genau mit den Wünschen der Repräsentierten – oder, in Anlehnung an Rousseaus Vorstellungen, dem *volonté générale*, also dem Gemeinwillen – übereinstimmten. Unter

den Bedingungen der pluralistischen Gesellschaft und pluralistischer Parteienkonkurrenz ist dies nicht zu erreichen. Selbst innerhalb einer politischen Richtung, z. B. der Arbeiterbewegung, gab und gibt es Abweichungen zwischen den politischen Wünschen und Forderungen der Basis (Wählerschaft, einfache Parteimitglieder) und dem Handeln der Führung. Zum Verständnis von Responsivität s. z. B. Suzanne S. Schüttemeyer: Responsivität, in: Dieter Nohlen u. a. (Hrsg.): Lexikon der Politik, Bd. 7, München 1998, S. 561 und den Beitrag von Viktoria Kaina in diesem Band; zum Problem der Abweichung von Basis- und Führungsverhalten siehe vor allem Michels (wie Anm. 7).

24 Siehe Hoffmann-Lange (wie Anm. 15).

25 Mosca (wie Anm. 9), Kap. XVI.

26 GG,Art. 63 (1), 64 (1), 65, 67. Siehe auch Oscar W. Gabriel in diesem Band.

27 Siehe z. B. Wolfgang Ismayr: Die politischen Systeme Westeuropas im Vergleich, in: ders. (Hrsg.): Die politischen Systeme Westeuropas, Opladen 2003, S. 9–54, bes. 25–30.

28 Siehe dazu vor allem George Tsebelis: Veto Players: How Political Institutions Work, Princeton 2002.

29 Siehe z. B. Wolfgang Merkel, Institutionen und Reformpolitik: Drei Fallstudien zur Vetospieler-Theorie, in: Ch. Egle u. a. (wie Anm. 21), S. 163–190, bes. S. 177 f.

30 Siehe z. B. Fritz W. Scharpf/Bernd Reissert/Fritz Schnabel: Politikverflechtung. Theorie und Empirie des kooperativen Föderalismus in der Bundesrepublik, Kronberg 1976; Gerhard Lehmbruch: Parteienwettbewerb im Bundesstaat, 2. Aufl., Wiesbaden 1998.

31 Manfred G. Schmidt: Thesen zur Reform des Föderalismus in der Bundesrepublik, in: Politische Vierteljahreschrift 42 (2001) 3, S. 474–491, hier S. 476.

32 Siehe vor allem Lehmbruch, (wie Anm. 30), Kap. 6.

33 Siehe dazu vor allem Richard Katz/Peter Mair: Changing Models of Party Organization and Party Democracy. The Emergence of the Cartel Party, in: Party Politics 1 (1995) 1, S. 5–28; Wiesendahl (wie Anm. 1).

34 Siehe u. a. Elmar Wiesendahl in diesem Band; v. Weizsäcker (wie Anm. 1).

35 Siehe z. B. Karsten Grabow: Abschied von der Massenpartei, Wiesbaden 2000, Kap. 4.

36 Zu den Bedingungen einer grundlegenden Verfassungsreform in der Bundesrepublik siehe Lehmbruch (wie Anm. 30), S. 189.

Viktoria Kaina

Was sind Eliten?

Eine Antwortsuche als Geschichte von Aufenthalten

Jede Betrachtung über Eliten wird unweigerlich mit der Frage konfrontiert, wer sich eigentlich hinter dieser Bezeichnung verbirgt. Doch scheinen Antworten häufig umso schwieriger, je selbstverständlicher gefragt wird. Und auch in diesem Falle sieht man sich auf eine abenteuerliche, zuweilen unbefriedigende Antwortsuche geschickt, die immer auch ein wenig Wagemut verlangt, wenn Entscheidungen getroffen, Positionen festgelegt und verteidigt werden müssen. Denn bis heute erzählen die Debatten um den Elitebegriff eine fortlaufende Geschichte nicht enden wollender Auseinandersetzungen und anhaltender Irritationen. Dabei scheint der etymologische Ursprungsgehalt des Begriffs, der sich von lateinisch *eligere* ableitet und so viel wie auswählen bedeutet, der einzige Ankerpunkt einer Vielzahl von Definitionen und Termini (z.B. Reputations-, Leistungs-, Wert- oder Funktionseliten) zu sein. Gleichzeitig bildet die damit verbundene Implikation der Auslese, die immer anhand bestimmter Kriterien erfolgen muss, den Hintergrund für variierende Vorstellungen von Eliten, aber auch für ein verbreitetes Unbehagen bei der Verwendung des Begriffs »Elite«. Zudem wird er nicht selten ideologisch genutzt und missbraucht, indem er dazu herhalten muss, ungerechtfertigte Statusunterschiede, Privilegien und exklusive Rechte zu rechtfertigen. »Elite« hat auch das Potenzial zu polarisieren, obwohl oder gerade weil der Begriff im umgangssprachlichen Verständnis von tradierten Ambivalenzen geprägt ist. Den einen gelten Eliten als »die da oben«, die es besser getroffen haben als die Durchschnittsbürgerin und der »kleine Mann von der Straße« und die sich um »die hier unten« nicht scheren, weil sie als abgehobene Kaste nur daran interessiert sind, ihre Sonderrechte zu vermehren und ihren Machtanspruch aufrechtzuerhalten. Für die anderen sind Eliten die Besten, Fähigsten und Klügsten, die es aufgrund ihrer Leistung, ihrer Begabung oder ihrer Verdienste bis ganz nach oben geschafft haben. Einer unbefangenen Selbstverständlichkeit im Reden und Nachdenken über Eliten stand im deutschsprachigen Raum zudem der totalitäre Missbrauch des Begriffs in den dunkelsten Kapiteln deutscher Geschichte lange im Wege. In der fachwissenschaftlichen Diskussion werden aber auch eine Reihe theoretischer Argumente bemüht, um den Elitebegriff ganz zu vermeiden.[1] Darüber hinaus beansprucht eine breite Palette von Konkurrenzbegriffen Aufmerksamkeit:[2] da ist nicht nur von den »feinen Leuten« oder der »guten Gesellschaft« die Rede, sondern auch von den »rackets« oder »Bobos«, von »Leistungsträgern« und »Besserverdienenden«, von den »privilegierten Klassen«, »strategischen Gruppen« und der »politischen Klasse«. Die meisten dieser Begriffe sind jedoch zu schlicht oder auch zu phantasievoll kreiert, um analytischen Ansprüchen genügen zu können.

Die allgemeinste Vorstellung von Eliten zielt auf Minderheiten, die sich in einem Prozess der Auslese und Konkurrenz herausgebildet haben, der ihre herausgehobene Stellung in der Gesellschaft zugleich rechtfertigt und begründet.[3] Mit diesem Bild vertragen sich auch eher volkstümliche Assoziationen, nach denen Eliten durch Wettbewerb, Kampf und Triumph über ihre Konkurrenten an die Spitze gelangen – sei es in der Politik, in der Wirtschaft, in der Wissenschaft und im Sport, in Kunst oder Kultur. Damit bleibt jedoch offen, welche Merkmale diesen Selektionsvorgang prägen und wie er sich unter spezifischen historischen Konstellationen und gesellschaftlichen Rahmenbedingungen vollzieht. Obwohl die frühesten Zeugnisse eines derart einfachen Elitebegriffs anhand biblischer Zitatspuren auf eine Zeit datiert werden, die 3000 Jahre in die Vergangenheit reicht,[4] ist deshalb bis heute kein Konsens darüber gefunden, *wer* zu den Eliten einer Gesellschaft gehört und *warum* jemand zum Mitglied dieses Kreises wird. Genauso wenig Einigkeit besteht in der Frage, wie das soziale Phänomen zu kennzeichnen ist, das Eliten darstellen, ob sie nun als Gruppe, Schicht oder Klasse zu charakterisieren sind.[5]

Angesichts der zunehmenden Bedeutung der Massenmedien, insbesondere des Fernsehens, wird neuerdings sogar bezweifelt, dass Eliten eine Zukunft haben, wenn ihre allmähliche Ablösung und Verdrängung durch Prominente sowie der drohende Aufstieg einer Pseudo-Elite prognostiziert werden.[6] C. Wright Mills und Suzanne Keller richteten schon vor rund fünfzig bzw. mehr als dreißig Jahren ihr Forschungsinteresse auf die so genannten *celebrities*, die Keller als Teil der symbolischen Elite bezeichnete.[7] Prominente, Entertainer und Stars aus Film und Fernsehen gehören ihrer Auffassung nach als symbolische Führungsfiguren zur Elite, weil sie den Menschen als Modelle und Spiegel ihrer eigenen Ambitionen, Hoffnungen und Bestrebungen dienen und Identifikationsangebote unterbreiten. Sie bewegen die Menschen, sowohl durch ihren Lebensstil als auch durch das Image, das sie repräsentieren, und sie geben ihrem Publikum damit die Möglichkeit einer Art Selbstvergewisserung. Insofern würden *celebrities* dabei helfen, in einer sich rapide wandelnden Welt öffentliches Einvernehmen über Moral und Werte herzustellen, und diesen Konsens gleichzeitig widerspiegeln. Damit – so Kellers Argument – würden sie jedoch nicht nur enorme Wirkungen in einer breiten Öffentlichkeit erzielen, sondern auch Politik, Wirtschaft und Wissenschaft beeinflussen, die mit Hilfe der *celebrities* die Populärkultur erfahren und kennen lernen.

Vor dem Hintergrund all dieser Ambivalenzen sind abschließende oder eindeutige Antworten auf die Frage, was Eliten sind, nicht zu erwarten, vielleicht nicht einmal möglich. Eine theoretisch überzeugende Versöhnung des Elitegedankens mit dem voraussetzungsreichen, auf das Einverständnis der Bevölkerungsmehrheit gründenden demokratischen Herrschaftssystem ist zwar gelungen und trug sicherlich dazu bei, dass heute auch in Deutschland mit neuer Selbstverständlichkeit über Eliten gesprochen, geschrieben, gerätselt und gestritten wird. Zugleich folgen aus der Ordnungsform demokratischer Systeme eine Reihe von Auffassungen darüber, welches Anforderungsprofil ihre Eliten erfüllen müssen.[8] Entgegnungen auf die Frage, was Eliten sind, zielen in diesem Falle über den Horizont beschreibender Feststellungen hinaus, indem sie normative Akzente setzen und die Rolle von Eliten für den Erfolg und die Bestandsfähigkeit demokratischer Systeme thematisieren. Denn in Demokratien unterliegen Art und Weise der Machtausübung hohen normativen Wertmaßstäben. Dazu zählt, dass allgemein verbindliche Entscheidungen gemeinwohlorientiert sein sollen. Darüber hinaus sollen politische Entscheidungsprozesse für den Einfluss der Bürgerinnen und Bürger offen sein und Verantwortlichkeiten sichtbar machen, um Kontrolle durch die Bevölkerung oder durch konkurrierende Elitengruppen zu ermöglichen. In modernen Demokratien sind an politischen Entscheidungsprozessen allerdings nicht nur Politikerinnen und Politiker beteiligt, sondern Eliten aus ganz unterschiedlichen gesellschaftlichen Bereichen, z. B. aus Verwaltung, Wirtschaft und Interessenverbänden. Deshalb ist der offene Zugang zu Elitepositionen bzw. die Chancengleichheit bei der Rekrutierung künftiger Eliten eine weitere Erwartung an die Führungsschicht in demokratischen Gesellschaften. Aber nicht nur in dieser Hinsicht besteht in der Wirklichkeit heutiger Demokratien eine Kluft zwischen Norm und Realität. Erkenntnisse über die Struktur der Eliten eines Landes gestatten somit immer auch Aussagen über die Machtstruktur der Gesellschaft und bilden in demokratischen Systemen ebenso eine Grundlage für eine Bewertung der *Qualität* der Demokratie.

In dem Maße jedoch, in dem diese Überlegungen von verschiedenen Demokratievorstellungen beeinflusst sind, werden auch unterschiedliche Maßstäbe formuliert, an denen sich Eliten in Demokratien messen lassen sollen. So betonen eher output-orientierte Demokratievorstellungen bestimmte Rationalitätskriterien *guter* Politik (z.B. Effektivität, Effizienz, Implementierbarkeit, Gerechtigkeit) und knüpfen die Legitimität des Handelns der Eliten in erster Linie an die Qualität von Politikergebnissen. Entsprechend würden dann von den Eliten unter anderem Kompetenz, Experten- und Spezialwissen gefordert werden, aber auch Konsensbereitschaft, Kommunikations- und Kooperationsfähigkeit, um in Verhandlungen mit strategischen Führungsgruppen Ergebnisse zu erzielen, die in Demokratien am Gemeinwohl ausgerichtet sein sollen. Im Vergleich dazu unterstreichen input-orientierte Demokratiemodelle die Notwendigkeit, dass die Bürgerinnen und Bürger nicht nur auf den politischen Prozess selbst Einfluss nehmen können, sondern auch auf das Resultat der Entscheidungsfindung. Die Legitimität von Elitenhandeln wird in diesem Falle hergestellt, wenn die Bürgerinnen und Bürger zu wirksamer politischer Partizipation im Rahmen institutionell garantierter Beteiligungsrechte befähigt werden, wenn ihre Forderungen und Wünsche im politischen Prozess Berücksichtigung finden und politische Entscheidungen von den Präferenzen der Bevölkerung abgeleitet werden können. Aus der Perspektive input-orientierter Demokratiemodelle gehört Responsivität, das heißt die Fähigkeit der Eliten, die Ansprüche der Bevölkerung zu antizipieren, zu einer der wichtigsten Anforderungen. Aber auch Authentizität und Integrität, Verlässlichkeit und Ehrlichkeit sind wichtige Maßstäbe für das Handeln der Eliten, weil dadurch Transparenz, Nachprüfbarkeit und Verantwortungszuweisung möglich werden; dies sind wichtige Voraussetzungen dafür, dass die Bürgerinnen und Bürger effektiv Einfluss nehmen können.

Trotz eines in jüngerer Zeit wieder zunehmenden akademischen Interesses an Eliten und eines wachsenden öffentlichen Bewusstseins für ihre Existenz und Notwendigkeit in modernen Flächendemokratien scheint ein Konsens über Elitebegriff und -verständnis also nach wie vor in weiter Ferne. Die bis heute unterbreiteten Vorschläge berichten daher vor allem von Aufenthalten während einer lang andauernden, keineswegs abgeschlossenen Suche. Dieser Umstand ist jedoch teilweise dem Erkenntnisobjekt selbst geschuldet, wenn Eliten als das Ergebnis eines Auswahlprozesses begriffen werden, der sich an mindestens einem Kriterium orientieren muss.

Die Schwierigkeiten der Auswahl

Bis in die Gegenwart ist höchst umstritten, was eine Person dazu qualifiziert, Mitglied einer Elite zu werden. Die Kriterien dafür, seien sie nun qualitativer oder formaler Natur, müssen definiert werden und stehen selbst zur Disposition, wenn sie an historische Entwicklungsstadien und soziale Wandlungsprozesse, eine spezifische politische Institutionenordnung oder bestimmte, an der jeweiligen Fachdisziplin orientierte Erkenntnisinteressen geknüpft sind. Dementsprechend unterscheiden sich auch die Vorstellungen darüber, welches entscheidende Kriterium dem Auswahlprozess zugrunde liegt, aus dem die Eliten einer Gesellschaft hervorgehen. Sind Leistung oder Erfolg maßgeblich, Reputation oder Selbstzuschreibung, Bildung oder Expertenwissen? Bestimmen Eigentum und Besitz, Herkunft und Stand darüber, wer zu den Eliten gehört? Möglicherweise ist auch ein bestimmtes Wertebewusstsein das zentrale Merkmal, auf dem der Elitestatus beruht. Oder sind es die Mächtigen einer Gesellschaft, die jenen Personenkreis definieren, der als Elite bezeichnet wird? Ergebnis dieser Unklarheit sind unterschiedliche Elitedefinitionen, vor allem jedoch die Tatsache, dass sich die Elite eines Landes aus jeweils anderen Mitgliedern zusammensetzt, je nachdem, welchem Begriff der Vorzug gegeben wird.[9]

In jenem dichten Geflecht von Mehrdeutigkeiten haben sich dennoch drei zentrale Angebote herauskristallisiert, die das Elitenphänomen zu bestimmen versuchen. Als Wert-, Funktions- und Machteliten etikettiert, haben diese Angebote Eingang in den Elitendiskurs gefunden, wo sie um Anerkennung konkurrieren und sich bisher mehr oder weniger stark gegen alternative Bezeichnungen behaupten konnten.[10] Danach werden Eliten zum Ersten als diejenigen Minderheiten beschrieben, deren Angehörige die in der Gesellschaft gültigen Grundwerte besonders glaubwürdig vertreten und somit Vorbildcharakter gewinnen. Die Fähigkeit, zentrale gesellschaftliche Werte zu repräsentieren, muss dabei nicht von einer bestimmten Position innerhalb einer Organisation oder Institution abhängig sein. Häufiger ist sie an die Ausstrahlungskraft einer Person gebunden, die zum Mitglied jener Wertelite wird, weil sie gesellschaftliche Ideale authentisch, überzeugend, aufrichtig und verlässlich verkörpert. Problematisch an dieser Vorstellung bleibt die Herkunft des Wertgehalts, wenn Werte umkämpft sind, ihre Rangordnung umstritten ist und ihre Allgemeingültigkeit infrage gestellt wird.

Zum Zweiten werden jene Personen als Eliten betrachtet, die zur Funktionsfähigkeit der Gesellschaft beitragen, indem sie aufgrund herausragender Leistungen auf ihrem Gebiet zum Gemeinwohl beitragen. Zu den Funktionseliten etwa in Politik und Verwaltung, Wirtschaft, Justiz und Wissenschaft gehören demnach die jeweils Besten und Klügsten ihrer Bereiche. Dieses Verständnis, das Leistung als zentrales Auslesekriterium für Eliten betont und sich damit auf wertneutrale Funktionsaspekte beschränkt, provoziert in mindestens zweierlei Hinsicht Kritik. Zum einen stellt sich das nur schwer lösbare Problem, Leistung adäquat zu messen und zu vergleichen. Leistungskriterien sind wenigstens teilweise von den jeweiligen Gesellschaftsbereichen abhängig, auf die sie angewendet werden, und somit nur bedingt übertragbar. Darüber hinaus fällt es in manchen Funktionsarenen der Gesellschaft leichter als in anderen, objektive, quantifizierbare und im Konsens gefundene Leistungskriterien aufzustellen. Was, zum Beispiel, bedeutet Leistung in der Politik? Woran bemisst sich, ob Politikerinnen und Politiker zu den Fähigsten ihrer Profession gehören? Und wie lässt sich das ins Verhältnis setzen zu den Leistungsmerkmalen in Wirtschaft, Verwaltung oder Wissenschaft? Zum anderen gerät das wert-unabhängige Verständnis von Eliten in den Verdacht der Trivialisierung, weil es den tüchtigen Experten ohne weitere normative oder sogar moralische Verpflichtungen übrig lässt.

Drittens wird der verhältnismäßig kleine Personenkreis als Elite bezeichnet, dessen Mitglieder Macht ausüben, weil sie allgemein verbindliche politische Entscheidungen treffen oder beeinflussen. Das Kriterium der Macht ist in erster Linie für politikwissenschaftliche Fragestellungen zentral, die um das Elitenproblem im Kontext von Herrschaft, Konflikt und Konsens zirkulieren und an der Rolle von Eliten in politischen Willensbildungsprozessen interessiert sind.[11] C. Wright Mills bezeichnete in seiner viel zitierten Definition der *power elite* diejenigen Personen als Angehörige der Machtelite, die gesellschaftliche Positionen einnehmen, von wo aus sie Entscheidungen mit weitreichenden Konsequenzen treffen können.[12] Als maßgeblich wird dabei weniger reale Machtausübung angesehen als vielmehr der Besitz einer bestimmten Position, die entsprechende Chancen eröffnet. Diese Antwort auf die Frage, was Eliten sind, ist eng mit dem Begriff der Positionselite verknüpft, der zwar für viele, vor allem soziologische Fragestellungen zu eng gefasst sein mag und aufgrund gewisser methodischer Rigorismen auch nicht unproblematisch ist. Dennoch hat sich die Festlegung auf ein formales, quantifizierend-beschreibendes Merkmal zur Charakterisierung gesellschaftlicher Eliten, das von kulturellen und normativen Bezügen abstrahiert, in der empirisch ausgerichteten Elitenforschung als wegweisend erwiesen.

Das Problem der Macht und das Paradigma des Elitenpluralismus

Ausgangspunkt der klassischen und modernen Elitenforschung ist die Tatsache, dass es in allen Gesellschaften zu allen Zeiten Menschen gab, die entweder das Recht haben, allgemein verbindliche Entscheidungen zu treffen, oder denen es aufgrund bestimmter Ressourcen nachhaltiger als anderen gelingt, die politische Entscheidungsfindung zu beeinflussen. Der Begriff Elite zur Charakterisierung von Personen, die diese Eigenschaften haben, geht auf Vilfredo Pareto zurück, der wie Gaetano Mosca, ein anderer Klassiker der Elitentheorie, davon ausging, dass es sich bei der Elite um eine herrschende Minderheit handelt.[13] Beide Autoren verstanden darunter in erster Linie die politische Führungsschicht.

Der moderne sozialwissenschaftliche Elitebegriff hingegen begreift alle Personen als Eliten, die über gesellschaftliche Macht verfügen bzw. maßgeblichen Einfluss auf gesellschaftlich bedeutsame Entscheidungen ausüben.[14] Diese Vorstellung bezieht sich damit nicht nur auf die politischen Eliten im engeren Sinne, die über ihr Recht zur verbindlichen politischen Entscheidungsfindung politische Macht ausüben, die jedem politischen Herrschaftsverhältnis konstitutiv zugrunde liegt. Sie umfasst ebenso Personen, die regelmäßigen und direkten Einfluss auf das Handeln politischer Eliten ausüben und so über die Bedingungen gesellschaftlicher Entwicklung mitbestimmen. Rechtfertigung findet diese Ausweitung des auf die Mächtigen einer Gesellschaft bezogenen Elitebegriffs in gesellschaftlichen Modernisierungsprozessen, deren Analyse die Theorie des Elitenpluralismus wesentlich inspirierte.[15] Allerdings ist das so genannte Paradigma des Elitenpluralismus in der Elitenforschung nicht unumstritten. Das zeigt etwa die ältere, auf C. Wright Mills' Analyse der amerikanischen »Machtelite« bezogene Diskussion zwischen den so genannten Elitisten und Pluralisten, die bis heute andauert und in Form kritischer Gegenentwürfe zum Modell des Elitenpluralismus in der jüngeren, vor allem soziologisch orientierten Elitenforschung fortgeführt wird.[16] Dennoch sprechen wichtige normative Gründe für das pluralistische Paradigma der Elitenforschung. In der modernen, empirisch orientierten Demokratietheorie wird Elitenpluralismus als zentrales Merkmal demokratischer Systeme betrachtet: die möglichst breite Ressourcenstreuung und Machtaufteilung – auch in Form institutionalisierter *checks and balances* – soll die Dominanz einer Elitengruppe verhindern und den demokratischen Wettbewerb um politische Unterstützung garantieren. Elitenpluralismus übernimmt somit freiheitssichernde Funktionen.

Dabei kann zunächst davon ausgegangen werden, dass politische Eliten qua Legitimation politische Macht ausüben, indem sie für die Allgemeinheit verbindliche Entscheidungen treffen und dafür Folgebereitschaft erwarten können. In ihrem Entscheidungsprozess sind sie aber mit den Interessen einer Vielzahl von Akteuren konfrontiert, die in Konkurrenz zueinander stehen und mittels eigener Machtressourcen wie zum Beispiel Finanz- und

Organisationskraft, Expertenwissen und Information versuchen, das Handeln politischer Eliten zu beeinflussen; sie erzeugen damit gesellschaftliche Macht. Folgerichtig werden auch jene Personen zu den Eliten gerechnet, die mit Hilfe spezieller Ressourcen auf politische Entscheidungen einwirken. Denn nur wer aufgrund seiner Machtmittel die Chance hat, dass seine Interessen auch gegen den Widerstand anderer Berücksichtigung finden, kann politische Entscheidungsfindung tatsächlich beeinflussen. Dieser Hinweis ist umso bedeutsamer, als sich die gesellschaftliche Verteilung dieser Chancen in Abhängigkeit von sozialen, ökonomischen und politisch-kulturellen Wandlungsprozessen verändern kann und somit auch die Zusammensetzung der Eliten einer Gesellschaft mittel- und langfristig variiert. So sind zum Beispiel in der »Potsdamer Elitestudie 1995« erstmals Führungskräfte aus dem Bereich der neuen sozialen Bewegungen berücksichtigt worden, um den politischen Mobilisierungsprozessen der späten 1960er- und der 1970er-Jahre Rechnung zu tragen.[17] Der entscheidende Unterschied bleibt allerdings darin bestehen, dass sich politische Macht auf die Möglichkeit verbindlichen *Entscheidens* gegen Widerstreben bezieht, gesellschaftliche Macht hingegen auf die Chance, im politischen Prozess *Interessen* gegen Widerstand durchzusetzen.

In unmittelbarem Zusammenhang mit diesen Überlegungen stehen unterschiedliche Möglichkeiten, die als die gesellschaftlich Mächtigen verstandenen Eliten zum Zwecke empirischer Untersuchungen zu erfassen. Zu den gebräuchlichsten Identifizierungsmethoden zählen der Reputations-, der Entscheidungs- und der Positionsansatz.[18] Grundlage des Reputationsansatzes ist die Annahme, dass einflussreiche Personen auch bekannte Menschen sind. Dementsprechend werden ein repräsentativer Querschnitt aus der Bevölkerung oder ausgewählte Experten befragt, die nach ihrer Kenntnis einflussreichen Personen benannt und auf diese Weise Reputationseliten erfasst. Problematisch daran ist, dass bei dieser Identifikationsmethode nicht notwendigerweise tatsächliche Macht das Kriterium für die Bestimmung als Elitemitglied ist, sondern vor allem nach Ansehen, Popularität oder Prominenz zugeschriebene Macht. Zudem sind viele mächtige und einflussreiche Personen in der Bevölkerung häufig unbekannt, so dass Reputationseliten in Wirklichkeit vielleicht gar keine Entscheidungen von gesamtgesellschaftlicher Tragweite beeinflussen oder gar treffen können.

Demgegenüber macht der Entscheidungsansatz umfangreiche Vorstudien nötig, mit deren Hilfe, beispielsweise über Beobachtung oder Protokollanalysen, diejenigen ermittelt werden, die in politische Entscheidungsprozesse eingebunden sind (Entscheidungseliten). Diese Methode zur Identifikation von Elitemitgliedern geht davon aus, dass jemand einflussreich ist und damit zur Elite gehört, weil er oder sie sich in bestimmten, zuvor ausgewählten Entscheidungsprozessen mit seinem eigenen Willen durchsetzt. Dazu gehört auch das Vermögen, Entscheidungen zu blockieren.

Der Positionsansatz, wie er auch in der »Mannheimer Elitestudie« von 1981 und der »Potsdamer Elitestudie« von 1995 zur Anwendung kam, folgt der Annahme, dass Macht in pluralistisch verfassten Demokratien in der Regel an eine Führungsposition geknüpft ist, und sieht von der Person ab.[19] Mit anderen Worten, in entwickelten politischen Systemen werden Entscheidungsbefugnisse nicht Personen als Personen, sondern Ämtern und Inhabern von Ämtern zugeschrieben.[20] Auf Basis der Positionsmethode werden aktuelle Eliten entsprechend über ein mehrstufiges Verfahren ermittelt. Zunächst werden die als relevant geltenden Gesellschaftsbereiche (oder: Sektoren) definiert, um in einem zweiten Schritt die einflussreichen Organisationen in diesen gesellschaftlichen Sektoren zu bestimmen (z. B. Parteien, Verwaltungsapparate, Großunternehmen, Interessenverbände oder an Auflagenstärke und Reichweite gemessen bedeutsame Massenmedien). Abschließend werden die Führungspositionen innerhalb dieser Organisationen und die Personen, die diese innehaben, identifiziert. Häufig ist daher auch von Positionseliten die Rede, wie sie Mills im Blick hatte.

Allerdings blieb Mills mit seiner Analyse der amerikanischen Machtelite als einer Art Elitenkartell aus Politik, Wirtschaft und Militär in gewisser Weise der klassischen Annahme einer dichotomen Gesellschaftsstruktur mit Eliten auf der einen und der Masse oder den Nicht-Eliten auf der anderen Seite verhaftet. Demgegenüber betonen modernisierungstheoretische Erkenntnisse die Bedeutung gesellschaftlicher Differenzierungsprozesse, die zu zunehmender gesellschaftlicher Komplexität und als Reaktion darauf zu wachsender Arbeitsteilung führen. Damit ist die Herausbildung funktionell spezialisierter gesellschaftlicher Sub- oder Teilsysteme verbunden, die einerseits über relative Autonomie verfügen und andererseits in wechselseitiger Abhängigkeit stehen. Infolge der internen Ausdifferenzierung jener gesellschaftlichen Teilbereiche entwickeln sich Institutionen und auf Arbeitsteilung gerichtete Professionen, die aufgrund der Verfügungsgewalt über gesellschaftlich bedeutsame Ressourcen mit eigenverantwortlichen Handlungsspielräumen ausgestattet sind und die Annahme einer pluralistischen Struktur der Eliten in modernen Gesellschaften begründen. Die amerikanische Soziologin Suzanne Keller führte die Ablösung einer homogenen Elite durch den Pluralismus strategischer Führungsgruppen im Wesentlichen auf vier Modernisierungsprozesse zurück: (1) das Bevölkerungswachstum, (2) die Zunahme gesellschaftlicher Arbeitsteilung und Beschäftigungsspezialisierung, (3) die Herausbildung und das Anwachsen gesellschaftlicher

Großorganisationen und der Bürokratie sowie (4) die Pluralisierung von Werten und die Vertiefung kultureller Unterschiede.[21]

Zusätzliche Unterstützung findet die Vorstellung einer pluralistischen Elitenstruktur in den heutigen Demokratien in der Beobachtung, dass als Ergebnis anhaltender Modernisierungsprozesse politische Entscheidungen heute tief in die Verteilung gesellschaftlicher Güter eingreifen, die in Sektoren außerhalb des Politikbereichs produziert und dem politischen System zur Verfügung gestellt werden, damit es seine Aufgaben erfüllen kann.[22] Im selben Maße schwindet infolge der Verbindlichkeit politischer Entscheidungen in nichtöffentlichen Bereichen die exklusive Verfügungsgewalt über die eigenen Ressourcen.

Es wächst unter den Güterproduzenten demnach das Bedürfnis, auf politische Entscheidungen Einfluss zu nehmen. Über institutionalisierte und informelle Kontakte zu den politischen Entscheidungsträgern soll diesem Bedürfnis Rechnung getragen werden. Um die Effektivität dieser Kontakte sicherzustellen, ist es notwendig, Personen mit relativ dauerhafter Handlungsbefugnis auszustatten. Sie repräsentieren spezialisierte Organisationen gesellschaftlicher Teilsysteme und sind berechtigt, auf spezifische Ressourcen zurückzugreifen und mehr oder weniger verbindlich zu handeln. Zu einem Kriterium für die Zugehörigkeit zur Elite einer Gesellschaft wird demnach die Einflussmöglichkeit, die man aufgrund seiner Funktion innerhalb einer Organisation hat.

Bereits Otto Stammer unterstrich, dass es sich bei den Eliten demokratischer Gesellschaften um soziale und politische Einflussgruppen handelt, die in der Organisation des Sozialsystems eine bestimmte Funktion zu übernehmen haben.[23] Stammer umriss diese Funktion, indem er den Eliten die Aufgabe zuwies, als »Konzeptoren des politischen Willens« und »Medien des Herrschaftssystems« zu agieren.[24] Um einen Ausgleich zwischen den Meinungen »unten« und den Entscheidungen »oben« herzustellen, müssten Eliten über politische Konzeptionen verfügen und eine entscheidende Rolle im Prozess der politischen Willensbildung übernehmen. Die generelle Einsicht, dass jede Herrschaftsform der Führung bedarf und funktionierende Demokratien ohne leistungsfähige Führungsgruppen nicht denkbar sind, bahnte dieser frühen Definition einer Funktionselite ihren Weg in die moderne Elitentheorie. Vor allem die Zuweisung professioneller Steuerungsleistungen an Minderheiten mit Verfügungsgewalt über unterschiedliche, gesellschaftlich relevante Handlungsressourcen stellt den Elitebegriff in den Kontext politischer Führung. Die Eliten einer modernen demokratischen Gesellschaft werden daher auch als Führungspersonen, Führungsgruppen oder Funktionsträger etikettiert, denen die Aufgabe der Kompromissfindung, Konfliktregulierung und problemlösungsorientierten Handlungskoordination zukommt.[25]

Aus politikwissenschaftlicher Perspektive lässt sich also davon ausgehen, dass zu den Eliten moderner Gesellschaften nicht nur die Entscheidungsträger im engeren Sinne zählen und dass diese Gruppen in sich Differenzierungen aufweisen. Der Bildung gesellschaftlicher Subsysteme beispielsweise in Politik, öffentlicher Verwaltung, Wirtschaft oder Massenmedien entspricht daher im Bereich der Eliten die Ausdifferenzierung in funktionale Sektoreliten. Dies lässt sich anhand der folgenden Charakteristika weiter präzisieren:[26] Es handelt sich bei Eliten demnach um eine Minderheit (quantitative Komponente), die an der Spitze der Gesellschaft angesiedelt ist (vertikale Komponente). Dieser Minderheit gehören Personen an, die über politische Macht verfügen, indem sie allgemein verbindlich entscheiden (Herrschaftskomponente), und darüber hinaus Personen, die aufgrund spezifischer gesellschaftlicher Machtressourcen Einfluss auf politische Entscheidungen ausüben (Machtkomponente). Die Teilnahme an Entscheidungsprozessen erfolgt regelmäßig und relativ dauerhaft (temporale Komponente) und ist an die Verfügungsgewalt über Handlungsressourcen in Führungspositionen gebunden (institutionelle Komponente). Diese Führungspositionen existieren in allen gesellschaftlichen Bereichen, sind in arbeitsteiligen Organisationen angesiedelt und durch eine je spezifische Funktionszuweisung charakterisiert (funktionale Komponente). Doch ist damit die Frage, was Eliten sind, tatsächlich zufriedenstellend beantwortet?

Einstweiliges Fazit und offene Fragen

Der gemeinsame Nenner in der Beschreibung von Eliten als eine durch Selektions- und Auswahlprozesse entstandene Minderheit, die sich gerade dadurch vom Rest der Gesellschaftsmitglieder unterscheidet, ist nicht nur schmal, sondern auch inhaltlich leer. Bemühungen, diesen Rahmen mit Vorstellungen zu füllen, führten zu verschiedenen Verwendungsweisen des Elitebegriffs. Doch trotz seiner Ambivalenzen hat sich der Terminus Elite als rhetorisch-politische Kategorie in öffentlichen Diskursen etabliert.[27] In der Regel bleibt allerdings offen, wer denn nun gemeint ist, wenn der Ruf nach Eliten ertönt,[28] Forderungen zur gezielten Elitenförderung erhoben werden oder eine Sehnsucht nach Eliten artikuliert, manchmal auch nur im Unterton der Denunziation behauptet wird. Die wissenschaftliche, das heißt die systematische und methodisch kontrollierte Auseinandersetzung mit dem Elitenphänomen verlangt daher nach einer begründeten Operationalisierung des Elitebegriffs, wobei offensichtlich in Kauf genommen werden muss, dass damit verbundene Festlegungen vom jeweiligen Erkenntnisinteresse der beteiligten Fachdisziplin beeinflusst sind.

Immerhin hat die sozialwissenschaftliche, empirisch orientierte Elitenforschung viel dazu beigetragen, den Elitebegriff zu präzisieren. Letzten Endes bleibt aber auch die an das Kriterium politischer und gesellschaftlicher Machtpositionen geknüpfte Definition von Elite ein Angebot unter vielen. Es besteht zudem berechtigte Skepsis, ob es sich gegen alternative Auffassungen durchsetzen kann. Zwar mag die Ausrichtung an einem formalen Selektionskriterium einen geeigneten Versuch darstellen, den Elitebegriff von ideologischen Konnotationen und normativem Ballast zu befreien.

Dennoch bleiben zentrale Schwächen bestehen, weil eine Bestimmung von Elitemitgliedern über ihre Position Festlegungen verlangt, die Forschungsergebnisse präformieren, und weil strukturell unsichtbare, informale oder illegale Macht ausgeblendet wird.[29] Bestimmten Erkenntnisperspektiven, zum Beispiel zentralen soziologischen Fragestellungen nach den Reproduktionsmechanismen sozialer Ungleichheit, steht die eher statische Vorstellung von Eliten als Positionsinhaber und Funktionsträger sogar mehr oder weniger im Weg.[30]

Selbst dann, wenn unter Eliten die Mitglieder einer Führungsschicht verstanden werden sollen, die hohe Führungspositionen in allen gesellschaftlich relevanten Bereichen bekleiden, lässt sich darüber hinaus bezweifeln, ob damit jeder normative Bezug vermieden werden kann. Denn Führungsfähigkeit setzt bestimmte Qualifikationen voraus, die je nach Gesellschaftssystem, politischer Ordnung und Sektor an recht unterschiedliche Erwartungen geknüpft sein können. Damit ist neuer Streit so gut wie sicher, weil sowohl Art und Umfang der Führungsaufgaben als auch die jeweils angemessenen Qualifizierungsmaßstäbe festgelegt werden müssen.

Sollten Eliten zum Beispiel selbst über umfassendes Expertenwissen verfügen oder ist es wichtiger, damit sicher umzugehen und darauf gestützte Entscheidungen durchzusetzen und zu verantworten? Ist nicht ebenso die Kooperationsfähigkeit der Eliten nötig, ihr Wille zu einem planvollen und zukunftsorientierten Handeln, aber auch ihre Bereitschaft, die Grenzen der eigenen Kompetenzen klar zu artikulieren? Wird Prominenz im Zeitalter der Massenkommunikation, in dem sich das Fernsehen zum wichtigsten Medium der Informationsvermittlung und Realitätskonstruktion entwickelt hat, nicht nur ein unverzichtbares Element für den Aufstieg in die Elite, sondern auch zu einer strategischen Handlungsressource für die Durchsetzungskraft in umkämpften Handlungsspielräumen? Müssen Eliten ihre herausgehobene Stellung gegenüber der Gesellschaft in der so genannten Wissensgesellschaft nicht vor allem dadurch legitimieren, dass sie ihre Kreativität und Innovationsfähigkeit unter Beweis stellen? Soll von Eliten erwartet werden, dass sie auch und gerade in pluralisierten, individualisierten Gesellschaften Vorbilder sind, Werte vermitteln und Sinn stiften, um erfolgreich führen zu können? Und erfordert nicht das Selbstverständnis freiheitlicher Ordnungssysteme, dass Eliten ehrlich und integer sind und gemeinwohlorientiert handeln, um ihren privilegierten Zugang zu politischen Entscheidungsprozessen gegenüber der Mehrheit der Bevölkerung zu rechtfertigen?

Welche Auskünfte diesbezüglich auch gegeben werden mögen – sie dürften Teil der Bemühungen sein, die Mitglieder jenes Kreises zu benennen, der Elite genannt wird, und gleichzeitig Hinweise darauf liefern, welchen Herausforderungen sich die Eliten in modernen Gesellschaften gegenübersehen und ob sie den Anforderungen von Gegenwart und Zukunft gewachsen sind. Auch in diesem Sinne müssen Antworten auf die Frage, was Eliten sind, wohl weiterhin vorläufig bleiben.

Anmerkungen

1 Vgl. z. B. aus soziologischer Sicht Beate Krais: Die Spitzen der Gesellschaft. Theoretische Überlegungen, in: dies. (Hrsg.): An der Spitze. Von Eliten und herrschenden Klassen, Konstanz 2001, S. 7–62; dies.: Begriffliche und theoretische Zugänge zu den »oberen« Rängen der Gesellschaft, in: Stefan Hradil/Peter Imbusch (Hrsg.): Oberschichten – Eliten – Herrschende Klassen, Opladen 2003, S. 35–54. Zur politikwissenschaftlichen Diskussion siehe Dietrich Herzog: Brauchen wir eine politische Klasse?, in: Aus Politik und Zeitgeschichte. Beilage zur Wochenzeitung Das Parlament (1991), Heft B 50, S. 3–13; Klaus von Beyme: Die politische Klasse im Parteienstaat, Frankfurt/M. 1993; Lutz Golsch: Die politische Klasse im Parlament. Politische Professionalisierung von Hinterbänklern im Deutschen Bundestag, Baden-Baden 1998; Jens Borchert: Die Professionalisierung der Politik. Zur Notwendigkeit eines Ärgernisses, Frankfurt/M./New York 2003.

2 Vgl. Peter Imbusch: Konjunkturen, Probleme und Desiderata sozialwissenschaftlicher Elitenforschung, in: Hradil/ders. (wie Anm. 1), S. 11–32, hier S. 20 f; Barbara Wasner: Eliten in Europa. Einführung in Theorien, Konzepte und Befunde, Wiesbaden 2004, S. 10.

3 Heinz Bude: Auf der Suche nach Elite, in: Kursbuch (2000), Heft 139, S. 9–16, hier S. 10.

4 Günter Endruweit: Elitebegriffe in den Sozialwissenschaften, in: Zeitschrift für Politik 26 (1979), S. 30–46, hier S. 32.

5 ebd., S. 33 ff.

6 Thomas Macho: Von der Elite zur Prominenz. Zum Strukturwandel politischer Herrschaft, in: Merkur 47 (1993), S. 762–769; George Walden: The new elites. Making a career in the masses, London u. a. 2000; Rainer Paris: Auto-

rität – Führung – Elite. Eine Abgrenzung, in: Hradil/Imbusch (wie Anm. 1), S. 55–72.

7 Charles Wright Mills: The Power Elite, New York 1956; Suzanne Keller: Celebrities as a National Elite, in: Moshe M. Czudnowski (Hrsg.): Political Elites and Social Change. Studies of Elite Roles and Attitudes, DeKalb 1983.

8 Vgl. z. B. Peter Glotz/Rita Süssmuth/Konrad Seitz: Die planlosen Eliten. Versäumen wir Deutschen die Zukunft?, München 1992; Bernhard Schäfers: Eliten im gesellschaftlichen Umbruch. Müssen Funktionseliten auch Werteliten sein?, in: Gegenwartskunde 45 (1996), S. 473–484; Harald Bluhm: Eliten – ideengeschichtliche Betrachtungen zu einem rhetorisch-politischen Begriff, in: Berliner Debatte INITIAL 11 (2000), S. 66–80; Herfried Münkler: Werte, Status, Leistung. Über die Probleme der Sozialwissenschaften mit der Definition von Eliten, in: Kursbuch (wie Anm. 3), S. 76–88; Peter Rinderle: Welche moralischen Tugenden braucht der Politiker in einer liberalen Demokratie?, in: Zeitschrift für Politik 50 (2003), S. 397–422; Elmar Wiesendahl: Elitenrekrutierung in der Parteiendemokratie. Wer sind die Besten und setzen sie sich in den Parteien durch?, in: Oscar W. Gabriel/Beate Neuss/Günther Rüther (Hrsg.): Konjunktur der Köpfe? Eliten in der modernen Wissensgesellschaft, Düsseldorf 2004, S. 124–141.

9 Vgl. Endruweit (wie Anm. 4), S. 45.

10 Vgl. zum Folgenden Bude (wie Anm. 3), S. 10 ff.

11 Vgl. u. a. Otto Stammer: Das Eliteproblem in der Demokratie, in: Schmollers Jahrbuch für Gesetzgebung 71 (1951), S. 513–540; Suzanne Keller: Beyond the Ruling Class. Strategic Elites in Modern Society, New York 1963; Lowell G. Field/John Higley: Eliten und Liberalismus. Ein neues Modell zur geschichtlichen Entwicklung der Abhängigkeit von Eliten und Nicht-Eliten: Zusammenhänge, Möglichkeiten, Verpflichtungen, Opladen 1983; Ursula Hoffmann-Lange: Eliten, Macht und Konflikt in der Bundesrepublik, Opladen 1992; Wilhelm Bürklin/Hilke Rebenstorf u. a.: Eliten in Deutschland. Rekrutierung und Integration, Opladen 1997; John Higley/Jan Pakulski/Wlodzimierz Wesolowski (Hrsg.): Postcommunist Elites and Democracy in Eastern Europe, New York 1998; John Higley/György Lengyel (Hrsg.): Elites after State Socialism. Theories and Analysis, Oxford/New York u. a. 2000.

12 Vgl. Mills (wie Anm. 7), S. 3 f.

13 Vilfredo Pareto: Allgemeine Soziologie, Tübingen 1955; Gaetano Mosca: Die herrschende Klasse. Grundlagen der politischen Wissenschaft, München 1950.

14 Ursula Hoffmann-Lange/Wilhelm Bürklin: Eliten, Führungsgruppen, in: Bernhard Schäfers/Wolfgang Zapf (Hrsg.): Handwörterbuch zur Gesellschaft Deutschlands, Opladen 1998, S.167–178, hier S. 167.

15 Ursula Hoffmann-Lange, Das pluralistische Paradigma der Elitenforschung, in: Hradil/Imbusch (wie Anm. 1), S. 111–118, hier S. 111 ff.

16 Vgl. Helmut Köser: Demokratie und Elitenherrschaft, in: Dieter Oberndörfer/Wolfgang Jäger (Hrsg.): Die neue Elite, Freiburg 1975, S. 149–192; Krais, Die Spitzen (wie Anm. 1); Michael Hartmann: Der Mythos von den Leistungseliten. Spitzenkarrieren und soziale Herkunft in Wirtschaft, Politik, Justiz und Wissenschaft, Frankfurt/M./New York 2002; Hardil/Imbusch (wie Anm. 1).

17 Vgl. Jörg Machatzke: Die Potsdamer Elitestudie – Positionsauswahl und Ausschöpfung, in: Bürklin/Rebenstorf u. a. (wie Anm. 11), S. 35–68, hier S. 61 f.

18 Vgl. zum Folgenden Ursula Hoffmann-Lange: Eliteforschung in der Bundesrepublik Deutschland, in: Aus Politik und Zeitgeschichte. Beilage zur Wochenzeitung Das Parlament (1983), Heft B 47, S. 11–25; Wasner (wie Anm. 2), S. 119–25.
19 Vgl. Hoffmann-Lange (wie Anm. 11), S. 86ff.
20 Peter Graf Kielmansegg: Legitimität als analytische Kategorie, in: Wolfgang Seibel/Monika Medick-Krakau/Herfried Münkler/Michael Th. Greven (Hrsg.): Demokratische Politik – Analyse und Theorie. Politikwissenschaft in der Bundesrepublik Deutschland, Opladen/Wiesbaden 1997, S. 62–96, hier S. 67.
21 Vgl. Keller (wie Anm. 11), S. 65.
22 Vgl. Hoffmann-Lange/Bürklin (wie Anm. 14), S. 167.
23 Stammer (wie Anm. 11), S. 1.
24 ebd., S. 15.
25 Vgl. Hans-Dieter Klingemann/Richard Stöss/Bernhard Weßels: Politische Klasse und politische Institutionen, in: Dies. (Hrsg.): Politische Klasse und politische Institutionen. Probleme und Perspektiven der Elitenforschung. Dietrich Herzog zum 60. Geburtstag, Opladen 1991, S. 9–36, hier S. 24.
26 Vgl. Viktoria Kaina: Elitenvertrauen und Demokratie. Zur Akzeptanz gesellschaftlicher Führungskräfte im vereinten Deutschland, Wiesbaden 2002, S. 31f.
27 Vgl. Bluhm (wie Anm. 8), S. 66.
28 Vgl. Klaus M. Kodalle (Hrsg.): Der Ruf nach Eliten, Würzburg 2000.
29 Vgl. Imbusch (wie Anm. 2), S. 18; Hoffmann-Lange (wie Anm. 15), S. 117.
30 Vgl. z.B. Krais, Die Spitzen (wie Anm. 1), S. 48–57; Rainer Geißler: Der Ungleichheitsansatz in der Elitenforschung, in: Hradil/Imbusch (wie Anm. 1), S. 119–122.

Ursula Hoffmann-Lange

Die Struktur der Eliten in modernen demokratischen Gesellschaften

Eliten und Demokratie

In den Sozialwissenschaften werden Eliten in erster Linie über ihren Einfluss auf gesamtgesellschaftlich bedeutsame Entscheidungen definiert. Andere Aspekte des Elitebegriffs wie z.B. besondere intellektuelle Leistungen oder moralische Führungsqualitäten, die in der aktuellen Diskussion um Elitenbildung eine Rolle spielen, bleiben dabei weitgehend außer Betracht. Das vorrangige Interesse gilt den Strukturen von Macht und Einfluss in demokratischen Gesellschaften.

Der Modernisierungsprozess hat neben tief greifenden Änderungen in der Sozialstruktur auch Auswirkungen auf die Struktur der Eliten in modernen Gesellschaften mit sich gebracht. Im Zuge dieses Prozesses wurde eine kleine, homogene, durch Zugehörigkeit zur Erbaristokratie legitimierte herrschende Klasse abgelöst von einem Elitenpluralismus, der sich aus der organisatorischen Ausdifferenzierung eines freien Unternehmenssektors, moderner Massenmedien sowie politischer Parteien und Verbände ergibt. Die Tragweite dieser Entwicklung wurde allerdings weder von Marx noch von den frühen Elitentheoretikern erkannt. Während Marx an die Möglichkeit einer Abschaffung der Herrschaft von Menschen über Menschen glaubte, betonten Vilfredo Pareto und Gaetano Mosca zu Beginn des 20. Jahrhunderts die Universalität sozialer und politischer Ungleichheit und damit auch der Existenz von Eliten. Diese beiden – Klassiker – der Elitentheorie unterstellten ferner, dass die Interessen der Eliten zwangsläufig von denen der Bevölkerungsmehrheit abweichen. Die Idee der Demokratie verwiesen sie ins Reich der Utopie.

Neuere Elitentheoretiker ziehen demgegenüber die grundsätzliche Vereinbarkeit von Demokratie und der Herrschaft einer Elite nicht mehr in Zweifel. Sie betonen gleichzeitig, dass demokratische Eliten sich in ihrer Struktur und ihrem Handeln fundamental von nichtdemokratischen unterscheiden. In Demokratien verhindert die Garantie grundlegender Freiheits- und demokratischer Mitwirkungsrechte die Zusammenballung gesellschaftlicher Macht bei einer kleinen, sozial und interessenmäßig homogenen Elite und bedingt stattdessen einen Pluralismus autonomer Eliten, die in vieler Hinsicht gegenläufige oder zumindest nicht übereinstimmende Interessen vertreten. Prominente Vertreter dieser Theorie demokratischer Elitenherrschaft sind u. a. Raymond Aron, Otto Stammer, Robert Dahl, Suzanne Keller und Giovanni Sartori.[1] Eine pluralistisch-demokratische Elitenstruktur schließt zwar nicht aus, dass die Chancen, Interessen durchzusetzen, sehr unterschiedlich verteilt sind, aber gesamtgesellschaftlich bedeutsame Entscheidungen sind bei einer solchen Struktur das Resultat komplexer Willensbildungsprozesse, an denen eine Vielzahl von Akteuren beteiligt ist.

Elitenstruktur und gesellschaftliche Integrationsprobleme

Da die Eliten Entscheidungen treffen, die Auswirkungen auf die gesamte Gesellschaft und im Falle politischer Entscheidungen sogar allgemein verbindlichen Charakter haben, ist ihre Legitimationsbasis eine wesentliche Voraussetzung dafür, dass die Gesellschaft sie akzeptiert. In demokratischen Gesellschaften legitimiert sich Herrschaft in erster Linie über Leistung. Hieraus ergibt sich die Forderung, dass Leistungskriterien für die Elitenrekrutierung ausschlaggebend sein sollten. Worin diese Leistung im Einzelnen besteht, variiert aber beträchtlich zwischen den verschiedenen Elitegruppen, da sich die Leistungskriterien daran orientieren, welches Ziel die jeweilige Organisation verfolgt. Bei Delegationseliten, die durch Wahl legitimiert sind, sehen sie beispielsweise anders aus als bei den Karriereeliten in der Verwaltung, bei denen vor allem Sachkompetenz und Berufserfahrung bedeutsam sind. Bei den Medieneliten und den Wirtschaftseliten wiederum ist unternehmerischer Erfolg wichtig, der häufig über messbare Außenkriterien (Auflagenhöhe, Einschaltquoten, Umsatz, Börsenwert) ermittelt werden kann.

Die klassischen Elitentheorien haben vor allem die Frage des Machtgefälles zwischen Eliten und Nicht-Eliten aufgeworfen. Diese Frage betrifft zwei unterschiedliche Aspekte. Einmal gehört dazu die gesellschaftliche Kluft, die zwischen Eliten und Bürgern existiert. Diese Kluft kann mehr oder weniger groß sein, je nachdem, ob es sich bei den Eliten um eine geschlossene herrschende Klasse handelt, in die nur Personen mit dem richtigen familiären Hintergrund aufsteigen können, oder ob der Aufstieg in Führungspositionen in erster Linie von persönlicher Leistung abhängt. Der zweite Aspekt betrifft die Frage, ob die Herrschaft der Eliten von den Bürgern einer Gesellschaft anerkannt und als legitim empfunden wird. Dieses Verhältnis von *unten* und *oben* betrifft also die *vertikale Integration* von Gesellschaften. Die Theorie des Elitenpluralismus hat den Blick darüber hinaus auf das Problem der *horizontalen Integration* gelenkt, also zusätzlich die Frage nach der Fähigkeit und Bereitschaft der Eliten zur Kooperation thematisiert (*Elitenintegration*). Diese betrifft die Fähigkeit, mit Eliten zu kooperieren, die in anderen gesellschaftlichen Bereichen (Sektoren) tätig sind und andere Karrierewege durchlaufen haben, z. B. in Politik, Wirtschaft oder Medien. Sie bezieht sich aber auch auf die Bereitschaft, mit den Repräsentanten von Organisationen zusammenzuarbeiten, die gegenläufige Interessen vertreten, also beispielsweise die Kooperation zwischen Vertretern konkurrierender Parteien oder das Zusammenwirken von Gewerkschaften und Unternehmen bei der Lösung wirtschafts- und sozialpolitischer Probleme. Da andererseits aber eine sehr enge Kooperation über Organisationsgrenzen hinweg die Rückbindung der Eliten an ihre eigene Organisationsbasis beeinträchtigen kann, ergibt sich dabei das grundsätzliche Dilemma zwischen der Notwendigkeit einer Elitenkooperation einerseits und der Rolle der Eliten als Repräsentanten unterschiedlicher gesellschaftlicher Interessen andererseits. Eine einfache Vierfeldertafel (*siehe Abb. 1*) macht deutlich, dass sich über eine Kombination dieser beiden Dimensionen verschiedene Elitenypen charakterisieren lassen.

Abb. 1: Elitetypen

	Elitenintegration	
Repräsentation	*hoch*	*niedrig*
hoch	etabliert-demokratische Elite	zentrifugaler Elitenpluralismus
niedrig	Machtelite	desintegrierte Elite

Diese Typologie ist zweifellos sehr schematisch und wird der Komplexität der Realität kaum gerecht. Dennoch macht sie deutlich, dass in einer etabliert-demokratischen Elite nicht nur das gesamte Spektrum gesellschaftlicher Interessen repräsentiert ist, sondern dass sie sich darüber hinaus auch noch durch ein hohes Maß an Elitenintegration auszeichnet. Ein zentrifugaler Elitenpluralismus ohne einigendes Band impliziert dagegen eine fragmentierte Elitenstruktur, die wiederum unterschiedliche Konsequenzen haben kann. Sofern solche Eliten eher defensiv orientiert sind und dazu neigen, Konflikten aus dem Weg zu gehen, führt sie zu dem von Dahrendorf als Strukturmerkmal der frühen westdeutschen Eliten beschriebenen »Kartell der Angst«, das sich durch ein Festhalten am Status quo und Reformscheu auszeichnet.[2] Falls die divergierenden Interessenpositionen dagegen offensiv und unnachgiebig vertreten werden, führt eine solche Elitenstruktur zu unüberbrückbaren Konflikten, wie sie beispielweise für die Republik von Weimar charakteristisch waren. In beiden Fällen fehlt eine Kultur der rationalen Regelung von Interessenkonflikten durch Kompromissbildung.

Umgekehrt entspricht der Typus der Machtelite, die sich durch ein hohes Maß an Interessenübereinstimmung (*Elitenkohäsion)* und fehlende Berücksichtigung von Bevölkerungsinteressen (*Elitenresponsivität*) auszeichnet, am ehesten dem Elitenmodell der frühen Elitentheoretiker, die eine demokratische Kontrolle der Eliten durch die Nicht-Eliten für überflüssig oder für nicht realisierbar hielten. C. Wright Mills' 1956 erschienene Studie »The Power Elite« löste eine lang anhaltende Kontroverse über die Struktur der Elite in den USA aus, in der neben Mills insbesondere G. William Domhoff die Auffassung vertreten hat, in den USA herrsche eine kleine, kohäsive Machtelite bzw. eine herrschende Klasse.[3] Die Annahme, selbst in Demokratien dominierten die Interessen einer kleinen Gruppe von Kapitalbesitzern und hochrangigen Politikern alle wichtigen gesellschaftlichen und politischen Entscheidungen, ist auch in Bezug auf andere moderne Gesellschaften verschiedentlich vertreten worden.[4] Allerdings illustrieren diese Autoren ihre Behauptungen durchweg nur mit Einzelbeispielen von unzureichender Beweiskraft.

Der Typus der *desintegrierten Elite* schließlich dürfte empirisch eher selten sein. Ein solcher Elitetyp ist allenfalls in Zeiten fundamentaler gesellschaftlicher Umbrüche denkbar, in denen die traditionellen Mechanismen sowohl der Interessenartikulation als auch der Kooperation von Eliten zusammengebrochen sind. Beispiele sind von aktiven Minderheiten getragene »Runde Tische«, deren Teilnehmer im Grunde ohne Legitimation durch eine klar definierte organisatorische Massenbasis agieren, selbst ernannte Führer neu gegründeter Parteien sowie neureiche Oligarchen, die sich in undurchsichtiger Weise große Vermögen angeeignet haben und wichtige Wirtschaftszweige kontrollieren.

Empirische Annäherungen an die Vielfalt: die Positionsmethode der Elitenidentifikation

Die bei nationalen Elitestudien zur Identifikation der Eliten üblicherweise eingesetzte *Positionsmethode* geht von der Annahme aus, dass Einfluss auf gesamtgesellschaftlich bedeutsame Entscheidungen in modernen Gesellschaften an die Verfügungsmacht über wichtige Organisationsressourcen gebunden ist. Ein solcher Einfluss kann beispielsweise auf politischer Entscheidungskompetenz, der Verfügung über Kapital oder wichtige Informationen, aber auch auf der Fähigkeit zur Mobilisierung der Öffentlichkeit beruhen.

In der Regel werden auf Grund der unterschiedlichen Machtressourcen, auf die sich der Einfluss der Eliten gründet, die folgenden Sektoren unterschieden:

- Politik: Gesetzgebungskompetenz und Kontrolle über den staatlichen Repressionsapparat,
- Verwaltung, Justiz: Vorbereitung und Implementation politischer Entscheidungen,
- Wirtschaft: Kontrolle über Kapital,
- Verbände, soziale Bewegungen: Repräsentation gesellschaftlicher Interessen in politischen Willensbildungsprozessen,
- Medien: Informationsfunktion,
- Wissenschaft: Expertenwissen,
- Kultureliten: »expressive« Funktion[5],
- Militäreliten: Beitrag zur Sicherung der Autonomie der Gesellschaft nach außen.

Die konkrete Auswahl der Sektoren orientiert sich dabei in erster Linie an deren Einfluss auf politische Willensbildungsprozesse. Dies lässt sich damit begründen, dass aufgrund der großen Aufgabenbreite des modernen Regelungs- und Vorsorgestaates alle gesamtgesellschaftlich bedeutsamen Entscheidungen entweder unmittelbar politische Entscheidungen sind oder zumindest politische Auswirkungen haben. Dies verleiht dem Sektor Politik und seinen Akteuren, den im engeren Sinne *politischen Eliten*, eine zentrale Rolle, da sie die formale Kompetenz besitzen, gesamtgesellschaftlich verbindliche (politische) Entscheidungen zu treffen. Demgegenüber gründet sich der (politische) Einfluss der übrigen, *nichtpolitischen Eliten* auf andere wichtige Ressourcen.

Die große Bandbreite gesellschaftlich bedeutsamer Institutionen und Organisationen lässt sich am Beispiel der Potsdamer Elitestudie von 1995 illustrieren (*siehe Tab. 1*), der vierten seit 1968 durchgeführten Befragung von Eliten in Deutschland.[6] Man kann daran ablesen, dass schon alleine auf Grund der Ausdifferenzierung gesamtgesellschaftlich bedeutsamer Ressourcen die Elitenstruktur moderner Demokratien pluralistischer Natur und mit der Vorstellung einer kleinen, kohäsiven Machtelite unvereinbar ist. Typischerweise beziehen (politische) Willensbildungsprozesse eine Vielzahl öffentlicher Institutionen und privater Organisationen ein. Anstehende Entscheidungen werden in verschiedenen Elitezirkeln mehr oder weniger kon-

Tab. 1: Fallzahlen und Sektorkomposition der Potsdamer Elitestudie 1995

	Positionsinhaber		Interviews	
	Anzahl	%	Anzahl	%
Politik	941	23,9	526	22,5
Verwaltung	654	16,6	479	20,5
Wirtschaft	651	16,5	249	10,6
Wirtschafts-verbände	326	8,3	180	7,7
Gewerkschaften	164	4,2	97	4,1
Medien	454	11,5	281	12,0
Wissenschaft	202	5,1	164	7,0
Kultur	192	4,9	107	4,6
Militär	157	4,0	135	5,7
Andere Eliten[1]	200	5,1	123	5,2
Insgesamt	3941	100,1	2341	99,9

1 Berufsverbände, Justiz, Kirchen, Neue Soziale Bewegungen.

trovers diskutiert. Zu den zentralen Akteuren gehören dabei neben den politischen Organen (Regierungen, Parlamente, Parlamentsausschüsse, Ministerialbürokratien) vor allem politische Parteien, Unternehmen und Verbände. Solche Willensbildungsprozesse werden zudem von einer öffentlichen Debatte begleitet, auf die wiederum die Medien, die Wissenschaft, unabhängige Intellektuelle, aber auch kleinere Verbände Einfluss zu nehmen versuchen. Die zuletzt genannten Gruppen sind selbst nicht aktiv in die direkte Entscheidungsfindung eingebunden, sei es, weil ihnen ihre Rolle Distanz auferlegt (Medien, Wissenschaft) oder sei es, weil sie über keinen direkten Zugang zu den eigentlichen Entscheidungsarenen verfügen. Schließlich werden die getroffenen Entscheidungen von Behörden und Gerichten auf konkrete Fälle angewandt; diese verfügen dabei teilweise über erhebliche Entscheidungsspielräume.

Alle genannten Gruppen üben teils gemeinsam, teils unabhängig voneinander politischen Einfluss aus, und ihre wichtigsten Repräsentanten zählen zu den Eliten. Es liegt auf der Hand, dass zwischen diesen Akteuren keine eindeutigen Über- und Unterordnungsbeziehungen existieren, wie dies die Vorstellung von einer kleinen, kohäsiven Machtelite implizieren würde. Aus diesem Grunde ist auch der Ausgang politischer Willensbildungsprozesse grundsätzlich offen. Der Kreis der beteiligten Eliten kann jedoch weiter oder enger sein, je nachdem, wie stark »Macht« an der Spitze der Gesellschaft konzentriert ist. Das Ausmaß der Machtkonzentration hängt dabei zumindest teilweise von der Struktur des Regierungssystems und des Verbandssystems ab. In föderalistischen Ländern ist Macht stärker dezentralisiert als in zentralistisch regierten, in solchen mit einem pluralistischen Verbandssystem stärker als in einem korporatistischen mit einer begrenzten Zahl von Spitzenverbänden.

Elitenrekrutierung als Basis für Heterogenität

Da unabhängige Organisationen über ein hohes Maß an Autonomie bei der Rekrutierung ihres Führungspersonals verfügen, ergeben sich die Kriterien für den Aufstieg in Führungspositionen aus der jeweiligen Organisationskultur. Analytisch lassen sich zunächst drei verschiedene Auswahlmechanismen unterscheiden, nämlich Wahl, Ernennung/Berufung und Kooptation. Wahl bedeutet dabei nicht notwendigerweise eine »allgemeine Wahl«, sondern typischerweise die Wahl durch ein Vertretungsorgan wie beispielsweise einen Parteitag, einen Gewerkschaftstag, ein Parlament o. ä. Für die Rekrutierung von *Delegationseliten,* die durch Wahl in ihr Amt kommen, ist vor allem wichtig, dass die Kandidaten als effektive Repräsentanten der Interessen ihrer jeweiligen Basis betrachtet werden. Dementsprechend müssen sie in der Regel langjährige Erfahrung in der Organisation (Partei, Verband) aufweisen und mit deren Zielen übereinstimmen. Zweifellos ist fachliche Kompetenz für die anstehende Führungsaufgabe aber eine wichtige zusätzliche Voraussetzung.

Ernennungen sind das wohl am weitesten verbreitete Auswahlverfahren. Eliten, die durch Ernennung ins Amt kommen, lassen sich als *Karriereeliten* bezeichnen.[7] Bei ihnen zählen vor allem einschlägige Fachkenntnisse, die durch Erfahrungen in ähnlichen, wenn auch meist niedrigeren Funktionen nachgewiesen sein müssen. Ein typisches Beispiel hierfür sind die Verwaltungseliten, aber ähnliche Muster gibt es auch in anderen Großorganisationen wie Wirtschaftsunternehmen, Justiz, Militär, der Wissenschaft und den Medien. Zudem finden sich auch in politischen Parteien und Verbänden neben Delegationseliten, die typischerweise auf Zeit gewählt sind, fest angestellte Karriereeliten, die die Alltagsarbeit erledigen (Leiter von Fachabteilungen, Public Relations-Spezialisten, Geschäftsführer).

Kooptation impliziert die Selbstergänzung eines (Führungs-)Gremiums durch Nachwahl neuer Mitglieder. Herausragende Beispiele für eine Kooptation sind die Benennung der Mitglieder künstlerischer und wissenschaftlicher Akademien, aber auch die Berufung von Hochschullehrern. Auch bei

Kooptationsprozessen spielen Fachkenntnisse eine wichtige Rolle. Hinzu muss jedoch – ähnlich wie bei Delegationseliten – kommen, dass die Kandidaten als »Insider« wahrgenommen werden und auch in anderer Hinsicht zum Kreis der Auswählenden passen, z.B. aufgrund ihrer sozialen Herkunft, ihres Lebensstils sowie ihrer Wertorientierungen bzw. ihrer (politischen oder weltanschaulichen) Auffassungen.

Der Charakter und die Zusammensetzung der Auswahlinstanz bzw. des Auswahlgremiums (*selectorate*) sind aus zwei Gründen von fundamentaler Bedeutung.[8] Wie bereits erwähnt, definiert die Auswahlinstanz die Standards, denen die Inhaber von Führungspositionen gerecht werden müssen. Dabei lassen sich »askriptive Kriterien« und »Leistungskriterien« unterscheiden. Askriptive Kriterien sind durch Geburt erworbene Merkmale wie Geschlecht, die Zugehörigkeit zu einer ethnischen Gruppe oder die Klassenzugehörigkeit. Solche Merkmale sind vor allem für die Rekrutierung von Delegations- und Kooptationseliten wichtig, bei denen die Zugehörigkeit zur entsprechenden Gruppe meist einen hohen Stellenwert einnimmt. Sie schließen jedoch – wie bereits erwähnt – die gleichzeitige Anwendung von Leistungskriterien nicht aus. Bei reinen Karriereeliten sollten dagegen – zumindest der Intention nach – ausschließlich Leistungskriterien ausschlaggebend sein. Allerdings zeigt sich in der Regel auch bei ihnen ein hohes Maß an sozialer Selektivität, die sich einerseits aus schichtspezifisch unterschiedlichen Zugangschancen zu den entsprechenden Ausbildungsinstitutionen, andererseits aus der Bedeutung weiterer Merkmale (Beziehungen, Zusatzqualifikationen, Auslandserfahrungen usw.) ergibt.

Die Auswahlinstanz ist aber nicht nur für die Übernahme einer Führungsposition relevant. Nur für die wenigsten Führungspositionen sind Berufungen auf Lebenszeit üblich, um eine Unabhängigkeit der Amtsinhaber von äußeren Einflüssen zu gewährleisten, z.B. bei Richtern und Wissenschaftlern. Die meisten Elitepositionen werden dagegen auf Zeit vergeben. Von daher ist es naheliegend, dass sich deren Inhaber in ihrem Verhalten an den Erwartungen derjenigen Personen bzw. Gremien orientieren, von denen der Verbleib in ihrer Position abhängt. Dies ist ein Mechanismus, der einerseits zum inneren Zusammenhalt von Organisationen beiträgt, der andererseits aber auch zu organisatorischer Erstarrung führen kann und zu mangelnder Fähigkeit, sich an wandelnde äußere Bedingungen anzupassen. Solche Verkrustungen sind bei Kooptationsprozessen am größten, bei allgemeinen Wahlen dagegen am geringsten.

Die Bedingungen für den Aufstieg in Führungspositionen lassen sich durch die Befragung der Betroffenen bestenfalls ansatzweise ermitteln, da die Positionsinhaber selbst darüber nur Vermutungen äußern können. Insofern gibt es hierzu kaum systematische Erkenntnisse. Auf der Basis der vorliegenden Elitebefragungen lässt sich lediglich feststellen, dass Eliten in der Regel ein sehr hohes formales Bildungsniveau und mehrheitlich ein abgeschlossenes Hochschulstudium aufweisen. *Abbildung 2* enthält die entsprechenden Werte für Deutschland.

Der Akademisierungsgrad hat sich in den letzten Jahrzehnten sogar noch deutlich erhöht. Dies gilt in Deutschland vor allem für die SPD-Politiker, die früher vielfach noch aus der Arbeiterschaft kamen. Der Anteil der Personen mit Hochschulabschluss hat sich hier erst in den letzten Jahrzehnten dem Niveau in den übrigen Elitegruppen angeglichen. Die deutlich niedrigeren Werte bei den deutschen Medien- und Militäreliten sind darauf zurückzuführen, dass in diesen beiden Sektoren traditionell eine Praxisausbil-

***Abb. 2:** Abgeschlossenes Hochschulstudium bei Eliten und Bevölkerung in Deutschland*

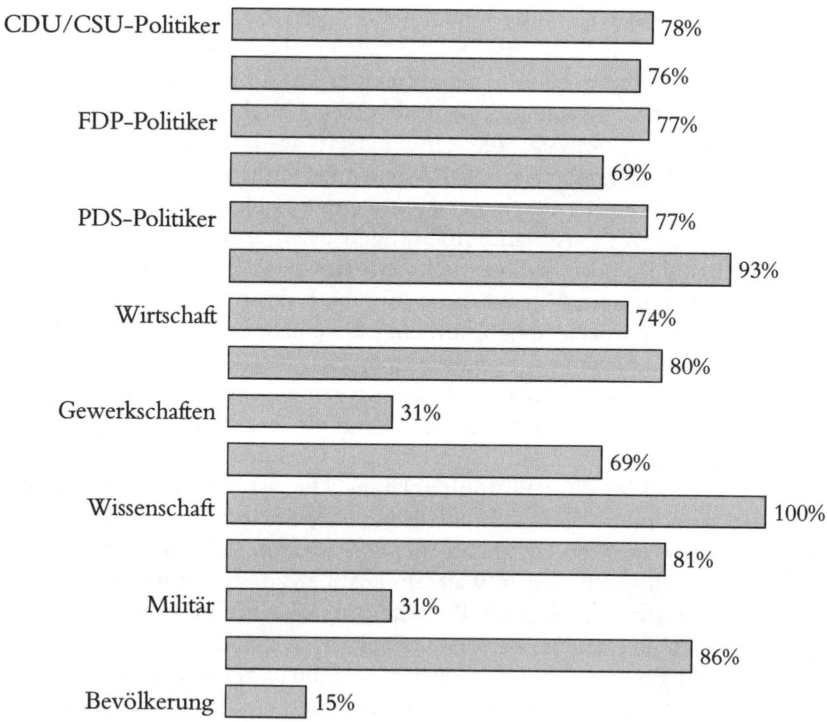

Quelle: Potsdamer Elitestudie 1995 und ALLBUS 1996.

dung nach dem Abitur das Hochschulstudium ersetzte. Inzwischen ist aber auch für den Journalisten- und Offiziersberuf ein abgeschlossenes Studium erforderlich, und selbst in den Gewerkschaftseliten, in denen der Akademikeranteil nach wie vor sehr niedrig liegt, werden die Praktiker immer mehr durch Akademiker abgelöst.

Das Spektrum der fachlichen Abschlüsse ist breit und richtet sich nach dem Arbeitsfeld, in dem die Karriere begonnen wird. Auf höheren Karrierestufen verliert das Studienfach dann aber zunehmend an Bedeutung, und es zählen vor allem Berufserfahrung und Bewährung in früheren Positionen. Das Gesamtspektrum der Berufskarrieren der Eliten ist vielfältig, jedoch verlaufen diese in Deutschland zumindest bislang noch meist sektorspezifisch. Wechsel auf eine höhere Karrierestufe in einem anderen Sektor sind eher selten, vom Wechsel in und aus der Politik abgesehen. Die Politiker sind eindeutig die mobilste Elitegruppe, was ganz im Gegensatz zu der Behauptung steht, heutige Politiker wiesen auf Grund der hohen Professionalisierung der Politik kaum mehr Beziehungen zum normalen Berufsleben auf.

Politische Konfliktlinien zwischen den Eliten

Die Wertorientierungen der Eliten und ihre Einstellungen zu gesellschaftlichen und politischen Streitfragen geben Auskunft darüber, in welchem Ausmaß sie die demokratischen Spielregeln unterstützen und welche bedeutsamen Konfliktlinien es zwischen verschiedenen Eliten, aber auch zwischen den Eliten und ihrer jeweiligen Basis gibt.

Die Eliten konsolidierter Demokratien zeichnen sich durch einen weitgehenden Konsens über die Grundzüge der politischen Ordnung und die Verfassungsinstitutionen aus. Da die Republik von Weimar nicht zuletzt daran scheiterte, dass ein entsprechender Verfassungskonsens fehlte, wurden noch bis in die sechziger Jahre des 20. Jahrhunderts gelegentlich Zweifel an der demokratischen Zuverlässigkeit nicht nur der Bürger, sondern auch der (west-)deutschen Eliten geäußert.[9] Inzwischen sind solche Bedenken allerdings überwiegend verschwunden.

Die Ergebnisse der Potsdamer Elitestudie von 1995 zeigen, dass die große Mehrheit der Anhänger der Unionsparteien, der SPD und der FDP in den deutschen Eliten[10] die Funktionstüchtigkeit der Demokratie in Deutschland positiv beurteilt, und zwar unabhängig davon, ob die Befragten aus den neuen oder den alten Bundesländern stammen (*siehe Abb. 3*). Bei den Mitgliedern und den Anhängern von Bündnis 90/Die Grünen liegt der entspre-

Abb. 3: Beurteilung der Funktionstüchtigkeit des politischen Systems als zufriedenstellend

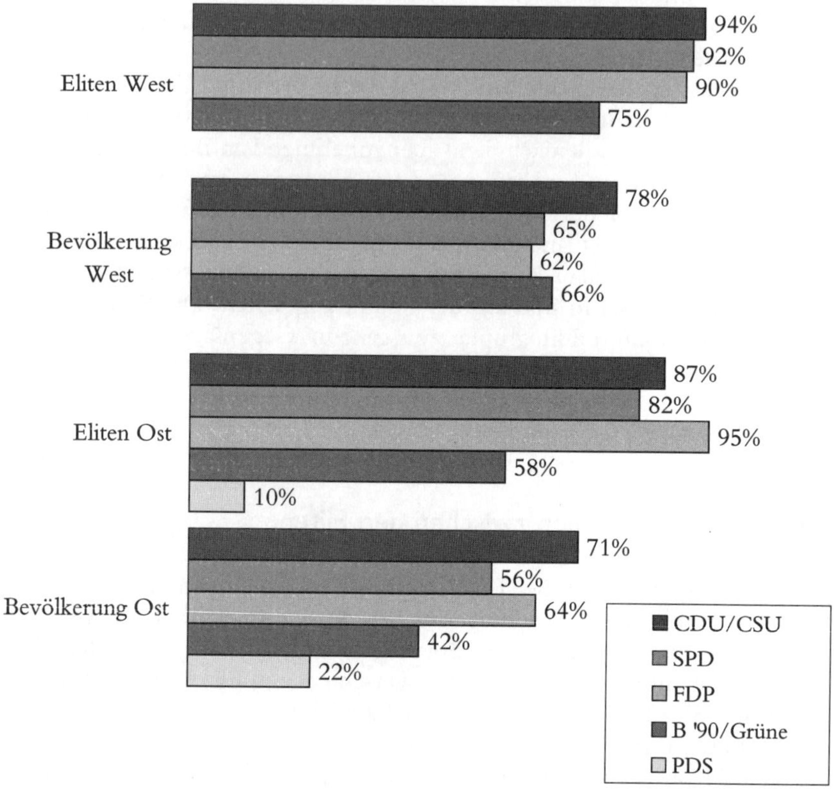

Quelle: Potsdamer Elitestudie 1995 und Potsdamer Bevölkerungsumfrage 1995.

chende Anteilswert etwas niedriger, und auch die Unterschiede zwischen den im Westen und den in der DDR Aufgewachsenen sind etwas größer.

Mehrheitlich negativ wird die deutsche Demokratie lediglich von den Anhängern der PDS in Eliten und Bevölkerung beurteilt. Ihre Fallzahl war jedoch bei den aus den alten Bundesländern stammenden Befragten zu niedrig, um diese Gruppe gesondert auszuweisen. Diese skeptische Haltung der PDS ist zwar nicht umstandslos mit einer antidemokratischen Grundhaltung gleichzusetzen, sie sprengt jedoch den Konsens unter den Eliten, der sich nach 1945 in den alten Bundesländern entwickelte und von den aus den neuen Bundesländern stammenden Eliten überwiegend übernommen worden ist. Gleichzeitig bestätigen die Ergebnisse, dass die deutschen Eliten, ebenso wie die Eliten anderer demokratischer Gesellschaften, liberal-demokratische Werte stärker befürworten und das demokratische System erheblich positiver beurteilen als die Bürger des jeweiligen Landes. Aus diesem Grunde werden die Eliten vielfach auch als »Hüter der Demokratie« bezeichnet.[11]

Ein im internationalen Vergleich besonderes Merkmal Deutschlands ist das hohe Ausmaß an Parteienstaatlichkeit. Zwar sind parlamentarische Demokratien immer auch Parteiendemokratien in dem Sinne, dass Regierungsbildung und -stabilität von den parteipolitischen Mehrheitsverhältnissen im Parlament abhängen und der Konflikt zwischen Regierung und Opposition das politische Leben prägt. In Deutschland kommt jedoch noch eine in der Verfassung verankerte Privilegierung der politischen Parteien hinzu, die sich beispielsweise in einer großzügigen öffentlichen Parteienfinanzierung und Möglichkeiten zu parteipolitischer Patronage in der Verwaltung und den öffentlich-rechtlichen Körperschaften niederschlägt. Wegen der verhängnisvollen Auswirkungen der ausgeprägten Aversion gegen Parteien, die bei rechtsextremen und kommunistischen, aber auch bei konservativen Kräften in den frühen Jahren der Republik von Weimar bestand, war zudem öffentliche Kritik an den politischen Parteien in den ersten Jahrzehnten der Bundesrepublik weitgehend als »demokratiefeindlich« tabuisiert. Dies hat es den politischen Parteien erlaubt, im öffentlichen Leben eine sehr bedeutsame Rolle zu erlangen. In den Eliten schlägt sich dies einmal in einem hohen Anteil von Parteimitgliedern nieder, besonders in der Ministerialbürokratie, aber auch in den öffentlich-rechtlichen Rundfunkanstalten (*siehe Tab. 2*). Ferner wird der öffentliche Diskurs stark durch die Positionen der Parteien zu den aktuellen politischen Streitfragen geprägt. Damit ist die Parteineigung der Eliten eine zentrale Determinante ihrer politischen Einstellungen und meist wichtiger als die Sektor- oder Organisationszugehörigkeit. Hinzu kommt, wie auch in den meisten anderen demokratischen Staaten, eine relativ enge Affinität der Wirtschaftseliten zu den bürgerlichen Parteien (Union und FDP) und der Gewerkschaftseliten zur SPD. Diese parteipolitischen Koalitionen mit den großen wirtschaftspolitischen Interessengruppen sind über die Zeit sehr stabil und haben sich über die letzten Jahrzehnte kaum verändert.[12]

Die Differenzen im Hinblick auf zentrale politische Konfliktmaterien sind in den Eliten relativ ausgeprägt. Am stärksten polarisierend wirkt dabei nach wie vor die sozioökonomische Konfliktlinie. Nachdem diese nach dem Zweiten Weltkrieg zunächst an Bedeutung verloren hatte, nahmen die Verteilungskonflikte in den letzten Jahren, bedingt durch die Globalisierung und die steigende Lebenserwartung, in vielen modernen Demokratien wieder an Brisanz zu, was mit einer erneuten Akzentuierung dieser Konfliktlinie einherging.

Tab. 2: Parteipräferenzen[1] und Parteimitgliedschaften der deutschen Eliten 1995 (in %)

Sektor	CDU/ CSU	SPD	FDP	Grüne	PDS	Parteimitglieder in %
Verwaltung	47,9	34,0	11,9	5,7	0,4	71,5
Wirtschaft	59,2	18,3	18,8	3,3	0,4	27,7
Wirtschaftsverbände	69,8	7,7	20,1	2,4	0,0	39,9
Gewerkschaften	7,4	73,4	1,1	18,1	0,0	86,6
Medien	32,6	30,0	11,9	24,4	1,1	25,4
Wissenschaft	44,5	24,5	16,1	14,2	0,6	20,1
Kultur	44,5	24,5	16,1	14,2	2,0	11,0
Militär	78,4	13,6	6,4	1,6	0,0	12,7
Andere Sektoren[2]	37,1	37,1	12,1	13,6	0,0	41,0
Gesamt	46,2	28,4	13,0	11,9	0,5	54,1

1 Höchster Wert auf dem Parteienskalometer (Sympathiewerte auf einer Skala von +5 bis –5).

2 Berufsverbände, Justiz, Kirche, Neue Soziale Bewegungen.

Quelle: Potsdamer Elitestudie 1995.

In Deutschland wird der im Parteiensystem verankerte Konflikt über sozioökonomische Verteilungsfragen, also über sozialstaatliche Regelungen (z. B. Leistungen der gesetzlichen Krankenversicherung), über die Höhe der öffentlichen Ausgaben zugunsten Bedürftiger (Sozialhilfe, Mietzuschüsse o. Ä.) bzw. über das Ausmaß von Eingriffen in die unternehmerische Entscheidungsfreiheit (innerbetriebliche Rechte der Beschäftigten, Kündigungsschutzbestimmungen o. Ä.), durch den wirtschaftlichen Nachholbedarf in den neuen Bundesländern noch zusätzlich verschärft. Beides kann man nicht zuletzt an den Einstellungen zum Abbau staatlicher Aufgaben ablesen (*siehe Abb. 4*). Während die Politiker und Anhänger von Union und FDP einen solchen Abbau mehrheitlich befürworten, wird er von den Politikern von SPD und Bündnis 90/Grüne, aber auch von den Gewerkschaftseliten mehrheitlich abgelehnt. Am äußersten Rand des Spektrums befinden sich die PDS-Politiker, die fast geschlossen dagegen sind.

Abbildung 4 unterstreicht darüber hinaus die starke Prägung des öffentlichen Diskurses durch die Positionen der politischen Parteien. Dies lässt sich daran erkennen, dass sich die Positionen der Parteianhänger in den nichtpolitischen Elitesektoren kaum von denjenigen der jeweiligen Parteipolitiker unterscheiden. Die Daten bestätigen zudem die Außenseiterposition der PDS sowie die jeweils großen Übereinstimmungen zwischen Union und FDP einerseits sowie SPD und Bündnis 90/Grüne andererseits.

Die Ergebnisse vergleichbarer Elitestudien in den USA und Australien deuten darauf hin, dass die Parteieliten in parlamentarischen Demokratien eine sehr viel zentralere Rolle für die Bestimmung der politischen Agenda

Abb. 4: Befürwortung der Abgabe von Staatsaufgaben durch die deutschen Eliten

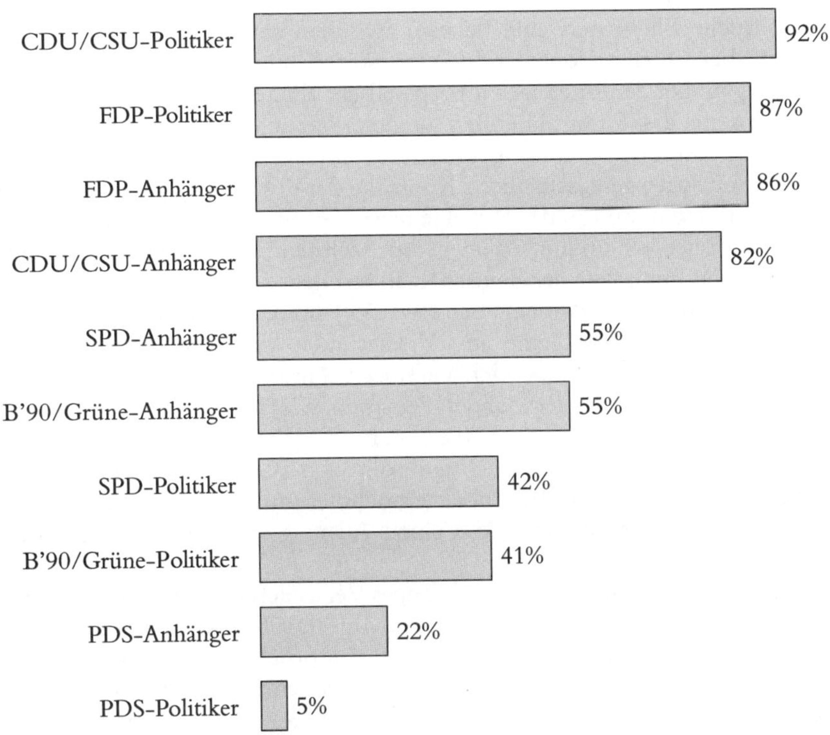

Quelle: Potsdamer Elitestudie 1995

und für die Formulierung alternativer politischer Positionen einnehmen. Im präsidentiellen System der USA sind die Parteien nicht so zentral und die Eliten der verschiedenen Interessenorganisationen entwickeln ihre politischen Positionen und Lösungsvorschläge zunächst weitgehend unabhängig von den Parteien, die sich erst in der Phase der Entscheidungsfindung im Kongress – und selbst dann nicht immer – um eine einheitliche Position bemühen. Insofern hat die Struktur des Regierungssystems einen bedeutsamen Einfluss auf die Art und Weise, wie politische Konfliktmaterien im politischen System bearbeitet werden und wer die jeweils wichtigsten Akteure sind.

Resümee: Elitenintegration und Elitenkontrolle

Bedingt durch die pluralistische Natur moderner Gesellschaften müssen demokratische Eliten stets eine Balance zwischen der Fähigkeit zur Kooperation über Organisations- und Sektorgrenzen hinweg und der Responsivität gegenüber den Interessen ihrer gesellschaftlichen Basis finden. Dabei ist die Tatsache, dass Eliten abberufen werden können und die Verweildauer in Führungspositionen zeitlich begrenzt ist, eine wesentliche Voraussetzung für eine effektive gesellschaftliche Kontrolle der Eliten. Der Aufstieg in Spitzenpositionen nimmt in der Regel längere Zeit in Anspruch. Meist werden Elitepositionen erst im fünften oder sogar sechsten Lebensjahrzehnt erreicht. Das Durchschnittsalter der deutschen Eliten liegt seit den sechziger Jahren des 20. Jahrhunderts konstant bei etwa 55 Jahren. Von daher bleiben die meisten Eliten schon alleine aus Altersgründen nur eine begrenzte Zeit im Amt. Natürlich gibt es auch vereinzelt Ausnahmen, vor allem in der Politik, man braucht hier nur an Personen wie Helmut Kohl, Edmund Stoiber oder Gerhard Schröder zu erinnern, die jahrzehntelang herausgehobene Parteifunktionen und wichtige politische Wahlämter eingenommen haben bzw. im Falle Stoibers noch einnehmen; und es gibt in der Politik keine Ruhestandsregelungen, die einen Ausstieg spätestens mit 65 Jahren erzwingen.

In anderen Sektoren ist ein solch langes Verweilen in Elitepositionen aber eher die Ausnahme als die Regel. In der Ministerialbürokratie nehmen Karrieren fast durchweg längere Zeiträume in Anspruch, und die höchsten Beamtenpositionen (politische Beamte) stehen zudem bei einem Regierungswechsel immer zur Disposition. Auch die Karrieren in den großen Wirtschaftsunternehmen, in denen sich die Inhaber von Spitzenpositionen bis in die achtziger Jahre des 20. Jahrhunderts hinein einer außerordentlich langen Amtsdauer erfreuen konnten, sind heute durch starke Verwerfungen gekennzeichnet. Sie eröffnen teilweise jungen Nachwuchskräften einen Blitzaufstieg in die Eliten, dem aber ein ebenso schneller Positionsverlust folgen kann.

Paradoxerweise ist die Verweildauer bei Delegationseliten vielfach höher als bei Karriereeliten. Die Gründe dafür hat Robert Michels bereits zu Beginn des 20. Jahrhunderts analysiert. Sie haben mit der Arbeitsteilung zwischen den Mitgliedern bzw. Wählern einerseits und den hauptamtlichen Inhabern von Wahlämtern andererseits zu tun, die einen beträchtlichen Informationsvorsprung der Partei- und Verbandsführungen mit sich bringt, der ihnen eine relativ hohe Positionssicherheit verleiht.[13] Schließlich gibt es nur sehr wenige Elitepositionen, die vom Grundsatz her unbefristet vergeben werden, beispielsweise die von Professoren, Bischöfen oder den Richtern des U.S. Supreme Court. Dies deutet darauf hin, dass Organisationen in der Regel Wert darauf legen, ihr Führungspersonal bei Bedarf auswechseln zu können.

Während die Abhängigkeit der Eliten von ihrer Basis einerseits deren Kontrolle ermöglicht, steht andererseits eine zu starke Rückbindung der Eliten im Widerspruch zu der Notwendigkeit der Kooperation über Organisationsgrenzen hinweg. Diese Kooperation bedingt wiederum die Herausbildung einer eigenständigen Elitenkultur, an der die Basis (Mitglieder, Wähler) kaum teilhat. Die Komplexität (politischer) Willensbildungsprozesse und die Tatsache, dass die Notwendigkeit der von der Führung einer Organisation mit den Repräsentanten anderer Organisationen ausgehandelten Kompromisse für die nicht an diesen Verhandlungsprozessen Beteiligten nicht im Detail nachprüfbar ist, gibt den Eliten Spielräume zur Verselbstständigung

Wesentliche Voraussetzungen für die Kooperation von Eliten sind die Anerkennung verbindlicher prozeduraler Regeln (Verfassungen, Gesetze) der Entscheidungsfindung sowie informeller Regeln des Umgangs miteinander. Die Anerkennung demokratischer Spielregeln unterscheidet konsolidierte Demokratien von anderen Gesellschaften, in denen solche Spielregeln entweder nicht existieren oder keine allgemeine Unterstützung genießen. Das große Problem bei Demokratisierungsprozessen besteht dementsprechend weniger in der Einigung auf institutionelle Strukturen und Entscheidungsprozeduren, als vielmehr in der sich daran anschließenden Phase der demokratischen Konsolidierung. Mit Verfassungen lässt sich das tägliche Miteinander nämlich nicht vollständig regeln. Zudem ist es unvermeidlich, dass Verfassungsnormen teilweise in Widerspruch zueinander stehen,[14] und im Prozess ihrer Anwendung muss ständig entschieden werden, unter welchen Bedingungen welcher Norm Vorrang gebührt. Da diejenigen, die an politischen Willensbildungsprozessen teilnehmen, alle ihnen zu Gebote stehenden Machtkompetenzen ausschöpfen, können unklare oder widersprüchliche Regeln (z.B. Oppositionsrechte, Befugnisse des Staatsoberhaupts zu Eingriffen in die Regierungsgeschäfte) zu Konflikten führen und die Gefahr heraufbeschwören, dass die während des Demokratisierungsprozesses ausgehandelten Verfassungsregeln von einzelnen Elitegruppen (Parteien, Verbänden, Medien, Unternehmen) wieder in Frage gestellt werden. Daraus ergibt sich, dass gerade die für moderne demokratische Gesellschaften charakteristische Heterogenität der Eliten ohne informelle Kooperationsregeln und Kompromissbereitschaft nicht auskommen kann.

Es liegt auf der Hand, dass die Existenz eines hohen Ausmaßes an Elitenkooperation zwar einerseits die Entscheidungsfindung erleichtert, aber andererseits auch die Gefahr mit sich bringt, dass die Eliten die Vertretung der Interessen ihrer eigenen organisatorischen Basis (ihrer Wähler oder Mitglieder) zugunsten einvernehmlicher Vereinbarungen auf Elitenebene vernachlässigen (*Elitenkollusion*). Dies nährt aufseiten der Nicht-Eliten den Verdacht, die Eliten nutzten ihre Handlungsspielräume in erster Linie zur Verfolgung persönlicher Interessen und sie vernachlässigten dabei ihre Hauptaufgabe, nämlich Sachwalter der Interessen ihrer Organisation zu sein.[15] Schon aus diesem Grunde ist die Herstellung einer vernünftigen Balance zwischen der effektiven Vertretung der Interessen der Nicht-Eliten (*Elitenresponsivität*) und der notwendigen Kooperation zwischen den verschiedenen Eliten (*Elitenintegration*) nicht nur eine fortwährende Aufgabe der Eliten, sondern aller gesellschaftlichen Kräfte, denn einer solchen Elitenkollusion kann nur eine effektive Kontrolle von unten entgegenwirken.

Anmerkungen

1 Raymond Aron: Social Structure and the Ruling Class, in: British Journal of Sociology 1 (1950), S. 1–17 und 126–144; wieder abgedruckt in: Lewis A. Coser (Hrsg): Political Sociology, New York 1966, S. 49–100. Otto Stammer: Das Elitenproblem in der Demokratie, in: Schmollers Jahrbuch für Gesetzgebung, Verwaltung und Volkswirtschaft 71 (1951), S. 1–28; Robert A. Dahl: Who Governs?, New Haven 1961; ders.: Polyarchy. Participation and Opposition, New Haven 1971; Suzanne Keller: Beyond the Ruling Class. Strategic Elites in Modern Society, New Brunswick 1991; Giovanni Sartori: The Theory of Democracy Revisited, Vol. 1: The Contemporary Debate, Chatham 1987.

2 Ralf Dahrendorf: Gesellschaft und Demokratie in Deutschland, München 1965, S. 297ff.

3 C. Wright Mills: The Power Elite, New York 1956; G. William Domhoff: Who Rules America?, 5. Aufl., New York 2005.

4 Beate Krais: Die Spitzen der Gesellschaft, in: dies. (Hrsg.): An der Spitze. Von Eliten und herrschenden Klassen, Konstanz 2001, S. 7–62.

5 Dieser Begriff stammt von Suzanne Keller, die Künstler und Literaten als »expressive elites« bezeichnet hat. Darunter ist zu verstehen, dass sie ihre Anliegen in künstlerischer Form öffentlichkeitswirksam ausdrücken (Drama, Essay, Oper, Gemälde usw.) und damit auf soziale oder politische Probleme aufmerksam machen. Vgl. Keller (wie Anm. 1), S. xxi.

6 Wilhelm Bürklin/Hilke Rebenstorf u. a.: Eliten in Deutschland. Rekrutierung und Integration, Opladen 1997. Mit diesen vier Studien ist Deutschland im internationalen Vergleich führend bei der empirischen Erforschung nationaler Eliten. Die ersten drei Befragungen waren 1968, 1972 und 1981 durchgeführt worden. Vgl. Ursula Hoffmann-Lange: Eliten, Macht und Konflikt in der Bundesrepublik, Opladen 1992.

7 Wolfgang Zapf: Wandlungen der deutschen Elite, München 1965, S. 66.

8 Vgl. hierzu Robert D.Putnam: The Comparative Study of Political Elites, Englewood Cliffs (N.J.) 1976, dort insbesondere Kapitel 3.

9 Hier ist beispielsweise auf die einflussreiche Analyse Ralf Dahrendorfs (wie Anm. 2) zu verweisen, die den (West-)Deutschen mangelnde Unterstützung für das Prinzip der liberalen Demokratie und die Sehnsucht nach einer konfliktfreien Gesellschaft, verbunden mit der Ablehnung von Kompromissen, unterstellte.

10 Für die Analyse wurden alle befragten Eliten, also die Parteipolitiker sowie die Anhänger der entsprechenden Parteien in den übrigen Eliten nach Parteizugehörigkeit bzw. Parteipräferenz gruppiert.

11 Hoffmann-Lange (wie Anm. 6), S. 305–313.

12 ebd., S. 165–178.

13 Vgl. dazu Robert Michels: Zur Soziologie des Parteiwesens in der modernen Demokratie, Neudruck der 2. Aufl., Stuttgart 1970 (Erstauflage 1911).

14 Es sei hier nur an das Spannungsverhältnis zwischen Freiheits- und Gleichheitsrechten erinnert.

15 Besonders eklatante Beispiele für eine solche Verfolgung privater Interessen sind Korruption in der öffentlichen Verwaltung und Vorteilsnahme durch Politiker. Vergleichbares Fehlverhalten gibt es aber auch in der Privatwirtschaft. Hier sind aktuelle Beispiele zu nennen wie Manager, die nach einer Unternehmensübernahme großzügige Sondervergütungen erhalten, oder Betriebsräte, denen ihr Unternehmen Luxusreisen finanziert und die dadurch geneigt gemacht werden sollen, für die Arbeitnehmer nachteiligen Unternehmensentscheidungen wie Abweichungen vom Tarifvertrag oder Massenentlassungen zuzustimmen.

Oscar W. Gabriel

Kann und soll Politik führen?

Das Untersuchungsproblem

Stillstand und Niedergang allenthalben, dieser Eindruck drängt sich auf, wenn man den politischen Teil der Tageszeitung liest oder politische Sendungen im Fernsehen anschaut. Die Steuereinnahmen brechen weg, die Konjunktur lahmt, kein Hoffnungsschimmer zeigt sich auf dem Arbeitsmarkt, die sozialen Sicherungssysteme treiben auf den Kollaps zu. Die Symptome der Krise sind klar, viel klarer jedenfalls als die Reaktionen der Politik. Die Umsetzung der vielfältigen, aber bruchstückhaften Reformansätze ist bisher regelmäßig im Sande verlaufen, sei es, weil bis vor kurzem die Regierung und die Opposition einander blockierten, sei es, weil mächtige Interessenverbände die Umsetzung von Reformen behindern oder weil die Politiker beim Blick auf den nächsten Wahltermin der Mut zu unpopulären Maßnahmen verlässt. Auch die seit 2005 amtierende Große Koalition hat bisher zwar umfassende Reformen angekündigt, aber noch nicht in Angriff genommen. Viele Beobachter bezweifeln, dass die zwischen den neuen Koalitionspartnern nach wie vor bestehenden unterschiedlichen Positionen in der Arbeitsmarkt- oder Gesundheitspolitik die Entwicklung einer konsequenten Reformpolitik zulassen werden. Bei der Suche nach Auswegen aus dem beschriebenen Dilemma kommt der Ursachenanalyse eine Schlüsselrolle zu und dabei lautet die Kernfrage: Liegt die Krise, in der wir uns derzeit in Deutschland und anderen demokratischen Staaten befinden, an Strukturschwächen der Demokratie, an ungünstigen wirtschaftlichen Bedingungen oder hat die politische Führung versagt?

Der kritisierte politische Stillstand ist kein neues Phänomen. Schon seit den 1970er-Jahren gibt es in der Politikwissenschaft eine breite Diskussion über das Thema der Regierbarkeit. Ihr Grundtenor lautet: Die Komplexität der politischen Entscheidungsprozesse und die Starrheit der politischen Institutionen auf der einen Seite und die Spirale der steigenden Erwartungen auf der anderen Seite haben die Politik in den meisten Demokratien, insbesondere in den europäischen Wohlfahrtsstaaten, ihrer Handlungsfähigkeit beraubt und den Gestaltungswillen der politischen Führung untergraben. Die strukturellen und kulturellen Grenzen politischer Gestaltung wurden bereits in den ersten Beiträgen zur Regierbarkeitsdebatte benannt.[1] Offenkundig und unstrittig ist, dass die wirtschaftliche Entwicklung den Handlungsrahmen der Politik begrenzt, weil eine durch konjunkturelle Krisen ausgelöste Verknappung der finanziellen Ressourcen bei weitgehend festliegenden Ausgabenverpflichtungen kaum Spielräume für politische Innovationen lässt. Ebenso klar sind die aus den Eigenschaften demokratischer Politik resultierenden Handlungsgrenzen, denn in einer Demokratie kann es sich keine Regierung und keine Parlamentsmehrheit leisten, auf Dauer eine Politik zu betreiben, der die Mehrheit der Wähler ihre Zustimmung versagt und die den grundlegenden Wertvorstellungen der Minderheit zuwiderläuft. Aus dieser Perspektive kann Politik nur begrenzt führen, selbst wenn sie es soll und will. Demokratische Politik ist auf Führung, auf einen Ausgleich divergierender Interessen und auf eine grundsätzliche Zustimmung der Öffentlichkeit zum generellen Handlungskurs der Führung angewiesen, weil sie anders ihrem eigenen Anspruch als Herrschaft durch das Volk und für das Volk nicht gerecht wird. Diese Anforderungen sind aber in der politischen Praxis nicht leicht zu erfüllen, und schon gar nicht gleichzeitig und ohne Abstriche.

Wie eng auch immer die Handlungsspielräume der Politik sein mögen, selbst in schwierigen Situationen bestehen Möglichkeiten zu einer aktiven politischen Gestaltung, und möglicherweise empfindet die Bevölkerung in derartigen Krisensituationen besonders deutlich die Notwendigkeit aktiver politischer Führung. Hierzu gehört aufseiten der Regierenden die Fähigkeit und die Bereitschaft, den ihnen in demokratischen Wahlen erteilten Gestaltungsauftrag zu erkennen und wahrzunehmen. Dies schließt im Sinne Max Webers den Willen zur Ausübung politischer Macht ein, das heißt die Fähigkeit, den eigenen Willen gegen Widerstreben durchzusetzen.[2] Jedoch lässt sich Führung in der Demokratie nicht auf autoritatives Entscheiden und die Ausübung politischer Macht begrenzen, sie schließt auch das Werben um Zustimmung zu den getroffenen Entscheidungen ein. Gerade in diesem Bereich der Politikvermittlung, der Darlegung der Notwendigkeit bestimmter Entscheidungen oder des Verzichts auf solche Entscheidungen, scheinen derzeit besondere Schwächen der politischen Führung zu liegen. Die Frage dieses Beitrags müsste insofern wie folgt erweitert werden: »Soll, kann und will die Politik führen?«.

In den folgenden Teilen dieses Beitrags möchte ich das Thema in dieser Reihenfolge abhandeln: Zunächst geht es um die normativen Aspekte politischer Führung: Soll Politik überhaupt führen, und wenn ja, in welcher Form? Im folgenden Teil stehen die Möglichkeiten und Grenzen politischer Führung zur Debatte: Kann Politik führen oder nicht, und wenn nicht, aus welchen Gründen. Schließlich wird der Wille zur politischen Führung diskutiert, also die Bereitschaft der Politik, unter den Bedingungen demokratischer Herrschaft und unter Beachtung ökonomischer Handlungsgrenzen die verfügbaren Gestaltungsspielräume zu nutzen und die Bevölkerung von der Richtigkeit des eingeschlagenen Weges zu überzeugen.

Soll Politik führen?

Politische Führung ist ein notwendiges Merkmal jeder Form politischer Herrschaft, denn Herrschaft im Sinne Max Webers bedeutet »die Chance, für einen Befehl bestimmten Inhalts bei angebbaren Personen Gehorsam zu finden«.[3] Das Verständnis von Politik als Herrschaftsbeziehung findet auch in der systemtheoretischen Bestimmung der Funktion der Politik seinen Ausdruck: Easton bezeichnet Politik als die autoritative Zuteilung von Werten in einer Gesellschaft.[4] Für Luhmann besteht die Aufgabe des politischen Systems darin, allgemein verbindliche Entscheidungen zu produzieren und durchzusetzen.[5] Der Erfolg politischer Führung misst sich daran, ob es gelingt, »Befehle zu geben« oder – um es in der Sprache der modernen Politikwissenschaft auszudrücken – verbindliche Entscheidungen zu fällen, und ob diese Gehorsam finden bzw. akzeptiert und befolgt werden. Politik soll führen, diese Feststellung ergibt sich aus der Funktion des politischen Systems in der gesamtgesellschaftlichen Arbeitsteilung.

Politische Führung wurde in der Geschichte der Menschheit schon immer ausgeübt, denn jedes politische Gemeinwesen zeichnet sich als Herrschaftsverband durch eine Differenzierung zwischen Herrschenden und Beherrschten aus. In diesem System kommt den Herrschenden die Aufgabe zu, für alle Mitglieder der politischen Gemeinschaft verbindlich zu entscheiden und für die Entscheidungen, aber auch für ihre generelle Entscheidungs*befugnis*, Akzeptanz zu finden. Zwischen den Formen und der Legitimationsgrundlagen von Herrschaft und Führung bestehen allerdings erhebliche Unterschiede. In vormodernen Gesellschaften wurde politische Führung traditional gerechtfertigt, in modernen Gesellschaften treffen wir nach Max Weber zwei Formen politischer Herrschaft bzw. Führung an, die legale und die charismatische Herrschaft.[6] In den modernen Verfassungsstaaten ist Herrschaft notwendigerweise legal, also rechtsförmig geregelt. Die Regelungen betreffen die Organisation des Herrschaftsapparats, die Bestellung der Herrschaftsträger und die Mittel der Ausübung politischer Herrschaft. Herrschaftsordnungen, die diesen Bedingungen nicht entsprechen, werden nicht als rechtmäßig oder legitim anerkannt. Allerdings sichert Legalität alleine in der Demokratie nicht die Legitimität von Herrschaft und Führung. Vielmehr müssen die Mitglieder einer politischen Gemeinschaft der Überzeugung sein, dass die in der Gemeinschaft existierenden Werte, Normen und Institutionen im Großen und Ganzen den eigenen Vorstellungen davon entsprechen, was gut und richtig ist. Damit ist eine Anforderung festgelegt, der Herrschaft und Führung in der Demokratie genügen müssen und die – wie wir noch sehen werden – den Spielraum politischer Führung in der Demokratie bestimmt.

Im modernen Verfassungsstaat betrifft politische Herrschaft die Struktur des politischen Gemeinwesens oder den Polity-Aspekt der Politik. Die Charakteristika eines Herrschaftssystems sind formal eindeutig geregelt. Damit ist allerdings keineswegs klar, wie das politische Tagesgeschäft des Herstellens und Durchsetzens verbindlicher Entscheidungen faktisch abläuft. Vielmehr muss der institutionelle Rahmen einer Herrschaftsordnung durch das Verhalten von Akteuren mit Leben gefüllt, in konkretes politisches Gestalten und in das Erzeugen von Folgebereitschaft umgesetzt werden. Dieses Verhalten der Herrschaftsträger im politischen Alltagsgeschäft steht im Zentrum dessen, was wir als politische Führung bezeichnen. Nach Manfred G. Schmidt geht es dabei um die effektive Wahrnehmung von Leitungs-, Lenkungs- und Kontrollfunktionen durch eine Regierung, einen Regierungschef oder das Parlament, um energisches und rasches Reagieren auf veränderte Situationen, um vorausschauend-innovatorische Politiksteuerung.[7]

Politische Führung stellt sich in dieser Perspektive als komplexer Prozess dar, an dem mehrere Akteure beteiligt sind und der verschiedene Formen politischen Handels einschließt. Auf der einen Seite sind verbindliche Entscheidungen zu treffen, die unmittelbar die Gestaltung der Gesellschaft beeinflussen, und zwar sowohl pro-aktiv wie auch reaktiv. Auf der anderen Seite ist das Handeln anderer Akteure zu steuern und zu kontrollieren, die zwar an der Erfüllung politischer Aufgaben beteiligt sind, aber nicht in führender Funktion. Diese Rollenträger finden wir in der Bürokratie, die für die Umsetzung politischer Outputs zuständig ist, aber auch in der Öffentlichkeit, deren Verhalten darüber entscheidet, ob aus einem Output das politisch gewünschte Ergebnis (*outcome*) wird.

Politische Gestaltung umfasst das Erkennen politischer Probleme, das Formulieren politischer Ziele, das Aufstellen von Prioritäten bei der Verwirklichung der Ziele, die Auswahl der für die Problemlösung geeigneten Mittel und das Konzipieren von Durchsetzungs- und Überzeugungsstrategien, deren Zweck in der Schaffung von Akzeptanz liegt. Zudem sind bei jeder Entscheidung über die Realisierung politischer Ziele die möglichen Nebenfolgen zu bedenken.

Ziele sollten sich in einer parlamentarischen Parteiendemokratie aus den Parteiprogrammen oder Absichtserklärungen der politischen Akteure, etwa in Wahlkampfreden, Regierungserklärungen oder Parlamentsdebatten, ergeben. Ob dieses Postulat der Realität eines politischen Systems gerecht wird, in dem programmatisch weitgehend verwechselbare Parteien um die gleichen Wählerschichten, die ominöse politische Mitte, werben, ist strittig. Kirchheimers These vom Wandel der politischen Parteien zu programmatisch profillosen »Allerweltsparteien« ist umstritten,[8] klare empirische Belege für ihre Gültigkeit sind deutlich seltener als Hinweise auf den Fortbestand von Unterschieden zwischen den Parteien, die sich allerdings weniger in konträren Positionen als in unterschiedlichen Schwerpunktsetzungen niederschlagen.[9]

Die wichtigsten Mittel zur Durchsetzung politischer Ziele sind die Regulierung, die Verteilung, die Überzeugung und die Verhandlung. Das Ensemble der politischen Aktivitäten, die politische Führung ausmachen, zielt auf das Aufstellen der politischen Agenda eines Landes. Nicht nur deren Aufstellung, sondern auch deren Realisierung macht politische Führung notwendig. In einer parlamentarischen Demokratie wie der Bundesrepublik Deutschland obliegt die Aufgabe der politischen Führung in erster Linie der Regierung und dem Regierungschef, der zu diesem Zweck mit zahlreichen Handlungsressourcen formaler und informaler Art ausgestattet ist. In einem System der funktionalen Verschränkung von Parlament und Regierung erfüllt das Parlament keine originäre Führungsfunktion, es ist aber an der Auswahl der Inhaber politischer Führungspositionen beteiligt und wirkt am politischen Entscheidungsprozess als Vetospieler mit. Eine Regierung, die sich generell oder in wichtigen Fragen nicht auf die Kooperation und Loyalität der Parlamentsmehrheit verlassen kann, ist zu politischer Führung nicht in der Lage.

Die Leistungen der politischen Führung lassen sich auf der Basis bestimmter Standards bewerten, von denen die folgenden besonders wichtig sind: Effektivität und Effizienz, Responsivität und Innovation. Effektivität und Effizienz betreffen eine optimale Zuordnung von Zielen und Mitteln bei der Erfüllung der staatlichen Aufgaben. Innovation bezieht sich auf die Fähigkeit, neue politische Herausforderungen zu erkennen und die mit ihnen verbundenen Gestaltungsaufgaben zu bewältigen. In einer Demokratie kommt ein weiterer bedeutsamer Standard hinzu, der der Responsivität. Dies bedeutet, dass das Handeln der politischen Führung nicht dauerhaft im Konflikt mit den Wertvorstellungen und Interessenlagen der Bevölkerung stehen darf.

Kann Politik führen?

Politische Führung setzt das Vorhandensein von Handlungsspielräumen voraus. In dieser Hinsicht vollzog sich im Übergang vom 19. zum 20. Jahrhundert ein fundamentaler Wandel des Staatsverständnisses, der mit einer deutlichen Ausweitung der Gestaltungsmöglichkeiten der Politik verbunden war. Das für die Entstehung moderner Demokratien typische Staatsverständnis war das des liberalen Verfassungsstaates, der staatliche Macht auf vielfältige Weise begrenzte und dessen wichtigstes Steuerungsinstrument die rechtliche Regelung des gesellschaftlichen Zusammenlebens der Menschen war. Mit der Entstehung des Wohlfahrtsstaates wurde dieses Staatsverständnis zwar nicht völlig obsolet, jedoch übernahm der Staat eine aktive und umfassende Rolle in der Gestaltung der Gesellschaft. Damit veränderte sich nicht allein der Umfang der staatlichen Aufgaben, sondern auch die Qualität der Steuerungsinstrumente. Neben die regulative Politik trat die distributive (verteilende) und redistributive (umverteilende) Politik, wobei sich mit dem Wachstum des Wohlfahrtsstaates die Gewichte zugunsten der Verteilung und Umverteilung verschoben. Die Folge war ein wachsender Bedarf an politischer Führung.

Aus dem Wachstum des Wohlfahrtsstaates ergaben sich jedoch auch Handlungsschranken, da die politische Führung in einem sich rasch verändernden, durch hochgradige Komplexität charakterisierten gesellschaftlichen Umfeld agiert. Die Tatsache, dass mit dem Wachstum des Wohlfahrtsstaates eine Ausdifferenzierung des Interessenvermittlungssystems einherging, ist leicht zu erklären. Der verteilende und umverteilende Staat greift massiv in die Interessenlagen der Bürger ein und veranlasst diese dazu, sich zum Zweck der Durchsetzung ihrer Forderungen zu Gruppen zusammen zu schließen. Mit der Zahl der Teilnehmer am politischen Willensbildungsprozess steigen die Kosten für die Konsensfindung, und dies ist um so mehr der Fall, als die Ansprüche der betreffenden Gruppen divergieren oder einander sogar widersprechen. Unter diesen Bedingungen ist es schwierig, aus der Fülle der anstehenden Probleme die wichtigsten herauszufiltern, eine politische Agenda zu erstellen und diese im Laufe der Amtsperiode einer Regierung bzw. der Wahlperiode eines Parlaments abzuarbeiten.

Wenn schon die Realisierung eines mittelfristig angelegten Regierungsprogramms sich als kompliziert erweist, dann steht das politische Führungspersonal vor noch größeren Problemen bei der Lösung langfristiger Aufgaben, etwa bei der Bewältigung der Folgen des demographischen Wandels oder beim Umgang mit den von der Globalisierung ausgehenden

Herausforderungen. Ist es, wie in der Regierbarkeitsdebatte manchmal behauptet wurde, unter den gegenwärtigen Bedingungen für die Politik strukturell unmöglich geworden, ihre Führungsaufgaben zu erfüllen oder sind die Instrumente für eine effektive und responsive politische Führung zwar vorhanden, werden aber vom politischen Führungspersonal nicht sachgemäß genutzt? Wie also ist die Frage zu beantworten: Kann Politik führen?

Bei der Beschäftigung mit diesem Problem sind mehrere Aspekte voneinander zu trennen. Im politischen System der Bundesrepublik existieren etliche Bedingungen, die eine effektive, innovative und responsive politische Führung möglich machen. Auf der anderen Seite sind die politischen Entscheidungsträger mit Handlungsschranken verschiedener Art konfrontiert, die politische Führung erschweren. Sowohl die Handlungsressourcen als auch die Handlungsgrenzen sind in der Persönlichkeitsstruktur des Führungspersonals sowie in institutionellen und kulturellen Faktoren zu suchen.[10]

Ressourcen politischer Führung

In der intellektuellen Auseinandersetzung mit dem Regierungsstil Konrad Adenauers entstand der Begriff der »Kanzlerdemokratie«, der sich in der Folgezeit zu einer beliebten Formel zur Beschreibung des politischen Systems der Bundesrepublik entwickelte. Mit dieser Bezeichnung ist zunächst die personale Dimension politischer Führung angesprochen, denn gerade der Vergleich zwischen den bisherigen Amtsinhabern.* verdeutlicht, wie verschiedenartig diese Führungsrolle ausgefüllt werden kann.

Daneben weist der Begriff der »Kanzlerdemokratie« eine strukturelle Komponente in Form eines verfassungspolitisch gewünschten Modells politischer Führung auf. Dies ist in Deutschland klar auf den Bundeskanzler ausgerichtet. Schon die in der Verfassung und der Geschäftsordnung der Bundesregierung festgelegte institutionelle Stellung stattet den Bundeskanzler mit starken Führungsressourcen aus: Als einziges Regierungsmitglied kann er sich auf eine Wahl durch die Parlamentsmehrheit stützen, zu stürzen ist er nur durch ein konstruktives Misstrauensvotum.

Die scheinbar zunehmende Umwandlung der Bundestagswahlen in Personalplebiszite über den künftigen Regierungschef verstärkt die durch das Verfahren der Wahl und Abwahl begründete Sonderrolle des Kanzlers

* Der Begriff »Bundeskanzler« wird im folgenden Text als Amtsbezeichnung benutzt und schließt selbstverständlich die derzeitige Amtsinhaberin ein.

innerhalb der Regierung. Der Kanzler verfügt über beträchtliche Leitungs- und Lenkungsmöglichkeiten, das Recht, dem Bundespräsidenten die Ernennung und Entlassung der Bundesminister vorzuschlagen, die Richtlinienkompetenz, die Organisationsgewalt im Bereich der Regierung und die Möglichkeit, gemeinsam mit dem Bundesfinanzminister ein Vetorecht in Haushaltsfragen auszuüben.

Schon allein unter dem Gesichtspunkt der institutionellen Regelungen wäre im politischen System der Bundesrepublik eine starke politische Führung durch den Kanzler möglich. Hinzu kommen weitere, nicht formal festgelegte Führungsressourcen. Mit wenigen Ausnahmen hatten die bisherigen Amtsinhaber den Vorsitz der größten Regierungspartei inne, was ihnen weitere Einflussmöglichkeiten eröffnete. Das Ressortprinzip und das Kabinettsprinzip als weitere Säulen der Regierungsarbeit verleihen jedoch auch den Bundesministern politischen Einfluss und begrenzen jenen des Kanzlers, zumal diese institutionelle Ressource in vielen Fällen durch die Position der Minister im innerparteilichen Machtgefüge abgestützt ist. Nach dem Ressortprinzip leitet jeder Bundesminister im Rahmen der Richtlinienkompetenz des Bundeskanzlers sein Ministerium in eigener Verantwortung. Dies gibt den Ministern gegenüber dem Regierungschef ein Eigengewicht. Auch das Kabinett als Einrichtung, die Gesetzesinitiativen auf den Weg bringt und regierungsinterne Streitigkeiten schlichtet, bildet ein Gegengewicht zur Macht des Bundeskanzlers. Dennoch spielt der Regierungschef auch im Kabinett eine wichtige Rolle.

Die stabilen Strukturen des deutschen Parteiensystems bilden eine verlässliche Grundlage für eine kontinuierliche Regierungsarbeit. Nur ausnahmsweise wurde ein Kanzler während der laufenden Wahlperiode ausgetauscht, Koalitionswechsel waren ebenso selten. Hinzu kommt ein ausgesprochen diszipliniertes und einheitliches Verhalten der Parlamentsfraktionen im parlamentarischen Entscheidungsprozess. Der unter den Bedingungen des Parteienstaats entstandene »Neue Dualismus« von Regierung und Regierungsmehrheit auf der einen und parlamentarischer Opposition auf der anderen Seite sorgt in der Bundesrepublik dafür, dass die Regierung ihre wichtigsten politischen Ziele im parlamentarischen Gesetzgebungsprozess durchsetzen kann. Anders als es die klassische Gewaltenteilungsdoktrin vorsieht, tritt der Bundestag der Bundesregierung nicht als Einheit gegenüber, vielmehr unterstützt die Parlamentsmehrheit die Regierung, die aus ihr hervorgegangen ist und deren Interessen mit den ihren identisch sind.[11] Die Opposition hat nur dann eine Möglichkeit, die Verwirklichung der Regierungspolitik zu verhindern, wenn sie über die Mehrheit im Bundesrat verfügt oder mit Erfolg das Bundesverfassungsgericht anruft.

In dem politischen System der Bundesrepublik wirkt die Regierung als Steuerungszentrum, indem sie Problemlösungen konzipiert, den größten Teil der Gesetzesinitiativen ins Parlament einbringt und diese im Verbund mit den Spitzenpolitikern und Fachleuten der Regierungsfraktionen im parlamentarischen Entscheidungsprozess durchsetzt. Die für den »Neuen Dualismus« typische Parteidisziplin garantiert stabile Regierungsmehrheiten und verschafft der Regierung im Prinzip den Spielraum, den sie für eine effektive politische Führung benötigt. Es gibt Abweichungen von diesem Muster, aber sie treten nur selten auf. Der viel gescholtene »Parteienstaat« hat insofern eine wichtige Bedeutung für die Organisation und Funktionsweise politischer Führung in Deutschland. Parteien bündeln Interessen, beschaffen Unterstützung für die Arbeit der Regierungsmehrheit und der Opposition und stellen die zu diesen Zwecken erforderliche organisatorische Infrastruktur auf der lokalen und regionalen Ebene bereit. Auf Grund des Zusammenspiels aller dieser Faktoren wurde das Führungssystem der Bundesrepublik gelegentlich als »hyperstabil« charakterisiert.

Schließlich gehören Wissen und Expertise in den modernen Gesellschaften zu den wichtigen Ressourcen effektiven Regierens. Auch in dieser Hinsicht bestehen in der Bundesrepublik günstige Voraussetzungen für eine effektive und responsive Erfüllung von Führungsfunktionen. Im Regierungsapparat, bestehend aus den Bürokratien und Planungsstäben des Kanzleramtes und der Fachressorts, ist eine beachtliche Expertise versammelt. Sie verfügt über das Potential, Probleme zu erkennen sowie Problemlösungen als Basis für die Führungstätigkeit der Regierung und die gesetzgeberischen Aktivitäten des Parlaments zu entwickeln. Das Bundeskanzleramt wurde in den Gründungsjahren der Bundesrepublik als Führungszentrale konzipiert, die es dem Regierungschef ermöglichen sollte, seine Richtlinienkompetenz effektiv wahrzunehmen. Diese Funktion hat es, ungeachtet der unterschiedlichen Organisations- und Führungsphilosophien der Regierungschefs und der Leiter des Kanzleramtes, bisher stets erfüllt. Das damit verbundene Risiko, dass nicht die Politik die Bürokratie steuert, sondern dass die Rollen sich aufgrund der im Vergleich mit der Regierung größeren personellen Kontinuität in der Bürokratie umkehren, wird in Deutschland nicht als besonders groß betrachtet. Dem wirken die langen Amtszeiten der bisherigen Regierungen ebenso entgegen wie das Amtsethos der Mitglieder der Ministerialbürokratie. In welchem Maße die Bundeskanzler die bestehenden Möglichkeiten nutzten, steht dagegen auf einem anderen Blatt.

Als Führungsressourcen fungieren schließlich die in den letzten Jahrzehnten kontinuierlich ausgebauten und professionalisierten parlamentarischen Dienste, nicht zuletzt die Fraktionsstäbe sowie die Parteizentralen. Unter den Bedingungen des »Neuen Dualismus« sind sie für die Oppositionsparteien bei der Entwicklung politischer Handlungsstrategien unverzichtbar, insbesondere für die Beschaffung zusätzlicher Expertise und die Mobilisierung von Unterstützung. Ihre Funktion für die Regierungsparteien besteht nicht zuletzt darin, die Problemsicht der Ministerialbürokratie zu komplettieren und zu korrigieren. Für die Oppositionsparteien erfüllen sie zudem – gemeinsam mit den Bürokratien der oppositionsregierten Länder – die Aufgabe der Planung und Vorbereitung parlamentarischer Aktivitäten.

Expertise als Führungsgrundlage beschaffen sich die Regierung und die Parlamentsfraktionen durch die Einbeziehung externen Sachverstands in Form von Kommissionen oder Beratergremien. Schließlich ist darauf zu verweisen, dass die Demoskopie der politischen Führung wichtige Dienste leisten kann, indem sie darüber informiert, welche Probleme der Bevölkerung als besonders lösungsbedürftig erscheinen, welche Problemlösungsalternativen sie favorisiert, in welchen Bereichen bei der Durchsetzung politischer Programme mit Akzeptanzproblemen zu rechnen ist bzw. welche politischen Fragen besonders konfliktbehaftet sind. Insbesondere unter dem Gesichtspunkt der Verantwortlichkeit der Regierenden gegenüber den Regierten hat sich die Demoskopie zu einem wichtigen Führungsinstrument entwickelt, erlaubt sie doch prinzipiell eine dauernde Rückkopplung der Regierungspolitik an den Willen der Bevölkerung.

Eine weitere Führungsressource ist kultureller Art. Dabei handelt es sich um die Einstellungen der Bevölkerung zum politischen System und zur politischen Führung. Nur wenn ein Basisvertrauen zur Demokratie, ihren Institutionen und Akteuren vorhanden ist, verfügt die politische Führung über den Handlungsspielraum, den sie für eine effektive politische Arbeit benötigt. Sie ist nur dann dazu in der Lage, unpopuläre Maßnahmen durchzusetzen, wenn in der Bevölkerung die Vorstellung vorherrscht, dass die in der Gesellschaft auftretenden Interessendivergenzen nicht immer zum Vorteil einer Gruppe und zum Nachteil anderer ausgeräumt werden. Effektive und glaubwürdige Führung setzt Vertrauen in die Prozeduren voraus, die zu politischen Entscheidungen führen, und ist auf Vertrauen zu den Institutionen angewiesen, die politische Entscheidungen vorbereiten, fällen und durchsetzen.[12]

Die Unterstützung für die Demokratie als Ordnungsmodell ist in der Bundesrepublik seit langer Zeit hoch und stabil, die Zufriedenheit mit dem Funktionieren der Demokratie und das Vertrauen zu den Institutionen des Parteienstaats sind Schwankungen unterworfen, die aber nur in wenigen Fällen ein besorgniserregendes Ausmaß erreichen. Allerdings ist es bemerkenswert, wie stark die Zufriedenheit mit der politischen Führung und das

Vertrauen in sie seit 1998 abgenommen haben, nicht zuletzt im Vergleich mit den Werten vor der Wiedervereinigung und im internationalen Vergleich. In der Regel erwiesen sich derartige Vertrauenskrisen als vorübergehende Erscheinungen, die durch den demokratischen Mechanismus des Regierungswechsels wieder rückgängig gemacht wurden. Ob ein solcher Effekt nach der Bildung der Großen Koalition bereits eingetreten ist, lässt sich nicht sagen, da hinlänglich aussagekräftige Umfragedaten noch nicht vorliegen. Über die Zeit betrachtet, waren politisches Vertrauen und politische Unterstützung als Bedingungen effektiver Führung zwar nicht immer in gleichem Umfange vorhanden, sie lagen aber meist auf einem im internationalen Vergleich hohen Niveau.[13] Doch selbst Schwankungen des politischen Vertrauens erfüllen in einer Demokratie eine positive Funktion: Sie fungieren als Frühwarnsignal bei akuten Führungsschwächen und signalisieren der politischen Führung die Notwendigkeit zu Kurskorrekturen, sei es im Bereich der symbolischen oder sei es im Bereich der materiellen Politik.

Grenzen politischer Führung

Die beschriebenen beachtlichen Handlungsressourcen, deren sich die politische Führung in Deutschland bedienen kann, um ihre planerischen und gestaltenden Aufgaben zu erfüllen, könnten Anlass zu der Annahme geben, dass die politischen Entscheidungsträger über die Spielräume verfügen, die sie zu einer aktiven Wahrnehmung ihrer Führungsrolle benötigen. Vor diesem Hintergrund betrachtet, erscheint der in der öffentlichen Debatte kritisierte politische Stillstand in Deutschland und in anderen demokratischen Staaten als ein erstaunlicher, erklärungsbedürftiger Tatbestand.

Eine Erklärung der Diskrepanz zwischen den für eine aktive politische Führung verfügbaren Handlungsressourcen auf der einen Seite und der verbreiteten Wahrnehmung eines politischen Stillstands auf der anderen Seite, liegt im Unterschied zwischen den politischen Möglichkeiten und der realen politischen Praxis. Die *Möglichkeit* und die *Wirklichkeit* effektiver und responsiver Führung sind aufgrund zweier Sachverhalte voneinander zu trennen: den Willen und die Fähigkeit, die Möglichkeiten zu nutzen. Die Fähigkeit, die bestehenden Möglichkeiten in ein effektives und verantwortliches Führungshandeln umzusetzen, unterliegt persönlichkeitsbedingten, institutionellen und kulturellen Begrenzungen, von denen wir hier zunächst die beiden letzten behandeln wollen.

Der Begriff des Führens unterliegt in Deutschland starken historischen Belastungen, die mit der autoritären und totalitären Vergangenheit des

Landes zu tun haben. Ein unbefangener Umgang mit dem Begriff »strong leadership«, wie er in den USA üblich ist, ist in Deutschland nur schwer vorstellbar. Selbst wenn in der Öffentlichkeit der Wunsch nach einer starken Führung besteht, wird er doch stets durch die gegenläufige Befürchtung eines Machtmissbrauchs durch die politischen Führungsgruppen austariert. Zu diesen historisch bedingten kulturellen Grenzen starker Führung kommen weitere hinzu, die sich aus den Besonderheiten demokratischer Politik ergeben. In der Demokratie steht die politische Führung systembedingt unter dem Imperativ, die Zustimmung der Bevölkerung zu ihrer Politik zu gewinnen oder zumindest Folgebereitschaft sicherzustellen. Selbst wenn man die Ansprüche reduziert, bleibt das Erfordernis, Mehrheiten zu beschaffen, denn eine Politik, die ständig den Interessen der Bevölkerungsmehrheit zuwiderläuft, ist auf Dauer nicht durchsetzbar.

Die Postulate der Konsensbildung und der Mehrheitsbeschaffung sind nicht einfach zu realisieren. Selbst wenn man unterstellt, dass der Informationsaustausch zwischen Regierenden und Regierten in der Mediengesellschaft und aufgrund der hoch professionalisierten und als Entscheidungshilfe stark institutionalisierten Demoskopie einfacher erscheint als in der Vergangenheit, sind diese veränderten Bedingungen des Informationsaustausches demokratie-politisch ambivalent. Die Demoskopie informiert die Führung über die Vorstellungen der Bevölkerung, aber was bezeichnen wir als »Vorstellungen der Bevölkerung«? In der Regel vermitteln Umfragedaten keine homogenen Präferenzen der Bevölkerung, sondern sie spiegeln vielfach den auch in den Aktivitäten von Interessenverbänden erkennbaren Interessen- und Wertepluralismus moderner Gesellschaften wider. Wenn Umfragen also keinen Consensus omnium signalisieren, unter welchen Voraussetzungen können ihre Resultate den Regierenden ein Bild davon vermitteln, was die Bürger wünschen? Das Mehrheitskriterium hilft nur bedingt weiter, denn bei einer durch Umfragen erhobenen Zustimmungsquote von 50 Prozent plus x, stimmen eben 50 Prozent minus x der betreffenden Politik nicht zu. Für die Beantwortung der Frage, wann ein Mehrheitsvotum quasi bindende Funktionen erfüllt, gibt es keine brauchbaren Anhaltspunkte, zumal man die Breite von Zustimmung nicht mit Intensität gleichsetzen darf.

Die Ergebnisse der Umfrageforschung eignen sich prinzipiell dazu, das Prinzip verantwortlicher Führung zu fördern, dies gilt aber nicht zwangsläufig. Zudem kann Responsivität gegenüber der Bevölkerung politische Führung untergraben, nämlich dann, wenn die Einstellungen der Bevölkerung als Begründung dafür dienen, auf die Durchsetzung unpopulärer Maßnahmen zu verzichten. Die politische Führung steht demnach vor der Notwendigkeit, einen demokratiepolitisch angemessenen Handlungsstil zu finden, der sich zwischen den Extremen des »instructed delegate« und des »trustee« im Sinne Edmund Burkes bewegt. Das instructed delegate-Modell beruht auf der Annahme, dass Politiker als inhaltlich weisungsgebundene Beauftragte der Wählerschaft handeln und deren Wünsche in verbindliche Entscheidungen umzusetzen haben. Das trustee-Modell betrachtet die Politiker als Treuhänder der Wählerinteressen. Sie haben deren Interessen bei ihrem Handeln zu berücksichtigen, unterliegen aber keinen spezifischen inhaltlichen Aufträgen. Die Herstellung einer Balance zwischen diesen beiden unterschiedlichen Erwartungen an die Rolle der Politiker ist generell eine schwierige Aufgabe. Ihre Bewältigung wird aber nochmals komplizierter, wenn die politische Führung einen Ausgleich zwischen den Erwartungen einer schwach engagierten Mehrheit und passionierter Minderheiten herstellen muss.

Selbst wenn Politik führen und die Bevölkerung von der Richtigkeit ihres Kurses überzeugen möchte, ist ihr dies aus strukturellen Gründen kaum möglich: Politikvermittlung, das heißt, die politische Führung erklärt Ziele, Programme und Maßnahmen, findet nur ausnahmsweise als unmittelbarer Austausch zwischen den Regierenden und den Regierten statt. Dieser Prozess ist auf die Vermittlungsleistung der Massenmedien angewiesen. In einer freiheitlichen Gesellschaft ist die Regierung nicht dazu legitimiert, in die Medienberichterstattung einzugreifen oder diese zu steuern. Damit verliert sie die Kontrolle darüber, wie das Publikum ihre Politik wahrnimmt. Der Umstand, dass die Massenmedien Einfluss darauf ausüben, wie die Regierungspolitik wahrgenommen wird, ist unumstritten, Kontroversen existieren allenfalls über die Dimensionen, Intensitäten und Formen der Wirkung.[14]

Vertrauen und Unterstützung wurden zuvor als eine mögliche Handlungsressource der politischen Führung bezeichnet. Dementsprechend untergraben Vertrauenslücken und -krisen die Führungsfähigkeit der Politik. Auch wenn gilt, dass die Demokratie als Ordnungsprinzip in Deutschland unangefochten akzeptiert ist und dass die politischen Institutionen im Regelfalle über einen hohen Vertrauenskredit in der Bevölkerung verfügen, dominiert in einigen Bereichen des Verhältnisses der Bürger zur Politik Misstrauen: Die politischen Parteien rangieren in sämtlichen Umfragen über das politische Vertrauen in den unteren Regionen, ihnen bringt die Bevölkerung deutlich mehr Skepsis als Vertrauen entgegen. Politiker stoßen in der deutschen Öffentlichkeit ebenfalls auf große Vorbehalte. Dies gilt vor allem für ihre Glaubwürdigkeit, Vertrauenswürdigkeit und Responsivität, weniger für ihre Kompetenz. Wenn zwischen den Institutionen und ihren Repräsentanten eine große Vertrauenslücke klafft und wenn Vertrauen darin besteht, Akteuren eine Handlungsvollmacht für die Zukunft zu übertragen, dann erschweren die negativen Einstellungen zu den Politikern eine wirksame politische Führung, an ihre Responsivität glaubt ohnehin nur eine kleine Minderheit.

Die institutionellen Grenzen politischer Führung ergeben sich aus der liberalen politischen Philosophie, nach der die Staatsmacht begrenzt werden muss, um die Rechte des Individuums zu schützen. Diese Begrenzungen, die den Handlungsspielraum der politischen Führung einschränken, sind formaler, funktionaler sowie zeitlicher Art. In formaler Hinsicht binden sie das Handeln der politischen Führung an rechtliche Regeln, in funktionaler Hinsicht nehmen sie eine Aufteilung der staatlichen Aufgaben auf verschiedene Träger vor und in zeitlicher Hinsicht befristen sie den Herrschaftsauftrag.

Ungeachtet der Ergänzung der liberalen Komponente moderner politischer Systeme um wohlfahrtsstaatliche Elemente, aus denen sich die bereits beschriebene Ausweitung des Handlungsspielraums der politischen Führung ergab, und ungeachtet der Ersetzung des klassischen Gewaltenteilungsmodells durch den »Neuen Dualismus« blieben einige aus dem liberalen Staatsverständnis resultierende institutionelle Grenzen politischer Führung erhalten. Hierzu gehören insbesondere die rechtsstaatlichen Begrenzungen, die sich nicht zuletzt aus der starken Stellung des Bundesverfassungsgerichts und aus dem gut ausgebauten System der Verwaltungsgerichtsbarkeit ergeben. Auch in der Bindung der Ausgabepolitik an die Haushaltsgesetze und -pläne findet das Prinzip einer rechtlich klar geregelten Politikgestaltung seinen Ausdruck.

Hinzu kommen die Restriktionen durch die zeitliche Begrenzung des Regierungsmandats. Die vierjährige Legislaturperiode des Bundestags prägt die Wahrnehmungshorizonte und Prioritäten der Abgeordneten zugunsten kurz- oder bestenfalls mittelfristig lösbarer politischer Probleme; langfristige politische Überlegungen sind in diese Wahrnehmungsstrukturen nur schwer integrierbar. Verstärkt wird dieser Effekt dadurch, dass Landtagswahlen als Pseudo-Bundestagswahlen fungieren. Dies erschwert es den politischen Parteien auch in der Mitte der Legislaturperiode des Bundestags, unpopuläre Maßnahmen zu initiieren oder durchzuführen.

Weitere Grenzen effektiver Führung ergeben sich aus dem in der Bundesrepublik Deutschland implementierten Typ eines demokratischen Regimes. Nach Lijphart[15] gehört Deutschland zu jenen Demokratien, die mehrheitsdemokratische und konsensdemokratische Prinzipien miteinander kombinieren. Erstere ermöglichen eine starke und effektive Führung und sind in den beschriebenen Strukturen des Parteienstaats und des »Neuen Dualismus« angelegt, Letztere dagegen streben eine breite Machtstreuung an. Die damit verbundene Notwendigkeit, für das Zustandekommen einer politischen Entscheidung Mehrheiten in mehreren Kammern des Parlaments zu gewinnen und das Einverständnis mindestens zweier Koalitionspartner und häufig auch machtvoller Interessengruppen einzuholen, zwingt die politische Führung, sich um Kompromisse zwischen allen Beteiligten zu bemühen und auf diese Weise einen Konsens zu bilden. Dies bindet zwar die Interessen vieler Akteure in politische Entscheidungsprozesse ein, erschwert aber die lupenreine Durchsetzung der von der politischen Führung konzipierten Ziele und Maßnahmen. In vielen Fällen führt die Regierung nicht, sondern sie realisiert lediglich das, was sie im Rahmen einer pluralistischen Demokratie für durchsetzbar hält. Auf die Strukturbrüche im politischen System der Bundesrepublik und die damit verbundenen Probleme einer effektiven Politikgestaltung hatte Gerhard Lehmbruch bereits in seiner erstmals im Jahr 1976 publizierten Schrift »Parteienwettbewerb im Bundesstaat« aufmerksam gemacht. Bis heute hat sich diese Konstellation nicht grundlegend geändert.[16]

Einige der für die deutsche Demokratie typischen Grenzen einer starken politischen Führung wurden bereits genannt: die Rolle der Massenmedien, die starke Position des Bundesverfassungsgerichts und das Prinzip der langfristigen Festlegung eines großen Teiles der Mittel der staatlichen Haushalte für Personalausgaben und laufende gesetzliche Verpflichtungen. Weitere kommen hinzu. So hat die zunehmende Verflechtung von Zuständigkeiten für die Erledigung öffentlicher Aufgaben – etwa in den Bereichen der Steuerpolitik, der Umweltpolitik, der Bildungspolitik – im deutschen Föderalismus die in Bundesstaaten ohnehin bestehenden Konsenszwänge bis hin zur Blockade politischer Entscheidungen verstärkt. Der Kanzler ist bei der Wahrnehmung seiner Führungsrolle auch Restriktionen unterworfen, die sich aus der für die Bundesrepublik typischen Notwendigkeit zur Bildung von Koalitionsregierungen ergeben. Im politisch-administrativen Entscheidungsapparat ist die Beharrungskraft von Bürokratien immer dann in Rechnung zu stellen, wenn politische Führung innovativ sein und den politischen Status quo in Frage stellen will. Eine Tendenz, Problemlösungen auf dem kleinsten gemeinsamen Nenner zu suchen, geht auch vom Verbändepluralismus und der damit verbundenen Neigung einher, die Interessenverbände unmittelbar in die Entscheidung über wichtige wirtschafts- und sozialpolitische Fragen einzubinden.

Alle diese Strukturen erschweren es den politischen Entscheidungsträgern schon unter günstigen Voraussetzungen, ihre Führungsrolle effektiv zu spielen. Unter den Bedingungen einer wirtschaftlichen Dauerkrise und einer horrenden Staatsverschuldung, angesichts derer eine starke Führung besonders notwendig wäre, wird sie gerade durch den Umstand erschwert, dass die Möglichkeit, unpopuläre Maßnahmen durch eine großzügige Verteilungspolitik zu kompensieren, faktisch nicht mehr zu Verfügung steht oder dass sie, wenn sie praktiziert wird, die Probleme verschärft.

Die Frage: »Kann die Politik führen?« lässt sich somit nicht so einfach beantworten wie die Frage »Soll Politik führen?«. Das Sollen ergibt sich aus der Funktion der Politik in der gesellschaftlichen Arbeitsteilung, das Können aus einem ständigen Streben nach einem Ausgleich zwischen mächtigen Handlungsressourcen und eng gezogenen Handlungsgrenzen. Die Möglichkeit, diesen Ausgleich zustande zu bringen, hängt von den bestehenden ökonomischen und kulturellen Rahmenbedingungen ab, aber auch vom Führungswillen der Politiker. Dieser nämlich ist notwendig, um Handlungsressourcen zu nutzen und Handlungsgrenzen auszuweiten. Deshalb soll im letzten Abschnitt an ausgewählten Beispielen gezeigt werden, dass Politik nicht nur führen soll, sondern auch führen kann, wenn sie es will.

Will Politik führen?

Erfolgreiche politische Führung besteht darin, in der Gesellschaft vorhandene Probleme zu erkennen, die Lösung dieser Probleme als politische Aufgabe zu formulieren, die zur Erfüllung dieser Aufgabe erforderliche(n) Entscheidung(en) zu treffen und diese dann durchzusetzen. Im Verhältnis zwischen Regierenden und Regierten stellt sich diese Aufgabe in zwei Varianten dar: Das zu lösende Problem ist der Bevölkerung nicht bewusst oder es bestehen nur diffuse Vorstellungen. In diesem Falle steht die Politik vor der Aufgabe, Problembewusstsein zu schaffen oder diffuse Problemsichten zu lösbaren Aufgaben zu machen. Im zweiten Falle divergieren die Problemsicht und die Lösungsvorstellungen der Regierenden und der Regierten. Führung besteht nunmehr darin, eine von den Regierenden als notwendig eingeschätzte Politik auch gegen Widerstand durchzusetzen. Die Opposition der Bevölkerung gegen politische Vorhaben oder Maßnahmen lässt sich allerdings abbauen bzw. sie entsteht erst gar nicht, wenn Entscheidungen nicht einfach gefällt, sondern argumentativ vorbereitet und begründet werden.

Beispiele einer erfolgreichen politischen Führung gibt es in der Geschichte der Bundesrepublik hinlänglich viele, und sie fallen in die Amtszeit mehrerer Bundeskanzler. Die Einführung der Sozialen Marktwirtschaft sowie die Westintegration und die Wiederbewaffnung der Bundesrepublik waren in den 1950er-Jahren politisch hochgradig umstrittene Themen. Als die Regierung Adenauer dafür in der ersten Wahlperiode die parlamentarischen Weichen stellte, war keineswegs eindeutig vorhersehbar, ob sich die eingeschlagene Politik bei den folgenden Bundestagswahlen auszahlen würde. Dies galt umso mehr, als sich die SPD als weitaus größte Oppositionspartei zum Sprachrohr des Protestes gegen die Regierungspolitik machte – wie es im Übrigen die Aufgabe der Opposition ist. Der hohe Wahlsieg der Union bei den Bundestagswahlen 1953 und 1957, aber auch bereits zuvor erhobene Umfragedaten machten jedoch deutlich, dass der von der politischen Führung eingeschlagene Kurs zumindest nachträglich die Billigung der Mehrheit der Wähler fand, und dies ist in einer Demokratie ein entscheidendes Kriterium erfolgreicher Politik.

Ein zweites Beispiel erfolgreicher politischer Führung stammt aus der Amtsperiode der Großen Koalition (1966 bis 1969), als es darum ging, die Verabschiedung der Notstandsgesetze gegen den heftigen Widerstand großer und aktionsbereiter Teile der Öffentlichkeit, gegen die Massenmedien und selbst gegen Teile der mitregierenden SPD durchzusetzen. Die Kritik an der Regierungspolitik blieb noch lange Zeit nach der Verabschiedung der Gesetze virulent, verflüchtigte sich aber in den folgenden Jahren zusehends.

Politisch hochgradig kontrovers waren des Weiteren die Ost- und Reformpolitik der Regierung Brandt, die Durchsetzung des NATO-Nachrüstungsbeschlusses von 1979, der von der Regierung Schmidt auf die Agenda gebracht und durch die Regierung Kohl implementiert worden war, und die Genehmigung des Baus von Kernkraftwerken. In allen diesen Fällen signalisierten Umfragen große Vorbehalte gegen die Regierungspolitik, bis hin zu einer mehrheitlichen Ablehnung. Gleichwohl setzten die jeweiligen Regierungen ihre Vorhaben gegen innerparlamentarische und außerparlamentarische Opposition durch.

In einer detaillierten Untersuchung der Beziehung zwischen parlamentarischem Handeln und den politischen Präferenzen der Bevölkerung in den Jahren 1949 und 1990 lieferte Brettschneider zahlreiche empirische Belege für responsives Verhalten der politischen Führung, aber auch für eine Wahrnehmung von Führungsaufgaben im Sinne der Durchsetzung einer für richtig befundenen Politik gegen Widerstände.[17] Es scheint tatsächlich zahlreiche und keineswegs triviale Fälle zu geben, in denen die Politik ihre Führungsaufgabe erfüllt – was in der Regel einen entsprechenden politischen Willen voraussetzt. Wenn sich in der Bundesrepublik seit mehreren Jahren der Eindruck eines politischen Stillstands verdichtet, dann liegt es wohl nicht allein an der negativen Entwicklung der politischen Rahmenbedingungen, sondern auch daran, dass die Politik ihre Führungsaufgabe nicht mit hinlänglichem Nachdruck wahrnimmt und insbesondere ihre kommunikativen Aufgaben nicht angemessen erfüllt. Dies spiegelt sich auch in der Wahrnehmung der Öffentlichkeit wider, in der die Vorstellung vorherrscht, in der Bundesrepublik befänden sich nicht die richtigen Leute in den führenden Positionen. Die Frage, ob Politik wirklich führen will, lässt sich somit noch schwerer beantworten als die Frage, ob sie führen kann. Wie der Vergleich von Handlungsressourcen und Handlungsgrenzen zeigt, könnte sie führen, wenn sie dies wollte. Wie die Fallbeispiele zeigen, lässt sich das Vorhandensein von Führungswillen an den Ergebnissen erfolgreicher Führung auch empirisch belegen. Allerdings gibt es, insbesondere in den letzten zwanzig Jahren, eine Vielzahl von Beispielen für einen Verzicht auf politische Führung.

Zusammenfassung

Die Einschätzung, die Politik in der Bundesrepublik und in anderen demokratischen Staaten befände sich derzeit in einer Phase des Stillstands, notwendige Innovationen blieben aus, und dies habe unter anderem mit einer Führungsschwäche der Inhaber politischer Entscheidungspositionen zu tun, ist derzeit in der Öffentlichkeit weit verbreitet.

Aus normativer Perspektive stellt sich die Führungsschwäche als Versagen vor der Aufgabe der Politik dar, für die gesamte Gesellschaft verbindliche Entscheidungen zu fällen und durchzusetzen. Zu diesem Zweck werden Herrschaftssysteme geschaffen. In der Alltagspolitik wird der durch die Herrschaftsordnung gesetzte institutionelle Rahmen durch politische Führung ausgefüllt. Diese soll drei Kriterien genügen: dem demokratischen Kriterium der Responsivität und den Leistungskriterien der Effektivität und Effizienz. Hinzu kommt die Notwendigkeit, auf veränderte Rahmenbedingungen zu reagieren bzw. durch eine innovative Politik Veränderungen herbeizuführen. Die Herstellung einer Balance zwischen diesen nicht immer miteinander zu vereinbarenden Anforderungen ist schwierig, muss aber auf Dauer gelingen, wenn das politische System nicht seine Effektivität oder Legitimität oder beides verlieren will.

Dass politische Führung eine schwierige Aufgabe ist, dürften nur wenige bestreiten. Es gibt eine ganze Reihe kultureller und struktureller Faktoren, die ihre Erfüllung erschweren. Allerdings sind die politischen Eliten nicht nur Gefangene politischer, ökonomischer und kultureller Zwänge. Sie verfügen in Deutschland über ein ganzes Arsenal an Möglichkeiten, ihre Aufgabe zu erfüllen. Zu den wichtigsten Handlungsressourcen gehört der in der Bevölkerung weit verbreitete Glaube, die Demokratie habe zwar ihre Schwächen, sie sei aber doch besser als jede andere Staatsform dazu geeignet, die bestehenden Probleme zu lösen.[18] Ob das Pendel zu Gunsten aktiver Führung oder zu Gunsten eines konzeptionslosen »Sich-Durchwurstelns« ausschlägt,[19] dies hängt nicht zuletzt von den Fähigkeiten und vom Willen der Regierenden ab, und im Nicht-Können oder im Nicht-Wollen scheint eine der Hauptursachen des Stillstandes in Deutschland zu liegen.

Anmerkungen

1 Siehe beispielsweise Jürgen Habermas: Legitimationsprobleme im Spätkapitalismus, Frankfurt/M. 1973; Michel J. Crozier/Samuel P. Huntington,/Joji Watanuki: The Crisis of Democracy. Report on the Governability of Democracies to the Trilateral Commission, New York 1975. Siehe auch Wilhelm Hennis/Peter Graf Kielmansegg/Ulrich Matz (Hrsg.): Regierbarkeit, 2 Bände, Stuttgart 1977.

2 Max Weber: Wirtschaft und Gesellschaft. Studienauflage, Tübingen 1970, S. 28.

3 ebd.

4 David Easton: A Systems Analysis of Political Life, New York u.a. 1965.

5 Niklas Luhmann: Soziologie als Theorie politischer Systeme, in: ders.: Soziologische Aufklärung, Opladen 1970, S. 113–136.

6 Weber (wie Anm. 2), S. 122ff.

7 Manfred G. Schmidt: Demokratietheorien, Opladen 1995, S. 742.

8 Otto Kirchheimer: Der Wandel des Westeuropäischen Parteiensystems (1965), in: Theo Stammen (Hrsg.): Vergleichende Regierungslehre, Darmstadt 1976, S. 253–287.

9 Vgl. für Deutschland etwa Hans-Dieter Klingemann/Andrea Volkens: Struktur und Entwicklung von Wahlprogrammen in der Bundesrepublik Deutschland 1949–1998, in: Oscar W. Gabriel/Oskar Niedermayer/Richard Stöss (Hrsg.): Parteiendemokratie in Deutschland, Wiesbaden 2002, S. 507–527.

10 Vgl. zu den letzten beiden Aspekten die Beiträge in Thomas Ellwein/Everhard Holtmann (Hrsg.): 50 Jahre Bundesrepublik Deutschland. Rahmenbedingungen, Entwicklungen, Perspektiven (PVS-Sonderheft 30/1999), Opladen/Wiesbaden 1999.

11 Winfried Steffani/Jens-Peter Gabriel: Regierungsmehrheit und Opposition in den Staaten der EG, Opladen 1991.

12 William A. Gamson: Power and Discontent, Homewood, III. Dorsey 1968.

13 Vgl. dazu etwa Oscar W. Gabriel: Politische Einstellungen und politische Kultur, in: ders./Frank Brettschneider (Hrsg.): Die EU-Staaten im Vergleich. Strukturen, Prozesse, Politikinhalte, 2. Aufl., Opladen 1994, S. 96–133; Oscar W. Gabriel u.a.: Sozialkapital und Demokratie, Wien 2001.

14 John Zaller: The nature and origins of mass opinion, Cambridge 1992.

15 Arend Lijphart: Democracies, New Haven 1984. Siehe auch ders.: Patterns of democracy, New Haven 1999.
16 Gerhard Lehmbruch: Parteienwettbewerb im Bundesstaat, 2. Aufl., Opladen 1998.
17 Frank Brettschneider: Öffentliche Meinung und Politik. Eine empirische Studie zur Responsivität des Deutschen Bundestages, Opladen/Wiesbaden 1995; vgl. dort besonders S. 184ff.
18 Richard Rose/William Mishler/Christian W. Haerpfer: Democracy and its alternatives, Baltimore/Md. 1998.
19 David Braybrooke/Charles E. Lindblom: A strategy of decision, London 1953.

Elmar Wiesendahl

Rekrutierung von Eliten in der Parteiendemokratie

Wer sind die Besten und setzen sie sich in den Parteien durch?

Einleitung

Demokratie gründet sich dem Ideal nach auf Selbstbestimmung und Gleichheit aller Bürgerinnen und Bürger. Elite dagegen hat schon von der historischen Belastung des Begriffs her etwas demokratisch Anstößiges. Steht er doch für ein Phänomen, dass in sozialer Ungleichheit und Abgehobenheit wurzelt. Elite als solche bedeutet Abstand und Abgehobensein einiger weniger von den vielen, die sich mit dem einfachen Status des Staatsbürgers und Wählers zu begnügen haben. Dieses Spannungsverhältnis zwischen Demokratie und Elitenbildung kann offenbar nicht aufgelöst werden. Es spitzt sich sogar noch zu, wenn der Prozess der Rekrutierung von Eliten in Demokratien mit der Frage konfrontiert wird, ob dabei die Prinzipen der Bestenauslese zur Anwendung kommen. Bestenauslese zielt auf herausgehobene Qualität und Effizienz, während das Demokratieprinzip mit Gleichen unter Gleichen und der Anbindung der Gewählten an die Wähler einhergeht.

Nichtsdestotrotz kann der Frage nach der Qualität des politischen Führungspersonals nicht ausgewichen werden. Hierfür ist allerdings zwischen der demokratischen Legitimation politischer Eliten durch Wahl einerseits und ihrer Eignung für ihre zukünftigen Aufgaben andererseits zu unterscheiden. Während sich demokratische Auswahlprinzipien auf Offenheit des Verfahrens und Gleichstellung aller Bewerberinnen und Bewerber stützt, tendiert Auswahl nach Eignung und Befähigung zu bewusster Selektivität und Schließung. Nur wer wirklich gut und besser als andere ist, setzt sich durch, während mittelmäßige und ungeeignete Bewerber das Nachsehen haben.

Und die Politik braucht gute Politikerinnen und Politiker. Denn die Qualität und die Effektivität der Auslese politischer Eliten entscheidet über deren Qualität und damit über die Leistungsfähigkeit von Parlament und Regierung. Gerade heute, wo die Bundesrepublik in einer kritischen Übergangsperiode steht und der Sozialstaat, der Arbeitsmarkt und das Bildungswesen grundlegend zu reformieren sind, wachsen die Ansprüche an politische Führungskräfte im Hinblick auf herausragende Fachkompetenz, Spitzenleistung, Tatkraft und nicht zuletzt Mut.

Hieran gemessen wird allerdings gegenwärtig an der politischen Führungsschicht kein gutes Haar gelassen. So lastet für Wolfgang Klages auf »Deutschland eine Leistungskrise seiner Berufspolitiker«, die eine »Klasse schmalspuriger Parteipolitiker« bilden würden.[1] Mittlerweile glauben auch die Bundesbürger mehrheitlich nicht mehr daran, dass man »große Fähigkeiten haben (müsse), um Bundestagsabgeordneter zu werden«.[2] Und selbst die Angehörigen der gesellschaftlichen Eliten bewerten die Fachkompetenz der Politiker als nicht besonders hoch.[3] Für die Qualifikationsmängel und Überforderungssymptome bei den Politikern werden in erster Linie die Parteien verantwortlich gemacht. Deren »Vertretungsmonopol« führe zu einer »fehlgeleiteten Auswahl des politischen Personals« und schneide »die politischen Ämter von qualifiziertem Personal ab«.[4] Infolgedessen würde »die Spezies der Politiker eine Negativauswahl aus der Bevölkerung« bilden.[5] Dabei wirkt sich nach Scheer, selbst Angehöriger der politischen Klasse, das verunglimpfende Zerrbild von Politikern als Angehörigen »einer verachtungswürdigen Kaste« mittlerweile dermaßen negativ aus, dass die gegebene Politikerauswahl in der Tat zu wünschen übrig lasse.[6]

Jedenfalls eröffnet die Frage nach der Eignung und Kompetenz der politischen Führungsschicht ein Untersuchungsfeld, bei dem es auf die Schlüsselrolle der Parteien bei der Elitenselektion ankommt. Doch sind auch noch weitere Faktoren heranzuziehen, die im Hinblick auf die Qualifikation der ausgewählten Eliten relevant sind. Nützlich erscheint es zu diesem Zweck, Politik als einen Stellenmarkt für politische Führungskräfte zu betrachten, auf dem sich der Prozess der Elitenrekrutierung durch Angebot und Nachfrage einpendelt. Das Stellenangebot wird vom Arbeitsmarkt Politik bereitgestellt, während die Bewerberinnen und Bewerber die Nachfrageseite repräsentieren. Über die Qualität des politischen Führungspersonals entscheidet das Zusammenspiel von Angebot (Stellen) und Nachfrage (Bewerberinnen und Bewerber).

Dem Sektor der politischen Eliten steht nur dann qualifizierter Nachwuchs zur Verfügung, wenn der Stellenmarkt für Politiker und Politikerinnen attraktive Beschäftigungs- und Aufstiegschancen eröffnet, von denen geeignete Bewerberinnen und Bewerber angezogen werden. Das Angebot bestimmt zwar die Nachfrage. Doch ist damit noch nicht sichergestellt, dass der Nachwuchs den Eignungs- und Befähigungsansprüchen genügt, die der Politikberuf mit sich bringt. Obendrein investiert jeder Elitensektor, da die Nachfrage nach Spitzenämtern zumeist das knappe Angebot übersteigt, viel Mühe in eine effektive Elitenauswahl, um die Stellen mit den besten Kandidatinnen und Kandidaten zu besetzen. Deshalb kommen Bewerber für politische Karrieren ebenfalls nicht an einem Elitenauswahlprozess vorbei, der in Deutschland von den Parteien kontrolliert wird. Dabei taucht die Frage auf, welche Selektionskriterien bei der innerparteilichen Elitenrekrutierung angelegt werden. Für das Problem der Bestenauslese ist dies unmittelbar relevant, zumal jedes Auswahlverfahren – ob gewollt oder ungewollt – Selektivität erzeugt, die sich bei Kandidaten und Kandidatinnen, die von ihrer Herkunft her und auch beruflich ungleich mit Ressourcen und Kompetenzen ausgestattetet sind, vorteilhaft oder diskriminierend auf die Karrierechancen auswirkt.[7]

Um die Rekrutierung des politischen Spitzenpersonals unter dem Blickwinkel der Bestenauslese zu untersuchen, ergeben sich damit drei Fragen:

1. Verfügt der Stellenmarkt für politische Karrieren über selektive Anreize, die ihn für begabten und hoch qualifizierten Führungsnachwuchs attraktiv machen?
2. Ist das von den Parteien kontrollierte Auswahlverfahren zur Rekrutierung der politischen Elite darauf angelegt, die jeweils Fähigsten und Geeignetesten für politische Führungsämter zu selektieren?
3. Erzeugen Parteien als die für die Rekrutierung der politischen Eliten zuständigen Instanzen Selektivitätseffekte, welche mit qualitativ unerwünschten Nebenwirkungen einhergehen?

Die bisherige Forschung zur Auswahl und Qualifizierung des politischen Führungspersonals setzt andere Schwerpunkte, sie kann zur Beantwortung dieser Fragen daher nicht viel beitragen. Von Interesse ist, wer politisch Karriere gemacht hat und woher die Gewählten gesellschaftlich kommen. Bekannt ist infolgedessen, wer die Spitzenpolitiker sind. Im Dunklen bleibt generell, wie, über welche Selektionsprozesse und -kanäle, sie in ihre Ämter gelangt sind. Auch die Parteienforschung tut sich bis heute schwer, Licht auf die konkrete Praxis der innerparteilichen Elitenbildung zu werfen. Innerparteiliche Nominierungsstudien sind ausgesprochen rar und reflektieren die Verhältnisse der späten 1960er-Jahre.[8] Was deshalb im Nachfolgenden ausgeführt wird, ist im Aussagegehalt verschiedentlich noch explorativ und bedürfte an dieser und jener Stelle einer gründlicheren empirischen Absicherung.

Politische Elitenbildung und Bestenauslese

Politische Führungspositionen stellen herausgehobene Stellen dar, deren Aufgaben- und Verantwortungsprofil mit anspruchsvollen Anforderungen an die Eignung und Befähigung ihrer Inhaber einhergeht. Ohne hierüber klare Vorstellungen zu haben, lassen sich schwerlich die »richtigen Leute« auslesen, die in Parlament und Regierung Führungsaufgaben wahrnehmen sollen.[9] Für politische Führungskräfte ist noch weitgehend ungeklärt, welches intellektuelle, physische, psychische, soziale und moralische Anforderungsprofil sie erfüllen müssen, damit sie fähig sind ein Amt angemessen zu führen. Ebenso unklar ist, welche überprüfbaren Kriterien zu einem Ausschluss von einer politische Karriere führen sollen. Was einen guten von einem mittelmäßigen oder sogar schlechten Politiker unterscheidet, harrt also noch der Klärung.

Wenigstens so viel ist gewiss: Bestenauslese ist aufs Engste mit dem Begriff der Elitenbildung verbunden, weil es inhärent die Besten sind, die als Auserwählte einen Elitestatus beanspruchen können. In einem modernen Verständnis von Bestenauslese hat der ältere, an liberalkonservative Elitevorstellungen des 19. Jahrhunderts anknüpfende Begriff der »Wertelite«[10] keinen Platz mehr. Denn Politiker verkörpern einen Führungsberuf unter verschiedenen anderen. Politik sondert sich nicht als »Arena der Besten«[11] ab, die als Ansammlung von Menschen mit überragender Bildung, geistigem Rang, unabhängigem Charakter und adeliger Gesinnung gelten könnte. Den Maßstab für Bestenauslese liefert allein der Begriff der Funktionselite, der sich aus den Führungsaufgaben herleitet, die Eliten übertragen werden.[12] Indessen ist es heutzutage mit einem rein funktionstechnischen Verständnis von Eliten nicht mehr getan, um der Vorstellung von einer verantwortlichen Elitenherrschaft mit der Betonung von »Führungsqualitäten wie Charakterstärke, Gerechtigkeitssinn und moralischer Autorität«[13] wieder zu ihrem Recht zu verhelfen. Hierzu gehört zuallererst, den laxen Umgang der Politik mit ethischen Normen strenger zu sanktionieren.[14]

Politische Bestenauslese konkretisiert sich in herausragenden, wenn nicht gar überragenden Qualitäten, die Bewerber für ein politisches Führungsamt aufweisen müssen, um einen entsprechenden Auswahlprozess überstehen zu können. Dies mag sich an dem Nachweis von Eignungsmerkmalen, Meriten, Vorerfahrungen oder Ausbildungsergebnissen festmachen. Gebräuchlich ist auch, das Eignungspotential durch Assessmentverfahren abzuschätzen. Bestenauslese setzt jedenfalls voraus, dass über ein qualifiziertes Verfahren eine individuelle Befähigungs- und Eignungsprüfung erfolgt, bei der die Leistungsstärksten, die »Besten«, den Ausleseprozess überstehen, während Mittelmäßige und Ungeeignete auf der Strecke bleiben.

Hierzu müssten klare Kriterien zur Anwendung gelangen, nach deren strengen Maßstäben eine Aussonderung von Kandidatinnen und Kandidaten erfolgt, die nicht mit den Anforderungen übereinstimmen. Dies setzt zum einen voraus, dass sich die Selektoren, also die Auswählenden, weitgehend darüber einig sind, welchen Mindeststandards die Bewerber genügen sollten. Vom elitären Standpunkt aus ist zum anderen erforderlich, dass die Auswählenden von ihrem Status her mit den Anforderungen der Elitenbildung vertraut sind. Nur dann kann ein »richtiges« Urteil erwartet werden. Dies läuft auf Selektion »von oben«[15] durch qualifizierte Prüfer und Begutachter hinaus, während Politiker und Politikerinnen bekanntlich von unten »gewählt« werden.

In jüngerer Zeit werden in der politischen Eliten- und Abgeordnetenforschung verstärkt Anstrengungen unternommen, Eignungskriterien und Schlüsselkompetenzen für Berufspolitiker zu formulieren.[16] Dies fällt deshalb nicht leicht, weil Politiker einen bis heute nicht klar definierten Führungsberuf ausüben. Zudem fehlen genauere Kenntnisse darüber, womit sie sich in ihrer Eigenschaft als Führungspersonen in verschiedenen Tätigkeitsfeldern beschäftigen. Noch dazu mangelt es an qualitativ unstrittigen Bewertungskriterien, mit denen sich die Leistung der Inhaber politischer Führungsämter messen ließen.

Es ist deshalb nur ein Behelf, wenn in Ermangelung von qualifizierten Aufgabenbeschreibungen und Tätigkeitsprofilen aus abstrakten system- und steuerungstheoretischen Funktionsherleitungen heraus, wie bei Dietrich Herzog,[17] auf politische Koordinations-, Vermittlungs- und Kommunikationskompetenzen von Politikern geschlossen wird. Nicht minder diskussionsbedürftig ist, ob sich, wie Patzelt annimmt,[18] aus den normativen Funktionen des Parlaments ableiten lässt, über welche Kompetenzen Abgeordnete verfügen müssen. Weiterführend ist der Ansatz von Wolfgang Müller,[19] die Politikerbefähigung an vorhandenen technischen, kognitiven und sozialen Entscheidungskompetenzen zu bemessen. Für die Rekrutierung politischer Eliten bleibt die akademische Debatte über die Anforderungen, die Inhaber politischer Führungsämter erfüllen müssen, solange ohne praktische Relevanz, wie es empirisch nicht gelingt, die Kenntnisse, Fähigkeiten, Fertigkeiten und Einstellungen zu ermitteln, die Politiker zur Bewältigung von Führungsaufgaben benötigen.

Der politische Stellenmarkt und die Attraktivität politischer Karrieren

Die Qualität des politischen Führungspersonals ist von der Nachwuchslage abhängig. Die Bewerberzahl muss groß genug sein, um eine Auslese vornehmen zu können. Die Fähigkeiten und das Leistungsvermögen der Politiker wird sich umso höher veranschlagen lassen, je mehr begabte und hoch qualifizierte Bewerberinnen und Bewerber sich dazu entschließen, in die Politik zu gehen. Bei der Entscheidung für eine politische Laufbahn sind Ambitionen und Neigung sicherlich nicht unwichtig. Die selektiven Anreize, die eine Politikkarriere zu bieten hat, spielen jedoch eine genauso wichtige Rolle. Vermutlich werden sich vor allem besonders Talentierte nur dann für die Politik entscheiden, wenn eine Karriere in der Politik attraktivere Perspektiven eröffnet als eine Karriere in anderen Bereichen. Eine Politikkarriere muss sich also bei einem Vergleich von Vorteilen und Nachteilen lohnen und auch einen Ausgleich für Vorteile anbieten, die man bei einer anderen Karrierealternative hätte erzielen können und die einem nun entgehen.

Seitdem sich Politik hauptberuflich und dauerhaft ausüben lässt,[20] kann man von einem Stellenmarkt für politische Karrieren sprechen. Er bietet Beschäftigungsmöglichkeiten in gehobenen und hohen politischen Führungpositionen an, die unter Umständen Aufstiegsmöglichkeiten in den Spitzenbereich eröffnen. Dabei konkurriert die Politik mit anderen Stellenmärkten für Führungskräfte, etwa der Wirtschaft, um möglichst gut geeigneten und hoch qualifizierten Nachwuchs. Die förderlichen und negativen Einflüsse, die sich zugunsten oder gegen die Entscheidung für eine Laufbahn in der Politik auswirken, lassen sich unter dem Begriff der Chancen- oder Opportunitätsstruktur subsumieren.[21] Hierunter fällt auf jeden Fall die Anzahl der Führungspositionen und wie viele von ihnen vakant und für die Bewerberinnen und Bewerber zugänglich sind. Die Verfahren über die man in die Ämter gelangt, gehören ebenfalls dazu. Weiterhin sind die materiellen Anreize in Form von Verdienst- und Versorgungsmöglichkeiten, Kontakt- und Geschäftsanbahnungsgelegenheiten, Privilegien und gesellschaftlicher Status sowie Aufstiegschancen zu nennen. Dann spielen auch noch das Berufsrisiko, der Regelungsgrad der Position und die Gestaltungsspielräume, die sie bietet, sowie die physischen und psychischen Belastungen bei der Ausübung der Tätigkeit eine wichtige Rolle.

Was nun die Zahl der Stellen für Berufspolitiker in Deutschland angeht, lassen sich dazu gegenwärtig die 614 Bundestagsabgeordneten, 1984 Landtagsabgeordneten und 99 Europaabgeordneten zählen. Zu diesen 2697 Abgeordneten sind noch rund 3800 Wahlbeamte hinzuzurechnen, die gut dotierte kommunale Dezernenten-, Bürgermeister- sowie Landratsposten besetzen. Es ist aber sinnvoll, die untere politische Führungsschicht auf die Europa-, Bundestags- und Landtagsabgeordneten zu begrenzen; sie bilden das Nachwuchsreservoir, aus dem die mittlere und obere politische

Führungsschicht rekrutiert wird. Wer Karriere machen will, muss schon eine Abgeordnetenmandat erreichen. Betrachtet man die Bewerbersituation für den Bundestag, so ist festzustellen, dass die Zahl der Kandidaten zwischen 1949 und 1998 von 2 324 auf 4 006 angestiegen ist, um dann 2005 wieder auf 3 648 abzusinken. Ein großer Teil der Kandidatinnen und Kandidaten geht dabei jedes Mal in ein schier aussichtsloses Rennen. Leer gehen alle diejenigen aus, die sich von chancenlosen Parteien aufstellen lassen. Die besten Chancen haben dagegen diejenigen, die in einem sicheren Wahlkreis als Direktkandidaten oder auf einem aussichtsreichen Listenplatz der Bundestagsparteien kandidieren, was bei Neulingen voraussetzt, dass ein Parlamentssitz freigemacht wurde.

So häufig geschieht dies allerdings nicht. Denn über die Jahre ist zu beobachten, dass die Abgeordneten länger im Bundestag verweilen; mittlerweile sind es durchschnittlich über 14 Jahre.[22] Die Chance, Politiker auf Lebenszeit zu werden, ist für den Nachwuchs noch geringer. Nach älteren Erhebungen sind je Legislaturperiode etwa ein Viertel der Bundestagssitze neu zu besetzen.[23] Aktuell werden die Turnover-Raten mit durchschnittlich 26,4 Prozent für den Bundestag und 31 Prozent für die Landtage angegeben.[24] Im neu gewählten 16. Bundestag von 2005 sind 23 Prozent der Abgeordneten erstmals im Bundestag vertreten. Geringer ist die Fluktuationsrate bei den alle zwei Jahre neu gewählten Parteivorständen; sie schwankte in den 1990er-Jahren zwischen 20 und 25 Prozent.[25] Nach dem Jahr 2000 hat sich aber die Personalrotation in den Parteispitzen beschleunigt. Dies ist mit einer personellen Neugestaltung des Führungskerns der Parteien verbunden.

Spitzenpolitiker bilden eine ausgesprochen kleine und erlesene Schar von Karrierepolitikern, deren normalerweise langjährige Laufbahn mit der Inbesitznahme ausgesprochen rarer öffentlicher und innerparteilicher Top-Positionen gekrönt wird. Der überraschende Aufstieg von Angela Merkel zur CDU-Chefin und Kanzlerin und der von Matthias Platzeck zum SPD-Vorsitzenden bilden eine Ausnahme von der Regel. Einmal abgedankt oder abgewählt, ziehen sich Top-Politiker eher selten, wie etwa jüngst Gerhard Schröder, aufs politische Altenteil zurück, sondern sie blockieren in der Regel noch eine Zeit lang einen Parlamentssitz. Noch exklusiver ist die kleine Zahl der prominenten Politiker und Politikerinnen, die als »Fernseh-Stars« die Berichterstattung der Massenmedien beherrschen, während die Masse der Abgeordneten als Hinterbänkler ein mediales Schattendasein fristet.[26] Politische Spitzenämter sind offenbar ein rares Gut, und die Chancen, an sie heranzukommen, sind außerordentlich gering. Im Gegensatz zu anderen Elitesektoren verbesserten sich für Frauen in der Politik die Aufstiegsmöglichkeiten, seitdem strikte Gleichstellungs- und Quotierungsregelungen ihnen den Zugang zur einer politischen Laufbahn und den Zutritt zu Führungsgremien in Partei, Parlament und Regierung erleichtern.

Die Position des Berufspolitikers unterscheidet sich von anderen Führungspositionen dadurch, dass jeder diese ausüben kann, ohne dass er seine Eignung nachweisen muss. Schul- oder Examensnoten spielen keine Rolle. Es gibt keine befähigungsspezifischen Ausschlusskriterien. Wie denn auch, wenn Politik zwar zum Beruf geworden ist, aber keinen »richtigen« Beruf bildet. Nirgendwo ist ein Aufgabenspektrum oder ein Anforderungsprofil niedergeschrieben. Ein berufsqualifizierender Ausbildungs- oder Studiengang existiert nicht. Schon gar nicht vorstellbar sind in der Bundesrepublik Kaderschmieden und Elitebildungsstätten wie beispielsweise in Frankreich und Großbritannien, aus denen die politische Führungsschicht hervorgehen würde.[27] Personalagenturen oder Headhunter für Spitzenkräfte sind vom Markt für politische Karrieren ausgeschlossen. Der so wichtige Beruf des Politikers zählt, wie man es auch dreht und wendet, zu den »ungelernten« Berufen.

In der Politik dreht sich zwar vieles um Einfluss und Macht; doch gehört zum Alltag der Politiker und Politikerinnen die ernüchternde Erfahrung, dass ihr politischer Gestaltungsspielraum durch überbordende Erwartungen der Wähler, widerstreitende Verbandsinteressen, Haushaltszwänge und vor allem Gruppendruck eingeengt ist. Es geht nur selten um die wirklich großen Dinge der Welt, vielmehr wartet im Alltag schon aus Gründen des Positionserhalts das Klein-Klein der innerparteilichen Gremien- und Vorstandsarbeit, die Zeit verschlingende Anwesenheit erfordert.

Eine Wahl haben Berufspolitikerinnen und -politiker dabei nicht. Denn seit dem Verschwinden des besoldeten Parteivorständlers ist Politik als Beruf nur über eine bezahlte Abgeordnetenkarriere zu verwirklichen. Berufspolitiker haben, anders als Spitzenkräfte der Wirtschaft oder Verwaltung, gleichzeitig den enormen Aufwand einer parallelen Abgeordneten- und Parteikarriere auf sich zu nehmen, um ihre Wiederwahl abzusichern. Die Gefahr, nicht wieder aufgestellt oder nicht wieder gewählt zu werden, macht ein politisches Spitzenamt in einzigartiger Weise von der Einflussnahme innerparteilicher Selektoren und externer Wähler abhängig. Der »Bekämpfung von Unsicherheit«[28] ist deshalb ein aufwendiger Teil des kräftezehrenden Engagements im Parlament und in der Partei geschuldet.

Die Machtausstattung und die Entscheidungskompetenz einer politischen Führungsposition liefern immerhin den Grund dafür, dass die politische Führungsschicht ohne jeden Vorbehalt zur gesellschaftlichen Positionselite, zum »Kreis der Mächtigen« gezählt wird.[29] Aber: verleihen politische Spitzenpositionen ihren Inhabern wirklich den gesellschaftlichen Elitestatus? Die empirische Elitenforschung gibt hierüber keine Auskunft. Dafür gelte es nämlich den Elitehabitus, das Elitebewusstsein, die Lebensführung und Alltagspraktiken sowie die privaten Verbindungen und Verkehrsformen der politischen Elite näher zu untersuchen.[30] Spitzenpolitiker und -politikerinnen sind zwar prominent und stehen wie keine andere elitäre Gruppe im öffentlichen Rampenlicht. Doch findet sich bei ihnen nicht das demonstrative Gehabe, das auf eine Zugehörigkeit zu den höheren gesellschaftlichen Kreisen schließen ließe. Es gibt keine öffentliche Zurschaustellung von distinktiver Lebensführung, Gestus, Geschmack, Stil oder Sprach- und Debattenkultur, die das Elitäre ihres herausgehobenen Status oder etwa gar eine gesellschaftliche Leitbildfunktion herausstellen würde. Eher drängt sich der Eindruck auf, dass die politische Elite umgekehrt alles daran setzt, ihren Elitestatus und ihre gesellschaftliche Besserstellung zu dementieren. Soweit Politikerinnen und Politiker eine gesellschaftliche Spitzenstellung einnehmen, gehört zu ihrem Gehabe Diskretion und angestrengte elitäre Selbstverleugnung. Wer also in politische Spitzenämter gelangt, kann die Freuden des gesellschaftlichen Elitestatus nicht wirklich ungezwungen ausleben. Diese »demokratische« Entsagung wird der politischen Führungsschicht nicht einmal gedankt. Denn Politiker zählen mittlerweile zu den Vertretern »sozial beargwöhnter Berufsgruppen« mit dem geringsten Prestige.[31] Nach der jüngsten Allensbacher Berufsprestige-Skala von 2005 können Politiker nur noch bei sechs Prozent der Bundesbürger mit »Achtung« rechnen.[32] In den 1970er-Jahren lagen die Werte noch über der 20-Prozent-Marge. Damit ist ein vorläufiger Tiefpunkt im Ansehen erreicht; dafür spricht auch, dass sich Abgeordnete in die Gruppe der »unehrlichen« Berufe einzureihen haben.[33]

Zu guter Letzt gibt es immerhin einen materiellen Grund, der Interessierte zu einer politischen Karriere verlocken könnte. Denn politische Eliten haben ein relativ hohes Einkommen, ohne allerdings zu den Reichen und Vermögenden der Republik zu zählen. Auch die privilegierten Versorgungsleistungen bilden einen Anreiz. Die Abgeordnetenentschädigung ist (ohne Kostenpauschale) in etwa an das Gehalt eines Bundesrichters oder eines kommunalen Wahlbeamten (Besoldungsgruppe B6) angeglichen. Mit ihr erhalten die Abgeordneten einen Betrag, der mehr als 2,3 Mal so hoch ist wie ein durchschnittliches Arbeitnehmereinkommen. Erfolgreiche Wirtschafts- und Verbandsführer hätten indessen bei einem Wechsel in die Politik krasse Einkommensverluste hinzunehmen. Auch Spitzenbeamte aus Verwaltung und Justiz würden keine finanziellen Vorteile erzielen. Einen deutlichen Einkommenssprung haben dagegen Angestellte politischer Organisationen und öffentliche Bedienstete bis zur Endstufe der A-Besoldung

(A16) von einem Abgeordnetengehalt zu erwarten. Auch für Freiberufler, speziell Anwälte, hat eine Politikkarriere ihren pekuniären Reiz, zumal sie ihr Abgeordnetengehalt unbegrenzt durch Nebeneinkünfte aufstocken können. Hinzu treten Privilegien, die für die genannten Personengruppen im Vergleich zu ihren bisherigen Arbeitsumständen eine beachtliche Statusverbesserung darstellen.

Trotz der Aussicht auf Geld- und Macht fehlt dem politischen Stellenmarkt insgesamt jedoch vieles, was ihn für herausragende Führungstalente attraktiv machen könnte. Wer will sich schon die Aussicht auf schlechten Leumund, zeitliche, mentale und familiäre Überbelastung antun und das noch ohne die absehbare und planbare Gewissheit, politisch Karriere zu machen. Für hoch qualifizierte Führungstalente versprechen andere Elitesektoren, so ist nüchtern festzuhalten, generell ertragreichere und reizvollere Perspektiven.

Parteien als Selektionsinstanzen für politische Karrieren

Die politische Elitenauslese ist in Deutschland in die Hände der Parteien gelegt. Sie sind »Karriere-Gatekeeper«[34] und besitzen faktisch ein Job-Vermittlungsmonopol für den politischen Stellenmarkt. Dieser bildet einen geschlossenen Arbeitsmarkt, und die Parteien kontrollieren, wer hineinkommt und wer aufsteigt.[35] Die Schlüsselrolle der Parteien bei der politischen Elitenrekrutierung ergibt sich aus dem im Wahl- und Parteiengesetz niedergeschriebenen Exklusivrecht, die Direkt- und Listenkandidaten für Parlamentsmandate auf Landes-, Bundes- und Europaebene zu nominieren. Das Nähere ist in Bundes- und Landesstatuten der Parteien geregelt. Ihr Einfluss reicht so weit, dass sie faktisch über den Erhalt bzw. das Ende von politischen Karrieren befinden. Wahlkreis- oder Listenbewerber kommen nicht an Parteiinstanzen vorbei, da diese über die Vorauswahl der Kandidaten und Kandidatinnen für bezahlte politische Wahlämter und damit über den Einstieg in eine politische Karriere entscheiden. Wer immer ausgewählt werden möchte, hat den Erwartungen und Selektionskriterien derjenigen zu entsprechen, die als parteiinterne Selektoren zur Wahl stehende Bewerberinnen und Bewerber prüfen, begutachten und auf Wahlkreisversammlungen oder Parteitagen für bzw. gegen sie votieren.

Aus der Perspektive der Bestenauslese drängt sich damit die Frage auf, wer die Auswählenden, die Selektoren, sind und von welchen Kriterien sie sich bei der Auswahl der Kandidaten leiten lassen. Zu den Selektoren sind einerseits bei Direktkandidaturen die Führungszirkel auf Kreisebene zu zählen, bei Kandidaturen über die Landeslisten die Spitzengremien auf Landesebene.[36] Dann ist andererseits der Kreis der Delegierten zu nennen, die auf Wahlkreiskonferenzen oder Landesparteitagen über die Direkt- und Listenkandidaten abstimmen. Über das Sozial- und Qualifikationsprofil der Selektoren ist nichts weiter zu berichten. Sie werden auf Mitgliederversammlungen von Laien als Laien in das Delegiertenamt gewählt, ohne von irgendeiner Seite über die Anforderungen ins Bild gesetzt zu werden, die bei der Kandidatenauswahl von Gewicht sind. Gleichwohl stellen Selektoren durchaus Ansprüche an die Qualität der Kandidaten. Im Jahre 1992 befragte britische Wahlkreisdelegierte taten kund, Bewerber speziell auf ihre Zugkraft für Wähler und ihre Qualitäten als Wahlkämpfer hin zu begutachten.[37] Diese Gewichtung entspricht der Organisationsrationalität von Parteien, die Wählerstimmen gewinnen und Wahlkreise erobern wollen. Nur die Befähigung für ein Abgeordnetenmandat ist nicht Teil der Eignungsprüfung.

Befragungsbefunde für Deutschland liegen nicht vor. Doch stimmen ältere Beobachtungen darin überein, dass für eine erstmalige Bewerbung für eine Parlamentskandidatur Eigenschaften wie Ortsverbundenheit, Anziehungskraft für Wähler, soziale Repräsentativität, Berufserfolg und Bewährung in der Partei von Vorteil sind.[38] Landeslisten sind dagegen das Ergebnis eines komplizierten Aushandlungsprozesses, bei dem nach einem ausgeklügelten Proporzsystem eine Balance zwischen regionalen, sozialen, vereinigungs-, strömungs- und geschlechtsspezifischen Repräsentationswünschen hergestellt wird. Praxis ist zudem, Direktkandidaten auf der Landesliste abzusichern.

Dieses Proporz- und Absicherungssystem ist nicht auf eignungs- oder leistungsbezogene Tauglichkeitskriterien strategischer Elitenbildung und Bestenauslese ausgerichtet. Für eine Karriere über ein Listenmandat ist eine herausgehobene Mitarbeit in Arbeitskreisen, Arbeitsgemeinschaften und Flügelgruppierungen nützlich, welche als Aufstiegsnetzwerke dienen. Demjenigen der über ein Direktmandat aufsteigen will, ist ein anderer Weg vorbeschieden. Für ihn sind die langjährigen Mühen innerparteilicher Kärrnerarbeit und ehrenamtlicher kommunalpolitischer Bewährung fast schon obligatorisch. Wessels nennt durchschnittlich 10,5 Jahre als Wartefrist, die zwischen dem ersten Parteiamt auf Ortsebene und der erstmaligen Einnahme eines Bundestagsabgeordnetenmandats verstreichen.[39] Nach einer Erhebung von 1994 beginnt eine Abgeordnetenkarriere im Schnitt mit 42 Jahren. Vorausgegangen sind rund neun Jahre kommunal- und regionalpolitischer Parlamentstätigkeit. Dieser Phase sind nochmals neun

Jahre Parteimitgliedschaft vorgeschaltet.[40] Auch für den Erwerb eines Landtagsmandats bildet der »Bewährungsaufstieg« aus der Kommunalarbeit für 76,7 Prozent aller Abgeordneten die Regel. Überdies können 61,1 Prozent eine untere Vorstandsposition in ihrer Partei nachweisen.[41] Ist der Sprung in die politische Laufbahn geglückt, behalten die öffentlichen Mandatsträger zu fast 90 Prozent ihre innerparteilichen Vorstandspositionen auf Orts- und Wahlkreisebene bei, um ihre Wiederwahl abzusichern.[42] Wem dann noch der Sprung in die Top-Positionen im Parlament und in der Regierung gelingt, dem steht es zu, dass er mit einem Platz in den Parteispitzengremien belohnt wird.[43]

Es zeigt sich, dass die politische Karriere bedingt durch das innerparteiliche Auswahlverfahren und die dabei wirksam werdenden Auslesekriterien Laufbahncharakter angenommen hat. Der Einstieg in die Berufspolitik über den Erwerb eines Abgeordnetenmandats bildet den Endpunkt einer langjährigen praktischen Probe- und Bewährungszeit, die gewöhnlich auf den Begriff der Ochsentour gebracht wird. Sie wird mit »Präsenz und Fleiß« absolviert, um so die eigene Bekanntheit zu mehren und das Wohlwollen der Mitglieder zu erkaufen.[44] Neben dem Engagement in der Kommunalpolitik geht es darum, beharrlich die innerparteiliche Karriereleiter zunächst auf der Orts-, dann auf der Kreisebene zu erklimmen. Hierdurch dringt man zu dem oligarchischen Führungszirkel vor, der eine informelle Vorauswahl akzeptabler Mandatsbewerber trifft.[45] Akzeptabel für informelle Zirkel und Delegierte der Wahlkreiskonferenzen sind in der Regel nur solche Kandidaten, die sich lange genug Verdienste bei der Parteiarbeit und als Parteivertreter im Orts- oder Kreisparlament erworben haben. Mit der Aufstellung als Kandidat wird die Bewährung in lokalen/regionalen Wahl- und Parteiämtern honoriert wird. Karrieren orientieren sich am Prinzip des langjährigen Hochdienens. Ausgelesen wird nicht prospektiv nach Befähigung, sondern retrospektiv nach der Logik der Belohnung. Die Ähnlichkeit dieses innerparteilichen Elitenauslesesystems mit dem traditionellen Beförderungssystem des öffentlichen Dienstes ist dabei frappierend. Wer treue Dienste leistet und sich Meriten erwirbt, sammelt Karriereanwartschaften für den Aufstieg. Für eine Kandidatur vorgeschlagen oder dafür ausgewählt zu werden, gleicht dann einer Beförderung, einem Nach- und Aufrücken in eine höhere Verwendung. Eine Auslese von Besten für politische Spitzenämter liegt außerhalb der Reichweite dieses Systems, weil dessen Sensorik hierauf nicht justiert ist.

Genug Dynamik für hoch talentierte junge Senkrechtstarter, die eine Blitzkarriere hinlegen wollen, kann diese Laufbahn- und Beförderungsmechanik nicht entfachen. Gefragt ist dagegen die Fähigkeit zum geduldigen Verharren und zähen, fleißigen Abwarten, bis man zur Beförderung ansteht. Dies ist jedenfalls für den politischen Entrepeneur, den Karrieristen, wie ihn eher das amerikanische Kandidaten zentrierte Rekrutierungssystem hervorbringt, ein unwirtlicher Ort. Auch über wenig Zeit verfügende, ehrgeizig ungeduldige »High Potentials«, Draufgänger, Spitzentalente, Antreiber und Spielmacher versteht dieses System wirksam zu frustrieren. Parteien fördern politischen Breitensport; sie sind keine Talentschmieden für politische Spitzensportler.[46] Selbst mehrere untereinander konkurrierende Bewerber, die im Ergebnis offene Kampfkandidatur und die unberechenbare Feldschlacht um sichere Listenplätze sind Störgrößen in diesem System anwartschaftlicher Laufbahn- und Beförderungspraxis. Für verdiente Parteifreunde und Parteisoldaten macht das allerdings das beharrliche Warten auf den Aufstieg berechenbarer. Den Führungszirkel auf Orts- und Kreisebene ist es ebenfalls recht, weil es ihre Kontrolle über die Elitenauslese stabilisiert.

Die Selektivität politischer Elitenrekrutierung durch Parteien

Jedes Elitenrekrutierungssystem ist selektiv, sei es durch gewollte Filter oder aber durch unbeabsichtigte, indirekte Folgen. Parteien heben diejenigen in die höheren Sphären der Berufspolitik, die sich als ehrenamtliche Funktions- und Mandatsträger verdient gemacht haben. Vom System her rekrutieren Parteien damit die politische Führungsschicht aus ihrem eigenen ehrenamtlichen Nachwuchs. Dieses Reservoir ist relativ groß und umfasst schätzungsweise 150 000 Personen. Einerseits ist der politische Elitensektor so undurchlässig und abgeschottet, dass Querrotationen oder Pendelkarrieren von Führungskräften aus benachbarten Elitesektoren nur äußerst selten vorkommen. Andererseits ist die politische Führungsschicht – anders als andere exklusive Sektoreliten – aber infolge ihrer Rekrutierung aus dem Reservoir ehrenamtlicher Freizeitpolitiker nach unten zur Gesellschaft hin bemerkenswert offen. Jeder kann in eine Partei eintreten und ohne spezielle Vorbildung, Eignungsprüfung oder Befähigungsnachweis in eine innerparteiliche Funktion oder ein kommunalpolitisches Mandat überwechseln. Eine anforderungsspezifische Auslese findet für die Betätigung in der Arena ehrenamtlicher Freizeitpolitik nicht statt, diese regelt sich vielmehr nach dem Prinzip der Eigeninitiative und Selbstrekrutierung. Auch die Teilnahme an innerparteilichen Qualifizierungsprogrammen erfolgt immer nur freiwillig.[47]

Das Prinzip der Freiwilligkeit und die weitgehend freie und ungehinderte Selbstrekrutierung erzeugen aber bei Parteien den paradoxen Effekt der sozialen Schließung. Dies beginnt mit der Hürde des Parteibeitritts[48] und erreicht mit der aktiven oder inaktiven Ausgestaltung der Mitgliedsrolle[49] die nächste Selektionsschwelle. Die Übernahme von ehrenamtlichen Parteifunktionen oder Wahlämtern wirkt abermals als filternde Hemmschwelle. Beginnend mit den 1960er-Jahren lösten diese unterschwelligen Hürden – durch Neuzugänge verstärkt – einen ungesteuerten sozialen Verdrängungs- und Verengungsprozess in der Mitgliedschaft der Parteien aus, durch den sie sich zu Domänen der neuen Mittelschichten transformierten.[50] Reste der »alten« Milieus in Gestalt eines überproportionalen Anteils von Selbstständigen in der CDU und der immer noch bemerkenswerten Zahl von Arbeitern in der SPD blieben allerdings bis heute erhalten.[51] Der soziale Schließungs- und Diskriminierungseffekt greift vor allem, wenn man die Sprossen der politischen Karriereleiter heraufsteigen will. Beim Aufstieg schütteln speziell Angehörige des öffentlichen Dienstes und auch Angestellte ihre Verfolger ab, so dass Arbeiter und – weniger ausgeprägt – Selbstständige abgehängt werden. Oberhalb der Ortsvereinsebene verschärft sich diese Privilegierung zugunsten von Beamten und Angestellten aus höheren Bildungsschichten sprunghaft.

Allerdings ist aus der Perspektive der Bestenauslese die Ausgrenzung von Arbeitern, Selbstständigen und auch Frauen sowie die Privilegierung von Beamten und Angestellten nicht allzu aufschlussreich, weil der berufliche Status und das Geschlecht der Mitglieder allein wenig über die Eignung für politische Führungsaufgaben aussagen. Dazu muss schon auf die Ausbildung und den ausgeübten Beruf der sich für die Berufspolitik zur Verfügung stellenden Parteimitglieder zurückgegriffen werden. Abzulesen ist daran nämlich, inwieweit deren beruflicher und Ausbildungshintergrund zur Selektivität der politischen Elitenrekrutierung beiträgt.

Der Herkunftsberuf und die damit verknüpften Tätigkeitsumstände werden deshalb zum Weichenstellungsfaktor, weil die Parteien den politischen Führungsnachwuchs aus ihrem eigenen Freizeitpolitikerreservoir rekrutieren und nicht auf den Kreis qualifizierter Hochschulabgänger oder bereits erfahrener Führungspersonen aus anderen gesellschaftlichen Elitesektoren zurückgreifen. Der Sprung in die Berufspolitikerkarriere ist damit erst in späteren Lebensjahren möglich, und das erst nachdem eine langjährige unbezahlte Phase als lokaler Parteifunktionär und Freizeitpolitiker durchlaufen wurde. Dies heißt für politisch Ambitionierte, bereits in jungen Jahren eine synchrone zivilberufliche und freizeitpolitische Parallelkarriere aufbauen zu müssen. An dieser weitreichenden karrierepolitischen Weichenstellungsentscheidung scheiden sich die Geister. Denn wer willens ist, unter diesen Restriktionen in die Politik zu gehen, muss beruflich abkömmlich sein und benötigt Rede- und Kontaktfreude, physische und psychische Belastbarkeit, familiäre Freistellung, die Möglichkeit, privat viel Zeit aufzuopfern, viel Sitzfleisch und Ausdauer sowie Freude an Vereinsmeierei und intellektuelle Frustrationstoleranz.

Schon bald nach dem Parteieintritt kommt es zur Spaltung der Mitglieder in diejenigen, die von ihrer Mentalität und Ressourcenausstattung her sich die Doppelbelastung zumuten, und in solche, die aus beruflichen und privaten Gründen abwinken.[52] Für die politische Elitenrekrutierung und Zusammensetzung der Parlamente hat dieser Auslesemechanismus weitreichende strukturelle Folgen. Einerseits verschafft er Angehörigen von redenden, überredenden und vermittelnden Berufen generell einen Vorteil.[52] Andererseits grenzt er all jene Personen aus, deren tägliche Erwerbsarbeit ihre ganze physische und psychische Kraft sowie ihr komplettes Zeitbudget aufzerrt. Dieser Zusammenhang lässt sich anschaulich an der beruflichen Zusammensetzung der gegenwärtigen Parteispitzen und parlamentarischen Führungsgruppen in Berlin verdeutlichen, welche von ehemals im öffentlichen Sektor und im politischen Vermittlungsbereich, also bei Parteien und Verbänden Beschäftigten, dominiert werden (*siehe Tab. 1*).

Die kontinuierliche Verengung der berufliche Herkunft der aus den Parteien hervorgehenden politischen Führungsschicht hinterlässt auch im Bundestag deutliche Spuren. In den Jahren nach dem Zweiten Weltkrieg traten unmittelbar am Wert schöpfenden Wirtschaftsprozess beteiligte Berufsgruppen wie Arbeiter, Landwirte, Unternehmer, Manager und Kleingewerbetreibende den Rückzug an.[54] Er setzte sich im 14. und 15. Bundestag fort, während sich gleichzeitig die Gruppe der Freiberufler vergrößerte.[55] Profitiert haben von dieser Entwicklung die Beschäftigten beim Staat und in den Parteien und Verbänden, die die von den »produktiven« Berufen hinterlassene Lücke aufgefüllt haben. Auch im neuen 16. Bundestag stellen sie unter den Abgeordneten die deutlich Mehrheit.

Best erklärt diese Entwicklung mit einer informellen »Insider-Outsider-Differenz, die durch Selektorate (Auswahlgremien) und Parteiorganisationen etabliert und perpetuiert« worden sei.[56] In der Tat wird der Markt für politische Führungskräfte immer stärker von Bediensteten des öffentlichen Sektors und Angestellten des politischen Vermittlungsbereichs der Parteien und Verbände dominiert, die allesamt dem ökonomischen Produktionssektor fern stehen und beruflich mit verrechtlicher politisch-administrativer Tätigkeit und mit der Vermittlung von Interessen befasst sind. Trotz der auffallenden Pluralisierung der akademischer Ausbildungsgänge der Abgeordneten[57] und der Führungspersonen in Parlament und Regierung muss deshalb konstatiert werden, dass der politische Stellenmarkt beruflich immer

Tab. 1: Berufshintergrund von Partei- und Fraktionsführungen der im 16. Bundestag vertretenen Parteien
(Angaben in %)

	CDU		CSU[4]		SPD		FDP		Bündnis90/Die Grünen		Die Linke
Berufshintergrund[1]	Partei[2]	Fraktion[3]	Partei	Fraktion	Partei	Fraktion	Partei	Fraktion	Partei	Fraktion	Fraktion[5]
Öffentlicher Sektor	**58,8**	**52,4**	**53,5**	**50,0**	**54,5**	**66,7**	**31,7**	**66,7**	**47,4**	**16,7**	**66,7**
Politischer Entscheidungsbereich	2,0	4,8	4,7	14,3	9,1	5,1	7,3	11,1	21,1	0,0	8,3
Verwaltung	13,7	16,7	23,3	21,4	11,4	12,8	9,8	11,1	0,0	0,0	16,7
Rechtswesen	5,9	2,4	9,3	0,0	2,3	10,3	2,4	22,2	0,0	0,0	0,0
Bildung und Erziehung	15,7	11,9	11,6	14,3	22,7	30,8	4,9	11,1	10,5	0,0	33,3
Wissenschaft und Forschung	19,6	14,3	2,3	0,0	9,1	5,1	7,3	11,1	15,8	0,0	8,3
Gesundheit	2,0	2,4	2,3	0,0	0,0	2,6	0,0	0,0	0,0	16,7	0,0
Intermediärer Sektor	**11,8**	**4,8**	**4,7**	**0,0**	**6,8**	**7,7**	**2,4**	**22,2**	**10,5**	**16,7**	**8,3**
Parteiorganisationen	0,0	2,4	0,0	0,0	0,0	0,0	0,0	11,1	0,0	0,0	8,3
Wirtschaftliche Interessengruppen	3,9	0,0	0,0	0,0	0,0	0,0	0,0	0,0	0,0	0,0	0,0
Gewerkschaften	2,0	0,0	0,0	0,0	6,8	7,7	0,0	0,0	0,0	0,0	0,0
Medien	5,9	2,4	4,7	0,0	0,0	0,0	2,4	11,1	10,5	16,7	0,0
Privatwirtschaftlicher Sektor	**27,5**	**40,5**	**39,5**	**50,0**	**27,3**	**28,2**	**46,3**	**11,1**	**15,8**	**33,3**	**25,0**
Land- und Forstwirtschaft	0,0	4,8	7,0	0,0	2,3	2,6	0,0	0,0	0,0	0,0	
Industrie und Handwerk	7,8	11,9	20,9	28,6	6,8	5,1	14,6	0,0	0,0	0,0	8,3
Dienstleistungen	5,9	7,1	7,0	0,0	4,5	7,7	14,6	0,0	10,5	0,0	0,0
Rechtsanwälte	13,7	9,5	4,7	7,1	11,4	10,3	17,1	11,1	5,3	16,7	8,3
Handel und Verkehr	0,0	7,1	0,0	14,3	2,3	2,6	0,0	0,0	0,0	16,7	8,3
Sonstige, nicht ermittelbar/ zurechenbar	**2,0**	**2,4**	**2,3**	**0,0**	**11,4**	**0,0**	**19,5**	**0,0**	**26,3**	**33,3**	**0,0**

1 Berufshintergrund: letztes berufliches Tätigkeitsfeld vor Übernahme eines Abgeordnetenmandats bzw. eines Parteiamts.
2 Parteiführung: die Parteiführung umfasst Parteipräsidium und Parteivorstand (bei Bündnis 90/Grüne: Bundesvorstand und Parteirat).
3 Fraktionsführung: die Fraktionsführung umfasst den geschäftsführenden Fraktionsvorstand und den erweiterten Fraktionsvorstand (bei FDP, Bündnis 90/Die Grünen und »Die Linke« existiert nur ein Fraktionsvorstandsgremium).
4 Angehörige des Vorstands der CSU-Landesgruppe und derjenigen CSU-Abgordenten, die in der Fraktionsführung der CDU/CSU-Bundestagsfraktion tätig sind.
5 Da die Fraktion »Die Linke« eine Listenverbindung zwischen PDS und WASG ist, sind keine Daten zur Parteiführung aufgeführt.
Quelle: Informationsangebote der Bundestagsparteien und der Bundestagsfraktionen im Internet (Stand 30. November 2005).

weniger durchlässig ist und dass der Nachwuchs immer stärker aus politiknahen und anwaltlichen Bereichen stammt. Es ist aber zweifelhaft, ob die Verdrängung der Vertreter wirtschaftsnaher Fertigungs-, Verkaufs- und Dienstleistungsberufe auf gezielte innerparteiliche Selektion und Ausgrenzung zurückgeführt werden kann. Die Abschließung resultiert vermutlich aus der unterschwelligen Entmutigung und Selbstaussperrung von Berufsgruppen, die wirtschaftlich hart gefordert und nicht abkömmlich sind. Offenkundig wirken die widrigen Einlasssperren und Aufstiegshürden, die bei einer politischen Karriere überwunden werden müssen, daran mit, beruflich unabkömmliche Bewerber vom Einstieg in die Berufspolitik fernzuhalten. Letztlich wirken die Parteien mit ihrer Rekrutierungspraxis wie eine Sperrvorrichtung. Sie beeinträchtigen maßgeblich den ungehinderten Transfer von beruflich ungleich verteiltem ökonomischen, sozialen und kulturellen Kapital in politische Karrierechancen.

Diese Entwicklung scheint ohne grundlegende Öffnung für Seiteneinsteiger nicht aufhaltbar. Denn der politische Elitensektor schließt an eine Entwicklung an, die die anderen Elitensektoren längst vorgezeichnet haben. Er rekrutiert sein Führungspersonal aus dem eigenen Nachwuchsbestand. Und der wird von Leuten gestellt, die weit überwiegend zunächst beim Staat und dem angrenzenden politischen Vermittlungsbereich beschäftigt waren. Politik wird gewissermaßen zum gesellschaftlich abgehobenen, verselbstständigten und selbst bezogenen Steuerungsbereich, wobei der vom Politikbetrieb rekrutierte Elitennachwuchs beim Einstieg in eine parlamentarische Karriere nur die Tischseite wechselt. Politisch-administrative Unerfahrenheit oder Unkenntnis über die Logik des Politikbetriebs kann ihnen wenigstens nicht unterstellt werden. Auch eine akademische Ausbildung gehört mittlerweile zum Standard. Nur blickt die beruflich höchst selektiv rekrutierte politische Elite trotz heterogener akademischer Ausbildungsgänge auf weitgehend ähnliche berufliche Erfahrungen zurück, die sie im öffentlichen Sektor sowie im politischen Vermittlungsbereich gesammelt hat. Vermutlich wird deshalb die soziale Abschottung und Abgehobenheit der politischen Klasse, die größtenteils nie unmittelbar an der Erwirtschaftung des Sozialprodukts, das sie umverteilt, beteiligt war und die nie die beruflichen und alltagsweltlichen Lebensumstände geteilt hat, die für die breiten Bevölkerungsschichten typisch sind, weiter ansteigen.

Anmerkungen

1 Wolfgang Klages: Republik in guten Händen? Leistungsschwächen des politischen Personals in Deutschland, Würzburg/Boston 2001, S. 8.

2 Siehe Elisabeth Noelle-Neumann/Renate Köcher (Hrsg.): Allensbacher Jahrbuch der Demoskopie 1998–2002, München 2002, S. 712.

3 Siehe hierzu Viktoria Kaina: Elitenvertrauen und Demokratie, Wiesbaden 2002, S. 159f.

4 Klages (wie Anm. 1), S. 8.

5 Sibylle Tönnies: Die Spezies der Politiker bildet eine negative Auslese, in: Frankfurter Allgemeine Zeitung vom 27. März 2000, S. 15.

6 Hermann Scheer: Die Politiker, München 2003, S. 11.

7 Siehe hierzu Kai-Uwe Schnapp: Soziodemographische Merkmale der bundesdeutschen Führungsschicht, in: Wilhelm Bürklin/Hilke Rebenstorf u. a.: Eliten in Deutschland. Rekrutierung und Integration, Opladen 1997, S. 71f.

8 Siehe hierzu Heino Kaack: Geschichte und Struktur des deutschen Parteiensystems, Opladen 1971; Bodo Zeuner: Kandidatenaufstellung zur Bundestagswahl 1965, Den Haag 1970.

9 Siehe Werner J. Patzelt: Parlamentarische Rekrutierung und Sozialisation. Normative Erwägungen, empirische Befunde und praktische Empfehlungen – aus deutscher Sicht, in: Professionsnormen für Politiker, Wien 1998, S. 47–92, hier S. 48.

10 Siehe hierzu Otto Stammer: Politische Soziologie und Demokratieforschung, Berlin 1965, S. 64.

11 Siehe Jens Borchert: Die Professionalisierung der Politik. Zur Notwendigkeit eines Ärgernisses, Frankfurt/M./New York 2003, S. 138f.

12 Siehe hierzu Dietrich Herzog: Politische Führungsgruppen, Darmstadt 1982; Wilhelm Weege: Politische Klasse, Elite, Establishment, Führungsgruppen. Ein Überblick über die politik- und sozialwissenschaftliche Diskussion, in: Thomas Leif/ Hans-Josef Legrand/Ansger Klein (Hrsg.): Die politische Klasse in Deutschland. Eliten auf dem Prüfstand, Bonn/Berlin 1992, S. 35–64, hier S. 42f.

13 Peter Imbusch: Konjunkturen, Probleme und Desiderata sozialwissenschaftlicher Elitenforschung, in: Stefan Hradil/Peter Imbusch (Hrsg.): Oberschichten – Eliten – Herrschende Klassen, Opladen 2003, S. 11–32, hier S. 14.

14 Siehe hierzu Elmar Wiesendahl: Berufspolitiker zwischen Professionalismus und Karrierismus, in: Hans Herbert von Arnim (Hrsg.): Politische Klasse und Verfassung. Schriftenreihe der Hochschule Speyer, Bd. 147, Berlin 2001, S. 145–166, hier S. 164ff.

15 Rainer Paris: Autorität – Führung – Elite: Eine Abgrenzung, in: Hradil/Imbusch (wie Anm. 13), S. 55–72, hier S. 61.

16 Siehe hierzu Elmar Wiesendahl: Zum Tätigkeits- und Anforderungsprofil von Politikern, in: Stefan Brink/Heinrich Amadeus Wolff (Hrsg.): Gemeinwohl und Verantwortung, Berlin 2004, S. 167–188.

17 Siehe Dietrich Herzog: Der moderne Berufspolitiker. Karrierebedingungen und Funktion in westlichen Demokratien, in: Eliten in der Bundesrepublik Deutschland, Stuttgart 1990, S. 28–51, hier S. 37.

18 Siehe Patzelt (wie Anm. 9), S. 51.

19 Siehe Wolfgang C. Müller: Systemerfordernisse, rationales Verhalten und Incentive-Strukturen. Probleme und Problemlösungsansätze im Bereich der politischen Repräsentation, in: Professionsnormen (wie Anm. 9), S. 11.

20 Siehe Jens Borchert: Politik als Beruf: Die politische Klasse in westlichen Demokratien, in: ders. (Hrsg.): Politik als Beruf. Die politische Klasse in westlichen Demokratien, Opladen 1999, S. 7–39, hier S. 14ff.
21 Siehe hierzu Joseph A. Schlesinger: Political Parties and the Winning of Office, An Arbor 1991, S. 47ff.; vgl. auch Borchert (wie Anm. 11), S. 26.
22 Siehe hierzu Bernhard Wessels: Germany, in: Pippa Norris (Ed.): Passages to power. Legislative recruitment in advanced democracies, Cambridge 1997, S. 76–97, hier S. 86f.
23 Siehe hierzu Bernhard Boll: Parliamentary Incumbents in Germany. Not Matter of Choice?, in: Albert Somit u.a. (Hrsg.): The Victorious Incumbent: A Threat to Democracy?, Dartmouth etc. 1994, S. 150–189, hier S. 162ff.
24 Siehe hierzu Jens Borchert/Klaus Stolz: Die Bekämpfung der Unsicherheit: Politikerkarrieren und Karrierepolitik in der Bundesrepublik Deutschland, in: Politische Vierteljahresschrift 44 (2003), S. 148–173.
25 Siehe hierzu Werner Herzog: Führungsgremien der Parteien: Funktionswandel und Strukturentwicklungen, in: Oscar W. Gabriel/Oskar Niedermayer/Richard Stöss (Hrsg.): Parteiendemokratie in Deutschland, Bonn 1997, S. 301–321, hier S. 308.
26 Siehe hierzu Erwin K Scheuch/Ute Scheuch: Bürokraten in den Chefetagen. Deutsche Karrieren: Spitzenmanager und Politiker heute, Reinbek 1995, S. 153f.
27 Siehe hierzu Michael Hartmann: Nationale oder transnationale Eliten im Vergleich, in: Hradil/Imbusch (wie Anm. 13), S. 273–297, hier S. 278ff.
28 Borchert/Stolz (wie Anm. 24), S. 152.
29 Ursula Hoffmann-Lange: Eliten, Macht und Konflikt in der Bundesrepublik, Opladen 1992, S. 19; zum Positionselitenansatz siehe auch Jörg Machatzke: Die Potsdamer Elitestudie – Positionsauswahl und Ausschöpfung, in: Bürklin/Rebenstorf (wie Anm. 7), S. 35–68, hier S. 35.
30 Siehe hierzu Alex Demirovic: »Eliten« – einige Vorbehalte aus der Perspektive kritischer Gesellschaftstheorie, in: Hradil/Imbusch (wie Anm. 13), S. 123–132, hier S. 125.
31 Ronald Hitzler: Der gemeine Machiavellismus, in: Sociologica Internationalis 31 (1993), S. 133–147, hier S. 134.
32 allensbacher berichte, Nr. 12, 2005, S. 1–4.
33 Siehe Noelle-Neumann/Köcher (wie Anm. 2), S. 206.
34 Borchert (wie Anm. 11), S. 49.
35 Siehe Andrea Römmele: Elitenrekrutierung und die Qualität politischer Führung, in: Zeitschrift für Politik 51 (2004), S. 259–276, hier S. 262ff.
36 Siehe hierzu Bodo Zeuner: Wahlen ohne Auswahl – Die Kandidatenaufstellung zum Bundestag, in: Winfried Steffani (Hrsg.): Parlamentarismus ohne Transparenz, Opladen 1971, S. 165–195, hier S. 165ff, 179.
37 Siehe hierzu Pippa Norris/Joni Lovenduski: Political representation and recruitment: gender, race and class in the British parliament, Cambridge 1995, S. 137ff.
38 Siehe hierzu Zeuner: Wahlen (wie Anm. 36), S. 184; Heino Kaack: Wer kommt in den Bundestag?, Opladen 1969, S. 3f.; Peter Haungs: Wahlkampf als Ritual, Meisenheim am Glan 1974, S. 43ff, 133ff., 152ff.
39 Wessels (wie Anm. 22), S. 87.
40 Siehe Patzelt (wie Anm. 9), S. 59.

41 Siehe Borchert/Stolz (wie Anm. 24), S. 158.
42 Siehe Patzelt (wie Anm. 9), S. 59
43 Siehe Herzog (wie Anm. 25), S. 318ff.
44 Anton-Andreas Guha: Seiteneinsteiger oder die ungenutzte Chance der Parteien zur Regeneration, in: Vorgänge (1998) 2, S. 54–61, hier S. 54.
45 Siehe hierzu Zeuner (wie Anm. 36), S. 177f.; einen Überblick über oligarchische Listenaufstellungen liefert Boll (wie Anm. 23), S. 159ff.
46 Siehe Kai Boris Gehring: Nachwuchsförderung politischer Parteien – innerparteiliche Strategien zur Qualifizierung und Entwicklung junger Professionals, Diplomarbeit Ruhr-Universität Bochum, Fak. für Sozialwissenschaften, Bochum 2003, S. 71ff.
47 Siehe hierzu Christian Demuth: Neue Rekrutierungs- und Professionalisierungsstrategien der Parteien: Fort- und Weiterbildung der Mitglieder, in: ZParl 35 (2004), S. 700–716, hier S. 208ff.
48 Siehe hierzu Wolfgang Rudzio: Das politische System der Bundesrepublik Deutschland, 6. Aufl., Opladen 2003, S. 519f.
49 Siehe hierzu Andreas Hallermann: Partizipation in politischen Parteien, Baden-Baden 2003, S. 28ff.
50 Siehe hierzu Ursula Feist/Manfred Güllner/Klaus Kiepelt: Die Mitgliedschaft von SPD und CDU/CSU zwischen den sechziger und siebziger Jahren, in: Politische Vierteljahresschrift (1977), S. 257ff.; Michael Bretschneider: Mitgliederzahlen der Parteien und ihre räumliche Verteilung 1977, Berlin 1978.
51 Siehe Oskar W. Gabriel/Oskar Niedermayer: Parteimitgliedschaften: Entwicklung und Sozialstruktur, in: Oscar W. Gabriel/Oskar Niedermayer/ Richard Stöss (Hrsg.): Parteiendemokratie in Deutschland, 2. akt. Aufl., Bonn 2001, S. 208.
52 siehe hierzu schon Dietrich Herzog: Politische Karrieren. Selektion und Professionalisierung politischer Führungsgruppen, Opladen 1971, S. 46.
53 Siehe hierzu Pippa Norris: Legislative Recruitment, in: Lawrence LeDuc/Richard G. Niemi/Pippa Norris (Hrsg.): Comparing Democracies. Elections and Voting in Global Perspective, Thousand Oaks/London 1996, S. 184–215, hier S. 186ff.
54 Siehe hierzu Heinrich Best: Der langfristige Wandel politischer Eliten in Europa 1867–2000: Auf dem Weg der Konvergenz?, in: Hradil/Imbusch (wie Anm. 13), S. 369–389, hier S. 383; siehe auch ders./Christopher Hausmann/Karl Schmitt: Challanges, Failures and Final Success: The Winding Path of German Parliamentary Leadership Groups towards a Structurally Integrated Elite 1848–1999, in: Heinrich Best/Maurizio Cotta (Hrsg.): Parliamentary Representatives in Europe 1848–2000, Oxford 2000, S. 138–195, hier S. 161ff.
55 Siehe hierzu Franziska Deutsch/Suzanne S. Schüttemeyer: Die Berufsstruktur des Deutschen Bundestages – 14. und 15. Wahlperiode, in: Zeitschrift für Parlamentsfragen 34 (2003), S. 21–32, hier S. 30f.
56 Best: Langfristiger Wandel (wie Anm. 54), S. 285.
57 Siehe hierzu Wessels (wie Anm. 22), 1997, S. 84.

Günther Rüther

Elite und Verantwortung

Kein geringerer als der erste Bundespräsident der Bundesrepublik Deutschland, Theodor Heuss, soll der Nachkriegselite empfohlen haben, in größeren Abständen, aber durchaus regelmäßig, Max Webers Schrift »Der Beruf zur Politik«[1] zur Hand zu nehmen, damit sie mit den Füßen auf der Erde bliebe und das notwendige Maß an Selbstkritik übe. Theodor Heuss wie auch Max Weber richteten ihre Mahnungen insbesondere an die führenden Politiker. Weber tat dies 1919, kurz nach dem Ersten Weltkrieg; Heuss mehr als vierzig Jahre später nach der Niederwerfung der nationalsozialistischen Schreckensherrschaft, als Deutschland abermals geteilt wurde und zudem noch selbst in Trümmern lag. In beiden Fällen war die monarchistische bzw. die der NS-Diktatur verpflichtete Elite in weiten Teilen entehrt. Nicht nur die politische auch die wirtschaftliche Elite hatte kläglich versagt. Beide waren ihrer Verantwortung nicht gerecht geworden. Aber weder Heuss noch Weber ging es damals darum, der »neuen« aufkommenden und der Demokratie zugewandten Elite die Leviten zu lesen, sondern sie wollten ihr vielmehr Mut machen, in einer schwierigen, ja beinahe ausweglosen Situation Verantwortung zu übernehmen und, ausgestattet mit nüchternem Realismus und dem notwendigen Nachdruck, die zur Lösung anstehenden Probleme anzupacken.

Auch heute stehen die Eliten in Deutschland vor großen Herausforderungen, wenngleich diese nicht mit denen der Nachkriegsjahre 1918 oder 1945 vergleichbar sind. Auch ist ihr Ruf nicht annähernd so beschädigt; vielmehr können sie auf eine beachtliche Erfolgsbilanz verweisen. Dennoch wendet sich die öffentliche Kritik zur Zeit heftiger als in den Jahrzehnten zuvor gegen sie. Die Bürger und die Medien machen sie für die Wirtschaftskrise und den Reformstau in verschiedenen Politikfeldern verantwortlich.

Der Begriff der Verantwortung ist mehrdimensional. Er ist zugleich vergangenheits- und gegenwartsbezogen. Verantwortung verweist auf das, was wir getan haben, und auf das, was uns aufgetragen ist zu tun.[2] In den Mittelpunkt rückt dabei stets, ob unser Handeln plausibel und zu begründen ist. Dies wird auf eindrucksvolle Weise bis heute in dem bereits erwähnten, »unsterblichen« Aufsatz »Der Beruf zur Politik« von Max Weber sichtbar, in dem er die Zusammenhänge zwischen Gesinnungsethik und Verantwortungsethik hervorhebt. Den damaligen politischen Wirren geschuldet, diagnostiziert er vor allem ethisch orientiertes Handeln »unter zwei voneinander grundverschiedenen, unaustragbar gegensätzlichen Maximen«; es ist entweder »gesinnungsethisch« oder »verantwortungsethisch« begründet.[3] Max Weber befürchtete wohl, dass nach Wilhelm II. abermals Gesinnungsethiker und »Windbeutel«, die sich »an romantischen Situationen berauschen«, die Macht an sich reißen könnten.[4] Dennoch wusste er nur zu genau, dass Gesinnungsethik und Verantwortungsethik – so notwendig und hilfreich ihm diese Unterscheidung auch erschien, um Scharlatane zu identifizieren – durchaus in einer Person zugleich anzutreffen sein können, weil zur Führung Leidenschaft und Augenmaß zugleich gehören: »Insofern sind Gesinnungsethik und Verantwortungsethik nicht absolute Gegensätze, sondern Ergänzungen, die zusammen erst den echten Menschen ausmachen«.[5] Der zentrale Unterschied besteht jedoch darin, dass der aus verantwortungsethischen Motiven heraus entscheidende Mensch stets für die Folgen seines Handels aufzukommen hat.[6] Dies gilt für den Gesinnungsethiker nicht gleichermaßen. Für ihn ist vielmehr maßgeblich, dass er seinen ethischen Motiven treu bleibt.

Betrachten wir die Eliten in Wirtschaft und Politik, so drängt sich die Vermutung auf, dass die politische Elite heute stärker als früher verantwortungsethisch ausgerichtet ist, weil die großen Ideologien gescheitert sind und sich in Deutschland mit der CDU/CSU und SPD starke Volksparteien entwickelt haben, die kaum noch gesinnungsethisch, sondern vor allem pragmatisch Politik gestalten. Für die Wirtschaftselite waren stets rationale Kriterien maßgeblicher. Sie sind im internationalen Wettbewerb entscheidender als Gesinnungen. Denn wirtschaftlicher Erfolg zeigt sich zuerst im Gewinn und dieser ist messbar. Möglicherweise erhalten gesinnungsethische Argumentationen aber in Politik und Wirtschaft Auftrieb, weil es in der modernen globalisierten Welt immer schwerer wird, die richtigen Entscheidungen zu treffen. Beide Eliten spüren einen wachsenden Orientierungsbedarf, der sich aus der immer komplexer werdenden Wissensgesellschaft ergibt. Visionen gewinnen deshalb jenseits der ökonomischen, technisch-rationalen Welt für Politik und Wirtschaft eine neue handlungsleitende und legitimierende Bedeutung.

In schwierigen Zeiten, wie wir sie im Zuge der beschleunigten Globalisierung seit dem Ende des Kalten Krieges in der westlichen Welt durchleben, wird vor allem den Eliten in Politik und Wirtschaft die Frage nach der Verantwortung gestellt. Dies geschieht sehr häufig, wenn bestehende Erwartungen nicht erfüllt und politische oder wirtschaftliche Sachzwänge materielle oder soziale Einschnitte nach sich ziehen. Die Bereitschaft der Menschen, dafür die Eliten verantwortlich zu machen und ihnen Versagen vorzuwerfen, ist ausgeprägt. Verständlicherweise fällt es den Menschen schwer, einzusehen, dass sie nach mehreren Jahrzehnten wachsenden Wohlstands den Gürtel enger schnallen müssen und mit Problemen wie der hohen Arbeitslosigkeit konfrontiert werden, die in der Tat aus der Sicht der Betroffenen nicht hinnehmbar sind.

Ist die massive Kritik an den Eliten berechtigt? Vor welchen Herausforderungen steht unser Land? Haben die Eliten ihre Verantwortung nicht wahrgenommen? Haben sie versagt? Wie ist die öffentliche Kritik zu bewerten und wie kann die bestehende Vertrauenskrise überwunden werden?

Der Reformstau

Der Begriff »Reformstau« bereichert die deutsche Sprache seit Beginn der 1990er-Jahre. 1997 wurde er sogar zum Wort des Jahres gewählt, und er ist seitdem in unseren Sprachgebrauch eingegangen. Auch wenn die Vorstellungen darüber, was sich denn nun konkret hinter diesem Begriff verbirgt, im Einzelfall auseinandergehen mögen, so hat sich doch inzwischen weitgehend ein Konsens über seinen Inhalt herauskristallisiert. Es geht um die Reform des Sozialstaats, die Überlastung des Renten- und Gesundheitssystems, die beide an die Grenzen ihrer Finanzierbarkeit gestoßen sind. Es geht aber auch um eine Neuregelung der Zuständigkeiten zwischen dem Bund und den Ländern. Deshalb brauchen wir eine Entzerrung der konkurrierenden Gesetzgebung im Rahmen einer Föderalismusreform. Die Anfänge dafür sind auf den Weg gebracht. Eine Zusammenlegung einiger Bundesländer von zur Zeit 16 auf zukünftig zwölf oder sogar acht, wie manche fordern, gehört sicherlich zu den Zukunftsaufgaben, die nicht in den nächsten Jahren realisiert werden können. Anders sieht es bei den Reformaufgaben in Bildung und Wissenschaft aus. Hier besteht akuter Handlungsbedarf.

Es verwundert nicht, dass schon 1997 das Wort »Bildungsmisere« kaum hinter dem Begriff »Reformstau« zurückstand. Nach den uns mittlerweile vorliegenden Pisa-Studien hat die Überwindung der Bildungsmisere für die Zukunft Deutschlands zusätzlich an Bedeutung gewonnen. Neben den Schulen sind es inzwischen die Universitäten, die den internationalen Wettbewerb spüren und auf dramatische Weise erfahren, dass sie ihre Studiengänge internationalen Standards anpassen und stärker auf den Arbeitsmarkt hin ausrichten müssen. Da die öffentlichen Mittel nicht mehr wie in früheren Jahren fließen, sondern immer knapper werden, können die notwendigen Innovationsprozesse günstigstenfalls aus den vorhandenen Ressourcen eingeleitet werden. Und das fällt schwer.

Die Beschleunigung der Globalisierung macht, gerade in einem rohstoffarmen Land wie Deutschland, nicht nur Wissen zur wichtigsten Ressource, sondern sie stellt auch die deutschen Unternehmen im internationalen Wettbewerb vor immer größere Herausforderungen. Um kostengünstig produzieren zu können, verlagern sie Produktionsstätten ins Ausland, senken die Löhne im Inland und reduzieren die Arbeitskräfte. Dies hat fatale Auswirkungen auf den Arbeitsmarkt.

Die Lösung der hier skizzierten Probleme entwickelt sich mehr und mehr zur Schicksalsfrage unserer Gesellschaft. Immer mehr Haushalte haben immer weniger Mittel zur Verfügung. Besonders spüren die allein erziehenden Mütter, Väter und kinderreichen Familien die sozialen Einschnitte. Bei vielen geht es, anders als bei der Generation ihrer Eltern, schon lange nicht mehr darum, erworbenen Wohlstand zu mehren, sondern darum, die Familie mit dem Notwendigen zu versorgen. Vor dem Hintergrund dieser Entwicklung und inzwischen fünf Millionen Arbeitslosen mit geringer Aussicht, diese Zahl durch ein kräftiges Wirtschaftswachstum wesentlich abbauen zu können, werden verständlicherweise hohe Erwartungen an die Führungseliten in Politik und Wirtschaft gerichtet.

Die Vertrauenskrise

Angesichts der Probleme in Staat und Wirtschaft kann es nicht verwundern, dass ihre Eliten unter einem erheblichen Vertrauensverlust zu leiden haben. Im Rahmen einer repräsentativen Umfrage stellte Gallup International 2004 in einer weltweit durchgeführten Erhebung unter 50 000 Bürgern fest, dass die Deutschen ihren Eliten besonders misstrauen. Sie kritisieren vor allem den Umgang mit der Macht in Politik und Wirtschaft und werfen ihnen einen Mangel an ethischem Bewusstsein vor.[7] Nun neigen die Deutschen nicht nur an der Börse stärker als anderenorts zu Übertreibungen, aber die Umfragedaten belegen gleichwohl, dass es eine tiefe Kluft zwischen den Teileliten in Politik und Wirtschaft auf der einen und der Bevölkerung auf der anderen Seite gibt. Wer diese tiefe Kluft vor allem auf das Versagen der Eliten in Deutschland mit Blick auf die beiden Weltkriege im letzten Jahrhundert zurückführt, liegt sicherlich nicht ganz falsch, trifft aber nur die halbe Wahrheit. Denn die Eliten befinden sich heute stärker als in früheren

Jahrzehnten in einer Zustimmungskrise. Im Mai 2004 machte dies der damalige Bundespräsident Johannes Rau in seiner letzten Berliner Rede deutlich. Er beklagte darin, dass das Gefühl für das, was richtig und falsch ist, verloren zu gehen scheine. Macht, Egoismus, Gier und fehlendes Augenmaß minderten das öffentliche Ansehen der Eliten. Sie verursachten Unsicherheit, Zukunftsangst und Misstrauen unter den Bürgern.

Allzu oft und mehr als verträglich entsteht in der Öffentlichkeit der Eindruck, dass die Eliten in Politik und Wirtschaft das Gemeinwohl aus dem Auge verlieren und zuallererst ihre Gruppeninteressen, im Extremfall sogar ihre ganz persönlichen Interessen, bedienen. Sicherlich handelt es sich bei dieser Wahrnehmung um ein Zerrbild, dass dem Verantwortungsbewusstsein der Eliten nicht gerecht wird. Dieses Zerrbild entsteht, weil die Medien in der demokratischen, auf Massenkommunikation ausgerichteten Gesellschaft Fehlverhalten skandalisieren und oft komplizierte Sachverhalten so darstellen, als ließen sie sich ohne größere Schwierigkeiten zum Vorteil aller lösen. Dies ist aber in vielen zentralen Fragen, die zur Entscheidung anstehen, nicht der Fall. Betriebsverlegungen ins Ausland können nicht verhindert werden, ohne die Löhne abzusenken und die Wochenarbeitszeit zu erhöhen. Die Rentensysteme können nicht saniert werden, ohne die Renten zu kürzen und die Beitragssätze anzupassen. Die dringend notwendige Föderalismusreform ist nicht zu gestalten, ohne eine Neuordnung der Zuständigkeiten und Finanzen zwischen Bund und Ländern vorzunehmen. Derartige Verflechtungen sind systembedingt und nicht quasi per Knopfdruck aufzulösen, denn zum Wesen der Demokratie gehört die Langsamkeit.

Mit der Komplexität der zur Entscheidung stehenden Probleme wächst in der Öffentlichkeit die Sehnsucht nach einfachen Lösungen. Gerade aus diesem Grund ist es heute wichtiger als früher, dem Bürger ausführlich zu erläutern, warum die zu treffenden Entscheidungen notwendig sind. Zur Verantwortung der Eliten in der Demokratie gehört es deshalb, sowohl Probleme zu erkennen und zu lösen als auch Lösungswege öffentlich zu kommunizieren. Sie dürfen nicht nur sachorientiert handeln, sondern müssen dies zugleich personenorientiert tun.[8] Dazu gehört auch, den Menschen Perspektiven aufzuzeigen und sie zu ermutigen.

Politik in der Vertrauenskrise

Natürlich müssen sich die Eliten in Politik und Wirtschaft die Frage stellen, ob sie ihrer besonderen Verantwortung gerecht geworden sind. Haben sie ihre Hausaufgaben gemacht? Ist die öffentliche Schelte berechtigt?

In den zurückliegenden Jahren ist immer wieder zu hören und zu lesen gewesen, dass wir in Deutschland kein Erkenntnisproblem, sondern ein Umsetzungsproblem hätten. Wenn dies so wäre, dann würde sich in der Tat die Frage stellen, warum die diagnostizierten Probleme nicht längst einer Lösung zugeführt worden sind. Diese Zuspitzung überzeugt jedoch nicht. Vielmehr scheint beides zuzutreffen. Wir haben ein Erkenntnis- und ein Umsetzungsproblem. Wir haben ein Erkenntnisproblem, weil die Politik und die Gesellschaft erst langsam wahrnehmen und sich darauf einzustellen versuchen, dass sich mit der beschleunigten Globalisierung auch die Rahmendaten unseres Zusammenlebens rasant verändern. Ein Teil dieses Wandels war frühzeitig zu erkennen, etwa die im internationalen Vergleich zu hohen Lohnkosten. Allerdings war auch unter den Experten häufig die Auffassung zu hören, dass dieser Wettbewerbsnachteil durch eine höhere Produktivität wettgemacht werden könne. Diese Sichtweise bestätigt sich immer weniger. Umgekehrt war kaum vorauszusehen, mit welchem Tempo China und Indien auf die westlichen Märkte drängen würden. Wer hätte vor fünf Jahren daran gedacht, dass wir heute in Deutschland chinesische Autos kaufen können und diese durchaus sicher und komfortabel sind.

Ein weiteres Beispiel: Seit vielen Jahren wird der anwachsende Geburtenrückgang analysiert. Doch scheinen wir erst jetzt langsam zu begreifen, welche Konsequenzen diese dramatische Entwicklung für die sozialen Systeme, für Schulen und Universitäten und für das zukünftige Zusammenleben der Generationen haben wird. Wohlstand macht nicht nur selbstgefällig, er verschleiert auch den Blick auf das Notwendige. Er hat diese »Problemzonen übertüncht und lässt viele immer noch in dem Glauben, wir bräuchten nur etwas mehr Wirtschaftswachstum, um nahtlos an die Zeiten des Wirtschaftswunders und des altbundesrepublikanischen ›Modells Deutschland‹ anzuknüpfen. Doch in diese Idylle führt kein Weg mehr zurück.«[9] Wer bereit ist, diese Argumente anzunehmen, versteht, weshalb es zu kurz greift, die politische Elite allein für den Reformstau in Deutschland verantwortlich zu machen. Allerdings steht sie vor der Frage, wie sie die entstandene Vertrauenskrise überwinden kann. Fünf Voraussetzungen müssen dafür erfüllt werden:

1. *Der Wettbewerb um die Macht darf weder den politischen Gegner noch sein Amt nachhaltig diskreditieren.*

Es ist die unbestrittene Aufgabe der politischen Parteien zu konkurrieren. Der Wettbewerb ist ihnen in die Wiege gelegt. Sie kämpfen mit ihren Programmen und ihrem Führungspersonal um die Macht. Wer die Geschichte der Bundesrepublik Deutschland Revue passieren lässt, wird feststellen, dass die Parteien in beachtlichem Umfang Anteil an der Erfolgsgeschichte unseres Landes haben.[10] Trotzdem genießen die Politik im Allgemeinen und die Politiker im Besonderen in der Öffentlichkeit kein gutes Ansehen. Karl-Rudolf Korte spricht sogar davon, dass in Deutschland eine Politikverachtung grassiere.[11] Dies ist sicherlich sehr zugespitzt formuliert, es weist, aber darauf hin, dass die Zustimmungswerte für die Parteien und ihr Spitzenpersonal weiter gesunken sind. Angesichts der bestehenden Vertrauenskrise ist dieser Befund nicht verwunderlich. Deshalb kommt es für die politischen Parteien heute stärker als in früheren Jahren darauf an, sich nicht wechselseitig zu beschädigen. Dies geschieht jedoch nahezu täglich über die mediale Berichterstattung und ist keineswegs auf Wahlkämpfe beschränkt. Dadurch tragen die Parteien und ihr Spitzenpersonal selbst in erheblichem Maße dazu bei, dass sie an öffentlicher Akzeptanz verloren haben. Schaden nimmt dabei nicht nur unsere politische Kultur, sondern auch die Achtung vor den politischen Institutionen und ihren Repräsentanten. Aber gerade auf sie kommt es in schwierigen Zeiten in einer Demokratie ebenso an wie auf die Bereitschaft exzellenter Persönlichkeiten, Spitzenpositionen in der Politik anzustreben.

2. Die demokratischen Parteien müssen offener für Koalitionen werden.
Zur Zeit der Großen Koalition von 1966 bis 1969 vereinigten die großen Volksparteien 86,9 Prozent der Wählerstimmen im Deutschen Bundestag auf sich. Neben ihnen befand sich allein noch die FDP mit 9,5 Prozent der Stimmen als weitere politische Kraft. 2005 hat sich diese Ausgangslage entscheidend verändert. Im neu gewählten Bundestag befinden sich fünf Parteien. CDU/CSU und SPD kommen zusammen auf knapp 70 Prozent (*siehe Tab. 1*). Damit können sie nur miteinander oder mit jeweils zwei der anderen Parteien koalieren.

Dies erweist sich jedoch als schwierig, weil die gemeinsame politische Schnittmenge zwischen SPD, FDP und Bündnis 90/Die Grünen einerseits und CDU/CSU, FDP und Bündnis 90/Die Grünen andererseits nicht ausreicht. Der Sachverhalt weist auf ein bestehendes Defizit in der demokratischen politischen Kultur hin, zumal die genannten politischen Parteien seit vielen Jahren dem Deutschen Bundestag angehören und über langjährige Regierungserfahrung verfügen. Offensichtlich ist es vor dem Hintergrund zu erwartender Mehrheiten für kleine Koalitionen versäumt worden, Gemeinsamkeiten zwischen den Fraktionen auszuloten. Da aufgrund nachlassender Bindungswirkung großer gesellschaftlicher Gruppen – von den Kirchen bis zu den Volksparteien – nicht mehr davon auszugehen ist, dass die Parteien wie in den zurückliegenden dreißig Jahren in kleinen Koalitionen

Tab. 1: Ergebnisse der Bundestagswahlen 1949 bis 2005 für CDU/CSU und SPD

	CDU/CSU	SPD	zusammen
1949	31,0 %	29,2 %	60,2 %
1953	45,2 %	28,8 %	74,0 %
1957	50,2 %	31,8 %	82,0 %
1961	45,3 %	36,2 %	81,5 %
1965	47,6 %	39,3 %	86,9 %
1969	46,1 %	42,7 %	88,8 %
1972	44,9 %	45,8 %	90,7 %
1976	48,6 %	42,6 %	91,2 %
1980	44,5 %	42,9 %	87,4 %
1983	48,8 %	38,2 %	87,0 %
1987	44,3 %	37,0 %	81,3 %
1990	43,8 %	33,5 %	77,3 %
1994	41,5 %	36,4 %	77,9 %
1998	35,1 %	40,9 %	76,0 %
2002	38,5 %	38,5 %	77,0 %
2005	35,2 %	34,3 %	69,5 %

Quelle: Zusammenstellung des Autors.

sichere Mehrheiten erreichen können, scheint die Offenheit für Koalitionen unter den staatstragenden politischen Kräften eine Grundvoraussetzung für die zukünftige politische Stabilität zu sein. Der dafür notwendige Dialog der politischen Elite untereinander kann zudem für die politische Klasse insgesamt verloren gegangene öffentliche Akzeptanz zurückgewinnen.

3. Die Diskussionskultur in den Parteien und zwischen den Parteien muss dialogischer werden.

Oft helfen Vergleiche, die Ursache für eine Krise oder für Fehlentwicklungen zu erkennen. Betrachten wir die politische Diskussionskultur in den 1970er-Jahre und heute, so werden Unterschiede augenfällig, denn in den 1970er-Jahren führten die SPD und die Unions-Parteien intensive innerparteiliche Debatten, in welche die breite Öffentlichkeit einbezogen wurde. Es liegt nahe, hierin eine Reaktion der großen Volksparteien auf die außerparlamentarische Opposition der 1960er-Jahre, die erst Anfang der 1970er-Jahre abebbte, zu sehen. Außerdem zwang Jürgen Habermas Studie über die Legitimationsdefizite der parlamentarischen Demokratie im – wie er es nennt – Spätkapitalismus die politischen Kräfte, sich mit dem »Strukturwandel der bürgerlichen Öffentlichkeit« auseinanderzusetzen.[12]

Seinem Vorwurf, der Parteienstaat habe sich zu einer inhaltsleeren, bloß formalen demokratischen politischen Struktur entwickelt, in der die Wahlen allein dazu dienten, der politischen Elite Legitimation zu beschaffen, setzten die Parteien seit Mitte der 1970er-Jahre einen breit angelegten, programmatischen, alle gesellschaftlichen Schichten erreichenden Diskurs entgegen. Dieser eröffnete den Parteimitgliedern, aber auch den Bürgern bis dahin nicht gekannte Möglichkeiten der Partizipation.

Erinnert sei in diesem Zusammenhang etwa an die Grundsatzprogrammdiskussion in der CDU. Helmut Kohl stellte sie in unmittelbaren Zusammenhang zu dem wachsenden Legitimationsbedürfnis von Staat und Gesellschaft. Er hob die immer bohrender werdenden Anfragen der jungen Generation dabei besonders hervor.[13] Die SPD, damals in der Regierungsverantwortung, diskutierte andere Fragen, tat dieses aber nicht weniger intensiv und kontrovers. In diesem Zusammenhang sei auf die Friedens- und Antikernenergiebewegung oder den Orientierungsrahmen '85 verwiesen.

Im Vergleich dazu fehlt es heute an einer entsprechenden offenen und partizipativen Diskussionskultur in den großen Volksparteien, zwischen ihren Mitgliedern und der Öffentlichkeit. Die Parteien neigen zu einer Verlautbarungsdemokratie, welche weder den Wahrnehmungs- und den Problemhorizonten der Menschen in unserer Gesellschaft noch dem Partizipationsbedürfnis des Bürgers gerecht wird. Foren dafür stellen vor allem Talkshows und Interviews im Fernsehen und Hörfunk dar, weniger aber findet die politische Kontroverse in den demokratischen Institutionen, insbesondere dem Parlament, statt. Die nachlassenden Bindungskräfte der Volksparteien lassen sich vor allem dann durch eine neue Diskussionskultur stärken, wenn sie sich wieder, wie in den 1970er-Jahren, auf die Grundprinzipien des Dialogs zurückbesinnen, nämlich auf die Überzeugungskraft des Arguments und die Bereitschaft, die Meinung des Anderen in die eigenen Überlegungen einzubeziehen.

Obwohl die Einbindung der beiden großen Volksparteien in eine Regierung nicht günstig für umfassende Programmdebatten sind, werden sie sich der innerparteilichen Auseinandersetzung stellen müssen. Die Vorsitzende der CDU, Angela Merkel, hat bereits eine neue Grundsatzprogrammdebatte eingleitet. Für die Formulierung neuer und die Vergewisserung bisheriger politischer Ziele erscheint dies von fundamentaler Bedeutung.

4. Seiteneinsteiger in die Politik brauchen mehr Verständnis und Schutz in den Parteien und in der Öffentlichkeit.

Immer seltener gelingt es profilierten Seiteneinsteigern, eine Spitzenposition in der Politik einzunehmen. Das jüngste Scheitern des ehemaligen Richters des Bundesverfassungsgerichts und Steuerexperten Paul Kirchhof ist ein Beispiel dafür. Dabei braucht die Politik, um die diagnostizierte Vertrauenskrise zu überwinden, heute stärker als in früheren Jahren Fachleute zur eigenen Profilbildung und Ratgeber, die Visionen haben. Paul Kirchhof erfüllte beide Voraussetzungen. Dennoch ist er gescheitert. Er ist gescheitert, weil die politische Elite nicht bereit war, sich vorurteilsfrei mit seiner Expertise und mit seinen sozialen Visionen auseinanderzusetzen. Statt dessen wurde mit Hilfe der Medien versucht, ihn durch eine selektive Auswertung seiner wissenschaftlichen Erkenntnisse öffentlich zu desavouieren. Kirchhof wurde vor allem durch die SPD zu einem Opfer des Wahlkampfes, weil es ihm an parteipolitischer Angepasstheit, Erfahrung und einer entsprechenden Hausmacht fehlte. Die veröffentlichte Meinung hat darauf keine Rücksicht genommen. Die Medien zeigten keinerlei Bemühen, den wissenschaftlichen und beruflichen Leistungen dieses ausgewiesenen Fachmannes gerecht zu werden. Sie haben sich vor den Karren parteipolitischer Interessen spannen lassen. Dabei sollten gerade politische Unangepasstheit und Expertise, die nicht den Interessen einer Klientel zugeschrieben werden können, den Seiteneinsteiger in die Politik auszeichnen. Da er nicht zum engsten Zirkel der Macht gehört und seine Karriere nicht den Anpassungszwängen der Politik folgen muss, kann er im Gegensatz zum Berufspolitiker in besonderer Weise dabei helfen, Denkbarrieren zu überwinden und wichtige Anstöße für zukunftsweisende Entscheidungen geben.

Paul Kirchhofs Scheitern wirft kein gutes Licht auf einen Teil der politischen Elite. Offenkundig duldet sie nur eine Form der politischen Angepasstheit, die der eigenen politischen Sozialisation entspricht. Nun mag bei diesem Urteil zu berücksichtigen sein, dass im Wahlkampf besondere Gesetze gelten. Dennoch muss es aber auch in einer solchen spannungs- und interessengeladenen Phase möglich sein, Fachleute in ein Kompetenzteam oder ähnliche beratende Stäbe aufzunehmen. Gerade aufgrund der breiten öffentlichen Wirkung und der Intensität der Debatte um Paul Kirchhof steht zu befürchten, dass dieses negative Beispiel zukünftige »Cross-over-Karrieren« exponierter Persönlichkeiten aus der Wirtschaft, der Wissenschaft, den Medien und anderen Berufsfeldern in die Politik weiter einschränken wird.

Wenn die Zeichen nicht trügen, dann werden die traditionellen politischen Karrieremuster, das heißt die Ausübung des Berufs und die Wahrnehmung eines politischen Amtes oder der direkte Wechsel von der Ausbildung in die Politik, weiter zunehmen und der von Dietrich Herzog für Ende der 1960er-Jahre konstatierte Anteil von ca. 20 Prozent an »Cross-over-Karrieren« bei Spitzenpolitikern weiter abnehmen.[14] Um dies zu verhindern, müssen die politischen Eliten in Zukunft Seiteneinsteigern offener begegnen und sie mit mehr Respekt behandeln. Beispiele aus früheren Jahrzehnten wie die Karrieren der Professoren Ludwig Erhard, Karl Schiller, Ralf Dahrendorf oder Kurt Biedenkopf zeigen, welche Bedeutung sie für Politik, Gesellschaft und die demokratische Kultur Lande erlangen können. Der Weg des Politikers in eine Spitzenposition darf nicht ausnahmslos an eine langjährige parteipolitische Karriere geknüpft sein.

5. *Die Parteien müssen, wenn es um Fragen des nationalen Interesses geht, patriotischer handeln.*

Dem Bürger fällt es zunehmend schwerer zu erkennen, warum der diagnostizierte Reformstau nicht überwunden wird. Dabei übersieht er häufig, dass er selbst für die bestehenden Probleme mitverantwortlich ist, denn er wälzt gerne die eigene Verantwortung von sich ab und er stempelt die politische Elite zum Sündenbock für sein persönliches Fehlverhalten.[15] So wird er zum Teil des Problems, weil ihm oft die Einsicht fehlt, dass er durch sein Verhalten als Staatsbürger zur Überwindung des Reformstaus einen Beitrag leisten kann.

Ohne Einschränkungen aller ist der soziale Frieden in Zeiten forcierter Globalisierung gerade in den Ländern nicht zu sichern, die ihren Wohlstand, wie zum Beispiel Deutschland, mit einer zu Beginn der Großen Koalition 1966 einsetzenden und seitdem stetig wachsenden Staatsverschuldung finanziert haben. Es liegt in der Natur der Menschen, dass sie von den Parteien Lösungen erwarten, die sie selbst schonen, aber dennoch das Problem an der Wurzel packen. Solche Lösungen gibt es nicht! Im Wettbewerb um die Macht und die Gunst der Wähler propagieren die Parteien derartige Lösungen häufig, weil sie glauben, dafür belohnt zu werden. Schmerzhafte Ankündigungen etwa, wie die der CDU/CSU im zurückliegenden Bundestagswahlkampf, die darauf zielten, die Staatsfinanzen wieder in Ordnung zu bringen, finden bei den Wählern oft wenig Verständnis. Verzichten die Parteien aber darauf, den Wählern reinen Wein einzuschenken, begeben sie sich in eine Glaubwürdigkeitsfalle.

Aufgrund der eigenen sozialen Erfahrungen und der aus Beobachtung gewonnenen Erkenntnisfähigkeit wächst die Einsicht bei den Menschen, dass sie mit weniger auskommen und ihren Lebensstandard einschränken müssen. Die Bereitschaft dafür kann dann geweckt werden, wenn Privilegierungen vermieden werden und alle sozialen Gruppen einen Beitrag zur wirtschaftlichen und sozialen Gesundung unseres Landes leisten. Insbesondere die Volksparteien stehen deshalb vor der schwierigen Aufgabe, nach gerechten Lösungen zu suchen und diese auch zu erklären. Auf beides kommt es dabei gleichermaßen an. Sonst besteht die Gefahr, dass extreme politische Kräfte weiter an Bedeutung gewinnen, die populistische, aber nicht finanzierbare Segnungen des Sozialstaats versprechen können, weil sie diese nicht in der Regierungsverantwortung einlösen müssen. Die Unionsparteien und die SPD können dies nur verhindern, wenn sie stärker als in der zurückliegenden Zeit versuchen, die großen wirtschafts- und sozialpolitischen Herausforderungen gemeinsam zu meistern.

Vor dem Hintergrund der skizzierten Dimension unserer Probleme erwarten die Bürger mehr Patriotismus von den Parteien, das heißt zuallererst Zusammenarbeit im nationalen Interesse. Die Große Koalition bietet dafür den geeigneten Rahmen. Darin liegt wohl die Schlüsselerkenntnis der zurückliegenden Wahl zum 16. Deutschen Bundestag 2005. Die zweite Große Koalition in der Geschichte der Bundesrepublik Deutschland bietet insbesondere den großen Volksparteien die Chance, die entstandene Vertrauenskrise durch eine gemeinsame konstruktive und zielgerichtete – eben patriotische – Politik im nationalen Interesse zu überwinden. Die Aussichten dafür sind gut. Auch in den zurückliegenden Jahrzehnten hat es in der Bundesrepublik Deutschland immer wieder Phasen gegeben, in denen sich die politische Elite, die Parteien und die Institutionen vor besonderen Herausforderungen gestellt sahen. Als Beispiele dafür mögen die Debatte über die Wiederbewaffnung, die Spiegel-Affäre oder die Notstandsgesetzgebung angeführt werden. So schwerwiegend die damit verbundenen politischen Auseinandersetzungen nicht nur zwischen den Parteien, sondern auch in der Öffentlichkeit gewesen waren, so gelang es dennoch den politischen Kräften immer wieder, durch ein verantwortungsbewusstes Handeln das verloren gegangene Vertrauen zurückzugewinnen.

Wirtschaft in der Vertrauenskrise

Auch die öffentlich geübte Kritik der Wirtschaftseliten an der Politik hat maßgeblich dazu beigetragen, dass es zu dem skizzierten Vertrauensentzug und Ansehensverlust gekommen ist. Dies ist vor allem dadurch bewirkt worden, dass von dieser Seite oft völlig unabgestimmte, in sich widersprüchliche Forderungen an die Politik herangetragen wurden, die kein in sich geschlossenes Konzept darstellten und deshalb zur Lösung der Probleme wenig beizutragen vermochten. Die Umsetzung dieser teils massiven Forderungen scheiterte aber auch, weil es nicht die Aufgabe der demokratischen Institutionen und ihrer Repräsentanten ist, einseitig die Interessen der Wirtschaft zu vertreten. Der demokratische Verfassungsstaat und die Zivilgesellschaft sind keine Agenturen zur Maximierung des Gewinns wirtschaftlichen Handelns. Selbstverständlich hat die Politik bei allen ihren Entscheidungen die wirtschaftlichen Interessen deutscher Unternehmen zu berücksichtigen, aber Effizienzstreben und Rentabilitätsberechnungen sind nicht die allein gültigen Parameter für politische Entscheidungen.

Die vonseiten der Wirtschaft erhobenen Forderungen nach einer Stärkung des Wirtschaftsstandorts Deutschland sind berechtigt. Sie liegen im allgemeinen Interesse. Allerdings werden damit Ziele formuliert, die von der Politik nicht kurzfristig und in vielen Fällen auch nicht allein umgesetzt werden können. Die Wirtschaftselite hat durch ihr Verhalten den öffentlichen Eindruck verstärkt, die Politik sei handlungsunfähig und werde ihrer Führungsaufgabe nicht gerecht. Sie hat eigene Imagepflege zulasten der Politik betrieben und damit letztendlich auch sich selbst geschadet, weil sie wie alle anderen auf die Legitimität und das Vertrauen angewiesen ist, mit der die Zivilgesellschaft die Politik ausstattet.

Umgekehrt hat auch die Politik das Vertrauen in die Wirtschaftselite geschwächt. In diesem Zusammenhang ist vor allem die »Kapitalismuskritik« des ehemaligen SPD-Vorsitzenden Franz Müntefering zu nennen. Er übte in Sprache und Bild eine Fundamentalkritik an unserer Wirtschaftsordnung, die der Leistung, die sie in den zurückliegenden Jahrzehnten erbracht hat, nicht gerecht wird. Seine pauschale Kritik an Unternehmern und Führungskräften in der Wirtschaft verkannte deren Bereitschaft, gesellschaftliche Verantwortung zu übernehmen, und verschwieg deren Ziel, Deutschland unter schwieriger gewordenen internationalen Rahmenbedingungen wieder zu einem Spitzenplatz im Wettbewerb mit anderen Volkswirtschaften zurückzuführen. Dazu gehört natürlich auch, Gewinne anzustreben und die eigene Marktposition zu behaupten oder zu verbessern. Allerdings ist dafür nicht jedes Mittel recht! Gerade in Zeiten hoher Arbeitslosigkeit sollte es eine vorrangige Aufgabe der Unternehmer sein, Arbeitsplätze zu sichern und neue Arbeitsplätze zu schaffen. In der öffentlichen Selbstdarstellung der Unternehmen und ihrer Verantwortlichen wird dieser Aspekt jedoch allzu oft vernachlässigt. Dies kann, muss aber nicht bedeuten, dass die Wirtschaftselite der Sorge Tausender von Arbeitnehmern und Arbeitnehmerinnen um ihre Arbeitsplätze keine Beachtung schenkt.

Allerdings haben auch einzelne namhafte Repräsentanten der Wirtschafts- und Finanzwelt durch ihr Handeln, ihr öffentliches Auftreten und ihre maßlosen Forderungen die Vertrauenskrise verstärkt. Ein Beispiel dafür ist einmal mehr ein Vorstandsvorsitzender der Deutschen Bank. Trotz eines seit vier Jahren nicht mehr erreichten Rekordgewinns von ca. 3,5 Milliarden Euro verkündete er 2005 in gleichem Atemzug öffentlich, Tausende von Mitarbeitern entlassen zu wollen. Hier fehlen die soziale Balance und das Augenmaß für die gesamtgesellschaftliche Verantwortung. Sicherlich liegen dieser Aussage unter dem Gesichtspunkt des internationalen Wettbewerbs und des Vergleichs mit anderen Großbanken belastbare Argumente zugrunde, sie verkürzen die Sichtweise jedoch auf ein ökonomisches Rentabilitätsdenken, dass so dem Gemeinwohl nicht verträglich ist. Es war wohltuend, vom Präsidenten des Bundesverbands der Deutschen Industrie, Jürgen R. Thumann, zu hören, dass Manager und Unternehmer nicht ihr gesamtes Handeln dem Ziel der Gewinnmaximierung unterordnen dürften. Er betonte ihre soziale Verantwortung für die ganze Gesellschaft, aber auch für ihre Mitarbeiter.[16] Im Angesicht von fünf Millionen Arbeitslosen kommt es mehr denn je auf die Vertrauenswürdigkeit und das Verantwortungsbewusstsein der Führungskräfte an. Dazu zählt auch eine gewisse Mäßigung bei den Gehältern.

Schwer nachvollziehbar und öffentlich kaum vertretbar erscheint die Entwicklung der Spitzengehälter für deutsche Manager. Die Frankfurter Allgemeine Zeitung berichtet am 21. September 2005, dass die Bezüge der Vorstände der DAX-Unternehmen 2004 (*siehe Tab. 2*) im Durchschnitt um acht Prozent auf knapp 1,6 Millionen Euro angestiegen sind. Im Jahr davor waren es zehn Prozent. Bei der Deutschen Bank sind die Vorstandsgehälter in den letzten beiden Jahren insgesamt um ca. fünfzig Prozent angewachsen. Sie haben mit durchschnittlich drei Millionen Euro p. a. nahezu das Doppelte ihrer Vorstandskollegen in anderen Unternehmen verdient und nehmen damit die Spitzenposition ein.[17]

Diese Gehaltsverbesserungen stehen in krassem Gegensatz zur allgemeinen Lohnentwicklung in Deutschland. Wenn die Gehälter von Vorständen und Managern steigen und gleichzeitig die Arbeitnehmer wie bei VW oder in anderen Betrieben erhebliche Lohneinschnitte hinnehmen und Beamte auf Teile ihres Urlaubs- und Weihnachtsgelds verzichten müssen, dann stimmt etwas in unserer politischen Kultur nicht. Das bereits gestörte Vertrauensverhältnis wird durch derartige Fehlentwicklungen weiter beschädigt. Da nützen auch Vergleiche mit den USA und den Einkommen dortiger Vorstände oder erfolgreicher Investmentbanker nicht, zumal sie auch dort Gegenstand heftiger öffentlicher Debatten sind.

Die Frage der Höhe der Gehälter der Führungskräfte in der Wirtschaft zielt vor allem auf das Problem der Selbstbescheidung, der Wirtschaftsethik und der Transparenz. Das subsidiäre Prinzip der Selbstbescheidung hat jedoch weitgehend versagt. Die Gehälter der Vorstände und der Arbeitnehmer haben sich in den letzten Jahren zu weit auseinanderentwickelt. Es ist

Tab. 2: Bezüge der Vorstände der DAX-Unternehmen 2004

Gesellschaft	Durchschnittliche Vergütung pro Vorstand 2004 (in Mio. Euro)	Vergütung Vorsitzender 2004 (in Mio. Euro)	Ergebnis je Aktie 2004 (Euro)	Veränderung in %	Individuelle Veröffentlichung	Rang
Deutsche Bank	3,035	6,2	5,02	106	ja	1
RWE	2,613	4,0	3,8	10	ja	2
DaimlerChrysler	2,588	4,5	2,43	452	nein	3
Siemens	2,108	3,6	3,83	39	ja	4
E.ON	2,107	3,1	6,61	– 7	ja	5
SAP	2,017	3,1	4,22	22	ja	6
Metro	1,942	3,1	2,53	8	ja	7
Schering	1,918	2,4	2,61	14	ja	8
Allianz	1,790	2,6	6,01	8	ja	9
Adidas-Salomon	1,782	3,1	6,88	20	nein	10
BMW	1,763	3,1	3,3	14	nein	11
Henkel	1,713	2,6	3,82	5	nein	12
Deutsche Telekom	1,612	2,6	1,1	167	ja	13
BASF	1,600	2,8	3,43	112	nein	14
Infineon	1,537	2,7	0,08	–	nein	15
Deutsche Post	1,532	2,3	1,43	21	ja	16
ThyssenKrupp	1,523	2,5	1,81	66	ja	17
Linde	1,500	max. 3,3	2,3	153	nein	18
VW	1,497	2,6	1,75	– 31	nur Vovo[1]	19
Bayer	1,375	2,4	0,83	–	ja	20
Münchener Rück	1,325	2,3	8,01	–	nein	21
Deutsche Börse	1,293	2,2	2,38	8	ja	22
TUI	1,137	2,5	2,74	78	ja	23
Continental	1,118	1,8	4,88	106	ja	24
Altana	0,981	1,9	2,88	14	ja	25
Hypo-Vereinsbank	0,960	1,2	– 3,27	–	nur Vovo	26
MAN	0,872	1,3	2,09	67	nur Vovo	27
FMC	0,870	1,5	4,16	22	nein	28
Commerzbank	0,851	1,5	0,66	–	ja	29
Lufthansa	0,851	1,3	0,94	–	ja	30
Durchschnitt	**1,594**	**2,6**				

1 Vorstandsvorsitzender
Quelle: Frankfurter Allgemeine Zeitung vom 21. September 2005.

sozial unverträglich, wenn heute Spitzenmanager incl. Aktienoptionen und anderer geldwerter Vorteile das Dreihundertfache des Einkommens eines Arbeiters verdienen, ohne ein nennenswertes persönliches Risiko, sei es finanzieller oder unternehmerischer Art, zu tragen. Sie müssen nicht für unternehmerische Fehlentscheidungen haften und das vorzeitige Ausscheiden aus dem Unternehmen wird in der Regel mit einer sehr hohen Entschädigung vergoldet. Deshalb ist es unter wirtschaftsethischen Gesichtspunkten und vor dem Hintergrund mangelnder Transparenz sehr zu begrüßen, dass nunmehr ein Bundesgesetz die Offenlegung der Vorstandsbezüge einfordert und dies nicht länger eine Frage des Deutschen Corporate Governance-Kodex bleibt, der lediglich an die Bereitschaft der Vorstände appelliert, über ihre Bezüge Auskunft zu geben. Dies hat bereits dazu geführt, dass für 2005 nur noch sechs DAX-Unternehmen die Offenlegung der Vorstandsbezüge verweigert haben. Diese Zahl wird im laufenden Geschäftsjahr weiter zurückgehen und 2007 werden vermutlich alle DAX-Vorstandsmitglieder den eingeforderten Einzelnachweis der Bezüge veröffentlichen. Allerdings eröffnet eine Klausel dieses Gesetzes den Unternehmen die Möglichkeit, diese Zahlen nicht offen zu legen, wenn sich 75 Prozent der Aktionäre auf der Hauptversammlung dagegen aussprechen. Dies dürfte jedoch eher der Ausnahmefall sein.

International betrachtet, ist die deutsche Wirtschaft gut aufgestellt. Die Gewinne steigen und die Unternehmen wachsen u. a. durch Zukäufe. Dies ist das Verdienst ihrer Führungskräfte. Allerdings darf auch nicht darüber hinweggesehen werden, dass es im Einzelfall folgenschwere unternehmerische Fehlentscheidungen gegeben hat. Zu denken ist dabei an den Verkauf der Mannesmann AG an Vodafone oder der gescheiterte Versuch von Daimler-Benz, zu einem weltumspannenden Automobilkonzern von Asien bis in die USA zusammenzuwachsen, mit den bekannten fatalen wirtschaftlichen Folgen und der Vernichtung von Milliarden Euro an Aktienvermögen. Auch wenn diese Beispiele zeigen, dass einzelne Spitzenmanager ihrer besonderen Verantwortung nicht gerecht geworden sind, so stellen diese »Betriebsunfälle« doch Ausnahmen dar. Sie eignen sich nicht dafür, der Wirtschaftselite insgesamt schlechte Noten auszustellen.

Die Zukunftsaufgabe der Eliten in Politik und Wirtschaft

Die gemeinsame Zukunftsaufgabe der Eliten in Politik und Wirtschaft besteht darin, die bestehende Vertrauenskrise zu überwinden. Eine zentrale Voraussetzung dafür ist es, die Störungen in der Kommunikation untereinander und mit dem Bürger zu beheben. Das wird vor allem dann gelingen, wenn die Eliten sich wieder stärker auf ihre gesamtgesellschaftliche Verantwortung und ihre sozialen Verpflichtungen besinnen. Deshalb hilft es wenig, darauf hinzuweisen, dass weite Teile der Bevölkerung reformunwillig sind und den Sozialstaat ausbeuten. Dieser Vorwurf ist genauso unberechtigt wie die pauschale Behauptung, die Eliten würden ihrer Verantwortung nicht gerecht. Vielmehr kommt es darauf an, vorhandenes Misstrauen abzubauen, aufeinander zu zugehen und den Menschen im Lande wieder Mut zu machen.

Die Chancen für einen neuen Aufbruch stehen gut, wenngleich es dazu einer gemeinsamen Anstrengung der Eliten und der Bevölkerung bedarf. Der Hinweis auf die große Aufbauleistung der Nachkriegsgenerationen kann alle Beteiligten ermutigen, aber beim Zurückschauen darf nicht übersehen werden, dass heute politisch-kulturell und international völlig andere Rahmenbedingungen gelten. Sie stellen die Eliten in Wirtschaft und Politik vor ganz neue Herausforderungen.

Globalisierung und Wissensgesellschaft

Den Eliten in Politik und Wirtschaft fällt die Hauptlast der Verantwortung zu. Sie stehen vor der keineswegs leichten Aufgabe, der Veränderung Richtung und Perspektive zu geben. Dafür brauchen sie aber auch die Unterstützung der Medien. Je überzeugender ihre Zukunftsentwürfe zur Überwindung des Reformstaus ausfallen, desto größer ist die Chance für eine erfolgreiche mediale Vermittlung. Die Zustimmung breiter Teile der Bevölkerung hängt hiervon wesentlich ab. Denn es geht heute keineswegs wie noch vor zehn oder zwanzig Jahren darum, den Sozialstaat, den Wirtschaftsstandort Deutschland, unsere Schulen und Universitäten etc. durch selektive Eingriffe zu heilen. Die Krise hat inzwischen die »Kernzone unserer Gesellschaft« erreicht. Wir brauchen deshalb »eine Veränderung in unseren Köpfen, einen Wandel der eingeführten Vorstellungen und Mentalitäten und eine Veränderung der Institutionen, Organisationen, Gesetze, von der Sozialversicherung bis zu einer Reform der Verfassung, des Grundgesetzes«.[18] Wir brauchen von der Elite Visionen und von der Gesellschaft den Willen zur Selbstbehauptung.

Viele werden diese Diagnose teilen. Aber damit ist noch kein Weg aufgezeigt, wie Staat und Gesellschaft aus dem Labyrinth an Problemen herausfinden. Mit zunehmendem Problemdruck beschränken sich die Eliten mehr und mehr auf die Bewältigung der konkreten aktuellen Herausforderungen. Sie konzentrieren sich auf die Gegenwart und vernachlässigen die strategischen Entscheidungen für die Zukunft. Dies geschieht einerseits, um Risiken zu vermeiden und die Handlungsfähigkeit zu bewahren. Andererseits löst diese Vorgehensweise eine Dynamik aus, der es an einer klaren perspektivischen, man könnte auch sagen, visionären Zielvorgabe mangelt. Wirtschaftliches und politisches Handeln gleichen sich in dieser Hinsicht mehr und mehr an.[19] Die Eliten sind nicht zu beneiden. Sie spüren die Last der Verantwortung. Sie wissen, dass kleine pragmatische Lösungen letztendlich nicht weiterhelfen. Sie wissen aber auch, dass es für die Lösung der Kernprobleme keine Patentrezepte gibt.

Entscheidungen zu treffen und durchzusetzen, ist heute schwieriger denn je. Das scheint vor allem daran zu liegen, dass die Welt heute verbundener ist als jemals zuvor. Zwar formulierten schon die Griechen »pantha rhei«, alles fließt, aber heute fließt alles schneller und weiter. Letztlich ist heute alles mit allem verbunden und jeder von jedem abhängig. Dies gilt in besonderem Maße für die Politik, die Wirtschaft, die Finanzmärkte, aber es gilt auch für die Gesellschaften und den einzelnen Menschen in ihnen. Globalisierung bedeutet vor allem und zuerst »globale Verbundenheit und gegenseitige Verwundbarkeit«.[20]

Der Einzelne interessiert sich deshalb genauso wie Gesellschaften, Staaten oder global tätige Unternehmen für das, was irgendwo auf der Welt passiert, weil es Auswirkungen auf unser Tun oder unsere Zukunft haben kann. Dies ist in der zusammenwachsenden Welt immer häufiger der Fall. Deshalb fällt den Eliten immer mehr Macht und Einfluss zu. Zugleich tun sie sich immer schwerer, Verantwortung zu übernehmen. Das hängt ursächlich mit den Dilemmata der modernen Wissensgesellschaft zusammen. Eines ihrer Merkmale liegt darin, dass das Wissen sich immer mehr spezialisiert und die Entscheider wie noch niemals zuvor in einem geradezu existentiellen Sinne auf ihre Mitarbeiter angewiesen sind. Deshalb wird es für sie immer wichtiger die richtigen Personen um sich zu versammeln. Da ihr gemeinsames Wissen in der Regel weit über das hinausgeht, was dem Einzelnen an Erfahrung und Know-how zur Verfügung steht, kommt es für die Eliten immer mehr darauf an, die richtigen Fragen zu stellen. Demgegenüber tritt die Aufgabe zurück, selbst möglichst viel Wissen zu generieren.

Das Paradoxon besteht freilich folglich darin, dass in einer Zeit, wo sich das Wissen immer mehr spezialisiert, der Entscheider selbst immer mehr Generalist sein muss. An diesem Umstand scheitern häufig Innovations- und Reformprozesse in Politik und Wirtschaft. Dezentralisierung wird mit wachsender Spezialisierung immer mehr zu einer Schlüsselvoraussetzung für die Lösung politischer und wirtschaftlicher Probleme. Dezentral können Lösungen am effizientesten erarbeitet werden. Allerdings lassen sie sich auf dieser Ebene nicht durchsetzen. Dezentralisierung fördert die Reform- und Innovationsfähigkeit, erschwert aber ihre zentrale Umsetzbarkeit. Wir erleben das in der Politik immer wieder, wenn Sachverständige Lösungsvorschläge erarbeiten. Nur selten gelingt es der Politik, diese in der Regel innovativen, manchmal auch revolutionären Konzepte in die Realität umzusetzen, weil sie zu stark wissensbasiert sind und andere Faktoren wie etwa die Sozialverträglichkeit, die Standortfrage oder die zu erwartende öffentliche Wirkung vernachlässigen.

Dies gilt im Prinzip auch für weltweit tätige Unternehmen. Sie erfahren, dass lokale oder rein wissensbasierte Lösungen selten global anwendbar sind. Die kulturellen und sozialen Unterschiede verschließen sich häufig einheitlichen Lösungen. In der Wirtschaft entstehen dadurch Effizienzverluste, in der Politik Glaubwürdigkeitsdefizite. Diese Beispiele signalisieren, warum die moderne Wissensgesellschaft besonders für die Eliten immer mehr zu einer Risikogesellschaft wird. Für sie erweist es sich als immer schwieriger, die notwendigen Innovations- und Reformprozesse anzustoßen, zu entscheiden und schließlich auch durchzusetzen.

Derartige verflochtene und auch komplexe Entscheidungsstrukturen entwickeln nicht nur eine schwer zu steuernde Eigendynamik. Sie verunsichern verständlicherweise auch die Eliten, weil sie Verantwortung übernehmen müssen, ohne die Konsequenzen, die sich daraus ergeben, hinlänglich in ihrer vollen Tragweite abschätzen zu können. Die globalen Zusammenhänge erhöhen das bestehende Risiko, indem sie die Steuerungsfähigkeit getroffener Entscheidungen erschweren und deren Auswirkungen gleichzeitig potenzieren.

Die Eliten stehen heute vor der keineswegs beneidenswerten Aufgabe, im Verbund Entscheidungen vorzubereiten, Kompromisse einzugehen und zugleich deren soziale Belastbarkeit und mediale Wirkung im Auge zu behalten. Deshalb neigen sie dazu, selektive Eingriffe auch dort vorzunehmen, wo eine Reparatur im System nicht zu langfristig belastbaren Lösungen führen wird. Diese verständliche Vorgehensweise verhilft aber nur zu kurzfristigen Erfolgen. Die beschriebene Zustimmungskrise können sie zwar lindern, aber letztlich nicht überwinden. Dazu bedürfte es weitgehenderer Entscheidungen. Sie bergen aber auch höhere Risiken in sich, und zwar für die Eliten selbst ebenso wie für die Bevölkerung insgesamt. Um die Herausforderungen zu meistern, brauchen wir Visionen, die eine »Veränderung in unseren Köpfen« einleiten und die uns ermutigen, neue Wege zu gehen. Zur Aufgabe der Eliten gehört es, solche Visionen zu entwickeln und zu vermitteln.

Mit der Globalisierung breitet sich das Wissen in der Welt auf rasante Weise aus. Damit wird die Hoffnung verbunden, dass dadurch immer mehr Menschen am Wohlstand partizipieren und die Einkommensverteilung zwischen arm und reich gerechter wird. »Die Globalisierung gibt uns zusätzlichen Wohlstand, aber sie bringt uns ebenso zusätzliche Unsicherheit, Spannungen und ein erhöhtes Maß an Ungleichheit.«[21] Dies spüren zur Zeit auf sehr nachdrückliche Weise die westlichen Industrienationen. Hier sind es vor allem die Arbeitnehmer, die um ihren Arbeitsplatz und den erworbenen Wohlstand bangen. Sie fürchten, dass sich im voranschreitenden Globalisierungsprozess die Produktion von Gütern und Dienstleistungen in die Länder verlagert, die diese preiswerter erbringen können. Täglich lesen wir in den Zeitungen, dass Unternehmen in Deutschland den heimischen Standort aufgeben, um günstiger im zum Teil sogar entfernten Ausland produzieren zu können. Erhofft wird, dass dadurch die Löhne andernorts ansteigen und es dort zu einem höheren Lebensstandard kommt. Dieser Konvergenzprozess kann langfristig zu einer Wohlstandssteigerung weltweit führen. Heute sind die Lohnunterschiede aber noch extrem. So verdient eine Näherin in Bangladesch 0,10 Cent in der Stunde, in Deutschland sind es 11 Euro. Diese Spanne kann nur verringert werden, wenn sich in beiden Teilen der Welt unternehmerisches Handeln mit einem hohen ethischen Anspruch verbindet. Vor diesem Hintergrund, aber auch nur dann, bieten mittelfristig globale »Verbundenheit und wechselseitige Verwundbarkeit« den Rohstoff für einen Traum: den Traum von einer gerechteren Welt.

Anmerkungen

1 Max Weber: Der Beruf zur Politik, in: ders.: Soziologie. Weltgeschichtliche Analysen. Politik, Stuttgart 1968, S. 167–185.
2 Winfried Steffani: Vertrauen und Verantwortung in der Politik, in: Politik und Verantwortung. Festgabe für Wolfgang Jäger zum sechzigsten Geburtstag, hrsg. v. Ingeborg Villinger, Gisela Riescher, Jürgen Ruhlan, Freiburg 2000, S. 234–242, hier S. 235.
3 Weber (wie Anm. 1), S.174f.
4 ebd., S. 183.
5 ebd., S 184.
6 ebd., S. 175.
7 Vgl. Anja Struwe: Deutschland misstraut seinen Eliten, in: Die Welt vom 19. November 2004; dies.: Vernichtendes Urteil für Deutschlands Manager, in: Die Welt vom 19. November 2004.
8 Historisches Wörterbuch der Philosophie, Bd. 11, hrsg. v. Joachim Ritter/Karlfried Gründer/Gottfried Gabriel, Basel 2001, vgl. »Verantwortung«, S. 566–575.
9 Paul Nolte: Generation Reform. Jenseits der blockierten Republik, München 2004, S. 150f.
10 Gerd Langguth: Das Innenleben der Macht. Krise und Zukunft der CDU, Berlin 2001, S. 280.

11 Karl-Rudolf Korte: Versagen die Eliten? in: Capital 20 (2005), S. 32–36, hier S. 32.
12 Jürgen Habermas: Legitimationsprobleme im Spätkapitalismus, Frankfurt/M. 1973, S. 55.
13 Peter Hintze/Gerd Langguth: Helmut Kohl. Der Kurs der CDU. Reden und Beiträge des Bundesvorsitzenden 1973–1993, Stuttgart 1993, S. 165.
14 Vgl. Dietrich Herzog: Politische Karrieren. Selektion und Professionalisierung politischer Führungsgruppen, Opladen 1975, S. 150f.
15 Peter Rinderle: Welche moralischen Tugenden braucht der Politiker in einer liberalen Demokratie?, in: Zeitschrift für Politik (4) 2003, S. 397–422, hier S. 397.
16 Vgl. Ulrich Schäfer: Der Reiter und die schwarzen Schafe, in: Süddeutsche Zeitung vom 7. Februar 2005.
17 Vgl. Spitzengehälter für deutsche Manager, in: Frankfurter Allgemeine Zeitung vom 21. September 2005.
18 Nolte (wie Anm. 9), S. 155.
19 Vgl. Meinhard Miegel: Epochenwende. Gewinnt der Westen die Zukunft?, Berlin 2005, S. 173.
20 Martin Seiward: »Euch fehlt nur eine kraftvolle Vision.« Ein Interview mit Jeremy Riffkin, in: Absatzwirtschaft (2) 2005, S. 9–12, hier S. 9.
21 Paul A. Samuelson: »Der Markt hat kein Herz«, in: Der Spiegel vom 17. September 2005, S. 86–90, hier S. 97.

Jürgen Plöhn

Ostdeutsche Profile in der Politik

Vom Aufbruch zur gesamtdeutschen Normalität

Anderthalb Jahrzehnte nach der Wiedervereinigung hat es eine ostdeutsche Physikerin zur Kanzlerin der Bundesrepublik Deutschland und Vorsitzenden der CDU gebracht, ein ostdeutscher Diplomingenieur und amtierender Ministerpräsident kurzzeitig zum Vorsitzenden der SPD. Die beiden bekennenden Protestanten stehen nicht nur für persönliche Erfolgsgeschichten, sondern sie dokumentieren zugleich die Offenheit der politischen Elite für durchsetzungsfähige Neulinge – ein evidenter Widerspruch zu der Mär von den unterdrückten, ihrer eigenen Heimat entfremdeten Ostdeutschen, die von interessierter Seite als Ersatz für den abhanden gekommenen Klassenfeind gern weiter kultiviert wird.

Gibt es aber noch markante Profile ostdeutscher Politiker oder haben sich diese bereits ununterscheidbar an westdeutsche Gepflogenheiten angepasst? Gibt es überhaupt generelle, spezifisch ostdeutsche Eigenheiten oder nur gewichtige Unterschiede zwischen den einzelnen Parteien? In welchem Maße ist die heutige politische Elite noch durch die Vergangenheit, wie stark bereits durch die Strukturen der Bundesrepublik Deutschland geprägt?

Antworten sollen auf quantitativer Basis unter Einbeziehung historischer Aspekte gesucht werden. Hierzu werden nach einem Blick auf den erfolgten Systemwechsel Daten zu ostdeutschen Abgeordneten und Regierungsmitgliedern der Bundes- und Landesebene analysiert. Denn eine solche Kombination von Untersuchungen unterschiedlicher Ebenen des Entscheidungssystems bietet die Möglichkeit, Entwicklungen zu erfassen, bevor sie den engeren Kreis der nationalen politischen Elite erreicht haben.

Sozialistische Eliten

Bis heute zeichnen sich sozialistische Gesellschaftskonzeptionen durch *egalitäre* Zielvorstellungen aus. »Elite«, verstanden als die »bessere Gesellschaft«

mit Macht, Privilegien und Standesdünkel, bildet daher einen Gegenbegriff zur angestrebten Gleichheit. Dessen ungeachtet hat jedoch der Marxismus-Leninismus in seiner Auffassung von der kommunistischen Partei als Avantgarde des Proletariats – mit verbindlichem Wertekanon für ihre Mitglieder – eine eindeutig *elitäre* Konzeption vertreten.[1] In der Herrschaftspraxis der DDR kam daher der SED das Machtmonopol zu, wobei ausgewählte Parteimitglieder zentrale Steuerungsfunktionen wahrnahmen. Zur Vorbereitung dieser »Nomenklaturkader« auf ihre Rolle einer funktionalen Elite verfügten Partei, Staatsapparat und Gewerkschaft über eigene Bildungsinstitutionen – bis hin zu speziellen Hochschulen.[2]

Die Blockparteien waren weder in der Lage, mit der SED zu konkurrieren, noch konnten sie ihre politische Entscheidungen wesentlich mitgestalten. Sie sollten vielmehr Teile der Gesellschaft an den realsozialistischen Staat heranführen, indem sie Nicht-Kommunisten bei systemloyalem Verhalten Chancen auf Karrieren bis zu mittleren Führungspositionen boten.[3]

Die politisch weitestgehend homogene und überwiegend männliche Elite der DDR dominierte bis zum Zusammenbruch der alten Ordnung die Leitung von Staat, Wirtschaft und gesellschaftlichen Organisationen. Ohne einem Konkurrenzdruck ausgesetzt zu sein, litt diese abgeschottete Spitzengruppe unter zunehmender Alterung, doch war bereits gezielt eine Nachfolgegeneration herangebildet worden. Dabei ist zu beachten: Die Führung der sozialistischen Gesellschaft, die sich gerade nicht als »Wissensgesellschaft« definierte, lag nicht bei der »Intelligenz«, sondern bei der »Arbeiterklasse«, zu der dank der Avantgarde-Konzeption auch die Nomenklaturkader gerechnet wurden. Plurale Funktionseliten konnten sich daher nicht herausbilden. Eine organisierte gesellschaftspolitische Gegenelite stand allein in den christlichen Kirchen zur Verfügung.[4]

Die Transformationsphase und das Ergebnis des Wechsels

Die Erstarrung des SED-Regimes endete abrupt in der Herbstrevolution von 1989. Die Umwandlung des realsozialistischen Systems in eine pluralistische Demokratie und eine marktwirtschaftliche Ökonomie sowie die Reintegration in den deutschen Gesamtstaat vollzog sich hinsichtlich des Elitenwechsels in vier Schritten:[5]

- Die Führungsgruppen in SED und Blockparteien wurden durch Nachwuchskader bzw. systemkonforme Personen ersetzt (Oktober 1989 bis Januar 1990). Systemgegner bildeten extern eigene Gruppierungen.

- Die »Runden Tische« öffneten das politische System für Vertreter der Systemopposition (Januar bis März 1990).
- Die Auswechselung der politischen DDR-Elite erreichte in der Volkskammerwahl ihren Höhepunkt und dehnte sich auf die Staatswirtschaft aus (März bis Sommer 1990).
- Von der Neubildung der Länder bis zur ersten gesamtdeutschen Bundestagswahl prägten sich die heutigen Spitzenpositionen heraus (Oktober bis Dezember 1990). Zugleich trat ein »Import« von Eliten aus der Bundesrepublik in Erscheinung.

Im Ergebnis wurden institutionell völlig neue Entscheidungsstrukturen geschaffen, personell die Inhaber von Spitzenpositionen in Regierung, Verwaltung, Militär, Justiz sowie Staatswirtschaft komplett ausgewechselt. Kontinuität findet sich hingegen etwa auf den unteren Ebenen der Verwaltung, in den christlichen Kirchen sowie in Presseredaktionen.

Komplizierter liegen die Verhältnisse in den Parteien: Die zunächst als SDP auf dem Gebiet der damaligen DDR wiedererstandene SPD war eine Parteineugründung, ebenso das »Bündnis'90« sowie etliche bei Wahlen erfolglos gebliebene Gruppierungen. Dagegen knüpften CDU und FDP einerseits organisatorisch an die Blockparteien CDU und DBD bzw. LDPD und NDPD an, nahmen andererseits aber mit dem »Demokratischen Aufbruch« und der »Deutschen Forumpartei« Teile der Systemopposition von 1989/90 in ihre Reihen auf. Hieraus resultierten bei CDU und FDP auch nach Auswechselung der Führungsspitzen der Blockparteien langwierige parteiinterne Gegensätze und Rivalitäten zwischen ehemaligen Blockparteilern und Neumitgliedern. Die 1990 in PDS umbenannte SED (seit 2005: Linkspartei) hingegen war durch ihre Kaderreserve trotz einiger Neuzugänge (»Vereinigte Linke«, »Nelken«) zu einem relativ geordneten Übergang in der Lage.

Der »Elitenimport« bezog sich primär auf *Ernennungspositionen*. Dagegen stehen Bewerbungen um Wahlämter in einer Abhängigkeit vom Wohnort, so dass die ostdeutsche Bevölkerung insbesondere in der parlamentarischen Elite stets anteilsgemäß präsent geblieben ist.[6]

Auswertungen aktueller Daten

Bundespräsident und Bundesregierung

Für das Amt des Bundespräsidenten wurden von Bündnis'90/Die Grünen und CDU/CSU mit Jens Reich und Dagmar Schipanski 1994 und 1999 symbolisch ostdeutsche Bewerber aufgestellt. Anders als im Falle des sächsischen Justizministers Steffen Heitmann (CDU), der 1994 auf öffentlichen Druck hin auf seine Nominierung verzichtete, waren die Kandidaturen von Reich und Schepanski angesichts der Mehrheitsverhältnisse in der Bundesversammlung jedoch politisch von vornherein chancenlos.

In der Bundesregierung gibt es hingegen seit 1990 kontinuierlich Repräsentanten der neuen Länder (*siehe Tab. 1*).[7] Im Oktober 1990 wurden fünf ostdeutsche Minister ohne Geschäftsbereich ernannt; nach der Bundestagswahl von 1990 gehörten der Bundesregierung drei Ostdeutsche an. Da der jeweilige kleinere Koalitionspartner seit dem Ausscheiden Rainer Ortlebs kein Kabinettsmitglied aus den neuen Ländern mehr nominierte und die SPD sich mit nur einem ostdeutschen Repräsentanten begnügte, reduzierte sich nachfolgend deren Anteil. Die fünf Parlamentarischen Staatssekretäre boten dafür keinen gleichwertigen Ersatz. Mit der Wahl Angela Merkels zur ersten Frau im Amt des Bundeskanzlers hat die Entwicklung eine neue Qualität erreicht. Denn nun verfügt auf Bundesebene erstmals eine ostdeutsche Politikerin über das formale Recht, Ost- und auch Westdeutsche für Regierungsämter zu nominieren (Art. 64 Abs. 1 GG), so dass bezüglich der Ministerämter – zumindest so weit sie von der CDU zu besetzen sind – eine Umkehrung der Ost-West-Abhängigkeit eingetreten ist.

***Tab. 1: Bundesminister und Parlamentarische Staatssekretäre aus den neuen Ländern und dem Ostteil Berlins zu Beginn der Wahlperiode*[8]**

1990 4. Regierung Kohl	**1994 5. Regierung Kohl**	**1998 1. Regierung Schröder**	**2002 2. Regierung Schröder**	**2005 1. Regierung Merkel**
Bundeskanzlerin und Bundesminister				
Günter Krause (CDU) Angela Merkel (CDU) Rainer Ortleb (FDP)	Angela Merkel (CDU) Claudia Nolte (CDU)	Christine Bergmann (SPD)	Manfred Stolpe (SPD)	Angela Merkel (CDU) Wolfgang Tiefensee (SPD)
Parlamentarische Staatssekretäre und Staatsminister				
Sabine Bergmann-Pohl (CDU) Joachim Günther (FDP) Gottfried Haschke (CDU) Bertram Wieczorek (CDU)	Sabine Bergmann-Pohl (CDU) Joachim Günther (FDP) Ulrich Klinkert (CDU) Johannes Nitsch CDU)	Siegfried Scheffler (SPD) Rolf Schwanitz (SPD) Gerald Thalheim (SPD)	Iris Gleicke (SPD) Christoph Matschie (SPD) Christel Riemann-Hanewinckel (SPD) Rolf Schwanitz (SPD) Gerald Thalheim (SPD)	Christoph Bergner (CDU) Ulrich Kasparick (SPD) Rolf Schwanitz (SPD)

Deutscher Bundestag

Standen in der 15. Wahlperiode (2002–2005) mit Bundestagspräsident Wolfgang Thierse und Oppositionsführerin Angela Merkel die markantesten ostdeutschen Politiker außerhalb der Regierung, hat sich dieses Erscheinungsbild im 16. Bundestag drastisch verändert. Doch hat sich zugleich die Anzahl der ostdeutschen Mandatsträger (ohne Berlin) von 89 auf 111 (18,1 nach 14,8 Prozent) erhöht (*siehe Tab. 2*).

Tab. 2: Abgeordnete des Deutschen Bundestags aus den neuen Ländern (ohne Berlin) nach Parlamentszugehörigkeit und Geburtsjahrgängen (November 2005)[9]

	Parlamentszugehörigkeit[1]							
	11.–16.[2] WP	12.–16. WP	13.–16. WP	14.–16. WP	15.–16 WP	16. WP	Mit Unterbrechung	Gesamt
CDU	1	6	1	5	11	6	2	32
SPD	5	3	1	13	7	9	0	38
LINKE	0	0	0	0	0	20	6	26
FDP	0	1	0	1	0	6	1	9
B/GR	0	0	0	1	4	1	0	6
Gesamt	6	10	2	20	22	42	9	111

1 Zeitweise Mandatsniederlegung (*Kolbe, Pieper*) unberücksichtigt.
2 11. WP: Von der DDR-Volkskammer in den Deutschen Bundestag delegierte Abgeordnete (Okt. bis Dez. 1990).

	Jahrgangsgruppe					
	Bis 1940	1941–1950	1951–1960	1961–1970	Ab 1971	Gesamt
CDU	0	7	20	2	3	32
SPD	1	10	15	9	3	38
LINKE	1	3	16	1	5	26
FDP	0	2	3	2	2	9
B/GR	0	0	4	2	0	6
Gesamt	2	22	58	16	13	111

Von den 2005 gewählten ostdeutschen Mandatsträgern gehören – mit dem Ost-Berliner Thierse – nicht mehr als sieben dem Bundestag seit Oktober 1990 kontinuierlich an. Nur 18 Abgeordnete (16,2 Prozent) der neuen Länder (ohne Berlin) sind mindestens seit 1994 ununterbrochen im Parlament tätig, 64 (57,7 Prozent) dagegen 2002 oder 2005 erstmals in den Bundestag gewählt worden. Für die Mehrheit der ostdeutschen Mandatsträger liegt also zwischen der Wiedervereinigung und ihrer ersten Wahl in den Bundestag ein Zeitraum von mindestens zwölf Jahren. Damit gewinnen Erfahrung und Leistungen im vereinten Deutschland gegenüber dem Verhalten in der früheren

Tab. 3: Bundestagsabgeordnete der neuen Länder (ohne Berlin) nach Parteizugehörigkeit und Ausbildung (November 2005)[10]

Partei	Studienfächer											Ohne Studium
	Technische Wiss.	Mathematik, Natur- u. Geowiss.	Human- u. Dentalmedizin	Landwirtschaft u. Veterinärmedizin	Ökonomie/ Recht (O)	Ökonomie (W)	Jura (W)	Theologie	Psychol., Pädagogik, Geisteswiss.	Gesellsch.- u. Staatsw. (O)	Sozialwiss. (W)	
CDU (32)[3]	10	5	0	3	3	1	3	1	0	0	1	4[2]
SPD (38)[4]	7	3	1	1	4	0	3	4	3+1[1]	0	2	8
LINKE (26)	3	0	0	3	2	1	2	0	6	2	2+2[1]	3
FDP (9)	2	1	0	0	0	0	3+1[1]	0	2	0	1[2]	0
B/GR (6)	1	0	1	2	1	0	0	(1)[1]	0	0	0	0
Gesamt (111)	23	9	2	9	10	2	11+1	5+1	11+1	2	5+2	15

1 Studium ohne Abschluss.
2 Zwei Abschlüsse einer Verwaltungsakademie.
3 Ein Akademiker ohne Fachangabe.
4 Ein Abgeordneter ohne Angaben.
O = Ost (sozialistisch); W = West (marktwirtschaftlich/rechtsstaatlich/demokratisch).

Tab. 4: Abgeordnete des Thüringer Landtags nach Parteizugehörigkeit und Ausbildung (November 2004)[11]

Partei	Studienfächer											Ohne Studium
	Technische Wiss.	Mathematik, Natur- u. Geowiss.	Human- u. Dentalmedizin	Landwirtschaft u. Veterinärmedizin	Ökonomie/ Recht (O)	Ökonomie (W)	Jura (W)	Theologie	Psychol., Pädagogik, Geisteswiss.	Gesellschafts- u. Staatswiss. (O)	Sozialwiss. (W)	
CDU (45)	18	4	0	1	4	0	1[1]	2	2	2	2	9
SPD (15)	3	2	0	0	0	0	0	1	2	0	2	5
LINKE (28)	2	4	0	4	1+1[1]	0	0	0	10	2[2]	1	3
Gesamt (88)	23	10	0	5	5+1[1]	0	1	3	14	4	5	17

1 Studium ohne Abschluss.
2 Zuzüglich eines Zweitstudiums.
O = Ost (sozialistisch); W = West (marktwirtschaftlich/rechtsstaatlich/demokratisch).

DDR und in der Transformationsphase eine zunehmende Bedeutung für die Aufstellung der Kandidaten.

Dementsprechend verschiebt sich auch die Altersstruktur: Zwar dominiert mit 52,3 Prozent die Kohorte der 45- bis 55-Jährigen, doch sind bereits 11,7 Prozent der Parlamentarier erst in oder nach dem Jahr des Mauerfalls volljährig geworden. Damit ziehen also zunehmend Volksvertreter ins Parlament ein, die ihre Bildung und Ausbildung bereits unter westlichen Vorzeichen durchlaufen oder ergänzt haben.

Zugleich hat sich die Zahl der aus dem Westen zugezogenen Kandidaten erhöht. Nach zehn westlich sozialisierten Trägern ostdeutscher Mandate im 15. Deutschen Bundestag sind nunmehr 23 (20,7 Prozent) im Westen (einschließlich West-Berlins) aufgewachsen. Dabei dürfte überraschen, dass die Linkspartei mit neun Abgeordneten die meisten »Wessis« importiert hat (CDU 4, SPD 6, FDP 3, B/GR 1).

Nach ihrem fachlichen Profil haben ostdeutsche Abgeordnete – damit abweichend von westlichen Mustern – noch im 16. Bundestag mit ca. 20,7 Prozent am häufigsten technische Studienfächer absolviert (*siehe Tab. 3*). Einschließlich der Naturwissenschaften, Landwirtschaft, Human- und Veterinärmedizin sowie der Theologie kommen »politikferne« Fächer insgesamt auf 44,1 Prozent gegenüber 40,5 Prozent für die auf Recht, Wirtschaft, Gesellschaft oder auf Politik bezogenen Disziplinen. Das scharf abweichende Profil der Linkspartei mit 30,8 Prozent der Fraktionsmitglieder aus Geistes- und Gesellschaftswissenschaften zeigt, dass die Verteilung nicht nur von der DDR-typischen Lenkung der Berufswahl, sondern auch von persönlichen Entscheidungen für oder gegen ideologisierte Fächer geprägt worden ist.

Die meisten der im Osten gewählten Westdeutschen haben sich frühzeitig mit spezifischen beruflichen Qualifikationen für den »Aufbau Ost« zur Verfügung gestellt, wobei neben juristischen Kenntnissen auch Verwaltungserfahrungen und unternehmerische Initiative relevant erscheinen. Davon abweichend hat die Linkspartei nunmehr auch einige regional nicht verankerte westdeutsche Gesinnungsgenossen mit ostdeutschen Mandaten ausgestattet.

Landesregierungen

Unterhalb der Bundesebene gelangte von der Transformationselite der DDR niemand unmittelbar in die politische Spitzenposition eines der neuen Länder. Erst in den folgenden Jahren sind Personen zu Regierungschefs gewählt worden, die durch die Herbstrevolution von 1989 politisch aktiv und Parteimitglieder geworden sind (Matthias Platzeck, Reinhard Höppner, Wolfgang Böhmer, *siehe auch Tab. 5*).

Tab. 5: Spitzenkandidaten von CDU und SPD bei ostdeutschen Landtagswahlen[12]

	Mecklenburg-Vorpommern	**Brandenburg**	**Sachsen-Anhalt**	**Thüringen**	**Sachsen**
1990	Alfred Gomolka (CDU) *Klaus Klingner* (SPD)	**Manfred Stolpe** (SPD) Peter-Michael Diestel (CDU)	Gerd Gies (CDU) Reinhard Höppner (SPD)	Josef Duchac (CDU) *Friedhelm Farthmann* (SPD)	**Kurt Biedenkopf** (CDU) *Anke Fuchs* (SPD)
1994	**Berndt Seite** (CDU) Harald Ringstorff (SPD)	**Manfred Stolpe** (SPD) Peter Wagner (CDU)	**Christoph Bergner** (CDU) Reinhard Höppner (SPD)	***Bernhard Vogel*** (CDU) Gerd Schuchardt (SPD)	***Kurt Biedenkopf*** (CDU) Karl-Heinz Kunckel (SPD)
1998/99	**Berndt Seite** (CDU) Harald Ringstorff (SPD)	**Manfred Stolpe** (SPD) *Jörg Schönbohm*[1] (CDU)	**Reinhard Höppner** (SPD) Christoph Bergner (CDU)	***Bernhard Vogel*** (CDU) *Richard Dewes* (SPD)	***Kurt Biedenkopf*** (CDU) Karl-Heinz Kunckel (SPD)
2002/04	**Harald Ringstorff** (SPD) Eckhardt Rehberg (CDU)	**Matthias Platzeck** (SPD) *Jörg Schönbohm*[1] (CDU)	**Reinhard Höppner** (SPD) Wolfgang Böhmer (CDU)	**Dieter Althaus** (CDU) Christoph Matschie (SPD)	***Georg Milbradt*** (CDU) Thomas Jurk (SPD)

1 Gebürtiger Brandenburger (Rückkehrer).
Fett: amtierende Ministerpräsidenten; unterstrichen: jeweilige Sieger; Kursiv: westdeutsche Kandidaten.

Der bisweilen erweckte Eindruck, die CDU präsentiere entweder belastete Blockparteiler oder gebietsfremde Westdeutsche, die SPD hingegen unbelastete ostdeutsche Spitzenkandidaten, wird von *Tabelle* 5 deutlich korrigiert: In den neunziger Jahren des 20. Jahrhunderts hat die CDU eine Reihe von Ministerpräsidenten aus Westdeutschland stellen können (neben Biedenkopf und Vogel auch Werner Münch), weil sie für ihr personelles Angebot in Wählerschaft und Parlamenten Mehrheiten gefunden hat. Die SPD ist anfangs weniger erfolgreich gewesen, so dass ihre Spitzenkandidaten nach verlorenen Wahlen in den Westen zurückgekehrt und in Vergessenheit geraten sind. Manfred Stolpe, zunächst einziger Sozialdemokrat unter den ostdeutschen Regierungschefs, eignet sich hingegen als ehemals staatsloyaler Kirchenjurist keineswegs als Gegenbild zu seinen Kollegen aus den Reihen der Ost-CDU (Duchac, Gomolka und Gies, später Seite und formal auch Bergner).[13]

Bezieht man die Landesminister in die Analyse mit ein (*siehe Tab. 6*), lassen sich weitere Erkenntnisse gewinnen: Mittlere Jahrgänge dominieren.

Das heißt: Eine Reihe von Politikern, die zur Zeit der Wiedervereinigung noch relativ jung gewesen sind, haben ihre Chance zu nutzen und sich im neuen System zu etablieren gewusst. In noch deutlicherem Maße als für ein Bundestagsmandat ist für ein Ministeramt faktisch ein Studium die üblich gewordene Qualifikationsvoraussetzung. Dabei wird auch in den Landesregierungen weiterhin etwa die Hälfte der Ämter von Personen mit politikferner Vorbildung im technisch-naturwissenschaftlichen Bereich bekleidet. Andererseits finden sich bei allen Regierungsparteien außer der FDP noch immer Minister, die Studiengänge mit Bezug auf das sozialistische Wirtschafts- und Gesellschaftssystem absolviert haben. Ein Theologiestudium ist dagegen zum Ausnahmefall geworden. Die Absolventen spezifisch »westlicher« Fächer (VWL und Jura) stammen auf dieser Ebene sämtlich aus den »alten« Bundesländern.

Der direkte Sprung aus der Systemopposition auf einen Ministersessel (z. B. Karl-Heinz Daehre, Matthias Platzeck, Matthias Rößler, Steffen Reiche, Klaus Zeh) war ein Anfangsphänomen. Führungspositionen haben die heutigen Regierungsmitglieder zu DDR-Zeiten indes höchstens auf mittleren Ebenen bekleiden können. Ihre zur Führung eines Ministeriums erforderlichen Leitungserfahrungen haben sie zwischenzeitlich in Politik (Parlamenten und kommunalen Wahlämtern), Wissenschaft, Unternehmen und Verwaltungen erworben. Neun Minister sind zuvor als beamtete Staatssekretäre Teil der administrativen Elite gewesen. Während der frühe deutsche Sozialwissenschaftler Max Weber einem Aufstieg von Spitzenbeamten in politische Führungspositionen als Ausdruck einer Entpolitisierung grundsätzlich ablehnend gegenübergestanden hat, ist in diesem Vorgang in den ostdeutschen Ländern ein politisch gewolltes Resultat zu sehen, entspricht doch die Erfahrung von Staatssekretären dem Aufgabenschwerpunkt der Länder, der im Bereich der Verwaltung zu finden ist.

Der Anteil der aus dem Westen kommenden Kabinettsmitglieder liegt für die CDU bei gut einem Viertel, für die SPD bei einem Fünftel und für die FDP (2002–2006) bei zwei Dritteln (Durchschnitt: 26 Prozent). Diese »Westler« und Rückkehrer (Jörg Schönbohm, Curt Becker, Gerold Wucherpfennig) gleichen Qualifikationsdefizite in denjenigen Altersgruppen von Ostdeutschen aus, die nach Ansicht der Regierungschefs derzeit für ein Ministeramt in Betracht kommen. Dies gilt vor allem für das Justizressort mit nur einer in Ostdeutschland ausgebildeten Amtsinhaberin (Beate Blechinger, Lehrerin) und – in deutlich geringerem Maße – für die Bereiche Wirtschaft, Inneres und Europaangelegenheiten. Unter den Ministerpräsidenten und Finanzministern besteht die frühere Dominanz zugewanderter Politiker aus den »alten« Bundesländern hingegen nicht mehr fort.

Tab. 6: Zusammensetzung der ostdeutschen Landesregierungen nach Herkunft, Jahrgang und Ausbildung (2005)[14]

Regierungsmitglieder				Jahrgang				Studienfächer									Ohne Stud. (HS/ FHS)
Partei[1]	Land	Anz.	davon aus dem Westen	Bis 1940	1941 –50	1951 –60	Ab 1961	Ing.-Wiss.	Nat.-Wiss./ Math.	Ldw./ Vet.-Med.	Med.	Theo-logie	Jura (W)	VWL (W)	Ges.-W./ Ökon. (O)	Päd./ Lehr-amt	
CDU (29)	BB	4	1[2]	1	1	2	0	0	1	0	0	0	0	0	1	1	Bw-Offz.[6]
	SA	7	2[2]	2	1	4	0	1	1	1	1	0	2	0	0	1	0
	S	8	2	0	4	3	1	4	0	1	0	0	1	1	0	0	VWA[7]
	T	10	3[2]	0	3	7	0	3	2	1	0	0	2	0	1	1	0
SPD (15)	MV	7	3	1	3	3	0	0	1	1	1[4]	1	1	1	1	0	0
	BB	6	0	0	0	5	1	1	0	1	0	0	0	0	1	2	NVA-Offz.[8]
	S	2	0	0	0	0	2	0	0	0	0	0	0	0	0	1	1
LINKE (3)	MV	3	0	0	2	1	0	*[3]	0	2	0	0	*[5]	0	1	0	0
FDP (3)	SA	3	2	1	0	2	0	0	1	0	0	0	1	1	0	0	0
Gesamt		50	13	5	14	27	4	9	6	7	2	1	7	3	5	6	4

1 Nominierende Partei.
2 Ein Rückkehrer.
3 Erststudium, zuzügl. Gesellschaftswissenschaften
4 Zuzügl. Erststudium der Zahnmedizin.
5 Zusatzstudium ohne Abschluss.
6 Ein Offizier der Bundeswehr (General).
7 Eine Absolventin einer Verwaltungsakademie.
8 Ein Offizier der Nationalen Volksarmee der DDR.

Tab. 7: Die Abgeordneten der Landtage (2005) nach Geburtsjahrgängen[15]

	Bis 1940	1941–1950	1951–1960	1961–1970	Ab 1971	Gesamt
Mecklenburg-Vorpommern, 4. WP (2002–2006)						
CDU	2	6	10	6	1	25
SPD	1	9	19	3	1	33
LINKE	0	1	8	4	0	13
Gesamt	3	16	37	13	2	71
Brandenburg, 4. WP (2004–2009)						
	Bis 1940	**1941–1950**	**1951–1960**	**1961–1970**	**Ab 1971**	**Gesamt**
CDU	1	5	8	5	1	20
SPD	0	6	16	9	2	33
LINKE	1	8	13	3	4	29
DVU	0	2	1	2	1	6
Gesamt	2	21	38	19	8	88
Sachsen-Anhalt, 4. WP (2002–2006)						
	Bis 1940	**1941–1950**	**1951–1960**	**1961–1970**	**Ab 1971**	**Gesamt**
CDU	5	9	21	11	2	48
SPD	1	12	7	5	0	25
LINKE	0	2	14	5	4	25
FDP	2	3	6	2	4	17
Gesamt	8	26	48	23	10	115
Sachsen, 4. WP (2004–2009)						
	Bis 1940	**1941–1950**	**1951–1960**	**1961–1970**	**Ab 1971**	**Gesamt**
CDU	2	16	21	13	3	55
SPD	1	3	3	4	2	13
LINKE	0	5	11	9	6[1]	31
FDP	0	0	1	4	2	7
B/GR	0	0	3	3	0	6
NPD	1	2	1	5	3	12
Gesamt	4	26	40	38	16	124
Thüringen, 4. WP (2004–2009)						
	Bis 1940	**1941–1950**	**1951–1960**	**1961–1970**	**Ab 1971**	**Gesamt**
CDU	1	11	23	8	2	45
SPD	0	2	9	3	1	15
LINKE	0	3	12	8	4	28
Gesamt	1	16	44	19	7	88

1 Davon 2 nach 1980.

Landesparlamente

Landtagsabgeordnete sind regionale Repräsentationseliten. Auch sie stehen mit einem Alter von ca. 40 bis 60 Jahren (*siehe Tab. 7*) überwiegend nicht mehr am Anfang ihrer beruflichen Karriere, welche sie oftmals noch in der DDR begonnen haben. Doch gibt es daneben außer Rückkehrern und Zugewanderten nun auch eine – zumindest bildungsmäßige – Post-DDR-Generation in den Parlamenten.

Tab. 8: Landtagsabgeordnete der neuen Länder nach Partei und Geschlecht (2005)

	Mecklenburg-Vorpommern		Brandenburg		Sachsen-Anhalt		Sachsen		Thüringen	
	M	W	M	W	M	W	M	W	M	W
CDU	19	6	13	7	39	9	45	10	35	10
SPD	23	10	19	14	15	10	9	4	9	6
LINKE	5+1[1]	7	15	14	12	13	16	15	13	15
FDP	–	–	–	–	17	3	6	1	–	
DVU	–	–	4	2	–	–	–	–	–	
NPD	–	–	–	–	–	–	11	1		
B/GR							3	3		
Gesamt	48	23	51	37	80	35	90	34	57	31

1 Fraktionsloser Abgeordneter, für die PDS gewählt.

Von zahlreichen älteren Parlamentariern wird das eigene politische Verhalten unter realsozialistischer Herrschaft in den veröffentlichten Biographien nicht mehr thematisiert. Eine frühere Zugehörigkeit zu oder aktive Betätigung in einer Partei des DDR-Regimes ist dadurch aus öffentlich zugänglichen Quellen nicht mehr generell zu erkennen. Daher lassen sich auch keine gesicherten, quantifizierbaren Erkenntnisse über eine mögliche Veränderung der Abgeordnetenschaft in Bezug auf ihre politische Vergangenheit formulieren. In den Vordergrund der Selbstdarstellung treten hingegen berufliche Verwendungen, politische Funktionen und Mandate auf kommunaler Ebene sowie ehrenamtliche Funktionen im gesellschaftlichen Bereich. Hierdurch verblasst die Erinnerung an das individuelle Verhalten zu DDR-Zeiten – bei der einen oder dem anderen Abgeordneten möglicherweise auch Zeichen eines mehr oder minder bewussten Verdrängens.

Als eine charakteristische äußere Rahmenbedingung für die Mandatsausübung ostdeutscher Parlamentarier ist nicht nur für die kleineren Parteien FDP, DVU, NPD und Bündnisgrüne, sondern auch für die Abgeordneten von CDU und SPD die besondere Wechselhaftigkeit der Wahlentscheidungen in Ostdeutschland in Rechnung zu stellen.[16] Insoweit lässt sich anhand der vorliegenden Daten für die Repräsentationselite erkennen:

1. Nur ein stabiles Wählerverhalten ermöglicht relativ zahlreichen Abgeordneten einer Partei eine kontinuierliche parlamentarische Tätigkeit (Beispiele: CDU-Fraktionen in Sachsen und Thüringen 1990–2004).
2. Deutliche Wahlniederlagen beschränken die parlamentarische Vertretung der Partei auf wenige Spitzenpolitiker, so dass der relative Anteil von Abgeordneten mit langer Parlamentszugehörigkeit hoch ist (Beispiele: SPD-Fraktionen in Brandenburg, Sachsen und Thüringen seit 2004).
3. Mit einem unfreiwilligen Ausscheiden ist die parlamentarische Karriere üblicherweise beendet. Nur selten kehren frühere Abgeordnete bei einem Wiedereinzug ihrer Partei ins Parlament oder einer erneuten sprunghaften Vergrößerung der Mandatszahl einer Fraktion in den Landtag zurück (Beispiele: CDU und FDP in Sachsen-Anhalt 2002).

Demgegenüber werden für die Abgeordneten der Linkspartei (PDS) die äußeren, mit der Wahl zusammenhängenden Bedingungen der Mandatsausübung stark innerparteilich geprägt. Denn bei einer vergleichsweise stabilen Wählerschaft unterwirft die Partei – trotz ihrer vergangenheitsorientierten Züge – ihre Fraktionen einem erheblichen personellen Wandel, so dass sie über mehr junge Abgeordnete als jede andere Partei verfügt. Insoweit zielt die Linke auf ein jugendliches Protestpotential. Doch gehören auch 11 der insgesamt 18 Abgeordneten von NPD und DVU (davon 13 ohne Studium) Altersgruppen an, die bei der Wiedervereinigung unter 30 waren. Bei der Linkspartei indiziert indes die strikt proportionale Berücksichtigung der Geschlechter (*siehe Tab. 8*): Der offenkundig vorhandene personalpolitische Planungswille ist primär an einem gewünschten Bild sozialer Repräsentation orientiert, nicht an der Optimierung einer funktionalen Elite.

Für die drei in allen fünf Parlamenten vertretenen Parteien lassen sich die qualifikationsbezogenen Profile der ostdeutschen Abgeordneten beispielhaft anhand der Mitglieder des Thüringer Landtags (*siehe Tab. 4, S. 140*) beschreiben: Wie im Bundestag ist auch dort bei der CDU der Anteil der Absolventen technischer Studiengänge am größten, bei der Linkspartei (PDS) kommt der größte Teil der Abgeordneten aus dem geisteswissenschaftlichen Bereich. Die SPD – nicht die PDS – hat hingegen den relativ größten Anteil von Abgeordneten ohne Studium. Danach zeigt sich insgesamt: Ungeachtet des erfolgten personellen Wechsels sind die aus realsozialistischen Herrschaftsverhältnissen ableitbaren Präferenzen für bestimmte Ausbildungsgänge auch mit anderthalb Jahrzehnten Abstand zur Wiedervereinigung noch anhaltend erkennbar.

Hinsichtlich des religiösen Bekenntnisses besteht nach wie vor ein deutlicher Unterschied zwischen Wählern und Gewählten. Im Vergleich zu den etwa 24 Prozent Protestanten und rund fünf Prozent Katholiken in der Bevölkerung der neuen Länder[17] gehört unter den Landtags- und Bundestagsabgeordneten[18] ein etwa doppelt so hoher Anteil einer der beiden christlichen Kirchen an *(siehe Tab. 9)*. Während indes die CDU als die zu DDR-Zeiten für Christen reservierte Partei in etwa westdeutsche Werte erreicht

Tab. 9: Konfession der Landtagsabgeordneten (2003/05) nach Selbstbekenntnis

	Evangelisch	Katholisch	Christen insgesamt	Ohne Angabe/ Konfessionslose/ Atheisten	Gesamt
Mecklenburg-Vorpommern, 4. WP (2002–06)					
CDU	15	4	19	6	25
SPD	12	2	14	19	33
LINKE	0	0	0	13	13
Gesamt	27	6	33	38	71
Brandenburg, 4. WP (2004–09)					
CDU	12	4	16	3	20[1]
SPD	20	1	21	12	33
LINKE	0	0	0	29	29
DVU	0	0	0	6	6
Gesamt	32	5	37	50	88
Sachsen-Anhalt, 4. WP (2002–06)					
CDU	26	13	39	9	48
SPD	9	4[1]	13	12	25
LINKE	0	0	0	25	25
FDP	4	5	9	8	17
Gesamt	39	22	61	54	115
Sachsen, 3. WP (1999–2004)					
CDU	56	17	73	3	76
SPD	5	0	5	9	14
LINKE	1	0	1	29	30
Gesamt	62	17	79	41	120
Thüringen, 4. WP (2004–09)					
CDU	31	9	40	5	45
SPD	7	1	8	7	15
LINKE	2[2]	0	2	26	28
Gesamt	40	10	50	38	88

1 jüdisch: 1.
2 Je einer parteilos und westdeutsch.

– bei charakteristischen Unterschieden in der Konfessionsverteilung –, zeigt die SPD ein durchwachsenes Bild, wohingegen Christen bei der Linkspartei (PDS) nur in vereinzelten Ausnahmefällen zu finden sind. Somit liegt bei CDU und einem Teil von SPD und FDP hinsichtlich der *funktionalen Elite* der Parlamentarier in den neuen Ländern zugleich ein Merkmal für eine *Wertelite* vor, die sich selbst insoweit folglich eher als Vor- denn als Abbild ihrer Wählerschaft verstehen kann.

Personale Konsequenzen

Beim Vergleich der Profile ostdeutscher Politiker über alle Ebenen des politischen Systems zeigt sich markant der dominierende technisch-naturwissenschaftliche Zug in Ausbildung und Berufsleben. Dieses Resultat von Bildungssystem und Lenkung der Berufswahl einerseits und bewusst gehaltener Distanz zum DDR-Regime andererseits hat im Bereich der Politik folgende Konsequenz: Die Berufserfahrungen ostdeutscher Amts- und Mandatsträger sind nicht nur in Schulstuben und den Büros der öffentlichen Verwaltung, sondern auch in Betrieben unterschiedlicher Art erworben worden.

Eine unter den parlamentarischen Mandatsträgern bereits nachweisbare schrittweise Veränderung geht jedoch dahin, dass Angehörige der postrevolutionären Generation eine politische Karriere bereits zielgerichtet durch die Wahl eines geeigneten Studienfachs vorbereiten. Im Falle knapper personeller Ressourcen ist nach dem Studium gelegentlich ein steiler Aufstieg möglich, der binnen einer Wahlperiode vom Parteieintritt zum Parlamentsmandat führen kann.

Eine kleine Gruppe von Amts- und Mandatsträgern hat sich hingegen fest im politischen System etabliert. Ungeachtet ihrer Vorbildung als Physikerin, Ingenieur, Arzt, Informatiker, Theologe oder Mathematiker sind Angela Merkel, Matthias Platzeck, Wolfgang Böhmer, Stephan Hilsberg, Steffen Reiche, Arnold Vaatz und andere seit dem Zusammenbruch der DDR zu Berufspolitikern geworden. Dies zeigt ein hohes Maß an Lernbereitschaft bei den Akteuren.

Zugleich sind jedoch Mandate auch für Versorgungszwecke verwendbar. Vor allem in ländlichen Regionen stellen parlamentarische Diäten ein attraktives Einkommen dar, so dass im Einzelfall »MdL« auch eine Alternative zu »ABM« sein kann.

Unter den »Wessis« in der ostdeutschen Politik hat sich eine Unterscheidung treffen lassen zwischen (a) den für ein politisches Amt in die neuen

Länder gegangenen Politikern und (b) denjenigen, die ihren Wohnsitz zur Wahrnehmung anderer Funktionen in den Osten verlegt und sich dort beruflich bewährt haben, bevor sie als Amts- oder Mandatsbewerber in Erscheinung getreten sind. Diese Differenzierung lässt sich gleichfalls für die Gruppe der politisch engagierten Rückkehrer treffen, in der sich auch einzelne Abkömmlinge früherer – adliger – gesellschaftlicher Eliten (wie z. B. der Familie von Arnim) finden lassen. Heute benötigen und haben diese Personen für politische Ämter jedoch die gleiche demokratische Legitimation wie alle anderen Angehörigen der parlamentarischen Elite. Danach ist festzuhalten:

1. Offenkundig existiert in Ostdeutschland keine homogene »politische Klasse«. Vielmehr zeigen sich höchst individuelle Profile. In ihnen spiegeln sich Anpassung an ein realsozialistisches Regime oder gar dessen aktive Unterstützung ebenso wie Flucht und Rückkehr, Systemopposition und bereits das Hineinwachsen einer post-sozialistischen Politikergeneration in das demokratische System.
2. Die Amateure und Idealisten der ersten Stunde werden in Bund und ostdeutschen Ländern schrittweise selbst zu Berufspolitikern oder durch solche ersetzt. Eine derartige Veränderung mag von manchen als ein Verlust an Unmittelbarkeit empfunden werden. Durch die zu beobachtende Professionalisierung der Politik entwickelt sich jedoch das Regierungssystem zu einem besonderen gesellschaftlichen Sektor, der individuelle Fähigkeiten und ein bestimmtes Fachwissen erfordert.
3. Zum Profil eines ostdeutschen Bundes- und Landespolitikers gehört in der Regel eine wissenschaftliche Vorbildung. Insoweit haben sich allerdings in deutlich erkennbarem Umfang bildungspolitische und karrieremäßige Eigenheiten erhalten.

Politiker stellen jedoch keine Wissens-, sondern Vertrauenseliten dar. Die intellektuellen Fähigkeiten eines Bewerbers bilden daher jeweils nur *einen* Aspekt zur Beantwortung der Frage, ob ihm und seiner Partei die Bewältigung künftiger Probleme zugetraut und übertragen werden kann. Auf die insoweit nötigen Strategien, die eigene Vertrauenswürdigkeit plausibel erscheinen zu lassen, haben die vorgestellten Profile hinsichtlich der Aspekte der Ähnlichkeit oder Differenz zur Wählerschaft, räumlicher Nähe oder Ferne, Erfahrung oder Jugendlichkeit, aufrechter Haltung oder Anpassungsfähigkeit eine Reihe von Hinweisen geben können.

Anmerkungen

1 Vgl. Beate Krais: Die Spitzen der Gesellschaft, in: dies. (Hrsg.): An der Spitze, Konstanz 2001, S. 11–15; Rüdiger Henkel: Im Dienste der Staatspartei. Über Par-

teien und Organisationen der DDR, Baden-Baden 1994, S. 34 ff. Bundesministerium für innerdeutsche Beziehungen (Hrsg.): DDR-Handbuch, 2 Bde., 2. Aufl. Köln 1985.

2 Gert-Joachim Glaeßner: Herrschaft durch Kader, Opladen 1977; Thomas Ammer: Strukturen der Macht – Die Funktionäre im SED-Staat, in: Jürgen Weber (Hrsg.): Neues über eine vergangene Diktatur, München 1994, S. 5–22; Eberhard Schneider: Die politische Funktionselite der DDR, Opladen 1994; Deutscher Bundestag (Hrsg.): Enquete-Kommission »Aufarbeitung von Geschichte und Folgen der SED-Diktatur in Deutschland«, Bd. 1, Baden-Baden 1995, 215–221.

3 Peter Joachim Lapp: Die »befreundeten Parteien« der SED, Köln 1988; Siegfried Suckut: Die DDR-Blockparteien im Lichte neuer Quellen, in: Jürgen Weber (Hrsg.): Neues über eine vergangene Diktatur, München 1994, S. 99–197; Deutscher Bundestag (wie Anm. 2), S. 233–247.

4 Schneider (wie Anm. 2), S. 158–164; Ursula Lange/Wilhelm Bürklin: Eliten, Führungsgruppen, in: Bernhard Schäfers/Wolfgang Zapf (Hrsg.): Handwörterbuch zur Gesellschaft Deutschlands, 2. Aufl., Opladen 2001, S. 175; Reinhard Henkys: Die Kirchen im SED-Staat zwischen Anpassung und Widerstand, in: Jürgen Weber (Hrsg.): Neues über eine vergangene Diktatur, München 1994, S. 199–243; Deutscher Bundestag (wie Anm. 2), S. 496–558; Peter Maser: Die Kirchen in der DDR, Bonn 2000.

5 Vgl. Hans-Ulrich Derlien: Elitenzirkulation zwischen Implosion und Integration, in: Hans Bertram/Raj Kollmorgen (Hrsg.): Die Transformation Ostdeutschlands, Opladen 2001, S. 53–64; ders./Stefan Lock: Eine neue Elite?, in: ZParl 25 (1994), S. 61–64.

6 Derlien (wie Anm. 5), S. 73; Oskar Niedermayer/Richard Stöss (Hrsg.): Parteien und Wähler im Umbruch, Opladen 1994.

7 Peter Schindler: Datenhandbuch zur Geschichte des Deutschen Bundestages 1949 bis 1999, Baden-Baden 1999, Bd. 1, S. 1054–1107, Bd. 3, S. 4360–4364; vgl. Derlien (wie Anm. 5), S. 67.

8 Schindler (wie Anm. 7), Bd. 1, S. 1054–1059, Bd. 3, S. 4360–4364; Kürschners Volkshandbuch Deutscher Bundestag, 12.–15. WP, div. Aufl., Rheinbreitbach 1991/1995/1999/2003.

9 Angaben aus Kürschners Volkshandbuch Deutscher Bundestag, 15. WP.

10 Angaben nach www.bundestag.de.

11 Angaben gemäß Thüringer Landtag. Handbuch 4. WP 2004–2009, hrsg. v. Thüringer Landtag, Stand: Nov. 2004.

12 Zusammenstellung aus der Wahlberichterstattung in der Zeitschrift für Parlamentsfragen.

13 Christian von Ditfurth: Blockflöten, Köln 1991; Jürgen Plöhn: Mehrheitswechsel in Sachsen-Anhalt, Frankfurt/M. u. a. 1996; Eckhard Jesse: Die Landtagswahlen in den neuen Bundesländern 1990 bis 2004, in: Deutschland-Archiv 37 (2004), S. 961 f.

14 www.mv-regierung.de/; www.brandenburg.de/cms/detail.php?id=11427&_siteid=2; www.sachsen-anhalt.de/LPSA/index.php?id=5798; www.sachsen.de/de/bf/staatsregierung/index.html; www.thueringen.de/de/index.asp?oben=mainnav1.html&unten=/de/politisch/landesregierung/index.html

15 Zu den ostdeutschen Landesparlamenten: Landtagshandbücher sowie die Internetseiten: www.landtag-mv.de; www.landtag.brandenburg.de; www.landtag.sachsen-anhalt.de; www.landtag.sachsen.de; www.thueringen.de.

16 Kai Arzheimer/Jürgen Falter: Ist der Osten wirklich rot?, in: Aus Politik und Zeitgeschichte, B 49–50/2002, S. 27–35; Jesse (wie Anm. 13), S. 952–962.

17 Vgl. Oskar Niedermayer: Das intermediäre System, in: Max Kaase u. a.: Politisches System, Opladen 1996, S. 226; Arzheimer/Falter (wie Anm. 16), S. 31.

18 Unter den ostdeutschen Bundestagsabgeordneten der 15. Wahlperiode bekannten sich 60,2 Prozent zu einer christlichen Konfession.

Beate Neuss

Akzentverschiebungen in der deutschen Außenpolitik

Ein Ergebnis des Elitenwandels?

Politik wird von Menschen gestaltet. Die außenpolitische Entwicklung der Bundesrepublik Deutschland wurde in einigen Perioden so von den Handelnden geprägt, dass deren Namen zum Synonym der Epoche wurde: Adenauers Westpolitik, Brandts Ostpolitik, Kohls Vereinigungs- und Europapolitik; Genscher, der das Amt des Außenministers am längsten innen hatte, wird mit der Entspannungspolitik verbunden. Kurz: Die Gestaltung der deutschen Außenpolitik wird eng mit der Person des Kanzlers in Verbindung gebracht, und dies zu Recht, denn er hat stets wichtige außenpolitische Kompetenzen in das Kanzleramt gezogen und er bestimmt die Richtlinien der Politik. Starke Außenminister hinterließen ebenfalls bleibende Spuren. Welche Bedeutung für die außenpolitische Orientierung hat die Elite? Reagiert sie lediglich auf strukturelle Zwänge der internationalen Beziehungen?

Der Kontext deutscher Außenpolitik hat sich seit 1990 dramatisch verändert: Deutschland ist souverän, die durch die Teilung eingeengten Handlungsspielräume haben ihre Begrenzung verloren. Die alten sicherheitspolitischen Bedrohungen sind neuen diffusen Gefährdungen gewichen, welche bis dahin unbekannt waren. Die globalen Herausforderungen an die deutsche Außenpolitik haben neue Dimensionen erreicht, zugleich stellen auch die Partner andere Ansprüche. Sie »verlassen sich auf uns und erwarten, dass wir – ein halbes Jahrhundert nach dem Zweiten Weltkrieg – endlich anfangen, uns normal zu verhalten, bereit, auf internationaler Ebene Verantwortung zu übernehmen [...]«.[1] Zugleich vergeht die Vergangenheit nicht: Auch sie prägt die Erwartungen an deutsches Verhalten, d.h., sowohl »Schaukelpolitik« wie sich selbst überschätzendes Großmachtgehabe werden deutschen Regierungen weniger nachgesehen als denen anderer Staaten. »Normalität« dieser Art wirkt kontraproduktiv.

Wenn Handlungsspielräume gewonnen wurden und neue Herausforderungen entstanden sind – heißt das, dass sich auch die Koordinaten der Außenpolitik verändern, dass die Paradigmen gewechselt werden müssen, weil die bisherigen sich nun als falsch erweisen? Oder gelten bestimmte Grundannahmen weiter, da diese den wohlverstandenen Interessen Deutschlands entsprechen, so dass graduelle Veränderungen, aber nicht Brüche die Außenpolitik prägen? Liegt nicht »Normalität« im Sinne von erweiterten Handlungsfähigkeiten im deutschen Interesse, d.h. die enge Zusammenarbeit mit großen und kleinen Partnern und die Vertiefung der Integration anstelle einer Politik, die europäische und transatlantische Partner als Blockbildung und Konfrontation verstehen?

In einzelnen, aber zentralen Bereichen der Außenpolitik ist seit der deutschen Einheit 1990, besonders tief greifend aber seit 1998 ein Wandel zu verzeichnen. Graduell hat sich die Bundesrepublik Handlungsspielraum in der Sicherheitspolitik erworben. Das Urteil des Bundesverfassungsgerichts vom Juli 1994 stellte klar, dass der Einsatz der Bundeswehr außerhalb des Verteidigungsfalls in einem System kollektiver Sicherheit verfassungsgemäß ist. Der Regierungswechsel 1998 brachte eine Elite in die Regierung, die Außenpolitik unter den Primat der Innenpolitik stellte und dabei die neu gewonnene Größe nach außen demonstrierte. Deutsche Interessen wurden in der EU unter eher kurzfristiger Betrachtung, oft ohne Rücksicht auf ihre langfristige Wirkung, mit ungeeigneten Instrumenten vorangetrieben. Die deutsche Regierung gehörte zu den treibenden Kräften unten den EU-Mitgliedern, die die Isolierung Österreichs im Jahr 2000 nach Bildung der ÖVP/FPÖ-Koalition betrieben. Die Regierung hielt den Euro-Stabilitätspakt nicht ein, der von Deutschland initiiert und in der EU gegen Widerstände durchgesetzt worden war – anders als zuvor Portugal konnte es jedoch ein Defizitverfahren abwehren. Alte EU-Mitglieder wie junge Mitglieder empfanden dieses Vorgehen sowie die ausgrenzende Kooperation mit großen Mitgliedern, besonders mit Frankreich, als Arroganz einer Regionalmacht. Dies provozierte die Sorge vor einer von Deutschland und Frankreich dominierten EU; zudem spaltete der transatlantische Streit die Union. Die Konsensfindung in der EU war beschädigt, hier hatte Deutschland bis dahin stets vermittelnd gewirkt. Besonders offenkundig war jedoch die Zäsur im transatlantischen Verhältnis. Hier ist der Wandel im Bundestagswahlkampf 2002 medienwirksam inszeniert worden. Der Wandel im transatlantischen Verhältnis machte eine bereits vorhandene latente Entwicklung offenkundig.

Diese Veränderungen, insbesondere die nach dem Wahlkampf weiterhin konfrontative Politik gegenüber den Vereinigten Staaten, schließlich der demonstrative Schulterschluss mit Frankreich und Russland, die exklusive Zusammenarbeit mit einigen EU-Staaten, die häufigen persönlichen Treffen zwischen Schröder und Putin während gleichzeitig 16 Monate kein persönlicher Kontakt zwischen Schröder und dem amerikanischen Präsidenten bestand – zeigten sie einen Paradigmenwechsel deutscher Außenpolitik, waren sie gar Vorboten eines »deutschen Weges«? Ist es der Stil oder auch der Inhalt, der die Außenpolitik der »Berliner Republik« in Abgrenzung von der der »Bonner Republik« markiert?

Wenn es einen Paradigmenwechsel in der Außenpolitik gab, entstand er durch die im Vergleich zur Zeit vor 1990 veränderte internationale Konstellation? Ist es, wie vielfach diskutiert wird, die »Demokratisierung« der Außenpolitik, d. h. die rasche Verfügbarkeit von Informationen über internationale Themen für die Bürger, die – verbunden mit der »Medialisierung« – die Eliten zwingt, sich der Mehrheitsmeinung zu beugen, kurzfristigen Vorteilen zu folgen und eine »nationale« Außenpolitik zu Lasten des Partners zu betreiben? Oder ist es vielmehr der Wandel der deutschen außenpolitischen Elite?

Der Begriff »Elite« ist in Deutschland noch immer problematisch, zur Zeit wird er von Teilen der Politik – nicht zuletzt von jenen, die den Begriff und die Förderung von Eliten über Jahrzehnte abgelehnt haben – neu entdeckt und positiv besetzt. Einen allgemeingültigen Konsens über die Definition gibt es nicht. Richtig und bis heute nachwirkend ist, dass Deutschland nur wenige Jahre in seiner Geschichte eine sich auf andere Kontinente erstreckende Außenpolitik kannte. Die Brüche in seiner Geschichte sind verantwortlich für eine moralisierende, zumeist idealistische und gelegentlich irrationale Sicht der internationalen Politik in Teilen der Elite und in der Bevölkerung. Dies alles verhinderte die Herausbildung einer gewachsenen außenpolitischen Kultur. Auch der Mangel an Funktionsträgern und Beratern ist eng mit der spezifischen deutschen Geschichte verbunden. Deutsche Außenpolitik war spätestens seit dem Ende des Ersten Weltkriegs primär auf Europa, später auch auf Nordamerika bezogen. Das Land weist nicht den durch Kolonisierung auf andere Kontinente geweiteten Blick seiner Partner auf. Zudem findet der in anderen Ländern übliche Wechsel zwischen Wirtschaft, Wissenschaft und Politik in Deutschland nicht statt. »Mehr noch: Diejenigen, die heute das Land regieren, halten immer noch die elitenkritischen Ideale hoch, die sie in den späten 60er-Jahren an den deutschen Universitäten aufgesogen haben [...]. Wenn die Idee politischer Führung in deutschen intellektuellen Kreisen verspottet wird und die Vorstellung des Berufswechsels suspekt ist, warum sollte ein vielversprechender Student auf eine Karriere in der Wirtschaft, wo er führen kann, zugunsten der Politik verzichten, wo er sich für den Versuch dem Spott aussetzt.«[2]

Es fehlt also das etablierte »außenpolitische Establishment«, die im In- und Ausland anerkannten Funktionsträger mit dem geübten Blick für die komplexen Zusammenhänge der internationalen Politik, die andere Länder vorweisen können. Es fehlt ferner in letzter Zeit die Bereitschaft, große außenpolitische Themen ausführlich im Parlament und in der Öffentlichkeit zu diskutieren. Die »Normalisierung« der militärischen Komponente deutscher Sicherheitspolitik überließen die politischen Akteure dem Bundesverfassungsgericht; sie verrechtlichten so die politische Grundsatzentscheidung über Auslandseinsätze der Bundeswehr.

Für die Beantwortung der Frage nach der Rolle der außenpolitischen Elite Deutschlands reicht es hier aus, die Elite durch ihre Position im politischen Willensbildungsprozess zu definieren. Zur außenpolitischen Funktionselite zählen zunächst einmal die außenpolitischen Akteure – Regierungsmitglieder und deren Berater, Bundestagsmitglieder – und nicht zuletzt Journalisten und Kommentatoren, also diejenigen, die den außenpolitischen Kurs und das Klima bestimmen, in dem Außenpolitik gemacht und präsentiert wird. Eliten teilen gemeinsame Wertvorstellungen.[3] Sie definieren das nationale Interesse spezifisch, gemäß ihrer jeweiligen Wahrnehmungsfilter, die durch grundlegende Präferenzen geprägt sind. Ideen, Vorstellungen motivieren die Handlungsweisen von Eliten. Die Medien, darunter zunehmend das Internet, machen das Regieren gewiss nicht leichter. Politische Eliten sind aber auch im Informationszeitalter weder in der Außenpolitik noch in der Innenpolitik der Stimmung des Wahlvolks ausgeliefert.[4] Grundlegende außenpolitische Entscheidungen der Bundesrepublik wurden gegen das herrschende Meinungsklima und handfeste demoskopische Ergebnisse getroffen und dennoch anschließend von der Bevölkerung ratifiziert bzw. mehrheitlich positiv bewertet: Die Wiederbewaffnung, die Nachrüstung und die Schaffung des Euro sind Beispiele dafür.

Es ist die Aufgabe der außenpolitischen Elite, den zunehmend bruchstückhaft informierten Wählern Orientierung zu geben, die disparaten Informationen zu strukturieren, den komplexen Hintergrund allgemein verständlich zu erläutern, für die außenpolitische Richtung zu werben und Mehrheiten für sie zu gewinnen. Die in der Außenpolitik agierende Elite ist entscheidend für die Gestaltung der Außenpolitik – Eliten sind für den Kurs der Außenpolitik *nicht* bedeutungslos geworden. Liegt der Wandel in der außenpolitischen Orientierung also primär an einem Wechsel der Akteurselite?

Einflüsse des Generationswechsels

Bis in die Mitte der 1990er-Jahre hinein war die außenpolitische Elite in der deutschen Regierung und im Bundestag von der Generation dominiert, die den Krieg, die unmittelbare Nachkriegszeit und die intensive Phase des Kalten Krieges erlebt hatte und durch diese Ereignisse geprägt war. Für diese Generation hatte Außenpolitik einen zentralen Stellenwert: Von einer soliden, erfolgreichen Außen- und Sicherheitspolitik hing es über lange Perioden und in schwerwiegenden Krisen ab, ob die Bundesrepublik – auf den amerikanischen Schutz bauend – wieder souverän werden sowie frei und westlich orientiert bleiben oder ob sie in den sowjetischen Einflussbereich geraten würde. Im Vergleich zu den Jahren nach 1990 war Außenpolitik für die Bundesrepublik Deutschland im buchstäblichen Sinn existentiell. Außenpolitik musste mit Seriosität betrieben werden, eine Instrumentalisierung auf Kosten der Partner verbot sich weitgehend, durchaus vorhandene Kontroversen mit den USA wurden selten öffentlich ausgetragen. Für die transatlantischen Beziehungen erwies sich als erleichternd, dass der amerikanische Partner – wenn auch im Detail unterschiedlich – im Großen und Ganzen von der gleichen Wahrnehmung der Bedrohung geprägt war. Das änderte sich aber mit dem Ausklingen des Kalten Krieges. Als europäische Regionalmacht verlor Deutschland die Bedeutung der internationalen Politik, insbesondere das ihr innewohnende Bedrohungspotential aus dem Blick. Der globalen Sichtweise Washingtons stand nun die europäische Sicht der Deutschen gegenüber.

Bei der neuen Führungsgeneration zeigte sich ein bemerkenswerter Wandel in der Selbstwahrnehmung. Deutsche Regierungen waren sich, bis zum Ende der Amtszeit Bundeskanzlers Helmut Kohl, einer gewissen Sondersituation bewusst: Sicherheitspolitisch war die Bundesrepublik bis 1990 alternativlos abhängig von Washington, nicht voll souverän, belastet durch die Geschichte, nach 1990 dankbar für die – im Vergleich zu den anderen Partnern – einzigartige Unterstützung der Vereinigten Staaten bei der Wiedervereinigung. Hier grenzte sich die rot-grüne Regierung ab: Aus der Geschichte wurden keine persönlichen Verpflichtungen gegenüber den USA und ihrer Regierung empfunden. Klaus Schwabe mutmaßt, dass dies auch mit dem geringen Streben nach deutscher Einheit bei Rot-Grün zusammenhing.[5] Umfragen zeigen, dass es gerade die Generation der Älteren ist, die den US-Amerikanern Dankbarkeit für die Unterstützung des Einigungsprozesses entgegenbringt. Das weist darauf hin, dass Jüngere aufgrund eines selektierenden Wahrnehmungsmusters die positive Rolle der Vereinigten Staaten weniger wahrnahmen, die politischen Akteure also im Einklang mit ihrer bzw. jüngeren Generationen agierten.[6]

Hinzu kam, dass Bundeskanzler Schröder sowohl in der EU wie auch im transatlantischen Verhältnis das nationale Element betonte, übrigens in deutlichem Unterschied zu Außenminister Fischer, dem die Wirkung des deutschen Gullivers in Europa und in der deutschen Geschichte stets präsent blieb.[7] Wohlverstandenes nationales Interesse kann sich auch im Streben nach supra- und multilateraler Einbindung, nach partnerschaftlicher Zusammenarbeit mit langjährigen Verbündeten manifestieren. Der »deutsche Weg« auf den sich der Kanzler bezog, meinte jedoch dies nicht: Bundeskanzler Schröder distanzierte sich von der jahrzehntelangen Praxis, die Legitimität von Entscheidungen der UN anzuerkennen, und erklärte, eine UN-Entscheidung für einen militärischen Einsatz im Irak werde für Deutschland keine Geltung haben. Der Kanzler praktizierte damit »eine eindeutige Abkehr vom Zivilmacht-Rollenkonzept (...), das ja gerade durch die Bereitschaft zum Souveränitätsverzicht, durch prinzipiellen Multilateralismus und durch Bemühungen um Verrechtlichung und Verregelung der internationalen Beziehungen gekennzeichnet ist«.[8] Der Anspruch auf Unilateralismus, den die Regierungen stets abgelehnt hatten, zeigte, dass Außenpolitik für den Wahlkampf instrumentalisiert wurde. Immerhin warb die Regierung zugleich um einen ständigen Sitz Deutschlands im UN-Sicherheitsrat.

Die SPD und die Grünen können dabei auf eine lange Tradition nationalistischen und neutralen Gedankenguts in der Nachkriegszeit zurückblicken.[9] Da es diese Strömungen aber in allen politischen Spektren gegeben hat,[10] konnte Schröder in der Hoffnung auf Resonanz auch unbekümmert vom »deutschen Weg« sprechen, den Egon Bahr in einem Buch begründete und propagierte.[11] Das neue Bewusstsein deutscher Größe, das die »68er-Generation« auch zeigen wollte, führte dazu, dass die zunehmend aus dem Kanzleramt gesteuerte Außenpolitik der Regierung Schröder die enge Kooperation mit den großen europäischen Staaten suchte – unter Vernachlässigung der kleineren Partner. Insbesondere die alternativlose Anbindung an Frankreich in der Konfrontation mit den USA und mit einer Reihe mittlerer und kleinerer EU-Staaten kostete Berlin viel Ansehen und Einfluss. Es gab damit seine traditionelle Rolle als Vermittler zwischen großen und kleinen Staaten in Europa auf. Die nachhaltige Verschlechterung der Beziehungen zu den USA wurde willentlich betrieben. Diese Politik diente vielleicht dem nationalen Selbstwertempfinden, nicht aber dem nationalen Interesse, das sich nun schwerer durchsetzen ließ.

Wandel im Verhältnis zu den USA

Gemeinsame Werte und ideologische Verbindungen, so Vilfredo Pareto, definieren die Identität einer Elite. Gemeinsame Erfahrungen und Ideen motivieren ihr Vorgehen. Es ist also von Bedeutung, welche Kernauffassungen, prinzipielle Orientierungen und Werte jeweils vorherrschen.

1998 fand in allen Parteien ein massiver Personalwechsel statt, der zugleich auch ein Elitenwechsel war. Er brachte die »68er-Generation« bis an die Spitze des Staates. Dies ist in der Politik gegenüber den USA besonders deutlich zu spüren. Zwar sind die Kriegs- und Nachkriegsgeneration wie auch die Achtundsechziger »alle Amerikaner«[12], d. h. durch die USA geprägt – nur sind sie es in höchst unterschiedlicher Weise.

Die in der Regierung – und lange auch in den Medien – überwiegende Kriegs- und Nachkriegsgeneration verband mit den USA positiv die Erziehung zu Demokratie, Pluralismus und den wachsenden Wohlstand in der Marktwirtschaft (»Marshallplan«), die Care-Pakete und den militärischen Schutz als Garantie der eigenen demokratischen Existenz. Die wirtschaftlichen, wissenschaftlichen und technologischen Leistungen wurden bewundert (Flug zum Mond) und waren Maßstab.[13] Der Antiamerikanismus des frühen 20. Jahrhunderts, der das Amerikabild auf die materialistische, geschichts- und kulturarme »Zivilisation« reduzierte und ihr die konservative nationale Kulturauffassung entgegensetzte, exemplarisch niedergelegt in Thomas Manns »Bekenntnissen eines Unpolitischen«, war überwunden.[14]

Mit der Studentenbewegung entstand jedoch ein Amerikabild, dass die »68er-Generation« prägte. Anstatt Care-Pakete und Marshallplan waren es nun Rassendiskriminierung, Vietnam, »kapitalistische Ausbeutung«, extreme Ungleichheit, »Konsumterror« und »Dollarimperialismus«. Wie immer ist es das einseitig pauschale Bild aus Stereotypen und Klischees, das den Antiamerikanismus ausmacht, nicht die berechtigte Kritik im Detail. Nun aber wurden Politik, Wirtschaft und Gesellschaft der USA einseitig durch die Brille der Faschismus- und Imperialismustheorien gesehen.[15]

Die linke Intelligenz wirkte auf den gesellschaftlichen Kommunikationsprozess und darüber hinaus auf das gesellschaftliche Wertesystem ein. Weite Kreise der intellektuellen Elite wurden seit den späten 1960er-Jahren von diesem Gedankengut erfasst.[16] Schulen und Hochschulen trugen zur Prägung eines spezifischen Wahrnehmungsfilters bei, ihre jungen Absolventen blieben in diesen Institutionen oder transportierten ihre Wahrnehmungsmuster weit in die Gesellschaft und in die Spitzenpositionen von Medien und Politik hinein. Die auf die Vereinigten Staaten bezogenen Denkmuster konnten seit der Studentenbewegung mit Hilfe der Achtundsechziger zweimal neu eingeübt und reaktiviert werden, und zwar in gewissermaßen idealen Zeitabständen, um Nachwachsende zu prägen: 1979 bis 1983 in der Mobilisierung zu den Massenprotesten gegen den NATO-Nachrüstungsbeschluss und erneut im 1. Irak-Krieg von 1990/1991. Der Reflex war also bei Amtsantritt der Bush-Administration noch abrufbar. Die Reaktion der amerikanischen Regierung auf die Anschläge vom 11. September 2001 mit den folgenden Kriegen in Afghanistan und im Irak werden durch diese Analyseraster interpretiert und als Imperialismus, als »Heuchelei« oder »Krieg für Öl« dargestellt. Bei aller nicht zu verkennenden Problematik des amerikanischen Krieges gegen den Terrorismus entstand doch ein undifferenziertes Amerikabild – in der Elite wie in der Öffentlichkeit. Das politische Sendungsbewusstsein der Amerikaner, oft in religiöse Formeln gekleidet, befremdete die Akteure zusätzlich, was bei der religiös eher indifferenten Generation der Achtundsechziger besonders negativ wirkt.[17]

Auch heute noch gilt die US-amerikanische Regierung als Hauptagent des Finanzkapitals und der großen (Öl-)Konzerne, und ihr wird vorgeworfen, mit ihren politischen Entscheidungen lediglich die materiellen Interessen ihrer Klientel zu vertreten.[18] Zur Kritik am »Dollarimperialismus« kam die Kritik an der Globalisierung und der Vorwurf der »McDonaldisierung« der Welt hinzu. Anti-Globalisierung ist über weite Strecken ein Synonym für Antiamerikanismus. Kulturkritischer Antiamerikanismus, ursprünglich, d. h. in der ersten Hälfte des 20. Jahrhunderts im deutschen Bürgertum verhaftet, ergänzt nun die politischen und gesellschaftlichen antiamerikanischen Vorurteile in linken Kreisen.[19] Der selbstgerechte Moralismus in der außenpolitischen Legitimation führt dazu, den deutschen Militäreinsatz gegen Milosevic mit Bezug auf Hitler zu rechtfertigen (»nie wieder Auschwitz«) – im Kosovo auch ohne Zustimmung der UN. Als dann jedoch die USA im Irak den Massenmörder Saddam Hussein entmachten wollten, wirkte die deutsche Regierung aktiv an der Verhinderung eines UN-Mandats mit. Um die Verweigerung einer deutschen Beteiligung am Irak-Krieg ging es dabei nicht, denn sie war nie gefordert worden.

An dieser Stelle ist auch an die bei den Achtundsechzigern gängige Auffassung zu erinnern, dass die Bundesrepublik eine Äquidistanz zu den USA und der UdSSR suchen sollte. Die Äquidistanz, die die Linken anstrebten, war zumeist mit einer Nähe zur Sowjetunion und zur DDR verbunden, die nach ihrer Auffassung auf dem richtigen Wege waren, nur mit Mängeln in der Durchführung. Vielleicht liegt hier eine Antwort darauf, warum die Regierung Schröder in ausdrücklicher Distanzierung von Washington so eng mit dem autokratisch regierenden russischen Staatspräsidenten Putin kooperieren konnte und auch die Medien an diesem seltsamen Wechsel der Freundschaft wenig Anstoß nahmen.

Wirkte sich das ostdeutsche Amerika-Bild auf die Bundesrepublik aus? Die Staatsideologie der DDR vermittelte die gleichen Klischees und Stereotypen wie die westdeutschen Linken. Dies wirkt bis heute nach. Mehr noch:

Wir wissen heute aus den Akten der SED und des Ministeriums für Staatssicherheit, dass die DDR über ein weit verzweigtes Netz von Tarnorganisationen Einfluss auf das Amerika-Bild Westdeutschlands nahm und sowohl in der Studentenbewegung als auch während der Nachrüstungsdebatte massiv die Diskussion steuerte und das Wahrnehmungsmuster eines »aggressiven, imperialistischen« Charakters der USA prägte. Zum Teil wurden selbst die Slogans in Ost-Berlin entworfen. Ziel war die Abkoppelung der Bundesrepublik von den USA.[20]

Umfragen unter Ostdeutschen weisen als Folge seit langem schlechtere Sympathiewerte für die USA und negativere Zahlen für die Zustimmung zur amerikanischen Politik aus. Auch die Bedeutung der Beziehungen zu den USA wird hier signifikant geringer eingeschätzt als im Westen. Nur 14 bis 16 Prozent hielten sie zwischen 1992 und 2003 für »sehr wichtig« (Westdeutschland: 24 bis 29 Prozent); für »wichtig« halten sie in West- wie Ostdeutschland immerhin mehr als jeder Zweite.[21]

Ist das Verhalten der außenpolitischen Akteure kompatibel mit der Meinung der Bevölkerung? Die positiven Bewertungen der USA waren nach 1990 zunächst stabil geblieben, im Osten stiegen sie sogar. Inzwischen jedoch gehören die Sympathiewerte der Deutschen für die USA zu den niedrigsten in Europa, sie sind trotz des Anschlags vom September 2001 auf 41 Prozent (2005) gefallen (2000: 78 Prozent; 2003: 38 Prozent)[22] Hoch ist die Zahl derjenigen, die den Irak-Krieg ablehnen (76 Prozent).[23] Differenziert gefragt, wird die Bush-Regierung als Problem genannt (65 Prozent), allerdings sank auch die Sympathie für das amerikanische Volk auf 65 Prozent Zustimmung (2005; 2002: 70 Prozent).[24] Die Bevölkerung unterscheidet also zwischen »dem« Amerikaner und »der« Regierung. Da Demokraten und Republikaner in Fragen der Terrorbekämpfung, Atomwaffenverbreitung und Todesstrafe keine gravierend unterschiedliche Haltung einnehmen, lässt sich aus Umfrageergebnissen nicht ablesen, dass die Bevölkerung einer anderen Regierung mit mehr Sympathie begegnen wird.

Noch vor Beginn der Diskussion über ein militärisches Eingreifen im Irak ließ sich bereits erkennen, dass es gerade bei den »besser Gebildeten« keine Bereitschaft gab, sich bedingungslos auf die Seite der amerikanischen Verbündeten zu stellen. Gerade einmal sieben Prozent waren dazu bereit, 88 Prozent wollten von Fall zu Fall entscheiden, ob sie mit den USA gehen oder einen eigenen Weg wählen wollen.[25] Für einen eigenen Weg plädierten 2003 37,6 Prozent der politischen Eliten (West: 36,1 Prozent, Ost: 40,6 Prozent). Markant ist jedoch, dass sich die politische Elite wie auch die Elite aus Wirtschaft und Verwaltung zu über 55 Prozent für den »Schulterschluss« mit den USA aussprach.[26] Einer allgemeinen Umfrage zufolge sprachen sich 2005 inzwischen 57 Prozent der Bevölkerung für eine unabhängigere Haltung gegenüber den USA aus, die Distanzierung hat also weiter zugenommen.[27]

Primat der Innenpolitik

Nach 1990/1991 war eine existentielle Gefährdung Deutschlands von außen nicht mehr gegeben. Innenpolitische verdrängten außenpolitische Themen, wenn man von der Europapolitik als Ausnahme absieht. Das gilt für die Eliten wie für die Bevölkerung. Eine auf Europa fokussierte Sichtweise, unter weitgehender Vernachlässigung globaler Entwicklungen, entspricht der deutschen Tradition. Mit dem Ende der Bipolarität und den Belastungen aus der deutschen Einheit fiel es schwer, eine besondere Bedeutung der Außen- und Sicherheitspolitik für Deutschland zu erkennen. Die neuen Bedrohungen und drängenden Fragen: Terror, Bürgerkriege, Ressourcen stehen nicht im Vordergrund und wurden als relevant für Deutschland zunächst kaum öffentlich diskutiert. Die Mittel für die Bundeswehr werden seit Anfang der 1990er-Jahre kontinuierlich gesenkt, zudem werden rund 55 Prozent des Budgets für Personalausgaben verbraucht. Auch wenn die Regierung rhetorisch die Notwendigkeit einer handlungsfähigen Bundeswehr betonte, wurden de facto die entsprechenden Ressourcen nicht mehr zur Verfügung gestellt. Die stark verinnerlichten Vorbehalte gegenüber dem Instrument »Militär« in der »68er-Generation«, aber auch weit über diese hinaus, trugen dazu bei.[28]

Das Interesse für Außenpolitik sank zwischen 1985 und 2002, wobei, wie zu erwarten, die besser Ausgebildeten dem außenpolitischen Geschehen ein höheres Interesse entgegenbrachten (1985: 73 Prozent, 2002: 66 Prozent). Nicht einmal jeder zweite Deutsche und nur 42 Prozent der Ostdeutschen bekundeten ihr Interesse an der Außenpolitik. Eliten und Bevölkerung sind in ihrer grundsätzlichen Haltung zur Außenpolitik recht einig. Die Ereignisse des 11. September änderten nichts am nachlassenden Interesse.[29]

Unter den wichtigen Problemen Deutschlands wurde in einer Umfrage unter Eliten Mitte der 1990er-Jahre als einziges außenpolitisches Thema »Europa voranbringen« genannt, und zwar an vierter Stelle. Bei den politischen Eliten rangierte es gar erst an siebter Stelle, nach »Kriminalität bekämpfen«. Direkt gefragt nach den wichtigsten außenpolitischen Problemen setzten die Politiker das allgemeine Ziel »Stabilität, Frieden« auf Platz sechs und als einzige nicht zwangsläufig auf Europa bezogene konkrete Aufgabe die Beteiligung der Bundeswehr an Einsätzen der UN oder der NATO auf

Platz acht.[30] Die Deutsche Einheit, die Europäische Union, ihre Erweiterung rangieren höher, der »Krieg im ehemaligen Jugoslawien« niedriger.

Allerdings breitete sich die Erkenntnis aus, dass es für ein Land wie die Bundesrepublik nicht möglich und deutschem Interesse nicht dienlich ist, sich auf die zunächst gewünschte Rolle einer größeren Schweiz zurückzuziehen. Die allgemeine Bereitschaft, Verantwortung in der internationalen Politik zu übernehmen, wuchs in der ersten Hälfte der 1990er-Jahre unter den gut Ausgebildeten schneller als unter weniger gut Gebildeten; sie stieg von 28 Prozent 1992 auf 43 Prozent 2004 an; die Ablehnung eines internationalen Engagements sank im gleichen Zeitraum von 58 auf 28 Prozent.[31] In einer Umfrage konnte Trans Atlantic Trends 2005 eine Zustimmung von 78 Prozent der Deutschen für eine aktive Rolle in der internationalen Politik messen.[32] Zwar nahm in Deutschland die Zustimmung zu friedenserhaltenden Einsätzen der Bundeswehr in den 1990er-Jahren deutlich zu – sie lag 1996 mit 93 Prozent bemerkenswerter Weise über der Bereitschaft der Deutschen, ihre Verbündeten zu verteidigen (88 Prozent) –; wurden jedoch konkrete Gefährdungsszenarien abgefragt, sank die Akzeptanz militärischer Einsätze auf rund 50 Prozent.[33] Abstraktes Friedensengagement findet leichter Zustimmung.

Vor dem Hintergrund einer grundsätzlichen Zustimmung der Eliten zu militärischen Einsätzen aus humanitären Gründen konnte die Bundesregierung schließlich 1999 erstmalig Soldaten zu Kampfeinsätzen entsenden. Mit anderen Worten: Über den Generations- und Regierungswechsel hinaus konnte die unter der Regierung Kohl begonnene Normalisierung von Bundeskanzler Schröder fortgesetzt werden. Hier erleichterte der Wechsel sogar die kontinuierliche Fortentwicklung, da ihre potentiellen Gegner nun in der Regierung die Verantwortung dafür übernahmen.

Jedoch ist die Diskrepanz in der Analyse, welche Bedrohungen aus dem Terrorismus entstehen, zwischen Deutschland und den USA beträchtlich und seit dem September 2001 eher noch gewachsen. 52 Prozent der Deutschen sahen in der amerikanischen Außenpolitik eine Mitschuld an den Anschlägen.[34] Dem hat die Regierung nicht entgegengewirkt, im Gegenteil, einige ihrer prominenten Mitglieder haben in der anschließenden Diskussion über die Reaktion Washingtons den anti-amerikanischen Tenor verstärkt. Nicht anders war die Reaktion von Mitgliedern der intellektuellen Führungselite: Medienvertreter, Publizisten, Intellektuelle und Literaten – unter ihnen Ulrich Wickert, Günter Grass, Botho Strauss und Friedrich Schorlemmer, um nur einige zu nennen – stießen in das gleiche Horn.

Das Bestreben, die EU voranzubringen, teilt die außenpolitische Elite mit der gut ausgebildeten Bevölkerung und den Führungskräften. Insbesondere seit dem Irak-Krieg der USA ist ein dramatischer Meinungsumschwung zu verzeichnen: Bezeichnend ist, dass besonders seit dem transatlantischen Konflikt von 2002/2003 die Zahl der Deutschen stark gestiegen ist, die die EU gerne in der Rolle einer »Supermacht« sähen (2002: 48 Prozent, 2005: 86 Prozent), allerdings sank die Zustimmung um die Hälfte (37 Prozent), wenn damit auch höhere Militärausgaben verbunden sein sollten.[35] Die Diskrepanz zu früheren außenpolitischen Akteuren ergab sich nicht aus der Verfolgung des Ziels, sondern aus der Bereitschaft, sich aus der Balance zwischen Paris und Washington zu lösen und gegebenenfalls an der Seite Frankreichs zulasten der USA und der NATO nach einem Weg zu einer europäischen Verteidigungspolitik zu suchen – im Widerspruch zum Votum der Führungselite für eine Kooperation mit der USA.

Dieser Paradigmenwechsel vermochte es trotz der engen Beziehung zu Frankreich gerade nicht, den Integrationsmotor in Gang zu setzen. Vielmehr nahm Berlin mit dem transatlantischen Streit für den kurzfristigen Erfolg einer gewonnenen Bundestagswahl in Kauf, dass Europa gespalten wurde. Auch die übrigen Begleittöne seit 1998 signalisierten einen anderen Stellenwert der europäischen Einigung: Brüske Äußerungen zum deutschen Beitrag zum EU-Haushalt, ein kleinlicher Sprachenstreit dienten nicht der Durchsetzung nationaler Interessen, obwohl sie dies suggerieren sollten. Zwar befürwortete die Regierung die Integration allgemein, die »Gemeinsame Außenpolitik« und die »Erweiterung« im Besonderen. Verschobene Projekte im Bereich der Außenpolitik (Satellitenaufklärung, Rüstungsprojekte, Schaffung der europäischen Eingreiftruppe) und Widersprüche (EU-Erweiterung und Beitrittsofferte an die Türkei bei gleichzeitig angestrebter Kürzung des Finanzbeitrags zur EU) zeigten wenig Konsequenz und Verlässlichkeit; sie signalisierten vielmehr die Nachrangigkeit zur Innenpolitik und ein instrumentelles Verständnis von Außenpolitik. Es gelang den deutschen Akteuren nicht, Kompromisse zu schmieden, die die Mitglieder der EU zusammenhalten und Integrationsfortschritte erbringen. Im Gegenteil, das geringe Verständnis für das einstige Erfolgsrezept der EU, nämlich den Gegensatz zwischen Groß und Klein nicht auszuspielen und Empfindlichkeiten zu beachten, trug zur Spaltung der EU bei.

Schlussbetrachtungen

In der deutschen Außenpolitik sind seit Mitte der 1990er-Jahre nicht alle, aber durchaus einige Weichen neu gestellt worden. Dies hat zum einen mit der veränderten internationalen Lage seit 1990 zu tun, zum anderen hängt es mit dem Regierungswechsel 1998 zusammen. Nur in dieser Konstellation konnte sich der Elitenwandel so deutlich ausprägen.

Insbesondere das Auseinanderdriften der USA und Europas – eine Kontinentaldrift, die die Vereinigten Staaten tatkräftig mit angeschoben haben – ist zweifellos mitbedingt durch den Wechsel der Generationen und der anderen ideologischen Prägung in Politik, Medien und Bildung auf beiden Seiten des Atlantiks. Dies bezieht sich nicht nur auf die Art des Umgangs mit dem transatlantischen Partner, sondern auch auf die Unwilligkeit, einer Stimmung entgegenzuwirken, die Anti-Amerikanismen gesellschaftsfähig machte. Bei aller Skepsis, die ein Adenauer, Brandt, Schmidt oder Kohl den USA entgegengebracht haben: die Politik in den Jahren 2002/2003 ist symptomatisch für ein grundsätzlich gewandeltes Amerikabild.

Auch in der Europapolitik hat sich das Strickmuster der Integration verändert. Tendenzen zur Bildung eines EU-Direktoriums durch Deutschland und durch Frankreich waren unübersehbar. Vergleichsweise ungeniert, ohne Feingefühl für die historischen Bedingungen, auf deren Fundament die Einigung Europas stattfindet, wurden Partner brüskiert durch ein Herauskehren des »deutschen Weges« bzw. »nationaler Interessen«. Nicht selten meinte die deutsche Regierung auch in der EU aufgrund der Bedeutung des Landes in der Union im Stil einer europäische Großmacht agieren zu können. Gerhard Schröders Umgang mit Polen ist ein besonders bedrückendes Beispiel.

Die seit 1998 außenpolitisch agierende Elite – angekommen in einem »normalen« Staat – hatte allerdings auch die Einstellung zu militärischen Einsätzen der Bundeswehr kontinuierlich in eine Richtung weiterzuentwickeln vermocht, die man der »68er-Generation« kaum zugetraut hätte. Die Bundeswehr wurde effizient in Auslandseinsätze geführt, welche das Ansehen Deutschlands stärkten. Im Umgang mit Partnern praktizierte Berlin jedoch einen Multilateralismus à la carte. Sie überschätzte das eigene Gewicht und den eigenen Handlungsspielraum. Auch das ist wohl eine Folge der falschen Einschätzung des deutschen Potentials nach der Wiedervereinigung, in der die Defizite im militärischen Bereich, die lahmende Wirtschaft, die Verschuldung und die Probleme der Sozialsysteme nicht als das erscheinen, was sie sind: nämlich Einbußen an Macht und Gestaltungsspielraum.

Umfragen zeigten die außenpolitische Elite mit der Bevölkerungsmeinung weitgehend in Einklang. Das heißt einerseits, dass sich die Politik nicht von der Einstellung der Bevölkerung abgehoben hat. Das deutet aber andererseits daraufhin, dass die außenpolitische Elite nicht versuchte, zu führen und Meinung zu bilden. Sie konnte jederzeit auf ein Meinungsklima zurückgreifen, das Populismus begünstigte, zumal eine durch die Komplexität überforderte Bevölkerung in ihrer Orientierungslosigkeit zu simplifizierenden und idealistischen Erklärungsmustern neigt.

Seit den Bundestagswahlen 2005 hat Deutschland in wesentlichen Spitzenämtern eine neue Führung. Bundeskanzlerin Angela Merkel, wie auch der kurzzeitige Vorsitzende der SPD Matthias Platzeck, haben eine grundlegend andere Sozialisation durchlaufen. Sie wurden geprägt durch die Einschränkung der Freiheit und das politische wie wirtschaftliche Versagen der DDR, durch die Möglichkeit einer revolutionären Neugestaltung – sie durchlebten sehr viel einschneidendere, existentiellere Ereignisse als die westdeutsche Generation der Achtundsechziger. Es wird sich zeigen, ob und welchen Wandel in der Außenpolitik die »Generation der 89er« herbeiführt. Erste Elemente ihrer Außenpolitik sind bereits zu erkennen: Führung durch eher leise Töne, bestimmtes, aber nicht überzogenes Auftreten gegenüber Partnern wie Freunden, bei klaren Worten und deutlichen reduziertem Hang zur Selbstdarstellung. Aber nicht nur der Stil ist neu. Auch die Balance scheint wiedergewonnen zu werden, zwischen Großen und Kleinen in der EU, zwischen Paris und Washington, Washington und Moskau. Auf den Platz und den Einfluss, die einem Land wie Deutschland in der internationalen Politik zukommen, verzichtet die Regierung dabei nicht – im Gegenteil, mit der Mittlerposition wächst das Einfluss- und Machtpotential. Auch das nun mit leisen diplomatischen Mitteln fortgesetzte Streben nach einem Sitz im Sicherheitsrat der Vereinten Nationen zeigt den Anspruch, als Regionalmacht mit Engagement außerhalb des Kontinents entsprechend berücksichtigt zu werden.

Anmerkungen

1 Hans-Ulrich Klose: Wo stehen wir? Was wollen wir? Zur Debatte um deutsche Eliten und Außenpolitik, in.: WeltTrends Nr. 29, Winter 2000/2001, S. 151.
2 Robert Gerald Livingston: Europe Germany's Underwhelming Political Elites, in: WeltTrends Nr.29, Winter 2000/20002, S. 166.
3 Vilfredo Pareto: Allgemeine Soziologie, Tübingen 1955.
4 So etwa Michael Clough: Grass Routs Policymaking. Say Good-Bye to the »Wise Men«, in: Foreign Affairs 73 (1994), S. 2–7. Anders gesehen von: Mark, P. Lagon: Are Influentials less influential? Us Foreign Policy Elites in a Post-Cold War Information Age, in: World Affairs 158 (1996), S. 126.
5 Klaus Schwabe: Antiamerikanismus gestern und heute, in: Die Politische Meinung 405 (2003), S. 63.
6 Elisabeth Noelle: Die Entfremdung. Deutschland und Amerika entfernen sich voneinander, in: Frankfurter Allgemeine Zeitung vom 23. Juli 2003. Nur 29 Prozent der bis zu 44-Jährigen – gegenüber 44 Prozent der über 60-Jährigen – nennen die

Unterstützung der deutschen Einheit als Element, das ihr Bild von Amerika geprägt hat.

7 Sebastian Harnisch/Siegfried Schieder: Europa bauen – Deutschland bewahren: Rot-grüne Europapolitik, in: Hanns Maull (Hrsg.): Deutschland im Abseits? Rot-grüne Außenpolitik 1998–2002, Baden-Baden 2003, S. 65 ff.

8 Hanns W. Maull, Editorial: Deutschland auf Abwegen, in: ebd. S.16.

9 Gesine Schwan: Die SPD und die westliche Freiheit, in: Neue Gesellschaft 30 (1983), S. 929–934; dies.: Souveräner Alleingang zurück zu Bismarck. Das Deutsch-Nationale in der SPD. Auseinandersetzungen mit Egon Bahrs sicherheits- und deutschlandpolitischem Konzept, in: Rheinischer Merkur/Christ und Welt vom 06. Mai 1988.

10 Alexander Gallus: Die Neutralisten. Verfechter eines vereinten Deutschland zwischen Ost und West 1945–1990, Düsseldorf 2001, zu Egon Bahr siehe dort S. 296–306.

11 Egon Bahr: Der deutsche Weg. Selbstverständlich und normal, München 2003.

12 Michael Daxner: Eliten, Gemeinschaften, Aggressionen. Die amerikanischen Spitzen-Universitäten als Lockung und Bedrohung, in: Vorgänge 1 (2000), S. 12.

13 Noelle (wie Anm. 5).

14 ebd., S 12; Vgl. auch Beate Neuss: Thomas Mann: Demokrat – Europäer – Weltbürger, in: Michael Braun/Birgit Lermen (Hrsg.): man erzählt Geschichten, formt die Wahrheit. Thomas Mann - Deutscher, Europäer, Weltbürger, Frankfurt am Main 2003, S. 81–102.

15 Kurt Sontheimer: Das Elend unserer Intellektuellen, München 1976, S. 181–283. Die Studentenbewegung hielt sich an Max Horkheimer, der gesagt hatte, man könne vom Faschismus nicht reden ohne den Kapitalismus einzubeziehen. In diese Scheinbeziehung passte auch der Umkehrschluss für die USA nahtlos, wie der Slogan der Achtundsechziger zeigt: »USA – SA – SS«. Vgl. Wolfgang Kraushaar: 1968 als Mythos, Chiffre und Zäsur, Hamburg 2000, S. 54.

16 Sontheimer (wie Anm. 14), S. 57–65.

17 Vgl. The Pew Research Center: Religion and Politics: Contention and Consensus, 24. Juli 2003; Detlef Junker: Power and Mission. Was Amerika antreibt, Freiburg 2003, S. 169 ff. Ein sehr hoher Prozentsatz der amerikanischen Bevölkerung erwartet von Präsidenten beider Parteien Bekenntnisse zur Religion, deutsche Politiker äußern sich dazu selten. Gerhard Schröder hat als erster Bundeskanzler bei seinem Amtseid den Zusatz »so wahr mir Gott helfe« nicht gesprochen.

18 Auch der Glaube an die unbedingte Macht des Kapitals und die Steuerung der Politik durch das Kapital stammt aus dem Gedankengut der Achtundsechziger. Vgl. Junker (Anm. 17), S. 77 ff.; Gerd Langguth: Alte, neue Ressentiments: Habermas, die deutschen Intellektuellen und der Antiamerikanismus, in: Internationale Politik 2 (2004), S. 67–77.

19 Vgl. Gerd Koenen: Das rote Jahrzehnt. Unsere kleine deutsche Kulturrevolution 1967–1977, Köln 2001.

20 Udo Baron: Kalter Krieg und heißer Friede. Der Einfluss der SED und ihrer westdeutschen Verbündeten auf die Partei »Die Grünen«, Münster 2003.

21 Allensbach Archiv, IfD-Umfragen 5074, 7030/II, 7032, 7040, 7042.

22 The Pew Global Attitudes Project, 16-Nation Pew Global Attitudes Survey, Washington 2005, www.pewglobal.org; Im Osten ging der Wert 2003 auf 27 Prozent zurück; Allensbach Archiv, IfD-Umfragen 5074, 7030/II, 7032, 7040, 7042.
23 Noelle (wie Anm. 5).
24 The Pew Global Attitudes Project (wie Anm. 22).
25 Allensbach Archiv, IfD-Umfragen 7019 (März 2002).
26 Allensbach Archiv, IfD-Umfrage 4275 (Capital-Spitzenkräfte-Panel, 17.6.–30.6.2003).
27 The German Marshall Fund of the United States, Transatlantic Trends, Umfrage 2005, www.transatlantictrends.org.
28 Vgl. Maull (wie Anm. 8), S. 16.
29 Allensbach Archiv, IfD-Umfragen 4055, 7028
30 Infratest Burke Berlin: Das Meinungsbild der Elite in Deutschland zur Außen- und Sicherheitspolitik. Dokumentation. Studie im Auftrag des Liberalen Instituts der Friedrich-Naumann-Stiftung in Kooperation mit der RAND Corporation, USA, Berlin, März 1996.
31 Allensbach Archiv, IfD-Umfragen 5055, 5059, 5067, 5078, 60007, 7016.
32 Transatlantic Trends 2003. A Project of the German Marshall Fund of the United States and the Compagnia Di San Paolo, S. 10.
33 Infratest Burke Berlin (wie Anm. 30), S. 28
34 Worldviews 2002 Survey of American and European Attitudes and Public Opinion on Foreign Policy, The German Marshall Fund of the United States and The Chicago Counsel on Foreign Relations, www. Worlsviews.org.
35 Transatlantic Trends 2003 (wie Anm. 32), S. 10., Transatlantic Trends 2005 (wie Anm. 27), S. 5, 7.

Teil II:
Eliten: Einstellungen, Versuchungen, Blockaden

Michael Salewski

Versagen der Eliten im Kaiserreich?

Zu einem historischen Stereotyp

Die Wilhelminische Elite in der Moderne

»Über die Fehler, welche in der auswärtigen Politik begangen wurden, wird sich die öffentliche Meinung in der Regel erst klar, wenn sie auf die Geschichte eines Menschenalters zurückzublicken im Stande ist [...] Die Aufgabe der Politik liegt in der möglichst richtigen Voraussicht dessen, was andre Leute unter gegebnen Umständen thun werden [...] und ich kann mich beunruhigender Eindrücke nicht erwehren, wenn ich bedenke, in welchem Umfange diese Eigenschaften in unseren leitenden Kreisen verloren gegangen sind.«[1] – Hat Otto von Bismarck (Reichskanzler 1871–1890) das Versagen der Eliten vorausgesehen? Oder gehörte er nicht vielmehr zu diesen Eliten, stand an deren Spitze, und wäre der Untergang des Kaiserreiches nicht auch auf ihn zurückzuführen?

Nachdem das Kind in den Brunnen gefallen, der Kaiser geflüchtet und das Reich zur Republik geworden war, begann die Suche nach den »Schuldigen«. Die Alliierten hatten dem im Versailler Vertrag mit ihren Auslieferungslisten[2] Vorschub geleistet, aber die dort verzeichneten Namen wirkten wie die Aufzählung der wilhelminischen Elite, wenigstens jener, die über Krieg und Frieden zu entscheiden hatte, die den Krieg geführt – und verloren hatte. »Wie ein Mann«, so betonten die deutschen Unterhändler in Paris, wehre sich das deutsche Volk gegen die Auslieferung dieser Elite.[3] Und tatsächlich kam es dazu nicht. Im Gegenteil: Unmittelbar nach dem Ende des Krieges wurde die junge Republik mit einer Flut von Erinnerungen und Büchern aus den Federn eben dieser Elite überschwemmt; dass der Cotta-Verlag gegen alles Recht und den Willen der Familie 1919 den dritten Band der Bismarckschen Erinnerungen herausgab,[4] ging darauf zurück, dass Wilhelm II. für den Verlag gleichsam als gestorben galt – und dem ohnmächtigen Exilkaiser deswegen die ganze Schuld am »Versagen« in der Außenpolitik nach dem von ihm inszenierten Sturz Bismarcks ungestraft in die Schuhe geschoben werden konnte. Das ließ sich ganz einfach auf den Punkt bringen: Ohne die Entlassung Bismarcks kein Weltkrieg, und wenn doch ein Weltkrieg, dann ein gewonnener.

Dieser Vorgang war ganz typisch – er traf gleichermaßen Theobald von Bethmann Hollweg (Reichskanzler von 1909–1917). Mit einer gewaltigen Kraftanstrengung war es dem Schwerkranken gelungen, seine Erinnerungen noch kurz vor seinem Tod, also ebenfalls schon 1919 herauszubringen[5] – eine reine Apologie, die aber wenig nützte, denn sein vornehmster Gegner hatte das Glück, den ehemaligen Kanzler um ein knappes Jahrzehnt zu überleben: Alfred von Tirpitz (1892/1894–1916 Stabschef des Oberkommandos der Marine/Staatssekretär im Reichsmarineamt) schob das Scheitern der deutschen Politik wesentlich Bethmann Hollweg persönlich zu, ja stilisierte diesen zum eigentlichen und schlimmsten Versager des Kaiserreichs. Im Umkehrschluss hieß dies erneut: Ohne Bethmann Hollweg hätten wir den Krieg verhindert oder gewonnen. Für die »deutsche Ohnmachtspolitik im Weltkriege«[6] war Bethmann verantwortlich. Das war von Tirpitz' ceterum censeo, und mit seinen drei Erinnerungs- und Dokumentenbänden[7] suchte er die Öffentlichkeit davon zu überzeugen, dass er und die seinen alles richtig, Bethmann Hollweg und die unpatriotischen linken Parteien samt ihrer Führer alles falsch gemacht hatten. Und ein drittes Beispiel: Wilhelm Groener behauptete in seinem Erinnerungsbuch »Das Testament des Grafen Schlieffen«,[8] dieser habe »das Geheimnis des Sieges geborgen«, sein unfähiger Enkel, Helmuth von Moltke d. J. (Chef des Generalstabs 1906–1914), es in der Marneschlacht im September 1914 verspielt, womit der Krieg verloren gegangen sei. Mit Schlieffen und ohne Moltke, so hier der Umkehrschluss, hätte das Reich den Krieg gewonnen. Das eigentlich Bedenkliche, ja Skandalöse war in diesem Fall, dass das die Meinung eines Mannes war, der Reichsinnen- und Wehrminister der Weimarer Republik werden sollte.

Es gab also in der Rückschau zwei diametral verschiedene Eliten: die eine hatte »versagt« und den Krieg verloren, die andere sich »bewährt«, aber ein im literarischen Sinn »tragisches« Schicksal ereilt. Ansatzweise im linken Weimarer Intellektuellenmilieu, ungleich deutlicher nach 1945 und bis heute auch in der Öffentlichkeit meinungsprägend aber wurde ein Paradigmenwechsel: Jene, die unmittelbar nach 1918 als die Versager erschienen, galten nun als die – wenn auch vergeblichen – Warner, Mahner und Unheilspropheten; diejenigen, die sich dem wilhelminischen und tirpitzschem Motto »Ziel erkannt, Kraft gespannt« verpflichtet gefühlt und forsch drauflos schwadroniert und regiert hatten, standen nun als die Versager, als die Totengräber nicht nur des Kaiserreichs, sondern auch der Weimarer Republik da, denn diese hatten sie, mit Tirpitz und Erich Ludendorff erneut an der Spitze, unbarmherzig bekämpft und damit Hitler den Weg gebahnt.

Wie immer man den Begriff »Elite« definiert: die Geschichte des Kaiserreichs ist immer auch die Geschichte dieser Eliten, nicht nur der Milieus, der

Gesellschaft; aber wie problematisch es ist, diese Eliten ihrerseits als eine sozial einheitliche Schicht zu begreifen, hat die Geschichtswissenschaft in den vergangenen Jahrzehnten hinreichend deutlich gemacht.[9] *Die* Eliten gab es nicht, und deswegen haben auch *die* Eliten nicht »versagt« – oder eben nicht »versagt«.

Eliten sind immer Minderheiten; sie definieren sich selbst und werden von außen definiert. Es gibt keine einheitlichen Maßstäbe, Eliten sind Minderheiten immer relativ zur allgemeinen, der öffentlichen Meinung. Will man etwas über sie und ihren Einfluss im Zeitalter Wilhelms II. aussagen, so wird man sich darauf verständigen müssen, bestimmte elitäre Milieus zu benennen. Dies können nur jene sein, die für die Gesellschaft dieses Zeitalters als verbindlich galten, also zählten keine Frauen dazu[10] und keine Sozialisten, keine Katholiken, keine Kleinbürger, keine Landwirte (mit Ausnahme der Großgrundbesitzer), und da Bildung – wenigstens das »Einjährige« – als unabdingbare Voraussetzung für den Zugang zu einer Elite galt, gab es in der Regel auch keine »Volksschüler«, denen die Chance eröffnet worden wäre, in eine Elite aufzusteigen. Damit aber fielen auch ganze Berufsstände als Substrate für die Elitenbildung aus: Kaufleute, Händler, Industriearbeiter, Hausfrauen, das Heer der kleinen Beamten und Angestellten.

Was blieb übrig? Die Grosz'schen »Stützen der Gesellschaft«? Zweifellos zählte die Generalität dazu,[11] desgleichen die Diplomaten des Kaiserreichs und der Königreiche,[12] die Kabinettsmitglieder der immerhin 25 deutschen Staaten, in Preußen die Oberpräsidenten,[13] wohl auch die Landräte und Oberbürgermeister der großen Städte, die jeweiligen Spitzen der evangelischen und – mit Einschränkung – katholischen Kirche, die Rektoren, Präsidenten und Ordinarien von Universitäten, Hochschulen und der erstrangigen wissenschaftlichen Einrichtungen[14] – also beispielsweise der Kaiser-Wilhelm-Gesellschaft, dem Institut für Seeverkehr- und Weltwirtschaft, der wissenschaftlichen Akademien in Berlin oder München. Industrietycoone wie Friedrich Alfred Krupp, August Thyssen, Emil Rathenau oder August Julius Albert Borsig gehörten dazu, Reeder wie Albert Ballin, Schiffbauer wie Georg Howaldt oder Hermann Blohm, Bankiers wie Gerson Bleichröder, Presseverleger[15] und Journalisten wie Alfred Hugenberg oder Theodor Wolff.[16] Auch einige wenige Künstler und Architekten wurden zur Elite gezählt, wobei auch auf diesem Feld der schon erwähnte Paradigmenwechsel zu beobachten ist: Viele von denjenigen, deren Kunst vor 1918 »genehm« war, mutierten später zu Vertretern eines faden Epigonentums, während die »Wilden«, die »Sezessionisten«, die »Neutöner« und die »blauen Reiter«, die Wedekinds und Hauptmanns, die Schönbergs und Hindemiths damals als Paradiesvögel und Außenseiter der Gesellschaft galten und heute als die eigentliche künstlerische Elite des Kaiserreichs. Es würde zu weit führen, wollte man alle elitären Einrichtungen und Personengruppen aufzählen. Nicht zuletzt dank des historisch gewachsenen föderativen Charakters des Reiches konzentrierten sich diese Eliten keineswegs nur in der Hauptstadt, also in Berlin, sondern das ganze Reich war mit elitären Persönlichkeiten und Institutionen förmlich durchwirkt, was nicht zuletzt jene Synergieeffekte auslöste, die das Kaiserreich auf vielen Feldern von Wissenschaft, Technik und Kultur zum führenden Staat in der Welt machten.

Eine ganz spezifische Elite bildete der Adel, wobei zwischen dem Hohen Adel (also dem aus den regierenden Häusern), den Standesherren (also den 1803 bzw. 1866 Depossedierten) und dem Amtsadel in mancherlei Variation unterschieden werden muss. Hier hat man es vielleicht mit der einzigen Elite zu tun, die sich schichtenspezifisch verhielt und nach allgemein verbindlichen Grundsätzen lebte, heiratete, sich beruflich betätigte. Die Erforschung dieses Milieus, lange Zeit von der Wissenschaft vernachlässigt, ist inzwischen in vollem Gang, aber keineswegs abgeschlossen.[17] Da der Adel im militärischen und diplomatischen Bereich Leitfunktionen innehatte, ist die Frage nach den Eliten im Kaiserreich immer auch eine Frage nach dem Adel – allen demokratischen Verfassungselementen in der Reichsverfassung zum Trotz. Entsprechende bürgerliche Elitenensembles[18] gab es nicht, und die der Arbeiter galten eben nicht als Eliten, auch wenn Persönlichkeiten wie August Bebel, Karl Kautsky, Eduard Bernstein, Eugen Richter, also die führenden Köpfe der linken und linksliberalen Parteien, nicht nur für ihre eigene Klientel, sondern auch für deren politische Gegner etwas »Elitäres« an sich hatten – der sehr elitäre Tod von Ferdinand Lassalle[19] steht dafür wie ein Auftakt und paradigmatisch dazu.

Die wilhelminische Elite vor und während des 1. Weltkriegs

Die entscheidende Frage lautet: Haben diese Eliten objektiv und, im Bismarckschen Sinne, rückblickend versagt? Falls dies zutrifft, stellt sich als weitere Frage, warum sie versagt haben. Daraus wiederum ergibt sich die Frage, ob dies zwingend war oder ob die Geschichte auch auf diesem Feld nach vorne hin offen war, also eine prinzipiell andere Entwicklung als denkbar erscheint. Versucht man die Eliten nach ihrer historischen Bedeutung anzuordnen, gerät man in Schwierigkeiten, denn sie wirkten interdependent und dialektisch mit- und auch gegeneinander. Dennoch bleibt nichts, als eine Auswahl zu treffen. Es geht also wesentlich um die elitären »Spitzen«, also jene, die sich selbst an der Tête der Gesellschaft sahen. Das waren Kaiser und Kanzler, Staatsmänner, Diplomaten, Militärs. Alle anderen Eliten können nur gestreift werden, manche bleiben ganz außerhalb der Betrachtung. Das lässt sich mit dem Hinweis rechtfertigen, dass im Bereich der Kultur, also in Literatur, Kunst, Musik, Schauspiel das Phänomen der Zugehörigkeit zu einer bestimmten Elite vor der jeweils eigenen Individualität der Kulturproduzenten verblasste. Liebermann und Fontane beispielsweise mögen durchaus Prototypen einer Elite im wilhelminischen Kaiserreich gewesen sein; vorab und zuerst waren sie Künstler ganz aus dem Eigenen.

Beginnen wir mit der elitären Spitze schlechthin: dem Kaiser und den regierenden Häusern. Welche Rolle Wilhelm II. spielte, ist bis heute umstritten. Für die einen war er ein neoabsolutistischer Herrscher mit einem »persönlichen Regiment« (John Röhl),[20] vom »Cäsarenwahnsinn«[21] ergriffen, für die anderen degenerierte er zur hilflosen Marionette in den Händen verschiedener Kamarillen, zuletzt der 3. Obersten Heeresleitung. Einig ist sich die Nachwelt allerdings darin, dass der letzte Kaiser aus dem Hause Hohenzollern seinem Amt nicht gewachsen war und die Zeit, in der er lebte und regierte, nicht begriffen hat. Er steht da als Anachronismus, und damit als Stolperstein auf dem Weg der Deutschen zur Moderne – so »modern« sich Wilhelm II. auch zu geben wusste und damit paradoxerweise Pluspunkte gerade bei jenen sammeln konnte, denen die fürstlichen Selbstherrlichkeiten an sich zuwider waren.

Die Umgebungen des Kaisers sahen sich selbst selbstverständlich als Elite, und das ausgefeilte Hofzeremoniell wies jedem aus dieser höfischen Umgebung den ihm gebührenden Platz zu – immer wieder wird genüsslich kolportiert, dass der jüngste Leutnant vor dem ältesten Professor kam. Zahlreich sind aber auch die Quellen, die davon zu berichten wissen, diese Zeremonien, inflationär aufgebläht, habe man als antiquiert und lächerlich empfunden. Zu denen, die ihrem Spott freien Lauf ließen, zählte der Generalstabschef Graf Alfred von Waldersee (1888–1891),[22] selbst Mitglied der vielleicht prestigeträchtigsten Elite des Kaiserreichs überhaupt, des Großen Generalstabs. Aber nicht die eitlen Äußerlichkeiten waren entscheidend, wie man sich überhaupt davor hüten muss, die seltsamen Blüten, die der »Wilhelminismus« trieb, schon für das Wesentliche zu halten. Die Verfassung hatte dem Kaiser einen Platz zugewiesen, den dieser auszufüllen hatte, und gleichgültig ob er das nun richtig oder falsch oder auch gar nicht tat, generierte diese Position wichtige Entscheidungen, an Hand derer man ablesen kann, ob der Kaiser als »Elite« versagte oder nicht.

Die Entlassung Bismarcks 1890 galt, darauf wurde schon eingangs verwiesen, als erster schwerer Fehler Wilhelms II., dem der zweite auf dem Fuß folgte: die Nichtverlängerung des Rückversicherungsvertrags mit Russland (von 1887) im selben Jahr. Gewiss, hier war einer jener Fälle gegeben, in denen die Vertreter einer anderen Elite, nämlich der politischen, den Ausschlag gaben, aber man kann davon ausgehen, dass Reichskanzler Leo von Caprivi (1890–1894) und der Vortragende Rat im Auswärtigen Amt Friedrich von Holstein dem Kaiser gehorcht hätten, wenn dieser entschlossen gewesen wäre, den Draht nach St. Petersburg *nicht* zu kappen. Das lag durchaus in der politischen Machtvollkommenheit des Reichsoberhaupts. Ganz ähnlich steht es in dem vielleicht schwerwiegendsten Fall: der Flottenpolitik. Tirpitz und Reichskanzler Bernhard von Bülow (1900–1909), die beiden entscheidenden Protagonisten des hypertrophen Flottenbaus, konnten ihre verhängnisvolle Flotten – und Englandpolitik nur deshalb verfolgen, weil sie des Rückhalts Wilhelms II. sicher waren, und der Monarch hat bei mehr als einer Gelegenheit selbst dafür gesorgt, dass diese Politik sich durch sein Dazutun noch desaströser entwickelte als es ohnehin der Fall war – hier wäre an die Krügerdepesche (1896) und die Daily-Telegraph-Affäre (1908) zu erinnern. Sicherlich hatte auch die britische Politik gehörigen Anteil an der Verschlechterung des deutsch-britischen Verhältnisses (*Germania esse delendam*), aber der unbedachte Aktionismus Wilhelms II. hat alles auf fatale Weise verschlimmert. Die geschickte Mobilisierung der »Flottenprofessoren« durch das Nachrichtenbureau des Reichsmarineamts[23] stellte einen Teil einer bestimmten Elite, nämlich der universitären, in den Dienst einer anderen, nämlich der maritimen. Diese wusste sich ihrerseits eng mit den bürgerlichen Eliten, welche sich von 1848/1849 her definierten und in der Kaiserlichen Marine das Symbol eines selbstbewussten Bürgertums sahen, verbunden. Sieht man die Flotte als Katalysator, so verflochten sich diese Eliten mit jenen um Wilhelm II. und Tirpitz gescharten sowie mit der Hofelite[24] – ein schönes Beispiel für die bereits erwähnte Interdependenz der wilhelminischen Eliten. Ob man den Flottenbau als Derivat der Außenpolitik oder umgekehrt als »innenpolitische Krisenstrategie«[25] betrachtete, hing davon ab, welchen Stellenwert man der Außenpolitik überhaupt zumaß. Hier ist der Befund eindeutig: dem Selbstverständnis des Kaisers und seines Regiments nach galt auch hier das Primat der Außenpolitik.

Was für die Außenpolitik gilt, lässt sich auch in der Innenpolitik feststellen: Nachdem der junge Kaiser zunächst von einem »neuen Kurs« der sozialen und politischen Versöhnung geschwärmt hatte und in diesem Sinne als »Friedenskaiser« in die Geschichte eingehen wollte, verschärfte sein Verhalten schon zwei Jahre später die Klassengegensätze, wozu eine ganze Reihe von unbedachten Äußerungen beitrug. Wenn das Staatsoberhaupt ebenso wie Bismarck die Sozialdemokraten als »vaterlandslose Gesellen« diffamierte, ja sogar verlangte, dass gegebenenfalls der Bruder auf den Bruder, der Vater auf den Sohn schießen müsse, um der Revolution zu wehren, so stand nicht zu erwarten, dass ein gesellschaftspolitischer Konsens über die Parteigrenzen hinaus auch nur denkbar wurde. Dass dies möglich gewesen wäre, bewies das Phänomen des »Burgfriedens« vom August 1914.

Schließlich der Krieg: Sicherlich war Wilhelm II. nicht »schuld« am Ersten Weltkrieg und die Anschuldigungen der Entente insofern irrig. Aber die Position des Kaisers hätte es diesem durchaus erlaubt, in der Julikrise so zu reagieren, dass der Friedensbewahrung eine Chance geblieben wäre. Dazu hätte es eines mutigen Dazwischentretens bedurft, eines Versuchs, den Stier bei den Hörnern zu packen, sprich: den Großen Generalstab in seine Schranken zu verweisen und seinen Kanzler, den wie ein Rohr im Wind schwankenden Bethmann Hollweg energisch bei dessen halbherzigen Versuchen zu unterstützen, den Frieden doch noch zu bewahren. Indem der Kaiser es vorzog, sich auf seine Nordlandreise schicken zu lassen, vergab er diese Chance.

Das nämliche lässt sich für das Ende des Krieges feststellen. Es war Wilhelm II. nicht gegeben, sich gegen die »Halbgötter« Paul von Hindenburg und Erich Ludendorff, die 1916 die 3. Oberste Heeresleitung (OHL) übernommen hatten, in einer der schicksalhaftesten Fragen des Krieges überhaupt durchzusetzen: der nach dem unbeschränkten U-Bootkrieg. Indem der Monarch dem vermeintlichen Sachzwang nachgab, besiegelte er das deutsche Schicksal, und daran konnte sein würdeloser Abgang nichts mehr ändern. Sieht man den Kaiser als »Elite« an, so ist das Urteil eindeutig: er hat versagt.[26]

Das gilt uneingeschränkt auch für seine erlauchten Vettern auf den deutschen Thronen: keiner hat vor oder während des Ersten Weltkriegs ernsthaft versucht, das Unglück zu wenden, und am Ende flüchteten die hohen Herren wie ein Mann aus der Verantwortung, schoben alles auf »die Revolution«, deren Ergebnisse sie nie anerkannten, was den einen oder anderen später zu operettenhaft-lächerlicher Gestalt verwandelte, wenn er immer noch »König« spielten wollte wie etwa Ruprecht von Bayern.[27] Wenn es anders als beispielsweise in Italien, Spanien oder Griechenland in Deutschland niemals zu ernsthaften Restaurationsbestrebungen kam, obwohl sich Persönlichkeiten wie Hindenburg oder Heinrich Brüning energisch dafür einsetzten, dann weil diese adelige Elite in den Augen der Nation komplett versagt hatte. Der Kronprinz Wilhelm, beispielsweise, wurde nie mehr den Geruch des »Schlächters von Verdun« los.

Die Staatsmänner und Diplomaten,[28] später oft als eine »Kaste« verunglimpft, bildeten die zweitwichtigste Elite des Kaiserreichs, in dem das Primat der Außenpolitik galt. Das hieß: alle Innen- und Sozialpolitik erschien relativ zur Außenpolitik, die im Zeitalter Wilhelms II. zu einer »Weltpolitik«[29] umstilisiert wurde.

Das Bild war stereotyp und hielt sich bis 1945: Der Heroengestalt Bismarcks folgten nur noch mittelmäßige bis unfähige Kanzler. Das Kanzleramt unterlag einem Degenerationsprozess, woran die unzulänglichen Kanzler selbst schuld waren. Wie in einem System der kommunizierenden Röhren stieg deswegen die Bedeutung der Parteien und des Reichstags; die schleichende »Parlamentarisierung« des Reiches[30] war so gesehen logische Folge des politischen Versagens der Reichskanzler, die ihre Unabhängigkeit vom Reichstag nicht mehr einzufordern wagten. Hatte Bismarck noch als der große »Dompteur« gegolten (man betrachte unter diesem Gesichtspunkt die Bismarck-Karikaturen des Auslands)[31], so setzte sich danach das Bild von den Marionetten durch. Nicht die Kanzler, sondern einige Staatssekretäre und Militärs übernahmen die Macht, an ihrer Spitze Graf Holstein und dann Tirpitz. Sie eigentlich bestimmten die Richtlinien der Politik.

Der Fall Tirpitz lässt jedoch ein anderes Phänomen aufleuchten: Tirpitz konnte so mächtig werden, weil er den Reichstag so zu behandeln verstand, dass dieser seine Politik mittrug – gegebenenfalls sogar gegen den Kanzler. Hatte das demokratisch gewählte Parlament in den Augen Bismarcks eher als quantité négligeable gegolten, so verlieh ihm Tirpitz seine eigene Bedeutung, Macht und Würde. Auf diese Weise modernisierte der Großadmiral zusammen mit der sehr spezifischen Elite seiner »Torpedobande«[32] das Reich im Sinne seiner Parlamentarisierung, wobei es gleichgültig ist, ob er das wollte oder nicht. Die geschickte Behandlung der Parteien, ihrer Führer, des Parlaments und, nicht zu vergessen, der öffentlichen Meinung wies Tirpitz als Prototypen einer Elite aus, die lernfähig, geschmeidig – und skrupellos war. Hat sie also versagt, oder war das Gegenteil der Fall? Die Frage mag offen bleiben.

Nicht eindeutig ist auch das Bild, das die Elite der Diplomaten abgab. Das Handicap einer oft unzureichenden Vor- und Ausbildung resultierte nicht zuletzt aus der unbedingten Bevorzugung des Adels bei der Rekrutierung des diplomatischen Personals. Auf der anderen Seite gab es durchaus Botschafter und Gesandte von Format, und einige waren mutig genug, um dem Kaiser energisch zu widersprechen – wie Karl Max Fürst von Lichnowsky in London, den Wilhelm II. am liebsten »an die Wand« gestellt hätte. Das Auswärtige Amt war die Prärogative Bismarcks gewesen, sein Sohn Herbert (seit 1886 Staatssekretär des Auswärtigen Amtes) immer nur Handlanger. Nach Bismarck waren die Staatssekretäre des Äußeren um so mächtiger, je schwächer die Kanzler wurden – aber weder Gottlieb von Jagow (1913–1916) noch Alfred von Kiderlen-Wächter (1910–1913) und auch nicht die »graue

Eminenz« Graf Holstein waren in der Lage, ein in sich schlüssiges außenpolitisches Konzept zu entwickeln. Sie stolperten von einer in die andere Kalamität, und die meisten wurden nur dilettantisch behoben – man denke an die beiden Marokkokrisen (1905 und 1911), von der schon diplomatietechnisch[33] verfehlten Englandpolitik ganz abgesehen.

Auch nicht ansatzweise hat man sich in der Wilhelmstraße Gedanken darum gemacht, ob die vermeintlichen Axiome, zu denen der englisch-russische Gegensatz und das unerschütterliche Revanchebedürfnis Frankreichs zählten, wirklich existierten, schlimmer noch: niemand kam auf die Idee, diese »dicken Bretter« gerade deswegen doch zu bohren. Insofern haben die Träger der deutschen Außenpolitik in der Berliner Zentrale zweifellos versagt, und was das Reich an Bündnissen besaß, war Erbe Bismarcks und kein eigenes Verdienst.[34] Während des Ersten Weltkriegs gab es dann überhaupt keine ihren Namen verdienende Außenpolitik mehr, wie es das Scheitern aller Friedensbemühungen ausweist. Dass es nicht gelang, Italien neutral zu halten, das Polenproblem vernünftig zu lösen, Japan vom Krieg abzuhalten, vor allem aber die USA, enthüllte ein drastisches außenpolitisches Versagen. Die große Schülersche Reform des Auswärtigen Amtes nach dem Krieg war auch Folge schmerzvoller Selbsterkenntnis.

Von dieser Selbsterkenntnis blieb die ihrem Selbstverständnis nach vornehmste Elite des kaiserlichen Deutschland weit entfernt: Nachdem man den eigentlichen Sündenbock, nämlich Moltke d. J., ausgemacht zu haben schien und ihn in den amtlichen Nachkriegspublikationen förmlich »hinrichtete«, blieb die Militärelite makellos zurück – vielleicht mit einer bezeichnenden Ausnahme: die Revolution von 1918 war auf fatale Weise mit der als eher unrühmlich empfundenen Geschichte der Hochseeflotte verbunden. Hier stellten die Protagonisten, mit Paul Behncke, Hans Zenker dann Erich Raeder an der Spitze, ein Versagen des eigenen Corps fest, und daraus ergab sich ein Zukunftsprogramm, das die deutsche Marinegeschichte seit 1919 sehr spezifisch prägen sollte.

Ansonsten war alles prima gelaufen, und für das Desaster des Krieges konnten die Soldaten nichts. Es war typisch, dass die Reichswehr unter Hans von Seeckt (Chef der Heeresleitung 1920–1926) nicht nur den verbotenen Großen Generalstab heimlich weiterbetrieb, sondern sich auch bemühte, die Traditionen aus der Vorkriegszeit zu pflegen und hochzuhalten. Der Erste Weltkrieg, so die gängige Deutung, war wie ein Verhängnis über die Soldaten gekommen; verhängnisvoller war, dass die Kaste der Politiker angesichts der heroischen Herausforderungen versagt hatte.

Man muss nicht eigens begründen, warum sich nicht nur der Große Generalstab, sondern das gesamte Offizier- und – notabene – Reserveoffizierkorps in der Zeit des wilhelminischen Reiches als *die* Elite schlechthin begriff – das ging auf Traditionen zurück, die weit in die preußische und deutsche Geschichte zurückreichten, wenigstens bis zum Großen Kurfürsten und dem »Soldatenkönig« Friedrich Wilhelm I., von »Friedrich dem Großen« ganz zu schweigen. Völlig sakrosankt war die militärische Führung dann nach den drei »Einigungskriegen« geworden; Moltke d. Ä. wurde 1900 von einer großen Publikumszeitschrift zum »Mann des Jahrhunderts« gewählt. Dass das neugegründete Reich auf den Bajonetten der deutschen Soldaten errichtet worden war (so sahen es nicht nur die Offiziere, sondern auch große Teile der Gesellschaft), generierte den typischen wilhelminischen Militarismus.[35] Das Überwiegen militaristischer Denkweisen ist das vielleicht charakteristischste Merkmal des »Wilhelminismus«, vor allem nachdem der mäßigende Einfluss Bismarcks fortgefallen war und nach Caprivi, der ja als General Kanzler geworden war, Staatsmänner die Geschicke Deutschlands bestimmten, die dieser Kaste nicht oder nicht mehr angehörten, sie gerade deswegen um so mehr bewunderten – was auch für Bethmann Hollweg galt.

Die Militärelite sah sich selbst als Garant der Existenz des Reiches, sie war somit buchstäblich von existentieller Bedeutung. Mittlerweile wissen wir,[36] dass es innerhalb dieser Elite einen Grundsatzdiskurs gab, der um die Frage kreiste, ob es das vornehmste Ziel des militärischen Komplexes sein müsse, den nächsten Krieg – man nannte ihn, dabei Moltke d. Ä. zitierend, den »4. Einigungskrieg« oder, Waldersee aufnehmend, den »Weltkrieg« – nicht nur vorzubereiten, sondern ihn »rechtzeitig«, also präventiv zu führen, da er eo ipso unvermeidlich sei, oder aber ob es das Ziel sei, aufzurüsten, um ein Abschreckungsszenario zu generieren, das, ähnlich wie im Kalten Krieg des 20. Jahrhunderts, den Krieg selbst unmöglich machen sollte – ad infinitum. Während Bismarck bis zum bitteren Ende letzteres Ziel verfocht, stellten sich der uralte Moltke, Waldersee, dann Alfred Graf von Schlieffen (Chef des Generalstabs 1891–1905) und auch Wilhelm II. auf ersteren Standpunkt. Das heißt: diese Elite hat durchaus richtig in die Zukunft gesehen, sie verfügte über ein Friedenskonzept, aber sie hat es am Ende verworfen. Ob man ihr dies im Nachhinein vorwerfen kann, bleibt dennoch fraglich, denn der Krieg galt ganz allgemein immer noch als »Glied in Gottes Weltordnung«, und noch immer war eine überwältigende Mehrheit auch der Bevölkerung mit dem alten Moltke der Meinung, dass der »ewige Frieden ein Traum, und nicht einmal ein schöner« sei.[37] Der war spätestens mit der Marneschlacht ausgeträumt, und damit stellt sich die Frage, ob die Militärelite wenigstens auf ihrem ureigenstem Feld, der Kriegführung, das geleistet hat, was jedermann von ihr erwartete.

Der Schlieffenplan von 1905 war eine große Utopie und hatte mit realistischer »Kriegskunst« nichts zu tun.[38] Der vierjährige Stellungskrieg im Westen galt bald sogar bei denen, die ihn führten, als professioneller Skandal, dessen grausiger Höhepunkt mit der Schlacht um Verdun (21.2. bis Dezember 1916) erreicht wurde. Das Vabanque vom März 1918 ließ die 3. OHL mit Hindenburg und Ludendorff als gewissenlose Spielernaturen erscheinen. Die Seekriegführung endete in einem Desaster, daran konnten auch einige spektakuläre Höhepunkte wie die Versenkung von drei englischen Panzerkreuzern durch Otto Weddigens »U 9« (22.9.1914) oder die Seeschlacht im Skagerrak (31.5./1.6.1916) nichts ändern.

Gleichwohl wäre es verfehlt, dieser Elite durchgängig Versagen zu attestieren. Es war eine beachtliche Leistung, ein Millionenheer über vier Jahre lang in Funktion zu halten, und die über lange Friedensjahrzehnte entwickelten Ausbildungsmethoden trugen ihre Früchte. Hinzu kommt, dass die militärischen Eliten der Ententemächte keinen Deut besser und professioneller agierten – wie anders wären solche Desaster wie bei der Dardanellenschlacht (1915/1916), der Schlacht bei Tannenberg (26.–30.8.1914) und der Schlacht an der Somme (Juli bis November 1916) oder gar der russische Zusammenbruch 1917 zu erklären? Vielleicht hatte man vor 1914 von »den Militärs« überhaupt zu viel erwartet. Der Krieg war eine schreckliche Lehre, die zehn Millionen Tote kostete. Auch heute wird man sich davor hüten müssen, diese Opferzahlen nur einer Elite oder auch allen Eliten zuzuschreiben. Niemand hat vor 1914 auch nur annähernd geahnt, was ein technisch-industrialisierter Massenkrieg in Wirklichkeit bedeutete.

Friedrich von Bernhardis Bestseller: »Deutschland und der nächste Krieg« (1911 erschienen) hatte einen ganz anderen Krieg propagiert. Bernhardi war ein hoch angesehener General, und seine Argumente wirkten umso durchschlagender, als er sich auf den Modephilosophen der Zeit schlechthin berief: Friedrich Nietzsche. Dieser propagierte angeblich ebenfalls den Krieg als schöpferisches Chaos, aus dem der Übermensch, der Herrenmensch (natürlich deutscher Nation) hervorgehen werde und müsse. Diese grobe Verhunzung der Philosophie Nietzsches führt zur Frage, welchen Anteil denn die wissenschaftlichen und kulturellen Eliten am Versagen des Kaiserreichs hatten.

Wissenschaftliche und kulturelle Elite im Wilhelminismus

Lassen wir jene, die den völkischen Chauvinismus, den Rassismus, die »Rassenhygiene«, den Antisemitismus, den Antifeminismus predigten, beiseite:

auch in rückschauender Betrachtung sind sie nicht zu welcher Elite auch immer zu zählen – Houston Steward Chamberlain, Jörg Lanz von Liebenfels, Hans Blüher, Max von Gruber, Ludwig Langemann, ein Schullehrer aus Kiel, und wie sie alle hießen, waren schon zeitgenössisch die Verderber der Nation, Inkarnationen des Bösen im Menschen; ihr Einfluss so überaus verhängnisvoll, dass es alle Eliten nur beleidigen könnte, wollte man auch sie zu ihnen zählen. Ich behaupte: Besäßen sie nicht eine fatale historische Menetekelfunktion, so wären sie einer *damnatio memoriae* antiken Zuschnitts zu überantworten.[39]

Problematisch wird es in der breiten Grauzone zwischen diesem indiskutablem Milieu und einigen »Leuchten der Wissenschaft« – man denke beispielsweise an Max Weber, Werner Sombart, Heinrich von Treitschke, Friedrich Ratzel, Philipp Lenard, kurzum jene wissenschaftlichen »Trendsetter«, die entscheidend dazu beitrugen, das Reich als mächtig, modern und fortschrittlich erscheinen zu lassen, obwohl ihre Lehren von atavistischen, oft auch aggressiven Elementen durchtränkt waren – sei es dass Max Weber die Deutschen zur Weltreichsbildung, Sombart die Frauen in Reservate treiben wollten, Treitschke alles Unglück den Juden zuschob, Carl Ritter und Ratzel den Deutschen eine geopolitische Zukunft einredeten,[40] Lenard gar eine »deutsche Physik« propagierte. Den Nobelpreis hatte er schon 1905 erhalten.

Die Wissenschaft war im Kaiserreich zu einem Popanz geworden. Kein Staat heimste mehr Nobelpreise ein als Deutschland, keiner meldete mehr Patente an, keiner verstand es besser, aus einer Diskriminierung ein Markenzeichen zu machen: »Made in Germany« bezog auch Technik, Medizin und Industrie ganz allgemein in das elitäre Bewusstsein der Zeit mit ein; ob Gottlieb Daimler, Karl Friedrich Benz, Carl Bosch, Rudolf Ludwig Karl Virchow oder Ernst Ferdinand Sauerbruch: Die Wissenschaft und die von ihr profitierende Industrie mit der Elektro- und Chemieindustrie bald an der Spitze, bildeten ein elitäres Substrat, dem immer wieder neue »Heroen« entwuchsen; Karl Alois Schenzingers in Millionenauflage verbreitete Romane (»Anilin«, »Metall«) haben das in den dreißiger Jahren des 20. Jahrhunderts durchaus zeittypisch beschrieben. Nicht nur der Soldat »konnte sich fühlen«, auch der Universitätsprofessor, der Klinikdirektor, der »Erfinder« und der Industriekapitän.

So unbestritten der Anteil dieser Elite am Aufstieg Deutschlands zu einer der führenden Industrienationen vor 1914 war, so problematisch ist die Frage, ob auch diese Elite letztlich versagt hat; aber trifft eine solche Frage überhaupt das Problem? Bestimmte und bestimmt es nicht vielmehr Wissenschaft und Industrie, dass sie wertneutral ihre eigenen Interessen verfolgten, unabhängig vom gesellschaftlichen Ganzen, gar einer »historischen Verantwortung«? Was hat, um es an einem geläufigen Beispiel zu verdeutlichen, die Erfindung des Haber-Bosch-Verfahrens mit dem Ersten Weltkrieg zu tun? Dass er nach vier Wochen mangels Pulver zu Ende gewesen wäre?

Ganz so wertneutral waren wenigstens jene nicht, die schon vor dem Krieg laut darüber nachdachten, wie viel schöner es doch wäre, würden Erz und Kohle zusammengeführt, was durch die Besetzung von Longwy und Briey leicht zu machen wäre, und ein mittelafrikanisches Kolonialreich stünde der deutschen Wirtschaft und Industrie auch gut zu Gesicht, mit Marokko könne man schon einmal anfangen. Zwar sind wir inzwischen weit von jenen marxistischen Theorien entfernt, die solche Spekulationen als Beweis für die »Manipulation« der politischen Elite durch *das* Großkapital nehmen wollten, aber zweifellos hat es solche Pressionen gegeben, und wenn auch einige Reeder wie Albert Ballin oder Adolph Woermann betonten, ihre Geschäfte blühten im Frieden am schönsten, man solle ihn deswegen zu erhalten suchen, die Geschäfte mit England bedürften keines politischen Backups, gab es andere, die im kommenden Krieg auch eine ökonomische Chance witterten. Aber dieser Druck war doch nicht stark genug, um das Staatsschiff wirklich in den Strudel des Krieges zu ziehen. Insofern haben diese ökonomischen und wissenschaftlichen Eliten nicht versagt – aber sie hätten mehr aus ihrer gesellschaftspolitischen Verantwortung machen können, es genügte nicht, wenn das Haus Krupp reihenweise ansehnliche Arbeitersiedlungen bauen ließ.

Überhaupt haben die Eliten für das Wohlergehen und die Gesundheit der Bevölkerung viel getan – sei es, dass man energisch daran ging, ansteckende Krankheiten nicht nur durch neue medizinische Entdeckungen und Erfindungen zu besiegen, sondern auch durch energische Hygienemaßnahmen wie nach der verheerenden Cholera-Epidemie 1892 in Hamburg, sei es dass ganze Architektenheere Entwürfe für »Gartenstädte« propagierten, von denen einige sogar gebaut wurden, sei es dass die Großindustrie und die Großstädte »grüne Lungen« anlegten, die finsteren Hinterhöfe und Häuser abrissen, Straßenreinigung und Beleuchtung einführten, das Verkehrsnetz verbesserten und den Verkehr beschleunigten sowie sich um bessere Arbeitsbedingungen in Stahlkochereien und Zechen bemühten. Von geradezu unendlicher Bedeutung wurde das Wirken gegen das Kindbettfieber von Ignaz Philipp Semmelweis, das die Mütter endlich davon erlöste, jede Geburt als »russisches Roulette« erleben zu müssen. All dies trug gewiss auch zu einer Milderung der sozialen Gegensätze bei, und das war eher das Verdienst der wilhelminischen Eliten als der Gewerkschaften und der Sozialdemokratie; dass gleichzeitig überall die Idee des Volkssports aufkam (Fußball vor allem) war auch Folge verbesserter Arbeitsbedingungen, verkürzter Arbeitszeiten, die wiederum möglich wurden, weil die Technisierung und Automatisierung voranschritten – Folge unermüdlichen Erfindergeistes.

Fazit: »moderne« wilhelminische Eliten?

Abschließend stellt sich die Eingangsfrage neu: Haben die Eliten des Kaiserreichs versagt, und wie wäre die deutsche Geschichte verlaufen, hätten sie Erfolg gehabt? Verständigt man sich darauf, dass die Erhaltung des Friedens das vornehmste Ziel aller Politik und allen gesellschaftlichen und auch kulturellen Bestrebens war, so lässt sich an Hand dieses gleichsam absoluten Maßstabs eine klare Aussage treffen. Versucht man andererseits dem »Geist der Zeiten« gerecht zu werden, in dem der Krieg keineswegs als Katastrophe begriffen wurde, so sieht die Antwort ganz anders aus. In den vergangenen Jahren hat die Wissenschaft immer mehr Beweise zusammengetragen, aus denen hervorgeht, dass die Zeitgenossen Bismarcks und Wilhelms II. tatsächlich im Frieden die *optima rerum* gesehen haben.[41] Das spiegelte sich nicht nur in zahlreichen Friedensinitiativen, wie den Haager Konferenzen, sondern auch im Wirken von Alfred Nobel, Bertha von Suttner, der Interparlamentarischen Union, zahlreicher Vereinigungen von »Friedensfreunden«. Aber auch das stereotype Bild von der kriegslüsternen wilhelminischen Gesellschaft[42] stimmt nicht; dass es immer kriegslüsterne Menschen gab, aber ist ein anthropologisches, kein historisches Phänomen und Problem. Auch der »Militarismus von unten«[43] bahnte nicht den Weg zum Krieg, sondern wollte ihn vielmehr beschwören, indem man ihn »spielte«.[44] Das Volk ist 1914 keineswegs wie ein Mann mit Begeisterung in den Krieg gezogen; selbst Tirpitz stellte nüchtern fest: »Mein Lebenswerk endet mit einem Minus.«[45]

Der Kaiser, die herrschenden Häuser, die Kanzler, Staatssekretäre, die Diplomaten, Generäle haben unter diesem Gesichtspunkt tatsächlich eklatant versagt. Die übrigen Eliten verhielten sich zur Frage Krieg oder Frieden wertneutral. Das wird ihnen heute angekreidet, doch ist das unzulässig, da anachronistisch. Es gehörte einfach nicht zu den Aufgaben eines Professors, eines Bischofs, eines Erfinders, eines Managers, eines Reeders, eines Philosophen, Literaten oder Künstlers, sich in die Frage einzumischen, wie der Krieg zu verhindern sei. Dass es Persönlichkeiten wie Kurt Pinthus, Karl Kraus, Alfred Kubin und viele andere dennoch getan haben, erhebt sie weit über den Durchschnitt der Gesellschaft, und heute wollen uns diese Persönlichkeiten als die wahre Elite erscheinen.

Das Kaiserreich wird oft als »Obrigkeitsstaat« gedeutet. Das war es von seiner Verfassung her, aber die schleichende Verfassungsreform ließ dieses Bild immer öfter ins Wanken geraten. Die demokratischen und parlamentarischen Elemente in Staat, Gesellschaft und Verfassung wurden ständig gewichtiger, und damit wird die Frage nach der Rolle der Eliten eingeebnet: Wenn es letztlich der Reichstag war, der via Budget über Krieg und Frieden entscheiden konnte, dieser Reichstag aber aus einem sehr demokratischen Wahlrecht hervorgegangen war, müssen all jene, die wählten (die Frauen durften nicht wählen und blieben politisch »unschuldig«!) mit zur historisch-politischen Verantwortung gezogen werden. Es geht nicht an, wie es die Deuter des Kaiserreichs nach 1919 getan haben, alles Versagen, alle Schuld einzelnen Personen oder einzelnen Eliten aufzubürden, denn dies würde ihnen eine Bedeutung einräumen, die sie bis 1914 gar nicht mehr besaßen. Es ist schon so: den Ersten Weltkrieg und seinen Folgen hatten alle zu verantworten. Die einen mehr, die anderen weniger.

Anmerkungen

1 Otto Fürst von Bismarck: Erinnerung und Gedanke, Stuttgart/Berlin 1919, S. 157.

2 Walter Schwengler: Völkerrecht, Versailler Vertrag und Auslieferungsfrage. Die Strafverfolgung wegen Kriegsverbrechen als Problem des Friedensschlusses 1919/20, Stuttgart 1982.

3 ebd., S. 281–299.

4 »Die seinerzeit gegenüber den Erben des Reichskanzlers Fürsten Otto von Bismarck von dem Cotta'schen Verlag vertragmäßig übernommene Verpflichtung, den dritten Band der »Gedanken und Erinnerungen« bei Lebzeiten Kaiser Wilhelm's II. nicht zu veröffentlichen, ist nach Ansicht des Verlages infolge der durch die Umwälzung veränderten Umstände gegenstandslos geworden.« Bismarck: Erinnerung (wie Anm. 1), Vorwort.

5 Jost Dülffer (Hrsg.): Theobald von Bethmann Hollweg. Betrachtungen zum Weltkriege, Essen 1989 (kritische Edition der Auflage von 1919/21).

6 Alfred von Tirpitz: Deutsche Ohnmachtspolitik im Weltkriege, Hamburg u. a. 1926.

7 Die beiden anderen: Ders.: Erinnerungen, Leipzig 1919; ders.: Der Aufbau der deutschen Weltmacht, Stuttgart u. a. 1924.

8 Wilhelm Groener: Das Testament des Grafen Schlieffen. Operative Studien über den Weltkrieg, Berlin 1927. Dazu jetzt: Markus Pöhlmann: Kriegsgeschichte und Geschichtspolitik: Der Erste Weltkrieg. Die amtliche deutsche Militärgeschichtsschreibung 1914–1956, Paderborn u. a. 2002.

9 Maßgeblichen Anteil haben daran die im Auftrag der Ranke-Gesellschaft entstandenen »Büdinger Forschungen zur Sozialgeschichte«, von denen bisher 24 Bände, in verschiedenen Verlagen erschienen, vorliegen, vgl. www.ranke-gesellschaft.de.

10 Dass es durchaus Frauen gab, die sich als »elitär« betrachteten und danach zu handeln suchten, hat die moderne Frauen- und Genderforschung inzwischen hinreichend belegt, vgl. z.B. Günther Schulz (Hrsg.): Frauen auf dem Weg zur Elite. Büdinger Forschungen zur Sozialgeschichte 1998 (Deutsche Führungsschichten in der Neuzeit, Bd. 23), München 2000.

11 Manfred Messerschmidt: Das preußisch-deutsche Offizierkorps 1888–1918, in: Hans Hubert Hofmann (Hrsg.): Das deutsche Offizierkorps 1860–1960 (Deutsche Führungsschichten in der Neuzeit, Bd. 11), Boppard 1980, S. 21–38. In diesem Band weitere Aufsätze zur Geschichte des sächsischen (Thomas Freiherr Fritsch-Seerhausen), bayerischen (Hermann Rumschöttel) und württembergischen (Joachim Fischer) Offizierkorps.

12 Klaus Schwabe (Hrsg.): Das Diplomatische Korps 1871–1945. Büdinger Forschungen zur Sozialgeschichte 1982 (Deutsche Führungsschichten in der Neuzeit, Bd. 16), Boppard 1985.

13 Klaus Schwabe (Hrsg.): Die preußischen Oberpräsidenten 1815–1945. Büdinger Forschungen zur Sozialgeschichte 1981 (Deutsche Führungsschichten in der Neuzeit, Bd. 15), Boppard 1985. Mit zahlreichen Einzelbeiträgen zu den Oberpräsidenten der verschiedenen preußischen Provinzen und einer Namensliste der Oberpräsidenten (S. 277–338).

14 Klaus Schwabe (Hrsg.): Deutsche Hochschullehrer als Elite 1815–1945. Büdinger Forschungen zur Sozialgeschichte 1983 (Deutsche Führungsschichten in der Neuzeit, Bd. 17), Boppard 1988.

15 Demnächst: Günther Schulz: Medienunternehmer (Deutsche Führungsschichten der Neuzeit).

16 Bernd Sösemann (Hrsg.): Theodor Wolff. Tagebücher 1914–1919. Der Erste Weltkrieg und die Entstehung der Weimarer Republik in Tagebüchern, Leitartikeln und Briefen des Chefredakteurs am »Berliner Tageblatt« und Mitbegründers der »Deutschen Demokratischen Partei« (Deutsche Geschichtsquellen des 19. und 20. Jahrhunderts, hrsg. von der Bayerischen Akademie der Wissenschaften, Bd. 54/I, II), Boppard 1984.

17 Vgl. Markus A. Denzel (Hrsg.): Deutscher Adel im 19.und 20. Jahrhundert (Deutsche Führungsschichten der Neuzeit).

18 Was nicht heißt, dass sich Bürgerliche nicht auch als Elite verstanden hätten. Aber eben nicht weil sie bloß Bürger waren und nicht Adel oder Arbeiterschaft. Zur Bürgertumsforschung vgl. die zahlreichen Studien, die aus den von Jürgen Kocka und Lothar Gall geleiteten Forschungsbereichen hervorgegangen sind und die hier aufzuzählen den gegebenen Rahmen sprengen würde.

19 Ferdinand Lassalle starb 1864 an en Folgen eines Duells.

20 John C.G. Röhl: Wilhelm II. Der Aufbau der Persönlichen Monarchie 1888–1900, München 2001.

21 Ludwig Quidde: Caligula. Eine Studie über römischen Cäsarenwahnsinn, 12. Aufl., Leipzig 1894.

22 Ott Meisner (Hrsg.): Denkwürdigkeiten des General Feldmarschalls Graf Waldersee, Bd. II., Berlin 1922, S. 441.

23 Wilhelm Deist: Flottenpolitik und Flottenpropaganda. Das Nachrichtenbureau des Reichsmarineamtes 1897–1914, Stuttgart 1976.

24 Karl Möckl (Hrsg.): Hof und Hofgesellschaft in den deutschen Staaten im 19. und beginnenden 20. Jahrhundert. Büdinger Forschungen zur Sozialgeschichte 1985 und 1986 (Deutsche Führungsschichten in der Neuzeit, Bd. 18), Boppard 1980.

25 Volker R. Berghahn: Der Tirpitz-Plan. Genesis und Verfall einer innenpolitischen Krisenstrategie unter Wilhelm II., Düsseldorf 1971.

26 Das durchzieht wie ein roter Faden seine Aufzeichnungen: Sigurd von Ilsemann: Der Kaiser in Holland. Aufzeichnungen des letzten Flügeladjutanten Kaiser Wilhelms II., herausgegeben von Harald von Koenigswald, 2 Bde., München 1967.

27 Vgl. Matthias Stickler: Abgesetzte Dynastien – Strategien des Obenbleibens ehemals regierender Häuser nach der Revolution von 1918, in: Denzel (wie Anm. 17).

28 Lamar Cecil: Der diplomatische Dienst im kaiserlichen Deutschland, in: Klaus Schwabe (Hrsg.): Das Diplomatische Korps 1871–1945. Büdinger Forschungen zur Sozialgeschichte 1982 (Deutsche Führungsschichten der Neuzeit, Bd. 16), Boppard 1985, S. 15–40; Philippi, Hans: Das deutsche diplomatische Korps 1871–1914, in: ebd., S. 41–80.

29 Dazu Sönke Neitzel: Weltmacht oder Untergang. Die Weltreichslehre im Zeitalter des Imperialismus, Paderborn u. a. 2000.

30 Manfred Rauh: Die Parlamentarisierung des Deutschen Reiches, Düsseldorf 1977.

31 Heinrich Dormeier: Bismarck in der Karikatur des Auslands, Berlin 1990.

32 So nannte er selbst den engsten Kreis seiner Mitarbeiter, von denen viele aus der Zeit stammten, in der Tirpitz Leiter der Torpedoversuchsanstalt gewesen war. Vgl. demnächst die erschöpfende Biographie von Michael Epkenhans.

33 Besonders deutlich erkennbar in der Verkennung der englischen Verfassungslage, die ein Bündnis so, wie dies das Auswärtige Amt es wollte, gar nicht zuließ.

34 Auf den neuesten Stand der Forschung gebracht: Holger Afflerbach: Der Dreibund. Europäische Großmacht - und Allianzpolitik vor dem Ersten Weltkrieg, Wien u. a. 2002; Jürgen Angelow: Kalkül und Prestige. Der Zweibund am Vorabend des ersten Weltkrieges, Köln u. a. 2000.

35 Die Literatur zum preußischen Militarismus ist uferlos, geht jedoch zumeist auf Gerhard Ritter: Staatskunst und Kriegshandwerk, Das Problem des »Militarismus«; in Deutschland, 4 Bde, München 1959ff., zurück. Vgl. auch Michael Salewski: Preußischer Militarismus – Realität oder Mythos? Gedanken zu einem Phänomen, in: Zeitschrift für Religions- und Geistesgeschichte 53 (2001), S. 19–34.

36 Dank u. a. folgender Forschungen: Arden Buchholz: Hans Delbrück and the German Military Establishment: War Images in Conflict, Iowa City 1998; Michael Schmid: Der »Eiserne Kanzler« und die Generäle. Deutsche Rüstungspolitik in der Ära Bismarck (1871–1890), Paderborn u. a. 2003.

37 Michael Salewski: Krieg und Frieden im Denken Bismarcks und Moltkes, in: Roland G. Foerster (Hrsg.): Generalfeldmarschall von Moltke. Bedeutung und Wirkung (Beiträge zur Militärgeschichte, herausgegeben vom Militärgeschichtlichen Forschungsamt, Band 33) München 1991, S. 67–88, hier S. 79.

38 Die maßgebliche Darstellung bleibt: Gerhard Ritter: Der Schlieffenplan. Kritik eines Mythos. Mit erstmaliger Veröffentlichung der Texte, München 1956; Michael Salewski: Der Erste Weltkrieg, Paderborn u. a. 2003, S. 32–44.

39 Dass dies nicht der Fall ist, machen gerade die Arbeiten einer jüngeren Historikerinnengeneration deutlich, für die stellvertretend genannt werden sollen: Ute

Planert: Antifeminismus im Kaiserreich. Diskurs, soziale Formation und politische Mentalität, Göttingen 1998; Susanne Omran: Frauenbewegung und »Judenfrage«. Diskurse um Rasse und Geschlecht nach 1900, Frankfurt/M./New York 2000; Christl Grießhaber-Weniger: Rasse und Geschlecht. Hybride Frauenfiguren in der Literatur um 1900, Köln u. a. 2000; Hannelore Bublitz/Christine Hanke/Andrea Seier: Der Gesellschaftskörper. Zur Neuordnung von Kultur und Geschlecht um 1900, Frankfurt/M./New York 2000.

40 Viel Material und neue Einsichten in: Irene Diekmann/Peter Krüger/Julius H. Schoeps (Hrsg.): Geopolitik. Grenzgänge im Zeitgeist, 2 Bde., Potsdam 2000.

41 So Afflerbach (wie Anm. 34).

42 Eine von zahlreichen neueren Untersuchungen zu diesem Komplex: Anne Lipp: Meinungslenkung im Krieg. Kriegserfahrungen deutscher Soldaten und ihre Deutung 1914–1918, Göttingen 2003.

43 Stig Förster: Der doppelte Militarismus. Die deutsche Heeresrüstungspolitik zwischen Statussicherung und Aggression (1890–1913), Wiesbaden/Stuttgart 1985.

44 Zu dieser These: Michael Salewski:1914 oder: Wer hat den Schwarzen Peter? in: Richard Faber/Christine Holste (Hrsg.): Der Potsdamer Forte-Kreis, Würzburg 2001, S. 31–50.

45 So in einem Brief vom 24. September 1914 an seine Frau. Michael Salewski: Tirpitz. Aufstieg, Macht, Scheitern, Göttingen 1979 S. 103.

Michael Kißener

Versagen – überall?

Gesellschaftliche Eliten zwischen Weimarer Demokratie und nationalsozialistischer Diktatur

Die Geschichtswissenschaft ist im Kern eine »Begriffs-Wissenschaft«. Sie benötigt möglichst präzise Begriffsdefinitionen, wenn sie wissenschaftlich haltbare, valide Ergebnisse liefern soll. Deshalb müsste eigentlich am Anfang eines Aufsatzes über die Haltung der deutschen Eliten zur Zeit des Übergangs von der Weimarer Demokratie zur Herrschaft des Nationalsozialismus zunächst eine Präzisierung des Elitenbegriffs stehen. Doch dies erscheint schwierig, nicht nur wegen der hier aufgeworfenen thematischen Weite, sondern weil die Eingrenzung und Differenzierung des Begriffs in der einschlägigen soziologischen, politologischen oder auch historischen Fachliteratur durchaus umstritten ist.[1]

Versagen überall

Und dennoch ist eine wissenschaftlich angemessene Auseinandersetzung mit dem Thema möglich. Denn ganz gleich welche Gesellschaftsgruppen für die 1930er-Jahre mit welchen Methoden auch immer als »Elite« identifiziert werden, ganz gleich ob ein sozialwissenschaftlich oder ein normativ-werthafter Elitenbegriff angewandt wird, ganz gleich ob die »Macht«- oder die »Funktionseliten« im Blickfeld liegen, ob wir offene oder geschlossene Elitenverbände betrachten,[2] immer scheint das Ergebnis, zieht man die einschlägige Literatur zu Rate, gleich zu bleiben: die deutschen Eliten haben in ihrer ganz überwiegenden Mehrheit »versagt«, insofern sie den demokratischen Weimarer Rechtsstaat nicht hinlänglich vor dem Angriff des Totalitarismus geschützt, sondern der unheilvollen gesellschaftlich-politischen Entwicklung sogar noch Vorschub geleistet haben. Die Tatsache des 30. Januar und des 5. März 1933 scheinen dieser Blickweise hinlängliche Evidenz zu verleihen.

Bei der »alten«, 1918/19 entthronten Machtelite, dem preußisch-deutschen Adel, mag dies zunächst nicht weiter verwunderlich sein, stellte doch die Revolution einen weit tieferen Einschnitt für diese »alte Elite« dar als es das Jahr 1945 werden sollte. Schon 1920 verabschiedete der deutsche Adelstag einen Arierparagraphen, der den Zugang zur Deutschen Adelsgenossenschaft beschränkte. Der nach wie vor insbesondere auf dem Land in Preußen politisch starke Adel konnte auf dem Höhepunkt der Staatskrise in den Jahren 1930 bis 1933 über die landwirtschaftlichen Interessenverbände und den direkten Zugang zum Reichspräsidenten Paul von Hindenburg, einem Standesgenossen, weit über seine gesellschaftliche Bedeutung hinaus unheilvollen, die Republik zerstörenden politischen Einfluss ausüben. Als die Demokratie gestürzt war, engagierten sich viele Adelige in Hitlers neuer Eliteorganisation, der SS, um sich Macht und Einfluss zu sichern: 18,7 Prozent der Obergruppenführer der SS sollten 1938 dem Adel zugehören![3]

Wichtiger noch als den Adel, weil im Zentrum der Exekutivmacht stehend, mag man die Militärelite Deutschlands ansehen. Doch auch hier wird man seit Jahren gesicherten Erkenntnissen zufolge von einer überwiegend dem Weimarer Staat gegenüber reservierten Haltung ausgehen müssen, die auf Revanche für den Versailler Friedensvertrag zielte. Zu diesem Zweck waren immer größere Teile der Militärelite bereit, sich in eine Allianz mit dem Nationalsozialismus zu begeben, dem man am ehesten eine Revision der Ergebnisse des Ersten Weltkriegs zutraute.[4]

Wer auf die Elite in der Wissenschaft hoffte, wurde ebenso enttäuscht. Die große Mehrheit der deutschen Professorenschaft der Weimarer Republik sympathisierte mit der republikfeindlichen Rechten. Demokratie und Parlamentarismus waren für sie mehrheitlich keine Werte, für die es sich einzutreten lohnte. Schon im November 1933 bekannten sich 300 Hochschullehrer unter Führung der Universitätsrektoren von Berlin (Eugen Fischer), Freiburg (Martin Heidegger) und Göttingen (Friedrich Neumann) in pathetischem Gestus zu Adolf Hitler.[5] Wie die Professoren, so die »Nachwuchselite«, die Studenten: In Erlangen und Greifswald besaß der Nationalsozialistische Deutsche Studentenbund (NSDStB) schon 1929 im ASTA die Mehrheit. Breslau, Gießen, Rostock, die TH Berlin, Jena und Königsberg folgten diesem Beispiel ein Jahr später.[6] Hier bildete sich jene neue, oft stark antisemitisch ausgerichtete Elite für die nationalsozialistische Diktatur heran, die ab 1933 dann aufstieg und kaltblütig-technokratisch die nationalsozialistische »Ideologie« Wirklichkeit werden ließ.[7]

In einer außenpolitisch so prekären Lage wie der der Weimarer Republik kam auch der Elite in der deutschen Diplomatie eine gesteigerte Bedeutung zu. Zweifellos hätte eine erfolgreiche Revision der außenpolitischen Belastungen der jungen Demokratie erheblich geholfen. Dies strebten die deutschen Diplomaten auch an, doch, soweit wir dies heute wissen, ohne Interesse für den neuen demokratischen Rechtsstaat, mit innerer Distanz und dem Rückzug in eine formale Loyalität gegenüber dem Staat, ganz gleich welche Verfassung er besaß.[8]

Die gleiche innere Distanz ließe sich für die regional allerdings genau zu differenzierende höhere Verwaltungsbeamtenschaft konstatieren,[9] insbesondere aber wohl für den Sonderbereich der Justiz. Schon Zeitgenossen wie der preußische Innenminister Albert Grzsinski, der bayerische Landtags- und Reichstagsabgeordnete Wilhelm Hoegner oder der Heidelberger Dozent Emil Julius Gumbel, der 1921/22 ein Aufsehen erregendes Buch über justiziell nicht aufgearbeitete politische Morde in der Revolutionszeit veröffentlicht hatte, sahen in der reaktionären, republikfeindlichen Haltung der Justiz sogar eine der größten Gefährdungen der ersten deutschen Demokratie.[10] »Unter dem Schutze der richterlichen Unabhängigkeit hat sich in der deutschen Republik eine Justiz erhalten, die sich als ein obrigkeitsstaatlicher Fremdkörper im sozialen Volksstaat darstellt«, urteilte denn auch Reichsjustizminister Gustav Radbruch aus Verärgerung über politisch nachsichtige Urteile gegenüber der die Republik zerstörenden Rechten.[11] Kein Geringerer als der Politologe Karl Dietrich Bracher hat dies nach eingehender wissenschaftlicher Analyse der Weimarer Republik im Nachhinein auch bestätigt: »Man wird schließlich sagen müssen, dass die Justiz in der Weimarer Republik mitgewirkt hat nicht nur an dem Scheitern dieser Republik, sondern geradezu an ihrer Überwältigung durch autoritäre und totalitäre Bewegungen. Insofern ist es durchaus berechtigt, die Weimarer Justiz zu einem guten Teil als Voraussetzung und Quellgrund des ›Dritten Reiches‹ zu betrachten.«[12]

Selbst dann, wenn man den Blick von den staatlichen oder staatsnahen Funktionseliten ab- und gesellschaftlichen Eliten, wie z. B. der Ärzteschaft, zuwendet, wird das Bild nicht besser. Radikalisiert durch den Ersten Weltkrieg, der den Wert des individuellen menschlichen Lebens in den Augen vieler relativiert hatte, fasziniert von den in ganz Europa und Amerika eifrig rezipierten eugenischen Lehren, die aktive Bevölkerungspolitik zum Schutz der »höherwertigen« Erbanlagen einer Bevölkerung propagierten, zugleich aber bei einem erheblichen Ärzteüberschuss in wirtschaftlich schwieriger Lage, geriet auch die medizinische Elite früh in den Sog antidemokratischer, radikaler Strömungen. In den NS-Ärzteorganisationen fanden sich große Teile der Medizinelite der Republik, hoffend, dass ihnen in Hitlers Staat ein bedeutender Platz als Wächter der »Volksgesundheit« zukommen werde – ein besserer Platz als in der Republik, wo krisengeschüttelte Krankenkassen nach Quoten über die Niederlassung der Ärzte bestimmten.[13]

Als besonders schwerwiegend stellt sich endlich auch das »Versagen« der Führungskreise der deutschen Wirtschaft dar: das von Hitlers Wirtschaftsberater Hans Keppler und dem Kölner Bankier Kurt Freiherr von Schroeder am 4. Januar 1933 initiierte Treffen Hitlers mit Franz von Papen war Teil der unmittelbaren Vorgeschichte der nationalsozialistischen Machtergreifung; die gilt ebenso für die Eingabe von 15 Vertretern der Wirtschaft an den Reichspräsidenten, in der nach dem Rücktritt Papens als Reichskanzler im November 1932 eine führende Beteiligung der NSDAP bei der Neubildung der Regierung gefordert wurde. Neben dem ehemaligen (bis 1930) und zukünftigen (ab 1933) Reichsbankpräsidenten Hjalmar Schacht gehörten namhafte Vertreter der rheinisch-westfälischen Schwerindustrie wie Fritz Thyssen, Paul Reusch, Albert Vögler und einige Bankiers zu dieser Gruppe.[14] Wenn auch heute die keineswegs nur in der DDR-Literatur propagierte Verschwörungstheorie, welche ein Bündnis der deutschen Großindustrie mit der Hitlerbewegung als eigentliche Ursache für das Scheitern Weimars ansieht, als widerlegt gelten kann,[15] so ist doch die zunehmend antidemokratische Haltung führender Wirtschaftskreise und ihre auf eine autoritäre Umgestaltung der Republik zielende Politik oft genug betont und damit eine erhebliche Mitverantwortung auch der Wirtschaftseliten am Untergang von Weimar konstatiert worden.[16]

Es ist vor diesem Hintergrund kaum verwunderlich, dass in den vergangenen Jahrzehnten nicht nur die Konstatierung des »Versagens« der Eliten die geschichtswissenschaftliche Diskussion über das Ende der Weimarer Republik bestimmt hat, sondern weitergehend auch die Hypothese, dass am Ende geradezu ein »Bündnis der Eliten«,[17] vielleicht gar ein Komplott die Katastrophe von Weimar herbeigeführt habe. Und weit darüber hinaus: Ist ein solches »Bündnis« der Eliten mit dem Nationalsozialismus vielleicht auch verantwortlich zu machen für die Judenverfolgung und die Entfesselung des Zweiten Weltkriegs?[18]

Solche Pauschalurteile sind in der neueren Forschung überwiegend zurückgewiesen worden,[19] aber es bleibt durchaus die vor allem von Hans Mommsen vertretene Sicht, konservative Elitengruppen hätten »maßgeblich dazu beigetragen«, Hitler an die Macht zu bringen und den Hitlerstaat dann in Gang zu halten.[20]

Die Bedeutung der Eliten

Die Hypothese von einer solchen maßgeblichen Verursachung des Untergangs der Weimarer Demokratie durch die deutsche (konservative) Elite setzt freilich, wenn sie richtig sein soll, zwei wesentliche, allerdings meist unausgesprochene Grundannahmen voraus. Zum einen müsste eine hinlängliche innere Geschlossenheit der wie auch immer zu definierenden Elitengruppen feststellbar sein, die sie zu intentionalem, koordiniertem Handeln befähigte. Zum anderen müsste dieses Handeln unter den Bedingungen der Weimarer Massendemokratie eine Bedeutung erlangt haben, die alle anderen denkbaren Wirkfaktoren bei weitem übertrifft. Beide Annahmen lassen sich nach dem derzeitigen Stand der Forschung jedoch nicht bestätigen.

Dass das Scheitern der Weimarer Republik sich nicht eindimensional begründen lässt, sondern vielmehr nur aus einer komplizierten Konzentration unterschiedlichster Krisen, die zeitlich zusammenwirkten, erklärbar ist, gilt den meisten Weimar-Forschern heute als unbestreitbare Erkenntnis. Nur eines, so stellt Horst Möller nicht anders als etwa Ian Kershaw fest, ist sicher: dass jeder eindimensionale Erklärungsversuch für das Ende von Weimar verfehlt wäre. Wirtschaftskrise, Gesellschaftskrise, Verfassungskrise, Regierungskrise, die Krise des Parteiensystems und des Parlamentarismus und eine Legitimationskrise an der Spitze wie an der Basis – all diese Erscheinungen wirkten am Ende der Republik zusammen.[21] Die gesellschaftlichen Eliten waren in der Weimarer Massendemokratie in all diese Krisenvorgänge einbezogen und sie waren letztlich ebenso unvermögender Teil der allgemeinen gesellschaftlichen Spannungen wie beispielsweise die Arbeiterbewegung, die Gewerkschaften und die sozialistischen Parteien und viele andere. Deren Schwäche und ruhmloses Ende versetzte gerade ausländische Beobachter wie den französischen Botschafter André François-Poncet in fassungsloses Erstaunen: »[…] alles, was in Deutschland außerhalb der nationalsozialistischen Partei existierte«, so berichtete er im Juli 1933 nach Paris, sei »zerstört, zerstreut, aufgelöst, angegliedert oder aufgesaugt […]. Einer nach dem anderen mussten sich die Kommunisten, die Juden, die Sozialisten, die Gewerkschaften, die Mitglieder des »Stahlhelms«, die Deutschnationalen, die Frontkämpfer des »Kyffhäuserbundes«, die Katholiken in Bayern und im Reich und die evangelischen Kirchen unter sein Gesetz beugen.« Und an anderer Stelle: »Deutschland wird sich in die Knechtschaft gestürzt haben, ohne eine Klage zu erheben und ohne einen Protest laut werden zu lassen. Die deutsche Demokratie hat nichts retten können, nicht einmal ihr Gesicht.«[22]

Einen überragenden, als intentional und entscheidend zu definierenden Anteil an der Staatskrise hatten die deutschen Eliten in ihrer Gesamtheit also jedenfalls nicht. Angesichts von 43,9 Prozent der Stimmen für die NSDAP bei der letzten einigermaßen freien Wahl vom 5. März 1933 und weiteren 12,3 Prozent für die KPD, was bedeutet, dass weit über 50 Prozent der

Wählerschaft jedenfalls keine Demokratie mehr wollten, stellt sich sogar die Frage, ob die Eliten je eine realistische Chance gehabt hätten, die Republik zu schützen und sie über die vielfältigen, vor allem wirtschaftlichen Krisen mit ihren zwangsläufigen Radikalisierungstendenzen zu retten. Eine Menge spricht dagegen, am meisten die innere Verfasstheit der deutschen Eliten in der Weimarer Republik. Denn ganz gleich welche Elitengruppe man betrachtet – das Wesensmerkmal der Weimarer Eliten war gerade nicht ihre innere Konsistenz, sondern vielmehr umgekehrt ihre innere Schwäche und Fragmentierung:

- Die alte Adelselite wies nur auf dem Land in Preußen einigen Zusammenhalt und weitgehend übereinstimmende politische Vorstellungen auf. Im Süden Deutschlands etwa war die Haltung des Adels gegenüber der Republik wesentlich positiver und gegenüber Hitler wesentlich reservierter.[23]
- Im Militär zeigten sich die Generalität und das Offizierskorps dienstgrad- und altersmäßig fragmentiert. Schon Generaloberst Beck bemerkte die »Dekomposition« des preußisch-deutschen Offizierskorps, was gleichermaßen den Einbruch nationalsozialistischer Werthaltungen möglich machte wie es andererseits Distanz und Resistenz gegenüber politischer Vereinnahmung ermöglichte.[24]
- Ähnlich in der Diplomatie: in der Kaiserzeit unterlassene Strukturreformen des diplomatischen Korps führten nach 1918 unter den deutschen Diplomaten zu tief greifender Desorientierung und Verunsicherung, ja zur Unfähigkeit, die eigene Rolle im demokratischen Rechtsstaat und in einer pluralistischen Gesellschaft überhaupt definieren zu können. Die Folge auch hier: eine starke Fragmentierung. Einige wenige Anhänger der Republik, ein großes Heer von Entschlusslosen waren hier genauso zu finden wie entschiedene Gegner der Republik und Anhänger der Monarchie.[25]

Besonders deutlich tritt diese Fragmentierung im Vergleich mit Frankreich hervor: dort gab es sowohl im Militär als auch im diplomatischen Dienst eine gezielte Elitenrekrutierung, die den gesellschaftlichen Veränderungen Rechnung trug und zur Homogenität der jeweiligen Elitengruppen beitrug. Dort gab es allerdings auch seit langem eine Bürgergesellschaft mit politisch engagierten Bürgern, die es in Deutschland nach dem Ende des Kaiserreichs erst aufzubauen galt.[26]

Selbst bei der in einschlägiger Literatur gerne als monolithischer, reaktionärer Block betrachteten deutschen Justiz zeigt sich diese Fragmentierung neueren Forschungen zufolge deutlich.[27] Da die Justiz bis 1935 Ländersache blieb und Richter anders als die sonstige Beamtenschaft nur dem Gesetz und ihrem Gewissen, nicht aber der Weisung vorgesetzter Behörden unterworfen waren (und sind), bildeten sich auch dort durchaus unterschiedliche Haltungen gegenüber der Republik aus. Während in manchen ostdeutschen Gerichten unter fadenscheinigsten Gründen die rechtsextremen Feinde der Demokratie geschont, eine Verunglimpfung der nationalen Symbole zugelassen und der extremistische Straßenterror nur unwillig bekämpft wurden,[28] hatte im Westen eine allmähliche Demokratisierung des Richterkorps bereits erste Erfolge zu verzeichnen, war ein demokratischer Wandel in den Führungsetagen etwa der badischen Justiz bereits zu spüren, als die nationalsozialistische »Machtergreifung« erfolgte. Im badischen Justizministerium selbst, in der Führung der meisten Landgerichte und in der Generalstaatsanwaltschaft waren 1932/33 Anhänger der Republik tätig, das Engagement der badischen Richter für die demokratischen Parteien im Landtag war, gemessen an der Gesamtzahl der planmäßig angestellten Richter, so hoch wie nirgendwo sonst in der Republik und fast die Hälfte von ihnen gehörten demokratischen Parteien an.[29] Vor diesem Hintergrund führte die badische Regierung unter Staatspräsident Josef Schmitt (Zentrum) einen überaus mutigen Kampf gegen den politischen Extremismus, insbesondere der politischen Rechten, bis zur letzten Minute der Republik.[30]

Nimmt man dies alles zusammen, so wird man wohl zweifellos von einer Mitverantwortung der deutschen Eliten für das Scheitern der ersten Demokratie auf deutschem Boden sprechen müssen, das Ausmaß eines solchen »Versagens« aber regional und sektoral genau zu differenzieren haben. Erklärbar wird dieses Scheitern also nicht durch ein Komplott der Eliten, sondern vielmehr durch ihre Schwäche, ihre Orientierungslosigkeit und Fragmentierung – eine Erkenntnis, die wohl das stärkste Argument für eine zielgerichtete Elitenbildung gerade auch in einer demokratischen Gesellschaft ist.

Die Entstehung einer neuen, einer »Gegenelite« im Widerstand

Es wäre allerdings deutlich zu kurz gegriffen, bei diesem Resümee stehen zu bleiben und nicht auch die andere Seite der Fragmentierung der deutschen Eliten zu beleuchten: die Entstehung einer wenn auch noch so kleinen »Gegenelite« (Hans Mommsen) im deutschen Widerstand.[31] Sie hat den Untergang der Weimarer Republik ebenso wenig wie die Verbrechen des Nationalsozialismus aufhalten können. Viele Mitglieder dieser Gegenelite haben sich erst mühsam aus anfänglicher Kooperation mit dem Regime zum Widerstand durchringen müssen. Auch waren ihre Zukunftsvorstellungen nicht durchgängig demokratisch geprägt oder gar eine Vorwegnahme des Grundgesetzes. Aber durch ihre Bereitschaft, Verantwortung gegen das verbrecherische Regime und eine jubelnde Mehrheit des Volkes selbst in Kriegszeiten wahrzunehmen und sogar das eigene Leben für eine Wendung der Verhältnisse zum Besseren einzusetzen, hat diese Gegenelite den Neuanfang nach 1945 in politischer wie gesellschaftlicher Hinsicht erst möglich gemacht. Reduziert man den Elitebegriff auf seine Herkunft aus dem lateinischen *eligere*, so stünde recht eigentlich nur dieser kleinen Gruppe diese Bezeichnung zu.

Diese Gegenelite verteilte sich auf nahezu alle Funktionsbereiche, staatlicher und gesellschaftlicher Art. Selbst aus dem tendenziell republikfeindlichen Adel und dem Militär erwuchs eine neue Elite, die über Standesgrenzen und politische Gegensätze hinweg in der Zurückweisung des nationalsozialistischen Totalitarismus zu einem gemeinsamen und verantwortlichen Handeln vorstieß. Die Verschwörung des 20. Juli 1944 bietet hierfür das wohl glänzendste Beispiel. Claus Schenck Graf von Stauffenberg, der das Attentat auf Hitler verübte, und seine mitbeteiligten Brüder stammten bezeichnenderweise aus dem südwestdeutschen Adel, aber auch aus dem preußischen Adel rekrutierte sich der militärische Widerstand: Henning von Tresckow oder Peter Graf Yorck von Wartenburg sind nur zwei Beispiele. Zwar misslang das Attentat und der Umsturzversuch schon wenige Stunden, nachdem er begonnen hatte, doch bleibt nicht nur der Versuch, Deutschland vom Tyrannen zu befreien, das bleibende Verdienst der Verschwörer, sondern auch die mit großen Mühen und unter schwierigsten Umständen erfolgte Zusammenführung vor allem einer jungen militärischen Führungselite auf Obristenebene, nachdem sich die ältere Generalität zumeist nicht zu gemeinsamem verantwortlichem Handeln hatte durchringen können. Dass weit darüber hinaus in den Kreis der Mitverschwörer auch Zivilisten und Politiker unterschiedlichster weltanschaulicher Ausrichtung einbezogen wurden, signalisiert jenen Ansatz zur Überwindung der Elitenfragmentierung, die für die Weimarer Zeit so kennzeichnend gewesen ist.[32]

Auch in der Elite der Wissenschaft gab es solche Bemühungen: die so genannten Freiburger Kreise sind hier das vielleicht wichtigste Beispiel. Dort scharrte sich um die Nationalökonomen Walter Eucken, Constantin von Dietze und Adolf Lampe sowie um den Historiker Gerhard Ritter ein Kreis von Gleichgesinnten, die nicht nur für die Zeit nach Hitler planten, sondern sich sogar für das Attentat vom 20. Juli 1944 in Dienst nehmen ließen. Auch Würdenträger der evangelischen Landeskirche in Württemberg wie der katholischen Kirche der Erzdiözese Freiburg finden sich in diesem Kreis. Einem Wort Peter Steinbachs zufolge, nach dem in Zeiten der Diktatur die »Elite des Anstands im Gefängnis sitzt«, waren auch sie schließlich in die Hände der Gestapo gefallen, konnten ihrem Henker aber noch kurz vor Ende des Krieges entkommen.[33]

Aus der desorientierten Elite der deutschen Diplomatie, die im »Dritten Reich« zunehmend an Einfluss verlieren sollte, erwuchsen dem deutschen Widerstand herausragende Ideengeber und Kontaktleute zum Ausland. So etwa der Diplomat Adam von Trott zu Solz oder der Vortragende Legationsrat Hans Bernd von Haeften.[34] Beide standen in Verbindung mit dem »Kreisauer Kreis«, jener Gemeinschaft führender Köpfe, die der Rechtsanwalt Helmuth James Graf von Moltke auf seinem Gut in Kreisau zusammengeführt hatte.[35] Hier wurden Pläne für die Zeit nach Hitler diskutiert. Den Hitlerattentäter Stauffenberg beriet und unterstützte Trott zu Solz auf seinem Fachgebiet.

Was für den diplomatischen Dienst galt, galt auch für die Führungsetagen von Verwaltung und Justiz, denen zu Unrecht eine völlige, ja willige Unterwerfung unter die Diktatur nachgesagt wird. Der Vormundschaftsrichter Lothar Kreyssig aus Brandenburg an der Havel,[36] der sich mutig weigerte, an den nationalsozialistischen Euthanasieverbrechen mitzuwirken, war keineswegs der einzige Jurist,[37] der sich zu einer solchen Haltung durchrang. In der neueren Forschung zur Verwaltungsgeschichte des 20. Jahrhunderts sind immer wieder Fälle mutigen Eintretens gegen den Unrechtsstaat aufgedeckt worden, die zwar nicht in aktiven Widerstand mündeten, wohl aber Menschenleben retteten oder die nationalsozialistische Machtentfaltung im Verantwortungsbereich von Führungskräften der Verwaltung begrenzten.[38]

Der Schutz der Patienten sowie das Weiterleben eines humanen medizinischen Arbeitsethos und damit auch einer antitotalitären Grundhaltung beflügelten auch das Verhalten einiger Ärzte im »Dritten Reich«. Das wegen seiner politischen Implikationen wohl bekannteste Beispiel sind die Jungmediziner Hans Scholl, Willy Graf, Christoph Probst und Alexander Schmorell in der Widerstandsgruppe »Weiße Rose«.[39] Doch sie waren keineswegs die einzigen Mediziner, die »Widerstand« leisteten. Gerade das nationalsozialistische »Euthanasieprogramm« hatte seit seinem Beginn immer wieder das Gewissen einzelner Mediziner herausgefordert und sie zu risikoreichem, anordnungswidrigem Verhalten veranlasst.[40]

Und schließlich wird man, um auch das letzte Beispiel erneut aufzugreifen, einigen Angehörigen der wirtschaftlichen Führungselite die Qualität einer Gegenelite zubilligen können. Eines der wohl glänzendsten Beispiele dafür stellt die nunmehr gründlich untersuchte Stuttgarter Firma Bosch dar, die unter ihrem charismatischen Firmengründer Robert Bosch zu einem regelrechten Zentrum von Widerstandsaktivitäten im Deutschland Adolf Hitlers wurde.[41] Bosch, der schon in der Weimarer Republik das ihm Mögliche zur Stabilisierung der Demokratie getan hatte – durch Spenden an demokratische Parteien, durch Förderung der Bekämpfung des Antisemitismus, durch Unterstützung der Aussöhnung zwischen Deutschland und Frankreich –, sowie sein liberal gesinnter Nachfolger Hans Walz[42] verhalfen im »Dritten Reich« vielen Juden zur Flucht, beschäftigten Carl Friedrich Goerdeler, den Koordinator des zivilen Widerstands und waren selbst in die Attentatsvorbereitungen des 20. Juli verwickelt. Sie stellen damit ein Beispiel politisch verantwortlichen Unternehmertums dar, das weit über das Ende des »Dritten Reiches« hinaus wirkte.

Eine solche Wirkung war nicht allen Angehörigen der Gegenelite des »Dritten Reiches« vergönnt, bezahlten doch die meisten ihr Ausscheren aus der gleichgeschalteten Volksgemeinschaft mit dem Leben. Dort aber, wo diese Gegenelite diesem Schicksal entrinnen konnte, wie etwa in den Freiburger Kreisen, beeinflusste sie maßgeblich auch die Nachkriegsentwicklung. So fußt etwa die Soziale Marktwirtschaft nicht zuletzt auf der »Freiburger Schule der Nationalökonomie«, die mit den Namen der Freiburger Widerstandsprofessoren aufs Engste verbunden ist.[43]

Aber auch jene, die sich weit weniger exponierten und im zweiten oder dritten Glied des Widerstands Nonkonformität übten, entfalteten in ihrem Verantwortungsbereich nach 1945 Wirkung. Es wäre gewiss übertrieben, den Erfolg der zweiten deutschen Demokratie der Ausstrahlung dieser Gegenelite des Widerstands, die nun oft in einflussreiche Stellungen der deutschen Nachkriegsdemokratie aufrückte, zuzuschreiben, doch sollte ihr Einfluss, wie regionale Studien zeigen, auch nicht voreilig unterschätzt werden.[44]

Anmerkungen

1 Für unseren Zusammenhang jedenfalls scheint nach wie vor Gültigkeit zu besitzen, was Axel Seeberg 1957 anlässlich der Eröffnung eines Vortrags über »Das Elite-Problem heute« festgestellt hat: »Ich darf damit beginnen, dass ich darauf verzichte, Ihnen eine exakte Definition des Begriffs Elite zu geben. Ich bezweifle, ob eine solche Definition im Sinne einer chemisch reinen Formel überhaupt gegeben werden kann. Unter dem Oberbegriff Elite werden heute so viele Erscheinungen zusammengefasst, dass es nicht leicht ist, die Grenzen genau abzuzeichnen.« Vgl. Axel Seeberg: »Das Elite-Problem heute«, in: Jahrbuch der Rankegesellschaft, 3 (1957), S. 9.

2 Franz-Xaver Kaufmann: Elite, in: Görres-Gesellschaft (Hrsg.): Staatslexikon. Recht, Wirtschaft, Gesellschaft, Bd. 2, 7. Aufl., Freiburg u. a. 1986, Sp. 218–222.

3 Wolfgang Zollitsch: Adel und adelige Machteliten in der Endphase der Weimarer Republik. Standespolitik und agrarische Interessen, in: Heinrich August Winkler (Hrsg.): Die deutsche Staatskrise 1930–1933 (Schriften des Historischen Kollegs, Kolloquien, Bd. 26), München 1992, S. 239–256, hier S. 240ff, 255. Vgl. auch Hans-Ulrich Thamer: Verführung und Gewalt. Deutschland 1933–1945 (Die Deutschen und ihre Nation, Bd. 5), Berlin 1986, S. 366f.

4 Manfred Messerschmidt: Die Wehrmacht im NS-Staat. Zeit der Indoktrination, Hamburg 1969, S. 488; Klaus-Jürgen Müller: Deutsche Militär-Elite in der Vorgeschichte des Zweiten Weltkrieges, in: Martin Broszat/Klaus Schwabe (Hrsg.): Die deutschen Eliten und der Weg in den Zweiten Weltkrieg, München 1989, S. 226–290, hier S. 227ff.

5 Helmut Heiber: Universität unterm Hakenkreuz, Teil 1: Der Professor im Dritten Reich. Bilder aus der akademischen Provinz, München u. a. 1991, S. 31f.; Eduard Seidler: Die akademische Elite und der neue Staat, in: Die Elite der Nation im Dritten Reich. Das Verhältnis von Akademien und ihrem wissenschaftlichen Umfeld zum Nationalsozialismus (Acta Historica Leopoldina, Bd. 22), Halle 1995, S. 15–28, hier S. 17.

6 Thamer (wie Anm. 3), S. 165f.

7 Vgl. Ulrich Herbert: Vernichtungspolitik. Neue Antworten und Fragen zur Geschichte des »Holocaust«, in: ders. (Hrsg.): Nationalsozialistische Vernichtungspolitik 1939–1945. Neue Forschungen und Kontroversen, Frankfurt/M. 1998, S. 9–66, hier S. 41–44.

8 Peter Krüger: Die deutschen Diplomaten in der Zeit zwischen den Weltkriegen, in: Rainer Hudemann/Georges-Henri Soutou (Hrsg.): Eliten in Deutschland und Frankreich im 19. und 20. Jahrhundert. Strukturen und Beziehungen, Bd. 1, München 1994, S. 281–291, hier S. 291.

9 Vgl. hierzu beispielhaft die Differenzierungen, die Michael Ruck: Korpsgeist und Staatsbewusstsein. Beamte im deutschen Südwesten 1928 bis 1972 (Nationalsozialismus und Nachkriegszeit in Südwestdeutschland, Bd. 4), München 1996 im Hinblick auf die badische und württembergische Verwaltungselite herausgearbeitet hat.

10 Martin Martiny: Integration oder Konfrontation? Studien zur Geschichte der sozialdemokratischen Rechts- und Verfassungspolitik (Schriftenreihe des Forschungsinstituts der Friedrich-Ebert-Stiftung, Bd. 122), Bonn 1976, S. 210. Zu Grzesinski siehe Eberhard Kolb (Hrsg.): Grzesinski, Albert: Im Kampf um die deutsche Republik. Erinnerungen eines Sozialdemokraten, München 2001, Wilhelm Hoegner: Die verratene Republik, München 1958, S. 261, Emil Julius Gumbel: Zwei Jahre politischer Mord, Berlin 1921, Vier Jahre politischer Mord, Berlin 1922, S. 147f.

11 Zitiert nach Diemut Majer: Blind auf dem rechten Auge, in: DIE ZEIT vom 14. Februar 1986, S. 70.

12 Karl Dietrich Bracher: Vorwort, in: Heinrich Hannover/Elisabeth Hannover-Drück: Politische Justiz 1918–1933, Frankfurt/M. 1966, S. 12f.

13 Michael Kater: Ärzte als Hitlers Helfer, Hamburg/Wien 2000, S. 41ff.; Eduard Seidler: Geschichte der Medizin und der Krankenpflege, 6. Aufl., Stuttgart 1993, S. 22f., 233 sowie Andreas Frewer: Medizin und Moral in Weimarer Republik und Nationalsozialismus. Die Zeitschrift »Ethik« unter Emil Abderhalden, Frankfurt/M. u. a. 2000, S. 34–37.

14 Martin Broszat: Die Machtergreifung. Der Aufstieg der NSDAP und die Zerstörung der Weimarer Republik (Deutsche Geschichte der neuesten Zeit), 4. Aufl., München 1993, S. 156ff.
15 Henry Ashby Turner Jr.: »Alliance of Elites« as a cause of Weimar's collaps and Hitler's triumph?, in: Winkler (wie Anm. 3), S. 204–214.
16 Thomas Gessner: Die Weimarer Republik (Kontroversen um die Geschichte), Darmstadt 2002, S. 103.
17 Fritz Fischer: Bündnis der Eliten, Frankfurt/M 1979.
18 Ursula Büttner: Die deutsche Bevölkerung und die Judenverfolgung 1933–1945, in: dies. (Hrsg.): Die Deutschen und die Judenverfolgung im Dritten Reich, Hamburg 1992, S. 67–88, hier S. 79; Martin Broszat: Der Zweite Weltkrieg: Ein Krieg der »alten« Eliten, der Nationalsozialisten oder der Krieg Hitlers?, in: ders./Schwabe (wie Anm. 4), S. 25–71, hier S. 26.
19 Gerhard Schulz: Bemerkungen zur Wegscheide zwischen parlamentarischer und autoritärer Entwicklung in der Geschichte der Weimarer Republik oder Ian Kershaw: Der 30. Januar 1933: Ausweg aus der Staatskrise und Anfang des Staatsverfalls, beide in: Winkler (wie Anm. 3), S. 39–47 bzw. 277–284.
20 Hans Mommsen: Regierung ohne Parteien. Konservative Pläne zum Verfassungsumbau am Ende der Weimarer Republik, in: Winkler (wie Anm. 3), S. 1–18, hier S. 18. Vgl. auch Andreas Wirsching: Die Weimarer Republik. Politik und Gesellschaft (Enzyklopädie Deutscher Geschichte, Bd. 58), München 2000, S. 50.
21 Horst Möller: Weimar. Die unvollendete Demokratie (Deutsche Geschichte der neuesten Zeit), 4. Aufl., München 1993, S. 206 sowie Gessner (wie Anm. 16), S. 97.
22 Quellenabdruck bei Josef und Ruth Becker (Hrsg.): Hitlers Machtergreifung. Dokumente vom Machtantritt Hitlers 30. Januar 1933 bis zur Besiegelung des Einparteienstaates 14. Juli 1933, München 1983, S. 219, 365.
23 Zollitsch (wie Anm. 3), S. 245, 255; vgl. grundlegend Stephan Malinowski: Vom König zum Führer: deutscher Adel und Nationalsozialismus, Berlin 2003.
24 Bernhard R.Kroener: Generationserfahrungen und Elitenwandel. Strukturveränderungen im deutschen Offizierskorps 1933–1945, in: Hudemann/Soutou (wie Anm. 8), S. 219–233, hier S. 228, 232.
25 Krüger (wie Anm. 8), S. 282f., 285.
26 Hans M. Bock: Kulturelle Eliten in den deutsch-französischen Gesellschaftsbeziehungen der Zwischenkriegszeit, in: Hudemann/Soutou (wie Anm. 8), S. 73–91, hier S. 75; Krüger (wie Anm. 8), S. 282f.; Hartmut Kaelble: Nachbarn am Rhein. Entfremdung und Annäherung der französischen und deutschen Gesellschaft seit 1880, München 1991, S. 140f.
27 Michael Kißener: Zwischen Diktatur und Demokratie. Badische Richter 1919–1952 (Karlsruher Beiträge zur Geschichte des Nationalsozialismus, Bd. 7), Konstanz 2003; zur weiteren Differenzierung vgl. ders.: Das Amtsgericht in der Zeit des Nationalsozialismus, in: Andreas Roth (Hrsg.): 125 Jahre Amtsgerichte im heutigen Rheinland-Pfalz. Vergangenheit – Gegenwart – Zukunft, München 2004, S. 19–35.
28 Bundesminister der Justiz (Hrsg.): Im Namen des deutschen Volkes. Justiz und Nationalsozialismus. Katalog zur Ausstellung des Bundesministers der Justiz, Köln 1989, S. 36.

29 Kißener, Zwischen Diktatur und Demokratie (wie Anm. 27), S. 120–128.
30 Hermann Brandel: Staatliche Maßnahmen gegen den politischen Radikalismus in Baden 1930–1933, Diss. Jur. Heidelberg 1976. Zu den ebenso aufopferungsvollen Bemühungen der Sozialdemokratie um den Schutz der Republik siehe Wolfram Pyta: Gegen Hitler und für die Republik. Die Auseinandersetzung der deutschen Sozialdemokratie mit der NSDAP in der Weimarer Republik (Beiträge zur Geschichte des Parlamentarismus und der politischen Parteien, Bd. 87), Düsseldorf 1989.
31 Hans Mommsen: Bürgerlicher (nationalkonservativer) Widerstand, in: Wolfgang Benz/Walter H. Pehle (Hrsg.): Lexikon des deutschen Widerstandes, Frankfurt/M. 1994, S. 55–67, hier S. 56; siehe hierzu demnächst grundlegend: Joachim Scholtyseck: Les élites dans la résistance allemande, in: Francois Marcot (Hrsg.): La résistance miroir de l'oppression, erscheint 2006.
32 Vgl. Peter Hoffmann: Widerstand – Staatsstreich – Attentat. Der Kampf der Opposition gegen Hitler, 4. Aufl., Zürich 1985; ders.: Claus Schenck Graf von Stauffenberg und seine Brüder, 2. Aufl., Stuttgart 1992.
33 Siehe hierzu mit weiterführenden Literaturhinweisen Hugo Ott: Der »Freiburger Kreis«, in: Rudolf Lill/Michael Kißener (Hrsg.): 20. Juli 1944 in Baden und Württemberg (Portraits des Widerstands, Bd. 3), Konstanz 1994, S. 125–153.
34 Clarita Trott zu Solz: Adam von Trott zu Solz. Eine Lebensbeschreibung (Schriften der Gedenkstätte Deutscher Widerstand, Bd. 2), Berlin 1994; Barbara von Haeften: »Nichts Schriftliches von Politik«. Hans Bernd von Haeften [1905–1944]. Ein Lebensbericht, München 1997.
35 Franz Graf von Schwerin: Helmuth James Graf von Moltke: Im Widerstand die Zukunft denken. Zielvorstellungen für ein neues Deutschland, Paderborn u. a. 1999.
36 Konrad Weiß: Lothar Kreyssig – Prophet der Versöhnung, Gerlingen 1998.
37 Ingo Müller: Furchtbare Juristen. Die unbewältigte Vergangenheit unserer Justiz, München 1987, S. 201.
38 Kißener, Zwischen Diktatur und Demokratie (wie Anm. 27), S. 225–240 u. 247–253.
39 Christiane Moll: Die Weiße Rose, in: Peter Steinbach/Johannes Tuchel (Hrsg.): Widerstand gegen die nationalsozialistische Diktatur 1933–1945, Bonn 2004, S. 375–395; Michael Kißener/Bernhard Schäfers (Hrsg.): »Weitertragen«. Studien zur »Weißen Rose«. Festschrift für Anneliese Knoop-Graf zum 80. Geburtstag, Konstanz 2001.
40 Beispiele siehe bei Robert Jay Lifton: Ärzte im Dritten Reich, Stuttgart 1988. S. 91–102.
41 Joachim Scholtyseck: Robert Bosch und der liberale Widerstand gegen Hitler 1933–1945, München 1999.
42 Michael Kißener: Hans Walz (1883–1974), in: Rainer Lächele/Jörg Thierfelder (Hrsg.): Wir konnten uns nicht entziehen. 30 Portraits zu Kirche und Nationalsozialismus in Württemberg, Stuttgart 1998, S. 119–138.
43 Christine Blumenberg-Lampe: Das wirtschaftspolitische Programm der »Freiburger Kreise«: Entwurf einer freiheitlich-sozialen Marktwirtschaft. Nationalökonomen gegen den Nationalsozialismus (Volkswirtschaftliche Studien, Bd. 208), Berlin 1973; grundsätzlicher Daniela Rüther: Der Widerstand des 20. Juli auf

dem Weg in die soziale Marktwirtschaft. Die wirtschaftspolitischen Vorstellungen der bürgerlichen Opposition gegen Hitler, Paderborn 2002.

44 Vgl. beispielhaft für die Justiz Kißener, Zwischen Diktatur und Demokratie (wie Anm. 27), S. 263 ff.

Horst Dähn

Elitenabbruch, Elitenwechsel und Elitenkontinuität nach 1945

Einleitende Bemerkungen

Bereits im Zweiten Weltkrieg trafen die Hauptmächte der Anti-Hitler-Koalition USA, Sowjetunion und Großbritannien grundlegende Entscheidungen im Blick auf die Gestaltung eines militärisch besiegten Deutschlands. Die Planungen und die Beschlüsse sahen vor, ein territorial verkleinertes Deutschland zunächst in drei, später in vier Besatzungszonen aufzuteilen sowie für die Zonen und gesondert für Berlin ein Besatzungs- und Kontrollregime zu errichten.

Wenige Wochen nach Kriegsende übernahmen die Regierungen der vier Siegermächte (USA, Sowjetunion, Großbritannien, Frankreich) mit den vier Berliner Erklärungen vom 5. Juni 1945 »die oberste Regierungsgewalt in Deutschland, einschließlich aller Befugnisse der deutschen Regierung, des Oberkommandos der Wehrmacht und der Regierungen, Verwaltungen oder Behörden der Länder, Städte und Gemeinden«.[1] Mit diesem Rechtsakt war die Kompetenz der Besatzungsmächte verbunden, alle noch vorhandenen Strukturen der NS-Partei- und Staatsbürokratie sowie des Wirtschafts-, Sicherheits- und Militärapparats aufzulösen und alle NS-Gesetze aufzuheben. Im Abkommen von Potsdam, völkerrechtlich korrekt »Mitteilung über die Drei-Mächte-Konferenz«, vom 2. August 1945 wurden hierzu zentrale Absprachen getroffen.[2]

Aber das Ziel zu verwirklichen, den Nationalsozialismus »mit Stumpf und Stiel« auszurotten, hieß nicht nur, die institutionellen und normativen Grundlagen des NS-Regimes zu vernichten. Es hieß auch, wie in der Drei-Mächte-Mitteilung festgestellt – und zuvor schon im Jalta-Abkommen formuliert –, »Kriegsverbrecher und alle diejenigen, die an der Planung oder Verwirklichung nazistischer Maßnahmen, die Gräuel oder Kriegsverbrechen nach sich zogen oder als Ergebnis hatten, teilgenommen haben, [...] zu verhaften und dem Gericht zu übergeben«.[3] Diese politischen Vorgaben der Siegermächte zur – wie Wolfgang Zapf schreibt – »politischen Eliminierung« der Nazi-Elite[4] (Elitenabbruch) wurden noch im Jahr 1945 mit dem Prozess gegen die Hauptkriegsverbrecher vor dem Internationalen Militärtribunal in Nürnberg umgesetzt. Hier wurden die Spitzen der NS-Machtelite, z.B. Hermann Göring, Rudolf Heß, Joachim von Ribbentrop, Wilhelm Keitel (Politische Elite), Friedrich Flick, Alfried Krupp von Bohlen und Halbach (Wirtschaftselite), Herbert Klemm, Heinrich Lammers, Karl Dönitz, Erich Raeder (Verwaltungs- und Militärelite) abgeurteilt. Gegen 24 Angeklagte wurde verhandelt, das Strafmaß lag zwischen Freispruch und Todesstrafe. Nicht zu vergessen sind in diesem Zusammenhang zwölf unter amerikanischer Verantwortung in Nürnberg durchgeführte Nachfolgeprozesse gegen hohe NS-Funktionsträger in Justiz, Ärzteschaft, Industrie, Wehrmacht, Diplomatie und Beamtenschaft – insgesamt fast 200 Personen.

Von der strafrechtlichen Verfolgung und Aburteilung einzelner zur NS-Machtelite zählender Personen (Elitenabbruch) ist die politische Säuberung deutlich zu unterscheiden, die auch als Entnazifizierung bezeichnet wird. Bei diesem anspruchsvollen Vorhaben ging es den vier Besatzungsmächten um einen Austausch der Eliten zunächst im öffentlichen Dienst, bald aber auch in anderen Teilen der Gesellschaft, insbesondere der Wirtschaft. Die mit diesem Elitenwechsel verbundenen gesellschaftspolitischen Zielsetzungen der westlichen Besatzungsmächte auf der einen und der sowjetischen Besatzungsmacht auf der anderen Seite, in Zusammenarbeit mit den jeweiligen deutschen Instanzen, gingen grundlegend auseinander.

Zum Elitebegriff

In der sozialwissenschaftlichen Eliteforschung wird unterschieden zwischen einem engen und einem weiter gefassten Elitebegriff. Mit dem ersten ist der der Machtelite, mit dem zweiten der der Funktionselite gemeint.[5]

Der Begriff der Machtelite liegt beispielsweise der noch immer relevanten Untersuchung von Wolfgang Zapf über die »Wandlungen der deutschen Elite« aus dem Jahr 1965 zugrunde. Nach seiner Definition sind Eliten und Führungsgruppen »alle Positionsinhaber mit gesamtgesellschaftlicher Entscheidungs- oder Einflussmöglichkeit«.[6] Im Einzelnen lassen sich diese Positionsinhaber verschiedenen Teileliten zuordnen, als da sind: Politische Eliten, Verwaltungseliten, Wirtschaftseliten. Politische Eliten werden repräsentiert durch Minister, Länderchefs, Parteiführer, Verwaltungseliten durch oberste Juristen, Staatssekretäre, Botschafter, Generale, Wirtschaftseliten durch Verbandsführer und Großunternehmer; aber auch die Inhaber von Spitzenpositionen in Gewerkschaften (die Vorsitzenden der größten Gewerkschaften), Kirchen (evangelische und katholische Bischöfe) sowie in den Bereichen Kulturverwaltung (Kultusminister der Länder) und Kommunikation (Chefredakteure der größten Zeitungen, Rundfunkintendanten) lassen sich der Machtelite zurechnen.[7] Zapfs Anliegen zielt auf eine Analyse der Wandlungen der Führungsgruppen im 20. Jahrhundert in drei Regimen (Weimarer Republik, NS-Zeit und frühe Bundesrepublik). Wissenschaftlich zuverlässige Aussagen sind aber nur möglich, wenn die Zahl der untersuchten Positionen bzw. Positionsinhaber einen bestimmten Umfang nicht überschreitet. Zapf untersuchte rund 300 der Machtelite zugehörige Positionen.

Die »Entnazifizierung« – ein angemessenes Instrument zur Ersetzung der totalitären NS-Elite durch eine demokratische Elite?

Der politische Säuberungsprozess in der amerikanischen Besatzungszone (US-Zone)

Im Mittelpunkt der Analyse der Entnazifizierungspolitik der Besatzungsmächte stehen aus inhaltlichen wie aus Platzgründen die US-amerikanische und die sowjetische Zone; der Schwerpunkt liegt jeweils auf der Verwaltung. In allen vier Zonen lassen sich verschiedene Entwicklungsphasen unterscheiden.[8]

In einer ersten Phase (Mai bis Ende Juni 1945) beschränkte sich in der US-Zone die Entnazifizierungspraxis darauf, dass die örtlichen Militärkommandanten Teile der Verwaltungselite (Behördenleiter, Landräte, Bürgermeister) entließen – eine Praxis, die (noch) nicht der Ende April 1945 erlassenen grundlegenden Besatzungsdirektive JCS 1067 (Endfassung vom 26. April 1945) entsprach. Sie bestimmte: »*Alle* (Hervorhebung, H.D.) Mitglieder der Nazipartei, die nicht nur nominell in der Partei tätig waren, *alle*, die den Nazismus oder Militarismus aktiv unterstützt haben, und *alle* anderen Personen, die den alliierten Zielen feindlich gegenüberstehen, sollen entfernt und ausgeschlossen werden aus öffentlichen Ämtern und aus wichtigen Stellungen in halböffentlichen und privaten Unternehmungen [...]«.[9]

Nachdem bereits Ende Juni 1945 eine umfängliche Verhaftungs- und Entlassungswelle (Verhaftung von rund 80 000 Personen, Entlassung von 70 000 Personen als NS-Aktivisten) begonnen hatte, die bis Anfang August lief, erging am 7. Juli 1945 eine weitere, die Direktive JCS 1067 umsetzende Direktive (USFET-Direktive),[10] die für die weitere Säuberungspraxis von erheblicher Bedeutung war. Diese Rechtsnorm sah fünf Empfehlungsstufen vor, wobei hier zwei Hauptgruppen von Personen, die Schlüsselpositionen im NS-Herrschaftsapparat (Nationalsozialistische Arbeiterpartei (NSDAP) und Vorfeldorganisationen sowie staatliche Bürokratie, Justiz und Wirtschaftsverwaltung) bekleideten, in den Blick zu nehmen sind: zum einen die Kategorie derjenigen, die zu entlassen waren (Entlassungspflichtige), und zum andern diejenigen, deren Entlassung empfohlen, aber nicht zwingend vorgeschrieben war. Zur ersten Gruppe zählten einmal die Personen, die im Verdacht standen, »Kriegsverbrechen begangen zu haben [...] alle Mitglieder der NSDAP, die vor dem 1. 5. 1937 (Reichsbeamtengesetz) eingetreten waren [...] alle Amtsträger der NSDAP und der ihr angeschlossenen Organisationen« (Führer der Hitlerjugend (HJ), des Bundes deutscher Mädel (BDM), des NS-Studentenbundes etc.), »alle Offiziere und Unteroffiziere der Waffen-SS, der SA [...] alle Mitglieder der SS unabhängig vom Rang« sowie ferner die Verwaltungselite (Spitzenbeamte in den früheren Reichsministerien bis hinunter zur Referentenebene, Bürgermeister in den Kommunen), alle Generalstabsoffiziere und NS-Führungsoffiziere, mittlere und hohe Amtsträger in der Wirtschaft (»Inhaber von Positionen im Reichsnährstand bis herab zum Kreisbauernführer, in den Wirtschaftsverbänden bis herab zum Gauwirtschaftsberater, das obere Management von Unternehmen [...] sowie die Wehrwirtschaftsführer«).[11] Dominierten unter den Entlassungspflichtigen, wie Niethammer zu Recht feststellt, »deutlich die bürokratischen Eliten gegenüber den militärischen und wirtschaftlichen«,[12] so gehörten zur zweiten, der zur Entlassung empfohlenen Gruppe, vor allem die Angehörigen der militärischen und wirtschaftlichen Funktionseliten: also die Berufsoffiziere der Reichswehr und der Wehrmacht, Junker sowie das industrielle Management (vom Generaldirektor bis zum Bürochef). Hinzu kamen noch folgende Gruppen: alle Parteigenossen, auch die nach 1937 eingetretenen, und alle Angehörige der Sturmabteilung (SA), die nach 1933 eingetreten waren, sowie alle Freiwilligen der Waffen-SS und Anwärter der Schutzstaffel (SS), die Unterführer der HJ und des BDM. Selbst die Zugehörigkeit zu den regimetreuen Deutschen Christen und zur Deutschen Glaubensbewegung konnte pauschal als Entlassungsgrund angesehen werden.

Die zuvor im Ansatz schon erkennbare Ausdehnung der politischen Säuberungspraxis auf die Wirtschaft erfuhr mit dem US-Militärgesetz Nr. 8 vom 26. September 1945 noch eine Verstärkung. Darin heißt es: »Die Beschäftigung eines Mitglieds der NSDAP oder einer der ihr angeschlossenen Organisationen in geschäftlichen Unternehmungen aller Art in einer beaufsichtigenden oder leitenden Stellung oder in irgendeiner anderen Stellung als der eines gewöhnlichen Arbeiters ist gesetzeswidrig.«[13] Das hier erkennbare völlige Fehlen eines differenzierten Kriterienkatalogs für Entlassungen zeigt an, dass das ursprüngliche Ziel, die personelle Säuberung, nämlich die Ersetzung der totalitären NS-Macht- und Funktionseliten durch demokratische Funktionseliten, ganz in den Hintergrund getreten war.

Die zur Verfügung stehenden statistischen Angaben beispielsweise aus Hessen zeigen, dass jedoch in der Praxis die Zahl der Entlassungen im Bereich der privaten Wirtschaft erheblich geringer war als im Sektor des öffentlichen Dienstes. Bis zum 1. Mai 1946 wurden 26,4 Prozent aller leitenden Angestellten in der Privatwirtschaft aus ihren Stellungen entfernt, während im öffentlichen Dienst von 34060 Beamten 19502 (57 Prozent) entlassen wurden. Bei den anderen Gruppen des öffentlichen Dienstes, den Angestellten und Arbeitern, waren es 34 bzw. 15 Prozent.[14]

Mit dem »Gesetz zur Befreiung von Nationalsozialismus und Militarismus« (Befreiungsgesetz) vom 5. März 1946 ging die Verantwortung für die politische Säuberung in deutsche Hände über. Die Oberaufsicht über die Durchführung blieb allerdings bei der Militärregierung. Die Autoren des Befreiungsgesetzes formulierten mit dem Artikel 1 ein sehr anspruchsvolles Ziel: »Zur Befreiung unseres Volkes von Nationalsozialismus und Militarismus und zur Sicherung dauernder Grundlagen eines deutschen demokratischen Staatslebens im Frieden mit der Welt werden alle, die die nationalsozialistische Gewaltherrschaft aktiv unterstützt oder sich durch Verstöße gegen die Grundsätze der Gerechtigkeit und Menschlichkeit oder durch eigensüchtige Ausnutzung der dadurch geschaffenen Zustände verantwortlich gemacht haben, von der Einflussnahme auf das öffentliche, wirtschaftliche und kulturelle Leben ausgeschlossen und zur Wiedergutmachung verpflichtet.«[15] Allerdings – und das ist das Neue an der geplanten deutschen Entnazifizierungspraxis – sollte Schuld nicht mehr ausschließlich schematisch, das heißt durch Einstufung in Formalbelastungskategorien bestimmt werden, sondern es sollte die individuelle Schuld festgestellt werden. Im Artikel 2 des Befreiungsgesetzes heißt es deutlich: »Die Beurteilung des Einzelnen erfolgt in gerechter Abwägung der individuellen Verantwortlichkeit und der tatsächlichen Grundhaltung.«[16]

In der praktischen Umsetzung dieser normativen Vorgaben wurde nach folgender Prozedur verfahren: Alle Personen über 18 Jahre hatten einen Fragebogen auszufüllen: dieser diente den öffentlichen Klägern der Spruchkammern dazu, eine vorläufige Einstufung der Betroffenen in 5 Kategorien vorzunehmen: (I) Hauptschuldige, (II) Belastete (NS-Aktivisten, Militaristen, Nutznießer), (III) Minderbelastete, (IV) Mitläufer und (V) Entlastete. Daraus folgt, dass in den Gruppen I und II Teile der NS-Partei-, Verwaltungs-

und Militärelite zu finden sind. Für die Angehörigen dieser Funktionseliten hatte die Einstufung erhebliche Konsequenzen. Sie unterlagen einem vorläufigen Beschäftigungsverbot, was bedeutete, dass sie nur in »gewöhnlicher Arbeit« tätig sein durften.

Über die Einstufung der Betroffenen entschieden die Spruchkammern, zusammengesetzt aus Vertretern der politischen Parteien, auf der Grundlage gerichtsähnlicher Konfliktregeln (Erforschung der Wahrheit von Amts wegen, die Vernehmung von Zeugen u. a.). Allerdings lag die Widerlegung der Schuldvermutung (Beweislast) bei den Betroffenen. Die Spruchkammern setzten »Sühnemaßnahmen« fest. Die Palette der Urteile, »Sprüche« genannt, umfasste bis zu zehn Jahre Arbeitslager und vollständigen Vermögenseinzug für Hauptschuldige, bis zu fünf Jahre Arbeitslager und teilweisen Vermögenseinzug für Belastete. Für Minderbelastete waren folgende Sühnemaßnahmen vorgesehen: Verbot während einer höchstens dreijährigen »Bewährungsfrist« eine leitende Tätigkeit in der Wirtschaft auszuüben, ausgenommen die Leitung von Kleinbetrieben »mit weniger als zehn Arbeitnehmern«, Kürzung der Bezüge bzw. der Ruhegehälter bei Beamten, »einmalige bzw. laufende Sonderbeiträge« an einen Wiedergutmachungsfonds.

Die in diesem Kontext entscheidende Frage aber lautet: Hat die auf der Grundlage des Befreiungsgesetzes erfolgte Entnazifizierungspraxis zu dem beabsichtigten Ergebnis geführt, individuelle Schuld gerade der als »belastet« eingestuften Personen festzustellen, entsprechende »Urteile« zu fällen, um auf diese Weise einen Beitrag zum Elitenwechsel zu leisten? Von einem tief greifenden Elitenaustausch kann nur in einem begrenzten Maße die Rede sein. Die wesentliche Ursache hierfür lag in einer großzügigen Interpretation der gesetzlichen Bestimmungen durch die Spruchkammern. Von den während der amerikanischen Säuberungsphase als entlassungspflichtig eingestuften 40 900 Personen (darunter die führende Verwaltungsschicht) und weiteren zur Entlassung empfohlenen 16 339 Personen (darunter die wirtschaftliche und militärische Elite) wurden lediglich 5 187 Personen »als Hauptschuldige oder Belastete zu einem Berufsverbot von mindestens 5 Jahren« verurteilt. »Über 3/4 von ihnen«, so schreibt Niethammer, »wurden aber durch Einstellung des Verfahrens oder durch die Einreihung in die Gruppen Mitläufer und Entlastete von allen bzw. fast allen Diskriminierungen entbunden.«[17] Als Kriterien für die in den Urteilen erkennbare Milde sind zu nennen die Beurteilung der Gesamtpersönlichkeit mittels Entlastungszeugnissen (so genannte Persilscheine) oder auch das »Recht« auf politischen Irrtum.

Diese Tendenz zu milden Urteilen verstärkte sich noch im selben Jahr 1947, als mit dem 1. Änderungsgesetz zum Befreiungsgesetz vom 7. Oktober 1947 NS-Aktivisten (Gruppe II) nunmehr als »Mitläufer« eingestuft werden konnten und dementsprechend »bestraft« wurden. Das 2. Änderungsgesetz vom 25. März 1948 ermöglichte schließlich die Herabstufung aller Belasteten mit wenigen Ausnahmen zu »Mitläufern«; nur Hauptschuldige wurden noch mit einem Beschäftigungsverbot belegt.

Fragt man nach dem Sozialprofil der von den Spruchkammerurteilen Betroffenen, zeigt sich in Bayern folgendes Bild: Die rund 950 000 Personen umfassende Gruppe entsprach etwa einem Zehntel der Erwerbspersonen in diesem Land. Der Anteil der entnazifizierten Arbeiter umfasste lediglich rund drei Prozent der Arbeiterschaft von 1939. »Dagegen«, so Lutz Niethammer, »wurde etwa ein Sechstel der Selbständigen, 1/3 der Angestellten und jedenfalls mehr als die Hälfte der Beamten einem Spruchkammerverfahren unterworfen.«[18] Gewiss waren die Beamten am stärksten von der politischen Säuberung betroffen. Allerdings zeigen Statistiken aus der US-Zone, dass bereits nach wenigen Jahren der allergrößte Teil der entnazifizierten öffentlich Bediensteten beispielsweise in den bayerischen Ministerien wieder eingestellt wurde.[19] Für die Verwaltungselite, das heißt hohe Beamte (auch ohne gleichzeitige Positionen im früheren NS-Parteiapparat), stellt Niethammer fest, dass sie »durch besondere politische und Qualitätsanforderungen von einer Fortsetzung ihrer Tätigkeit häufig abgehalten« wurden.[20]

Auch andere Teileliten wie etwa hohe Militärs verloren nicht aufgrund von Spruchkammerentscheidungen ihre Stellung. Arbeitslos wurden sie aufgrund der von den Siegermächten betriebenen Entmilitarisierungspolitik. Sie sahen sich gezwungen, sich einen zivilen Beruf zu suchen. Kulturelle Eliten, Künstler, Schriftsteller, Filmschaffende u. a. wurden zumeist nicht mit einem dauernden Berufs- bzw. Publikationsverbot belegt; Verbote wurden nur dann letztinstanzlich bestätigt, wenn diese Teileliten sich sehr eng mit der Kulturpolitik des NS-Regimes identifiziert hatten. Die wirtschaftlichen NS-Eliten wurden, zumal wenn sie nicht Mitglied der NSDAP gewesen waren, vom Befreiungsgesetz kaum erfasst, sieht man von einzelnen Positionsinhabern wie den Wehrwirtschaftsführern, Leitern von »Reichs- und Gauwirtschaftskammern« u. a. ab.

Der politische Säuberungsprozess in der sowjetischen Besatzungszone (SBZ)

Von Modifikationen (Bildung von Formalbelastungskategorien, Organisation und Ablauf der Spruchkammerverfahren, Zeitpunkt der Bildung deutscher Säuberungsausschüsse etc.) abgesehen, verlief der politische Säuberungsprozess in der britischen und französischen Besatzungszone wie in der US-Zone – teilweise auch bezogen auf das Ergebnis; gleichwohl gibt es ein Entnazifizierungsgefälle, das durch die »schärfste Durchführung in der amerikanischen und mildeste in der französischen Zone« charakterisiert ist. Völlig andere Resultate zeigte die Entnazifizierung in der SBZ. Auch hier durchlief der politische Säuberungsprozess wie in den Westzonen mehrere Phasen. Aber sehr rasch sollte deutlich werden, dass die Akteure, die Kommunistische Partei Deutschlands (KPD) bzw. ab April 1946 die Sozialistische Einheitspartei Deutschlands (SED) und die sowjetische Besatzungsmacht, inhaltlich weitgehendere politische Zielsetzungen verfolgten. Stand im Mittelpunkt der Entnazifizierungspolitik der westlichen Besatzungsmächte das ursprüngliche Ziel, die NS-Machtelite und die NS-Funktionseliten durch demokratische Eliten zu ersetzen, so verfolgten die Kommunisten das Ziel, u.a. mittels der politischen Säuberungspolitik einen strukturellen Systemwandel herbeizuführen.

Auf den ersten Blick verlief die Entwicklung ähnlich wie in den Westzonen; auch hier lassen sich einzelne Phasen und Kurswechsel unterscheiden. Während der von April/Mai bis zum Sommer 1945 andauernden ersten Phase kann von einer systematischen Entnazifizierungspolitik noch nicht gesprochen werden. Die Säuberung beschränkte sich auf die Entmachtung von Verwaltungseliten sowie die »Verhaftung aktiver NSDAP-Funktionäre und Gestapospitzel« durch die britische und amerikanische Besatzungsmacht in den zeitweilig (bis 30. Juni 1945) von ihren militärischen Einheiten besetzten westlichen Randzonen der SBZ und dem übrigen von der Roten Armee besetzten Gebiet der SBZ.

Auf lokaler Ebene wurde das Ziel des politischen und strukturellen Umbaus der Gesellschaft schon sehr früh deutlich. Die »Richtlinien für die Arbeit der deutschen Antifaschisten in dem von der Roten Armee besetzten deutschen Gebiet« vom 5. April 1945, ein von der KPD-Führung im Auftrag des Zentralkomitees (ZK) der Kommunistischen Partei der Sowjetunion (KPdSU) erstelltes Papier, deuten dies an. Die Bürgermeister von Städten und Gemeinden sollten von den örtlichen Kommandanten ernannt und die Abteilungsleiter der Verwaltungen mit politisch zuverlässigen Antifaschisten, also Kommunisten und sodann auch Sozialdemokraten, besetzt werden. Zeitlich parallel dazu bildeten sich in Städten Antifa-Komitees – sie gab es auch in Städten in den Westzonen –, zusammengesetzt aus Kommunisten, Sozialdemokraten, Angehörigen des antifaschistischen Bürger- und Kleinbürgertums. Sie betrieben mit wohlwollender Unterstützung der sowjetischen Militärverwaltungen ebenfalls eine aktive Säuberungspolitik in Verwaltung, Polizei und Volksbildung und widmeten sich darüber hinaus der Bewältigung tagespolitischer Aufgaben (z. B. Wiederingangsetzung der Gas-, Strom- und Wasserversorgung etc.).

Mit der Errichtung von Landes- und Provinzialverwaltungen im Juli 1945 begann die zweite Phase der Entnazifizierung; sie dauerte bis Jahresende 1946. Unterschiedliche Landesgesetze und -verordnungen regelten die politische Säuberung in der öffentlichen Verwaltung, den Schulen und den Hochschulen. So bestimmte beispielsweise ein »Reinigungsgesetz« für das Land Thüringen vom 23. Juli 1945, dass Angehörige von NS-Teileliten (Verwaltung, Kultur) wie Beamte vom Regierungsdirektor an aufwärts sowie, alle Landräte, Oberbürgermeister, Rektoren von Universitäten, die vom 1. April 1933 an der NSDAP angehörten, zu entlassen seien.[21] »Alte Kämpfer«, also alle NSDAP-Mitglieder, die vor dem 1. April 1933 der Partei beigetreten waren, wurden unabhängig von ihrer beruflichen Stellung (Beamte, Angestellte, Arbeiter) und ihrer Position aus dem öffentlichen Dienst entlassen.[22] Nominelle Parteimitglieder, auf die nicht die eben benannten Kriterien (Parteibeitritt vor 1993 und höhere Leitungspositionen in öffentlicher Verwaltung, Schule und Hochschule nach 1933) zutrafen, durften unter der folgenden Voraussetzung im öffentlichen Dienst verbleiben: Sie hatten sich »durch Leistung und Haltung besonders zu bewähren und in und außer Dienst sowie in Umschulungskursen ihre vorbehaltlose Verbundenheit mit der neuen Demokratie zu beweisen«.[23] Auch im Land Sachsen sowie in der Provinz Sachsen[24], die ebenfalls die Unterscheidung zwischen aktiven Nazis und nominellen Parteimitgliedern kannten, galt die Regelung, dass nominelle Parteigenossen unter Auflagen nicht aus der öffentlichen Verwaltung entlassen wurden. In anderen Ländern und Provinzen der SBZ fielen die Entnazifizierungsregelungen zum Teil erheblich drastischer aus. Dies trifft vor allem auf Mecklenburg und auch die Provinz Brandenburg[25] zu; alle Mitglieder der NSDAP galten als generell entlassen.

Im Land Sachsen und in der Provinz Sachsen galt wie auch in Thüringen das Prinzip, dass leitende Positionen ausschließlich von Personen eingenommen werden konnten, die nie der NSDAP oder einer ihrer Gliederungen angehört hatten; ansonsten galten für das Entfernen aktiver Nazis aus öffentlichen Ämtern weitere Kriterien wie: Länge der Mitgliedschaft (Thüringen), Funktionen in der Partei und in den ihr angeschlossenen Verbänden (Thüringen, Land Sachsen, Provinz Sachsen), Mitgliedschaft in der SS, Gestapo und im Sicherheitsdienst (Provinz Sachsen, Thüringen). Die unterschiedlichen deutschen Regelungen für die Säuberung ergaben sich aus dem Umstand, dass der sowjetischen Entnazifizierungspolitik keine einheitlichen Ausführungsbestimmungen für die Länder und Provinzen in der SBZ zugrunde lagen. In

Anbetracht der unterschiedlich intensiven und nach Auffassung der Besatzungsmacht teilweise zu moderaten Entnazifizierungspraxis der Provinzial- bzw. Landesverwaltungen schalteten sich im September/Oktober 1945 die Sowjetische Militäradministration in Deutschland (SMAD) und die SMA der Länder und Provinzen in die Säuberungspolitik ein. Aufgrund einer Anordnung beispielsweise der SMA Sachsen vom 27. Oktober 1945 erging am 3. November 1945 eine neue Verfügung der Landesverwaltung, in der es heißt: »Bis zum 15. November 1945 sind alle noch im öffentlichen Dienst beschäftigten ehemaligen Mitglieder der NSDAP zu entlassen.«[26] Diese harte Forderung war nicht durchsetzbar, sollte der Verwaltungsapparat angesichts der Tatsache, dass qualifiziertes Fachpersonal fehlte, nicht zusammenbrechen. Dennoch zeigten die aufgrund der SMA-Anordnungen verschärften deutschen Entnazifizierungsregelungen am Ende des Jahres 1946 insgesamt deutliche Erfolge, wie an statistischen Erhebungen beispielsweise aus Sachsen, Sachsen-Anhalt und Thüringen zu ersehen ist. Der Schwerpunkt der Entnazifizierungspraxis lag dabei auf der Gruppe der Angestellten in leitenden Positionen, mithin also auf der Verwaltungselite.

Ende 1946 arbeiteten in den Ministerien des Landes Thüringen noch 10,6 Prozent und in den nachgeordneten Dienststellen immerhin noch 23,6 Prozent Parteigenossen.[27] Für das Land Sachsen lagen die Werte niedriger. Von den 58 336 Angestellten der Landesregierung und der ihr nachgeordneten Dienststellen gehörten noch 5,9 Prozent (3 415 Personen) der NSDAP an. Unter den 40 048 Angestellten im öffentlichen Dienst befanden sich noch 2 810 (7 Prozent) politisch belastete Mitarbeiter, von den 12 314 Arbeitern im öffentlichen Dienst waren nur noch 363 (3 Prozent) als politisch belastet einzustufen. Von den 2 280 Landräten, Oberbürgermeistern und Ratsherren im Land Sachsen hatten nur zehn (0,4 Prozent) der NSDAP angehört.[28] Auch in der Provinz Sachsen-Anhalt (ab Juli 1947: Land Sachsen-Anhalt) lag der Anteil der im Apparat der Regierung sowie in den ihr unterstellten Behörden beschäftigten ehemaligen NSDAP-Mitglieder bei nur noch 5,0 Prozent.

Mit der dritten, vom Dezember 1946 bis zum August 1947 währenden, Phase erhielt die Entnazifierung eine neue rechtliche sowie eine neue organisatorische Grundlage. Die bereits am 12. Januar 1946 vom Alliierten Kontrollrat verabschiedete Direktive Nr. 24, die die Grundlage für das Befreiungsgesetz in der US-Zone bildete, definierte und kategorisierte den Personenkreis ehemals aktiver Nationalsozialisten (insgesamt 99 Kategorien). Die Direktive legte fest, alle politisch belasteten Personen aus ihren leitenden Stellungen in öffentlichen und halböffentlichen Ämtern sowie aus industriellen und landwirtschaftlichen Unternehmen zu entfernen. Angehörige der Partei-, Verwaltungs-, Militär- und Wirtschaftselite sollten ausnahmslos entlassen werden. Die Direktive enthielt weiterhin Richtlinien über die Entlassung weiterer Personenkreise, z.B. ehemaliger Offiziere der Wehrmacht und der Reichswehr, aber auch von Personen, die, wenngleich sie nicht Mitglied der NSDAP gewesen waren, das NS-Regime gefördert hatten.

Die Gründe für die Umorientierung in der Entnazifizierungspolitik waren zum einen außenpolitisch begründet. Die sowjetische Seite wollte auf der für den März 1947 angesetzten Außenministerkonferenz der vier Siegermächte in Moskau wegen der bisherigen Nichtberücksichtigung der Direktive keine Angriffsflächen für eine angeblich unzureichende politische Säuberung in der SBZ bieten. Zum andern bot die Anwendung der Direktive der SMAD die Möglichkeit, die deutschen Verwaltungen in den einzelnen Ländern und Provinzen zu einer Vereinheitlichung der verschiedenen Säuberungsgrundsätze zu veranlassen. Im November 1946 erging eine Order der SMAD, die Entnazifizierung auf der Grundlage der Kontrollratsdirektive Nr. 24 zu intensivieren und weiterzuführen. Mit dieser Aufgabe wurden Kreiskommissionen vor Ort betraut, geleitet von den Oberbürgermeistern und Landräten.

Die Umsetzung der Direktive führte zu einer erneuten Überprüfung aller Beschäftigten in öffentlicher Verwaltung, Justiz, Bildung und Wirtschaft. Ausnahmeregelungen, die ehemaligen Parteimitgliedern vor allem im Bereich der Wirtschaft eine Weiterbeschäftigung ermöglichten, traten zum 1. Januar 1947 außer Kraft. Tausende mussten nun wieder vor den insgesamt 262 Entnazifizierungskommissionen erscheinen. Angesichts der schleppenden und schematischen Bearbeitung der Fälle sowie in Anbetracht der Tatsache, dass Sach- und Fachverstand beim Aufbau neuer Verwaltungen und in der Wirtschaft dringend nachgefragt war, wandten sich die Parteileitungen der SED, der Liberaldemokratischen Partei Deutschlands (LDPD) und der Christlich Demokratischen Union (CDU), genauer der »Gemeinsame Ausschuss der Einheitsfront der antifaschistisch-demokratischen Parteien Deutschlands«, in einem Schreiben vom 17. Februar 1947 an die sowjetische Militärverwaltung z. H. von Generalleutnant Makaroff. Ihr Bestreben war, mittels Ausführungsbestimmungen die Direktive zu spezifizieren und also eine schematische Entnazifizierung zu vermeiden. In der Begründung heißt es: »Seit Dezember 1946 hat aber nunmehr eine Säuberung großen Ausmaßes eingesetzt, der die Direktive Nr. 24 des Kontrollrates in Deutschland vom 12. Januar 1946 zugrunde liegt. Eine schematische Durchführung dieser Direktive, wie sie vielfach zu beobachten ist, würde das Ausscheiden vieler Fachkräfte und Spezialisten in Wirtschaft und Verwaltung zur Folge haben. Dieser Umstand erfüllt die Einheitsfront mit ernster Sorge für die Sicherung und den Fortbestand des in der Ostzone erreichten wirtschaftlichen Fortschrittes.«[29]

Im Rahmen der vierten und letzten Phase der Entnazifizierungspolitik (August 1947 bis Februar 1948) erging der Befehl Nr. 201 der SMAD von 16. August 1947. Er stellte die Entnazifizierung erstmals auf eine einheitliche Rechtsgrundlage, und zwar für alle Bereiche des öffentlichen und wirtschaftlichen Lebens und in allen Ländern der SBZ, und brachte als Neuerung die Rehabilitierung aller nominellen Parteigenossen. »Den ehemaligen Mitgliedern der Nazipartei, die sich nicht durch Verbrechen gegen den Frieden und die Sicherheit anderer Völker oder durch Verbrechen gegen das deutsche Volk selbst vergangen haben, wird nicht nur das aktive, sondern auch das passive Wahlrecht gewährt.«[30] Eine weitere Neuerung betraf die Organisation der Entnazifizierungsverfahren. Die alten Kommissionen wurden aufgelöst. Die Entnazifizierung auf den Gebieten der Verwaltung und Wirtschaft wurde neuen Kommissionen auf Kreis- und Landesebene, in denen, wie schon in den früheren Kommissionen die Kommunisten dominierten, übertragen. Sie erhielten das Recht, ehemals aktive Nationalsozialisten, die sich nicht strafbar gemacht hatten, zu überprüfen und bestimmte Sühnemaßnahmen festzulegen (fristlose Entlassung bzw. Gewerbeentzug, ganze oder teilweise Entziehung von Vermögenswerten).

Mit dem Befehl Nr. 35 vom 26. Februar 1948 gab die SMAD das offizielle Ende der Entnazifizierung bekannt. Bis zum 10. März 1948 hatten die Entnazifizierungskammern ihre Tätigkeit zu beenden. Da sie angesichts des enormen Zeitdrucks ihre Aufgabe nicht zu erfüllen vermochten (140 000 Fälle waren bis zum 10. März abgeschlossen worden, 155 000 Fälle hatten zur Entscheidung vorgelegen), mussten die nicht erledigten Fälle eingestellt werden – ein Faktum, das einer Amnestie für ehemals aktive NSDAP-Mitglieder gleichkam.

Die Besonderheit des Entnazifizierungsprozesses in der SBZ im Vergleich zu dem in den Westzonen ergab sich nicht aus dem Umfang der Entlassungen, sondern lag auf dem Feld der Rehabilitierung. Die politisch Verantwortlichen in der SBZ sowie die Besatzungsmacht nutzten von Anfang an die Entnazifizierung als ein Instrument, einen tief greifenden politischen und sozioökonomischen Wandel, einen Elitenwechsel herbeizuführen. Dies wird z.B. sehr deutlich in dem schon erwähnten SMAD-Befehl Nr. 201, in dem es heißt: »In der sowjetischen Besatzungszone wurde vom Augenblick der bedingungslosen Kapitulation Deutschlands an eine große Arbeit geleistet zur Säuberung der öffentlichen Behörden, der staatlichen und der wichtigen Privatunternehmen von ehemaligen aktiven Faschisten,

Militaristen und Kriegsverbrechern und zur Ersetzung dieser Personen durch Menschen, die fähig sind, bei der demokratischen Umgestaltung in Deutschland im Interesse des deutschen Volkes behilflich zu sein.«[31] Kommunisten besetzten die politisch einflussreichen Positionen im Staats-, Verwaltungs- und Sicherheitsapparat ebenso wie in den Bereichen von Bildung, Erziehung und Kultur. Bereits im gleichen Jahr nahm die SED in allen Ländern der SBZ sowie auf allen Verwaltungsebenen mit 43,6 Prozent der Mitarbeiter eine Vorrangstellung gegenüber den anderen politischen Parteien (CDU und LDPD) ein, die auf knapp 12 Prozent kamen; der Anteil der parteilosen Staatsangestellten (44,7 Prozent) überwog zwar noch, aber da die SED-Mitglieder die politischen Schaltstellen besetzten, war ihre Vormachtstellung zu jener Zeit bereits gesichert. Mit diesen parteipolitischen Veränderungen war zugleich ein sozialstruktureller Wandel verbunden, kamen die Mitglieder der SED doch aus den bisher sozial unterprivilegierten Schichten (Arbeiter, Handwerker, kleine Angestellte). Sie stellten das Rekrutierungspotenzial für die neuen Macht- und Funktionseliten in allen Bereichen des staatlichen und gesellschaftlichen Lebens.

Resümee

In den Westzonen führte die seit dem Ausgang der vierziger Jahre erkennbare breite Rehabilitierungspraxis dazu, dass ehemalige NSDAP-Mitglieder wieder in den öffentlichen Dienst zurückkehrten. Die Funktionseliten in den Westzonen und in der frühen Bundesrepublik rekrutierten sich aus Kräften des bürgerlich-demokratischen Parteienspektrums der Weimarer Republik, aus in der NS-Zeit politisch passiven Parteilosen und ehemaligen Parteigenossen. Kann somit mit Blick auf die Westzonen eher von einer Elitenkontinuität denn von einem Elitenwechsel gesprochen werden, so fand in der SBZ/DDR ein gravierender Elitenwechsel statt. Zwar sah das von der Provisorischen Volkskammer am 9. November 1949 beschlossene »Gesetz über den Erlass von Sühnemaßnahmen und die Gewährung staatsbürgerlicher Rechte für die ehemaligen Mitglieder und Anhänger der Nazipartei und Offiziere der faschistischen Wehrmacht« vor, dass für politisch rehabilitierte ehemalige NSDAP-Mitglieder bei »fachlicher Eignung« eine Wiedereinstellung in den öffentlichen Dienst möglich sei – ausgenommen die Bereiche der inneren Verwaltung (Polizei) und der Justiz; es gab allerdings keinen Anspruch darauf. So darf vermutet werden, dass frühere Parteigenossen auch in der öffentlichen Verwaltung zumal in Leitungspositionen keine wesentliche Rolle spielten.

Anmerkungen

1 Ernst Deuerlein: Die Einheit Deutschlands. Ihre Erörterung und Behandlung auf den Kriegs- und Nachkriegskonferenzen 1941–1949. Darstellung und Dokumentation, Frankfurt/M./Berlin 1957, S. 241–245, hier S. 242.
2 Ernst Deuerlein: Potsdam 1945. Quellen zur Konferenz der »Großen Drei«, München 1963, S. 350–368, hier S. 354f..
3 ebd., S. 355.
4 Wolfgang Zapf: Wandlungen der deutschen Elite. Ein Zirkulationsmodell deutscher Führungsgruppen 1919–1961, München 1965, S. 162ff.
4 Siehe dazu beispielsweise Ralf Dahrendorf: Gesellschaft und Demokratie in Deutschland, München 1965, S. 277ff.
6 Zapf (wie Anm. 4), S. 36.
7 ebd., S.71.
8 Der Analyse der Entnazifizierungspolitik in der amerikanischen und sowjetischen Zone liegen die Periodisierungsschemata von Clemens Vollnhals zugrunde; Clemens Vollnhals (Hrsg. in Zusammenarbeit mit Thomas Schlemmer): Entnazifizierung. Politische Säuberung und Rehabilitierung in den vier Besatzungszonen 1945–1949, München 1991.
9 In Auszügen abgedruckt in: ebd., S. 98ff., hier S. 99. Die Originalfassung der Direktive JCS 1067 (Directive of the United States Joint Chiefs of Staff to the Commander-in-Chief of the United States Forces of Occupation regarding the Military Government of Germany) ist fast vollständig abgedruckt in: Beate Ruhm von Oppen (Hrsg.): Documents on Germany under Occupation 1945–1954, London 1955, S.13–27, hier S. 17.
10 Zur Entstehungsgeschichte der United States Forces European Theater (USFET)-Direktive vom 7. Juli 1945 siehe Lutz Niethammer: Die Mitläuferfabrik. Die Entnazifizierung am Beispiel Bayerns, Berlin/Bonn 1982, S.147–150 (zuerst erschienen unter dem Titel »Entnazifizierung in Bayern. Säuberung und Rehabilitierung unter amerikanischer Besatzung«, Frankfurt/M. 1972).
11 ebd., S. 153.
12 ebd., S. 154.
13 Abgedruckt in: Vollnhals (wie Anm.8), S. 100f., hier S. 100.
14 Wolf-Arno Kropat: Hessen in der Stunde Null 1945–1947. Politik, Wirtschaft und Bildungswesen in Dokumenten, Wiesbaden 1979, S. 243.
15 Gesetz zur Befreiung von Nationalsozialismus und Militarismus vom 5. März 1946, Textausgabe, 2.Aufl., Stuttgart 1947, S.6.
16 ebd.
17 Niethammer (wie Anm.10), S. 545.
18 ebd., S. 553.
19 ebd., S. 531.
20 ebd., S. 557.
21 § 3, »Gesetz über die Reinigung der öffentlichen Verwaltung von Nazi-Elementen« des Landes Thüringen. Abgedruckt in: Helga Welsh: Revolutionärer Wandel auf Befehl? Entnazifizierungs- und Personalpolitik in Thüringen und Sachsen (1945–1948), München 1989, S. 181f., hier S.181.
22 § 2, »Gesetz über die Reinigung...« (wie Anm. 21), S. 181.

23 § 10, »Gesetz über die Reinigung...« (wie Anm. 21), S. 182.

24 Nach der Landtagswahl im Oktober 1946 lautete die Bezeichnung »Provinz Sachsen Anhalt« und seit dem 26. Juli 1947 »Land Sachsen-Anhalt« (SMAD-Befehl Nr. 80).

25 Gemäß Befehl Nr.180 der SMAD erhielt die Provinz Brandenburg am 21.07.1947 den Status des »Landes Brandenburg«.

26 «Verfügung der Landesverwaltung Sachsen betr. Entlassung aller beschäftigten ehemaligen Mitglieder der NSDAP zum 15.11.1945« vom 3. November 1945. In: Welsh (wie Anm. 21), S. 179f., hier S. 179.

27 Wolfgang Meinicke: Die Entnazifizierung in der sowjetischen Besatzungszone 1945 bis 1948. In: Zeitschrift für Geschichtswissenschaft 32 (1984), S. 968–979, hier S. 974.

28 Manfred Wille: Entnazifizierung in der Sowjetischen Besatzungszone Deutschlands 1945–1948, Magdeburg 1993, S. 132.

29 Abgedruckt in: Siegfried Suckut: Blockpolitik in der SBZ/DDR 1945–1949. Die Sitzungsprotokolle des zentralen Einheitsfront-Ausschusses. Quellenedition, Köln 1986, S. 199.

30 Befehl Nr. 201: Richtlinien zur Anwendung der Direktiven Nr. 24 und 38 des Kontrollrats vom 16. August 1947, in: Welsh (wie Anm. 21), S. 187f., hier S. 187.

31 ebd.

Detlef Grieswelle

Fortschritt oder Stagnation

Blockieren Eliten notwendige politische Entscheidungen?

Die Frage, ob die Eliten in der Bundesrepublik Deutschland eine wirkliche Auslese und gute Führung darstellen oder Spitzenkräfte sind, die den Herausforderungen der Gegenwart eher schlecht als recht gewachsen erscheinen, stellt sich heute in besonderem Maße, weil das Gemeinwesen vor dem Hintergrund beachtlich gewachsener Aufgaben mehr denn je auf die Leistungen der Eliten, speziell im Feld der Politik, und ihre Beiträge zu grundlegenden Reformen angewiesen ist. Die Kluft, die sich in vielen Funktionsbereichen, in denen Bedarf an Eliten besteht, zwischen Erwartung und Erfüllung auftut, wird heute angesichts der gewachsenen Anforderungen an Führungsqualität signifikant deutlich. Die Eliten werden zu Problemeliten, welche zu der Lösung der großen Probleme wenig beisteuern und eher die Beharrungstendenzen und Besitzstandsmentalitäten der Bevölkerung bestätigen oder gar verstärken, statt innovative Prozesse zu befördern.

Begriff der Elite

Zur Klärung der aufgeworfenen Fragen[1] bedarf es zunächst einer kurzen begrifflichen Vorbemerkung. Eliten im weitesten Sinne sind jene Personen oder Gruppen, die aufgrund ihrer Qualifikation und ihrer Leistungen in Institutionen und Organisationen der Politik, Wirtschaft, Wissenschaft, Kultur oder eines anderen Bereichs hohe und höchste Stellungen einnehmen und entscheidend Einfluss in ihren Handlungsfeldern ausüben, entweder formell, auf der Basis der mit ihrer Position verbundenen Macht, oder mehr informell, ohne genau definiertes Über- und Unterordnungsverhältnis. Der Begriff der Elite zielt hier auf Führungspersonen, die wegen ihrer sachkompetenten Wahrnehmung von Funktionen von großer Wichtigkeit sind, in herausragender Weise Macht und Einfluss haben und von denen überdurchschnittliche Leistungen erwartet werden.

Eliten im engeren Sinne nehmen in umfassender Weise Einfluss und wirken an Entscheidungen von gesamtgesellschaftlicher Tragweite mit, vor allem im Rahmen von Regierungen, Parteien, Arbeitgeberverbänden, Gewerkschaften, Kirchen und so fort. Wir schließen uns hier der klassischen Definition Dreitzels an: »Eine Elite bilden diejenigen Inhaber der Spitzenpositionen in einer Gruppe, Organisation oder Institution, die aufgrund einer sich wesentlich an dem (persönlichen) Leistungswissen orientierenden Auslese in diese Positionen gelangt sind, und die kraft ihrer Positions-Rolle die Macht oder den Einfluss haben, über ihre Gruppenbelange hinaus zur Erhaltung oder Veränderung der Sozialstruktur und der sie tragenden Normen unmittelbar beizutragen.«[2]

Reformaufgaben der Eliten

Die Definition der Eliten erfolgt vor dem Hintergrund der umfassenden Frage, warum Eliten nur wenig zur Auflösung des viel beschworenen Problemstaus in Deutschland und zur Erneuerung der Gesellschaft beitragen und nur unzureichend innovative Werte, Ideen und Lösungskonzepte, vor allem in der Politik, gegenüber der öffentlichen und veröffentlichten Meinung vertreten. Die gesellschaftskritischen Schlagworte wie Stagnation, Reformstau, Schlusslicht Deutschland, Notwendigkeit von Strukturreformen und Abbau von Besitzständen verweisen neben vielen anderen Faktoren auch auf die unabdingbare Aktivität von Eliten. Von der Beschaffenheit des Führungspersonals hängt die Zukunftsfähigkeit der ganzen Gesellschaft ab, Mittelmaß der Eliten kann nicht mehr einfach, im Stile Enzensbergers[3] – süffisant – ironisch hingenommen werden, sondern sie wird zum Problem, auf das in spektakulärer Weise vor Jahren Ex-Bundespräsident Herzog hingewiesen hat.

Die Klage über den Stillstand in der Gesellschaft insgesamt, vor allem jedoch in der Politik, fand ihren markanten Ausdruck in der Rede Herzogs vom 26. April 1997: »Durch Deutschland muss ein Ruck gehen. Wir müssen Abschied nehmen von liebgewordenen Besitzständen. Alle müssen Opfer bringen.«[4] Herzog beklagte den Verlust wirtschaftlicher Dynamik, die Erstarrung der Gesellschaft, eine unglaubliche mentale Depression. Es bestehe eine Tendenz, alles Bestehende erhalten zu wollen, koste es, was es wolle. Eine von Ängsten erfüllte Gesellschaft werde unfähig zu Reformen und damit zur Gestaltung der Zukunft. Veränderungen gingen nur mit quälender Langsamkeit voran, es fehle an Schwung zur Erneuerung, an Bereitschaft, Risiken einzugehen, eingefahrene Wege zu verlassen, Neues zu wagen. Es gebe kaum eine Anstrengung zur Reform, die nicht sofort als

»Anschlag auf den Sozialstaat« unter Verdacht gerate. Mit Akribie zeichnete Herzog den Debattenstil nach, der in der Politik Entscheidungen verhindere, und er fasste seine grundsätzlichen Überlegungen wie folgt zusammen: »In Zeiten existenzieller Herausforderung wird nur der gewinnen, der wirklich zu führen bereit ist, dem es um Überzeugung geht und nicht um politische, wirtschaftliche und mediale Macht – ihren Erhalt oder auch ihren Gewinn. [...] Die Eliten dürfen den notwendigen Reformen nicht hinterherlaufen, sie müssen an ihrer Spitze stehen! Ich meine, wir brauchen einen neuen Gesellschaftsvertrag zugunsten der Zukunft. Alle, wirklich alle Besitzstände müssen auf den Prüfstand, alle müssen sich bewegen. Wer nur etwas vom anderen fordert – je nach Standort von den Arbeitgebern, den Gewerkschaften, dem Staat, den Parteien, der Regierung, der Opposition –, der bewegt gar nichts.«

Grundlegende Reformen zu entwickeln und zu ihrer Durchsetzung beizutragen, wird hier zu Recht als wesentliche Aufgabe der Eliten gesehen, und zwar nicht nur der politischen, sondern auch anderer Führungsgruppen in Verbänden, Wirtschaft, Gewerkschaften, Medien, Wissenschaft und Kirchen. Lösungen dürfen und können nicht nur von den politischen Eliten erwartet werden, ihre Chancen zur Innovation sind begrenzt. Die Fortentwicklung vor allem der wirtschaftlichen und sozialen Systeme ist ganz wesentlich darauf angewiesen, dass viele Personen konzeptionelle Lösungsansätze formulieren und Handlungsfähigkeit und -bereitschaft beweisen. Qualifikation, Leistungsfähigkeit, Repräsentations- und Führungskraft sowie persönliches Ansehen sind Ressourcen, die die Eliten bei der Gestaltung grundlegend neuer Strukturen einsetzen können. Eliten haben dabei insbesondere Verantwortung zu tragen für das Ganze in Staat und Gesellschaft. Um die vielfältigen Herausforderungen zu bewältigen, muss daher immer stärker eingefordert werden, dass die Eliten ihren Beitrag leisten.

Sozialer Wandel und Herausforderungen

Einige Entwicklungstendenzen und daraus resultierende Aufgaben seien hier kurz genannt: Die Vereinigung der beiden Teile Deutschlands und besonders die Gestaltung der inneren Einheit mit den damit verbundenen Finanztransfers und deren Auswirkungen auf die staatlichen Haushalte und die der Träger der Sozialversicherung; Defizite im Bereich der Beschäftigung sowie anhaltend hohe Arbeitslosigkeit und deren Folgen für Einnahmen und Ausgaben in der sozialen Sicherung; internationale Herausforderungen – infolge der Globalisierung – für die Wettbewerbsfähigkeit der Wirtschaft und den Standort Deutschland sowie die Bewahrung der Grundlagen der sozialen Sicherung; beträchtliche Zunahme der Staats-, Steuer- und Abgabenquote, der Sozialleistungsquote sowie der Beiträge in der gesetzlichen Sozialversicherung, Probleme der Finanzierbarkeit der sozialen Sicherungssysteme und Belastungen für Wirtschaftswachstum und Beschäftigung; beachtliche Zunahme der Verschuldung öffentlicher Haushalte von Bund, Ländern und Kommunen; Tendenzen zu mangelhafter Beweglichkeit der gesellschaftlichen Ordnung und geringer Nutzung von Flexibilitätschancen bei der Gestaltung des Gemeinwesens; veränderte Wertvorstellungen in der Gesellschaft, z.B. zu Geschlechterbeziehungen sowie Lebensformen wie Ehe und Familie, Bedeutung von Arbeit und anderen Lebensbereichen, Bindungsbereitschaft an Gemeinschaften und Institutionen, Selbstverwirklichungswünschen; Wandel sozialer Strukturen, z.B. von Lebensformen, Haushaltsgrößen, Einkommens- und Vermögensverteilung, Berufsgruppen und Bildungsabschlüssen, Wirtschaftssektoren und Erwerbsbiographien; Zunahme so genannter atypischer Beschäftigungsformen mit beachtlichen Folgen für die Systeme sozialer Sicherung; zunehmende soziale Ausgrenzung und Randständigkeit von Gruppen der Bevölkerung, insbesondere unter Alleinerziehenden, Familien und Kindern; demographischer Wandel: Rückgang der Geburten, steigende Lebenserwartung, Verschiebungen im Altersaufbau der Bevölkerung, mit Auswirkungen z.B. auf Erwerbspersonenpotenzial, Kapitalbildung, Innovationsfähigkeit der Gesellschaft und Finanzierung der sozialen Sicherungssysteme.[5]

Der Bedarf an Führung und Orientierung im Sinne gesamtgesellschaftlicher Verantwortung ist in Zeiten vielfältigen Wandels, der fast alle Bereiche der Gesellschaft betrifft, enorm hoch; dennoch wird zu seiner Befriedigung wenig beigetragen, vor allem von den Eliten, die in besonderem Maße gefordert sind, weil von ihnen am ehesten Konzepte und Lösungen erwartet werden dürfen. Die Erörterung der Frage, warum die Eliten in Deutschland beachtliche Defizite bei der Wahrnehmung von Verantwortung zeigen, verlangt die Diskussion verschiedener Faktoren: Sie reichen von den klimatischen und institutionellen Voraussetzungen für die Bildung von Eliten und dem Fehlen notwendiger Humanressourcen über Selektionsmechanismen bei der Auswahl von Eliten bis hin zu strukturellen Eigenheiten heutiger Führungsgruppen und ihren vorherrschenden Selbstverständnissen und Handlungslogiken. Zentrale Aufmerksamkeit erfordert die politische Führung im engeren Sinne, so weit strukturelle Probleme einerseits und Einstellungen sowie Motivationen andererseits Tendenzen der Blockade und mangelnde Innovationsbereitschaft bedingen.

Eliten in Deutschland

In einer Betrachtung der Situation in Deutschland fällt auf, dass hier Eliten in hohem Maß so genannte segmentierte oder segregierte Eliten darstellen, das heißt, sie sind vor allem Experten in Teilbereichen der Gesellschaft, so in Wirtschaft, Wissenschaft, Kultur oder Politik, mit herausragenden fachspezifischen Kenntnissen und speziellen Handlungslogiken. Moderne Gesellschaften gewinnen ihre Stabilität zwar gerade auch durch einen Verzicht auf allzu große Harmoniebestrebungen und durch die Integration der Einzelnen und Gruppen in Teilidentitäten; hierin liegt aber auch die Gefahr, dass es nur noch segmentierte Eliten gibt, die also in speziellen Gebieten wirken und Vorbild sind, aber keine darüber hinausgehende Ausstrahlungskraft besitzen. Ein allzu enger Begriff von Eliten als Experten für Fachbereiche und Vertreter spezifischer Interessen wird dem Bedarf der Gesellschaft an Gemeinwohlorientierung und Gemeinsinn nicht gerecht.

Was Elite ausmachen sollte, ist vielmehr ihre Fähigkeit, in Systemen und Zusammenhängen zu denken und auf die Gestaltung gesamtgesellschaftlicher Ordnung Einfluss zu nehmen. Zur Wahrnehmung dieser übergreifenden, ganzheitlichen Verantwortung sind Führungspositionen in großen Organisationen von Vorteil, vor allem sind aber umfassende sprachliche Fähigkeiten, argumentative Fertigkeiten und Überzeugungskraft gefordert. Wahrnehmung von Verantwortung, die sich nicht im engeren Feld des Fachlich-Funktionalen erschöpft, ist auf kommunikative Ressourcen in besonderem Maße angewiesen, vor allem bezüglich der Kooperation mit anderen Eliten. Von nicht zu unterschätzender Bedeutung ist auch die Wahrnehmung einer Vorbildfunktion, beispielsweise durch hervorragende Eigenschaften, Haltungen und Tugenden, die dann nicht nur gelebt, sondern auch einer breiten Öffentlichkeit vermittelt werden müssen: zum einen um die Anerkennung von Positionen, persönliche Reputation und Akzeptanz für Entscheidungen zu finden, zum anderen um Führung ausüben zu können.

Führung hat sich auf das ganze Spektrum »kulturellen Kapitals« zu beziehen: Breite Bildung und vielfältige Begabungen und Interessen, umfassende Verantwortung, soziales Engagement, Moral und geistige Haltungen, gesellschaftliche Einbindung durch Gemeinsinn, Glaubwürdigkeit und Vertrauen in einer räsonierenden Öffentlichkeit. Den Problemen, vor denen die deutsche Gesellschaft steht, wird ein Verständnis von Eliten, das auf dem kleinsten gemeinsamen Nenner beruht, nicht gerecht.

Eine Elite hat sich insbesondere den schwierigen Gemeinschaftsaufgaben zu stellen und nicht nur Spezialistentum und Teilinteressen zu verfolgen.

Die Politik darf mit den Herausforderungen, z.B. infolge der Globalisierung, nicht allein gelassen werden, während Unternehmen die engen Interessen der Aktionäre verfolgen. Die Politiker bleiben dann auf ihren nationalen Problemen sitzen, ganz im Sinne von Jürgen E. Schrempp: »Ich habe mit Deutschland ja sowieso nicht viel am Hut.«[6] Vor allem die ökonomische Elite der Unternehmer und Manager im »Big Business« der Großbetriebe läuft Gefahr, die Verpflichtungen für Staat und Gesellschaft aus dem Auge zu verlieren und einseitig auf den wirtschaftlichen Erfolg und Shareholdervalue zu setzen. Die Loyalitäten der ökonomischen »Superclass« sind zunehmend international statt national, regional oder lokal; die Masse der Menschen der eigenen Nation stellt immer weniger einen wichtigen Orientierungsrahmen dar, was langfristig zu Gefahren für den sozialen Zusammenhalt und die Demokratie führen kann.

Eine Befragung deutscher Top-Führungskräfte[7] durch das Institut für Demoskopie Allensbach führte zu der eindeutigen Bewertung, dass die wirtschaftlichen Eliten ihre umfassende Führungsverantwortung kaum wahrnehmen. Vor allem mangelt es an einer produktiven Zusammenarbeit zwischen Politik und Wirtschaftsführern. Die Durchlässigkeit zwischen Wirtschaft und Politik ist gering, vor allem die Wirtschaft entzieht sich umfassender Verantwortung, wie die mangelnde Bereitschaft zeigt, Abgeordnetenmandate und Regierungspositionen einzunehmen. Die Allensbach-Untersuchung demonstriert, dass die Kommunikation untereinander zu wünschen übrig lässt. Es bereitet sicherlich kolossale Schwierigkeiten, eine Gesellschaft zu führen, wenn der Informationsaustausch in der Führungsebene mangelhaft ist. Auch Altbundeskanzler Helmut Schmidt tadelte die wirtschaftliche Elite: »Ihr Einfluss auf die politische Klasse, mit der sie unzufrieden ist, lässt zu wünschen übrig. Man kann es als Abstinenz bezeichnen, oder auch als Feigheit.«[8] Sich nur für die eigenen Interessen stark zu machen, das sei zu wenig. Der verbreiteten Resistenz der Politik gegenüber ökonomischer Rationalität muss jedenfalls begegnet werden.

In Deutschland gibt es keine relativ kohärente Klasse der Machtelite, beispielsweise aus Führern der Wirtschaft, des Militärs und der Politik, die sich durch ein ausgeprägtes Zusammengehörigkeitsgefühl, gemeinsame Interessen und Ideale, gleichartige Herkunft, ähnliche Bildungswege und Zugehörigkeiten zu gesellschaftlichen Vereinigungen sowie insbesondere durch einen intensiven Austausch des Führungspersonals auszeichnet. Hier existiert vielmehr eine pluralistische Elite, in der Macht auf verschiedene Machtzentren verteilt ist und die Teileliten sich weitgehend in Schach halten, indem sie ihr Veto gegen wichtige politische Entscheidungen einlegen, die ihren Gruppeninteressen schaden könnten. In einem solchen pluralistischen System von Teileliten, die um Einfluss ringen, sind politische Reformen viel schwerer durchsetzbar als bei homogeneren Strukturen.

Den Mängeln im Verhalten der Eliten korrespondieren ihre Selbstverständnisse. Eliten fühlen sich zumeist als spezialisierte Führungsgruppen in einer Vielfalt von Eliten, ohne großen Zusammenhalt der verschiedenen Leistungsspitzen, sie verstehen sich vor allem als professionalisierte Funktionseliten. Ansonsten zeigen Eliten tendenziell wenig Elitebewusstsein, beträchtliche Skepsis gegenüber Machtausübung, wenig gemeinsames Ethos für die Repräsentation des Gemeinwesens. Alle diese Faktoren tragen dazu bei, dass die Gestaltungskraft der Eliten im Sinne gesellschaftlich übergreifender Entscheidungen schwindet und dass es insbesondere an notwendigen riskanten strukturellen Neuerungen mangelt.[9]

Der Fortschritt wird andererseits aber auch behindert durch starke Verflechtungen zwischen Eliten, z. B. zwischen Politik und Gewerkschaften, wie die Zusammensetzung des Bundestags zeigt, zwischen Politik und Ministerialbürokratie sowie zwischen dieser und speziellen Gruppeninteressen, so in Bereichen wie Arbeitsrecht und Gesundheit; die Politik gerät nicht selten in Bedrängnis, ja in Abhängigkeit, notwendige Innovationen werden blockiert durch mächtige Verbände, die insbesondere für die Sozial- und Arbeitsmarktpolitik ihre Vetostrukturen aufgebaut haben.

Probleme für die Gestaltung einer zukunftsfähigen Politik

Die Aufgabe der Politik, Ideen und Interessen zu integrieren und auf dieser Basis Politik zu gestalten und Akzeptanz zu finden, ist durch zahlreiche Entwicklungen gefährdet. Weniger Wählerstimmen, wachsende Wahlenthaltungen und weniger Stammwähler, Stagnation oder sogar Schrumpfen der Mitgliederzahlen sowie verbreitete Kritik und Parteienverdrossenheit signalisieren den Verlust an integrativer Kraft. Die Schwierigkeiten der Integration hängen natürlich auch mit den großen Herausforderungen durch den deutschen Einigungsprozess und den verschiedenen Entwicklungstendenzen, vor allem im Bereich der Altersstruktur der Bevölkerung, zusammen. Die Zeiten eines beachtlich wachsenden Wohlstands sind schon seit längerem vorbei, die Anspruchshaltung großer Bevölkerungsteile ist jedoch weiterhin hoch. Die Erwartungen der Bürger sind in vielen Politikbereichen sogar gewachsen. Die Schwierigkeiten der Integration haben ebenso mit dem Wertewandel in der Bevölkerung der Bundesrepublik Deutschland zu tun. Alte Milieus (kirchlich-religiöse, sozialdemokratisch-gewerkschaftliche) verloren an Bedeutung für die politische Orientierung. Es bildeten sich vielfältige Lebensstile mit sehr verschiedenen Einstellungen und Interessen und zum Teil neuen Orientierungen heraus.

Die Führungsfähigkeit der Politik darf sich heute nicht mehr vor allem darin beweisen, dass die Wählerschaft in Zielgruppen aufgeschlüsselt und zahlreiche Einzelinteressen befriedigt werden. Die Verlockung, Konzessionen an die Forderungen einzelner Gruppen zu machen, ist zwar recht groß, weil die den Gruppen gewährten Vorteile von den Begünstigten deutlich wahrgenommen und häufig entsprechend stimmenwirksam belohnt werden, während die Wohlfahrtsverluste zulasten der Allgemeinheit gehen und hier wenig Aufmerksamkeit und Widerspruch erfahren; eine solche Gefälligkeits- und Wunscherfüllungspolitik bedeutet allerdings langfristig wachsende Ansprüche der mannigfachen Interessengruppen, Überforderung von Staat und Wirtschaft, mangelnde Gesamtsicht der Probleme sowie unzureichende Erfüllung der Aufgaben für das Gemeinwesen.

Die Gewinnung von Mehrheiten trotz der Vielfältigkeit der Interessen der Bevölkerung kann nur durch eine überzeugende Führung erfolgen, die Interessen im Zaum hält, indem nicht in Fragmenten gedacht wird, sondern in Konzepten, die auf das Ganze und langfristige Ziele ausgerichtet sind. Solche Orientierungen sind insbesondere dann erforderlich, wenn Parteien und Regierungen ihren Wählern etwas zumuten müssen, um Probleme wirksam zu lösen. Wurden über Jahre hinweg Gruppenwünsche befriedigt und auch den am Wohlstand reichlich teilhabenden Bevölkerungskreisen Vorteile eingeräumt, die dann alles Erreichte als ehernen Besitzstand absichern, sind bei den Reformen, die gewisse Einschränkungen bzw. nur den Verzicht auf Zuwächse bedingen, hohe ordnungspolitische Begründungsleistungen für den politischen Erfolg notwendig. Die Parteien mit ihren Integrationsschwierigkeiten und ihrer großen Empfindlichkeit hinsichtlich möglicher Wählerverschiebungen glauben häufig, jedenfalls was die Führungspersonen angeht, der Bevölkerung nichts oder möglichst wenig zumuten zu dürfen; sie fürchten den geringsten Widerstand in der Gesellschaft und ergreifen nur unzulänglich die Initiative, um wichtige Aufgaben in Angriff zu nehmen.

Die These von einem Orientierungsdefizit der Politik nimmt in den Medien breiten Raum ein, wie vor allem die Leitartikel überregionaler Tageszeitungen ausweisen. Eingefordert werden programmatische Angebote, überzeugende Gedanken, ideengeleitete Reformen, klare Linien, ordnungspolitisch konsequente Entwürfe, Verantwortung für zukünftige Generationen; die kritischen Termini sind Profillosigkeit, unscharfe Konturen, Armut an Gedanken, anspruchsloser Interessenpragmatismus, Populismus, programmatische Erschöpfung, wenig Orientierung in die Zukunft. Nach Auffassung dieser Kritiker fehlt es der Politik an übergreifenden Zielen, an Koordination und Zusammenschau, um Prioritäten zu setzen und programmatische Widersprüche zu eliminieren; Politik zerfällt in eine Summe von schwer nachvollziehbaren Einzelentscheidungen und Gruppenkompromissen. Die vielfältigen Interessen und Werte sind so kaum zu integrieren. Ohne solche Orientierung sind Mitglieder, Anhänger und Wähler kaum zu motivieren, schon gar nicht lässt sich ohne sie ein begeisterndes Engagements erreichen.

Politische Führung wird so immer mehr zur Instanz für Kompromisse, zum Ausgleich von Interessen, die Gruppen in die politische Arena werfen; Politiker sind dann weniger Impulsgeber und Gestalter als Moderatoren der Interessen, wobei Mittel und Verfahren bisweilen wichtiger zu sein scheinen als die Qualität der Ergebnisse. Man sammelt die auseinander strebenden Interessen und schließt Kompromisse mit möglichst breiter Akzeptanz, anstatt die Interessen in die eigenen Ideen zu integrieren. Reformen scheitern oder geraten zu unzulänglichen Teillösungen, stellen keineswegs dauerhafte Strukturreformen dar.

Konrad Adam betont zu Recht, die Aufgabe der Parteien, an der politischen Willensbildung mitzuwirken, beinhalte nicht, einfach sich an Wünschen und Absichten von Wählermeinungen auszurichten, vielmehr sollten sie selbst Probleme kenntlich und zu öffentlichen Themen machen, eigene Lösungsvorstellungen entwickeln und sie nach außen als die richtigen vertreten; Politik müsse vom Nachfrage- zum Angebotsdenken übergehen, also aktiv für eigene Vorstellungen bei anderen werben.[10] Die Forderung nach deutlichen, langfristig angelegten und einigermaßen stabilen Grundrichtungen hat natürlich zu tun mit der Verbesserung der Glaubwürdigkeit von Politik; diese hängt wesentlich davon ab, inwieweit eine gewisse Konsistenz sowie Konstanz und so Transparenz und Berechenbarkeit die Politik auszeichnen und diese nicht allzu sehr Gruppeninteressen, kurzfristigen Zielen und Stimmungen nachgibt. Zusammengefasst gilt, mehr denn je muss politische Führung in staatsmännischer Verantwortung ihren Schwerpunkt finden und nicht in parteipolitischem Denken und parteipolitischem Machterhalt.

Veränderungen politischer Strukturen

Den Politischen Eliten müssen dabei bessere Chancen eröffnet werden, zu führen und zu gestalten, und hier ist über ein breites Spektrum von Veränderungen, die die Bundesrepublik besser regierbar machen, nachzudenken, auch über Verfassungskorrekturen. Die Unbeweglichkeit in der Politik resultiert aus zahlreichen Schwierigkeiten, die einem raschen und problemlösenden Entscheiden entgegenstehen. In Deutschland erschweren eine ganze Reihe von grundlegenden Strukturen, die auf Machtverteilung und Abstimmungsprozesse abzielen, politische Entscheidungen, beispielsweise

- das Verhältniswahlrecht, durch das kleine Parteien in die Parlamente einziehen und der Zwang zur Koalitionsbildung entsteht,
- die große Bedeutung von Interessengruppen in einem sich als Konsensdemokratie verstehenden Gemeinwesen sowie
- der Föderalismus mit den starken Mitwirkungsrechten der Länder.

Permanent wird gewählt, was die Wahrnehmung staatspolitischer Verantwortung erschwert. Nachzudenken ist vor allem über Wahlrechtsänderungen, eine Verlängerung der Legislaturperioden, eine Zusammenlegung von Wahlterminen, Veränderungen im föderalistischen System mit einer klareren Trennung der Kompetenzen und Verantwortlichkeiten. Führungsfähigkeit in der Politik erfordert produktives Nachdenken über grundlegende Systemschwierigkeiten und ihre Reduzierung. Fragen mangelhafter Steuerungsfähigkeit in der Politik müssen gelöst werden, um substanzielle Veränderungen zu ermöglichen und nicht nur gewohnte Reformschritte und »Stückwerksarbeit«.

Ein wesentliches Defizit bei der notwendigen grundlegenden Umgestaltung beruht auf der Art und Weise, wie Führungspersonal in der Politik ausgewählt wird. Ein Ansatz, der Schwierigkeiten bei der zukünftigen Gestaltung des Gemeinwesens Herr zu werden, besteht in der Rekrutierung geeigneten politischen Personals. Erforderlich ist, dass die politischen Eliten insbesondere die Fähigkeit besitzen, in Zusammenhängen zu denken, die mannigfaltigen Interessen und Werte sinnvoll zu integrieren, wenn nötig, gegen den Strom zu schwimmen sowie Abstand zu halten zu partiellen Forderungen und kurzlebigen Stimmungen. Sie benötigen zugleich Mut zu Neuerungen und die hierfür notwendige Durchsetzungs- und Begründungskraft.

All dies setzt eine gewisse geistige und soziale Unabhängigkeit voraus. Besitzt jener Typus von Berufspolitiker, der, aus den Parteigliederungen der Schüler, Jugend und Studenten kommend, in jungen Jahren bereits Parteifunktionen übernimmt, in kommunale oder Länderpositionen einrückt und alsbald Berufspolitiker wird, der wenig Erfahrungen, z. B. berufliche, gesammelt hat und in hohem Maße von der Partei abhängig wird, in der Regel diese Qualität? Wer in den großen Parteien etwas werden will, hat sich in der Regel von unten nach oben hochzudienen; die »Ochsentour« gilt als Befähigungsnachweis. Wer auf das Wohlwollen seiner Partei angewiesen ist, um sich und seine Familie ernähren zu können, bietet schlechte Voraussetzungen für kritisches und vor allem selbstkritisches Verhalten. Die stärkere Öffnung der Parteien für »Quereinsteiger«, gestandene Frauen und Männer, berufserfahren und unabhängig, wäre ein Ansatz, um die Bedingungen für die Bewältigung der großen Zukunftsaufgaben zu verbessern. Im System der Personalauslese der Volksparteien haben sich Mechanismen entwickelt, welche den zur Anpassung an herrschende Gruppennormen neigenden Kandidaten bevorzugen, »Haussozialisation und Stallgeruch« in den Vordergrund stellen und Berufs- und Lebenserfahrung, fachliche Kompetenz und differenzierte Weltsicht zweitrangig werden lassen gegenüber stereotypem Tendenz- und Interessendenken.

Letzteres ist auch die große Gefahr bei den so genannten Quotierungen, wenn also Kandidaten nach ihrer Zugehörigkeit zu gesellschaftlichen oder parteipolitischen Gruppierungen aufgestellt werden. Sicher haben Volksparteien auf die Repräsentation der mannigfaltigen Meinungen und Interessen zu achten, aber die Beachtung dieses Prinzips darf die wichtigeren Fähigkeiten und Fertigkeiten nicht an den Rand drängen. Es ist besonders problematisch, wenn die Zusammensetzung von Parlamenten und Regierungen in der Weise einseitig ist, dass bestimmte Gruppen überwiegen, z. B. solche, die sich innerhalb der Parteien zuallererst spezifischen Untergruppen (»Seilschaften«) zurechnen, die sehr enge Interessen vertreten (Gewerkschaftsfunktionäre, Beamtenvertreter) oder die – wie die Lehrer – den Kontakt zur praktischen Lebenswelt verloren haben bzw. ihn nie hatten.

Legitimations- und Glaubwürdigkeitsdefizite der Politik

Weiterhin ist folgender Gesichtspunkt zu beachten: Der demokratische Parteienstaat hat sich in regelmäßigen Intervallen in Wahlen zu rechtfertigen, vor allem durch sozialstaatliche Leistungen, was schon kleinere und noch mehr größere Veränderungen erschwert. Das befördert zudem, dass sich die Politik an kurzfristigen Zielen orientiert, anstatt wichtige Zukunftsprobleme aufzugreifen und präventiv zu lösen. Aber auch hinsichtlich der gegenwartsbezogenen Politik bestehen beachtliche Legitimationsprobleme, insbesondere bezüglich arbeitmarkt- und sozialpolitischer Gestaltung. »Über die wachsende Leistungsabhängigkeit moderner politischer Systeme gibt es keinen Zweifel.«[11] Die Bevölkerung der Bundesrepublik Deutschland, allerdings mehr im Osten als im Westen, weist der Wohlfahrt den ersten Rang unter den politischen Legitimationsfaktoren zu, entsprechend hängen politische Erfolge ganz wesentlich von wohlfahrtsstaatlichen Bedingungen ab. »Der moderne Staat ist »Daseinsvorsorge-Staat« und wird es bleiben. Dabei hat Deutschland als das klassische Land der Traditionslosigkeit eine Vorreiterrolle eingenommen [...]. Alle politischen Kulturforscher sind sich einig darin, dass die rasche Demokratisierung Westdeutschlands nach dem Zweiten Weltkrieg zum nicht geringen Teil auf das so genannte Wirtschaftswunder zurückzuführen ist.«[12] Gerät die hohe politische Unterstützungsfunktion des Wohlfahrtsstaates, die zum großen Teil aus der Bedeutung des Faktors soziale Sicherheit für die Lebenszufriedenheit zu erklären ist, in Gefahr, dann ist auch mit politischen Legitimationseinbrüchen zu rechnen.

Reformen sind ohne Bereitschaft zum Abbau zahlreicher Besitzstände nicht durchzuführen. Konsequenter Weise bedarf es vor dem Hintergrund ausgeprägten Besitzstandsdenkens geradezu einer Rhetorik des Besitzstandsabbaus, um mit guten Argumenten Reformen begründen und durchsetzen zu können.[13] Die Unbeweglichkeit der politischen Führung entspricht in hohem Maße der Besitzstandsmentalität und dem Beharrungswillen der Bürger. Das Bewusstsein, es könne nicht so weitergehen wie bisher und Reformen seien unabdingbar, ist zwar in der Öffentlichkeit weit verbreitet, aber wenn die Veränderungsvorschläge konkret werden und spezifische Interessen berühren, schrumpft die Innovationsbereitschaft beachtlich. Wenn es darum geht, ob einerseits Besitzstände gewahrt oder andererseits diese zugunsten künftigen Wohlstands in Frage gestellt werden sollen, votieren die Interessengruppen und Betroffenen zumeist für das Erstere. Steuer-, Renten-, Gesundheits- und Arbeitsmarktreformen demonstrieren, wie Politik, Verbände und Bürgergruppen die eigenen Interessen vor das am Gemeinwohl ausgerichtete Handeln stellen.

Glaubwürdiges Argumentieren und die Akzeptanz von Reformen sind auch deshalb erschwert, weil das Vertrauen in die Politiker heute einen Tiefststand erreicht hat. Beklagt werden in der Bevölkerung vor allem mangelhafte Kompetenz des politischer Führungspersonals, Überversorgungen von Abgeordneten und Ministern, insbesondere was die Alterssicherung betrifft, übermäßige Orientierung der Politiker an ihren Parteien, geringe Mitwirkungschancen für die Bürger, Wähler und die Parteimitglieder sowie moralische Defizite bei den Politikern. Zwar hat die drastische Verschlechterung der Wertschätzung des politischen Personals noch nicht zu einer Glaubwürdigkeitskrise der demokratischen Ordnung geführt, aber die politische Klasse hat es heute schwer, meinungsbildend Einfluss zu nehmen und für politische Programme Akzeptanz zu finden. Das hat wesentlich damit zu tun, dass sich nicht nur bei intellektuellen Kritikern der Eindruck verstärkt hat, die Politik sei machtbesessen auf Wahlerfolge aus, aber machtvergessen bei der Wahrnehmung inhaltlicher und konzeptioneller Führungsaufgaben.

Zentrale Aufgabe der Eliten muss es sein, die Auffassung zu bekämpfen, als handele es sich bei den Herausforderungen in Deutschland vor allem um vorübergehende Konjunkturkrisen und nicht um tiefer liegende Strukturprobleme, die langfristige Zielorientierung, neue Prioritäten, grundsätzlich andere Weichenstellungen, innovative und kalkulierbare Rahmenbedingungen und entsprechende Entscheidungen erfordern. Die Wahrheit darf nicht verschwiegen werden, dass wir drei Jahrzehnte über unsere Verhältnisse gelebt haben und tiefe Einschnitte in die wohlfahrtsstaatliche Sicherung notwendig sind. Die Übel erst dann ernsthaft zu bekämpfen, wenn der Problemdruck so groß ist, dass eine Notlage vorliegt, kann für das verantwortliche politische System und sogar für die demokratische Ordnung höchst gefährlich werden.

Anmerkungen

1 Wegweisende Literatur zum Thema: Hans Peter Dreitzel: Elitebegriff und Sozialstruktur, Stuttgart 1962; Wolfgang Zapf: Wandlungen der deutschen Elite, München 1965; Dietrich Herzog: Politische Führungsgruppen, Darmstadt 1982; Peter Glotz/Rita Süssmuth/Konrad Seitz: Die planlosen Eliten, München 1992; Klaus v. Beyme: Die politische Klasse im Parteienstaat, Frankfurt/M. 1993; Ursula Hoffmann-Lange: Eliten, Macht und Konflikt in der Bundesrepublik, Opladen 1992; Max A. Höfer: Elite Panel, in: Capital, 10 (1996), S. 175–182; Reginald Rudorf: Kopflos. Die Vertreibung der Eliten, München 1996; Wilhelm Bürklin/Hilke Rebenstorf u. a.: Eliten in Deutschland. Rekrutierung und Integration, Opladen 1997; Martin Greiffenhagen: Politische Legitimität in Deutschland, Gütersloh 1997; Sven Papcke: Gesellschaft der Eliten: zur Reproduktion und Problematik sozialer Distanz, Münster 2001.

2 Dreitzel (Anm. 1), S. 71.

3 Hans Magnus Enzensberger: Mittelmaß und Wahn, Frankfurt/M. 1988.

4 Roman Herzog: Aufbruch ins 21. Jahrhundert. Rede des Bundespräsidenten am 26. April, in: Bulletin des Presse- und Informationsamts der Bundesregierung, 33 (1997), S. 353–357; siehe für Zitate S. 357 und S. 354.

5 Für soziale Wandlungstendenzen und Herausforderungen für eine langfristorientierte und nachhaltige Politik siehe Detlef Grieswelle: Gerechtigkeit zwischen den Generationen. Solidarität, Langfristdenken, Nachhaltigkeit in der Wirtschafts- und Sozialpolitik, Paderborn u. a. 2002.

6 Höfer (Anm. 1), S. 175.

7 ebd., S. 176.

8 ebd., S. 180.

9 ebd., S. 182.

10 Konrad Adam: Der Weg in die Knechtschaft, in: Frankfurter Allgemeine Zeitung vom 10. Mai 1997, S. I.
11 Greiffenhagen (Anm. 1), S. 310.
12 ebd.
13 Vgl. für politische Rhetorik und Argumentationslehre: Detlef Grieswelle: Politische Rhetorik. Macht der Rede, öffentliche Legitimation, Stiftung von Konsens, Wiesbaden 2000.

Teil III:
Funktionseliten in der modernen Wissensgesellschaft

Axel Görlitz/Oliver Sigrist

Entscheidungslabyrinthe in der Wissens- und Industriegesellschaft

Gesellschaftssysteme lassen sich idealtypisch nach der vorherrschenden Produktivkraft kennzeichnen. So gründete sich die Produktion gesellschaftlichen Wohlstands, von der Produktivkraft Arbeit jeweils abgesehen, in der Agrargesellschaft bis zum 19. Jahrhundert auf Grund und Boden, in der Industriegesellschaft des 20. Jahrhunderts auf Kapital, und gründet sich die Produktion in der Wissensgesellschaft des ausgehenden 20. und beginnenden 21. Jahrhunderts auf Wissen. Realtypisch handelt es sich bei der gegenwärtigen deutschen Gesellschaft um eine Wissens- und Industriegesellschaft, weil Kapital und Wissen Bedingungen gesellschaftlichen Wohlstands sind.

Diese Kennzeichnung impliziert eine politische Organisation, die dem Wandel der Produktivkräfte, nicht zuletzt auch der Produktivkraft Arbeit, ebenso Rechnung trägt wie dem Wandel gesellschaftlicher Teilsysteme, neben Wirtschaft etwa Umwelt oder Technik. Dazu müsste sie sich ebenfalls wandeln, weil anderenfalls politische Organisationsstruktur und gesellschaftlich-institutionelles Arrangement auseinanderdriften. Den gesellschaftlichen Wandel charakterisieren beispielsweise der Umbau von Werten, Sozialbeziehungen, Technologien, Arbeitswelten usw. Demgegenüber blieb die politische Organisationsstruktur, die Mitte des 20. Jahrhunderts eingeführt wurde, im Wesentlichen unverändert. Indizien dafür, dass politische Organisationsstruktur und gesellschaftliches Arrangement sich auseinanderentwickeln, sind beispielsweise die bis zur Untragbarkeit anwachsenden politischen Folgekosten für soziale Ausgrenzung, etwa wegen Arbeitslosigkeit, Krankheit oder Altersarmut. Als Grund für solches Auseinanderdriften wird das Unvermögen politischer Eliten angeführt, die politische Organisation innovativ so umzustrukturieren, dass die Folgekosten längerfristig auf ein tragbares Maß reduziert werden könnten.

Nach gängigem Politikverständnis greift das politische System Anforderungen aus anderen gesellschaftlichen Subsystemen auf und reagiert darauf mit allgemein verbindlichen Entscheidungen. Versteht man gesellschaftlich folgenreiche, von gewohnten Schemata abweichende Regelungen von Tätigkeiten und Prozessen als soziale Innovation, kann man mit der Enquete-

Kommission »Schutz des Menschen und der Umwelt« technische, soziale, wirtschaftliche und institutionelle Innovationen unterscheiden.[1] Institutionelle Innovationen zielen dann auf Veränderungen im Staatswesen ab, wofür synonym der Begriff »Reform« verwendet wird.[2] Politischen Eliten sind damit Entscheidungen übertragen, die organisatorische, strukturelle und prozedurale Anpassungen an »neue« Herausforderungen nach sich ziehen.

Solche Entscheidungen sind von den Eliten in allen Staatsgewalten gefordert. So hat man an die Bundes- und vor allem an die Bundesverfassungsrichter ebenso große Erwartungen wie an die Verwaltungsspitzen. Die größte Erwartung richtet sich allerdings an die Legislative. Vor allem hier müssten die allgemein verbindlichen Innovationsentscheidungen, die eben auch für die anderen Gewalten verbindlich und bindend sind, getroffen werden. Der gegenwärtig institutionalisierte Entscheidungsprozess könnte allerdings solchen Entscheidungen eher entgegenstehen.

Politikverflechtung

Dieser Ablauf ist so organisiert, dass der politische Willensbildungsprozess das institutionelle Arrangement einzelner Gebietskörperschaften überschreitet und die Akteure in ein Mehrebenensystem aus horizontal wie vertikal verorteten Körperschaften einbindet. Die Willensbildungsverschränkung von und zwischen Kommunen, Ländern und Bund hat Fritz. W. Scharpf als Politikverflechtung bezeichnet.[3] Deshalb griffe man auch zu kurz, wollte man unter diese Begrifflichkeit nur den bundesstaatlichen Gesetzgebungsprozess mit einem Fokus auf der Funktion des Bundesrats als Vertretung der Länderinteressen subsumieren. Ebenso wenig genügt nur ein Blick auf rechtlich geregelte Verschränkungen, etwa zwischen Bundestag und Bundesrat, vielmehr macht es Sinn, zwischen formeller und materieller Politikverflechtung zu trennen.

Formelle Politikverflechtung ist dann anzunehmen, wenn explizit die Beteiligung von zwei oder mehr Gebietskörperschaften an der Entscheidungsfindung vorgesehen ist, beispielsweise die Beteiligung der Länder an der Bundesgesetzgebung oder der Nationalstaaten an der Richtliniensetzung innerhalb der EU. Hier kann davon ausgegangen werden, dass sich die Entscheidungsträger der Reichweite eines »Einigungszwangs« bewusst sind und rechtlich gerahmte Räume zur Entscheidungssuche, so genannte »Arenen«, bestehen, in denen die Entscheidungsfindung stattfindet. Eine Exit-Option für die an der Entscheidung Beteiligten, also ein Anrecht darauf, Entscheidungen zu blockieren, gibt es hier nicht.

Von *materieller Politikverflechtung* kann man dann sprechen, wenn die Folgen der politischen Entscheidung benachbarte oder übergeordnete Ebenen treffen, diese jedoch von den Akteuren der mittelbar betroffenen Ebenen nicht ohne weiteres beeinflusst werden können. So haben z. B. wegen des – im Vertrag von Maastricht vom Februar 1992 beschlossenen – Wachstums- und Stabilitätspakts die Kreditaufnahmen von Kommunen und Ländern mittelbare Wirkungen für den Bund, da sich die vereinbarte Neuverschuldungsgrenze aus der Kreditsumme aller von Gebietskörperschaften gemachten Schulden errechnet. Weil keine offizielle Politikarena, sprich kein förmlicher Rahmen, zur Abarbeitung solcher nichtintendierter Effekte zur Verfügung steht, knüpfen die Akteure häufig eigene Kommunikationsnetzwerke, um gebietsübergreifende Wirkungen der Entscheidungen von Gebietskörperschaften ohne die Restriktionen, die ein »Zwangsverhandlungssystem« auferlegt, abzufangen.

Formelle wie materielle Politikverflechtung setzen damit auf Kooperation als Willensbildungsprinzip. Im ersten Fall gestaltet ein verfassungsmäßiges Regelwerk, im zweiten Fall ein informelles Netzwerk das kooperative Entscheidungssystem. Die Frage ist, wie sich dieses Entscheidungssystem auf die Entscheidungsfindung auswirkt; ob es sich auswirkt, ist dagegen keine Frage. Arend Lijphart hat überzeugend demonstriert, dass die Art der Konfliktregelung in einer Konsensdemokratie als institutionelles Arrangement staatlichen Handelns die politische Entscheidungsfindung mitbestimmt.[4] Dieses Arrangement muss deshalb näher betrachtet werden.

Kooperativer Bundesstaat

Föderative Staaten wie die Bundesrepublik ordnet Lijphart dem Demokratietyp »Verhandlungsdemokratie« zu,[5] weil auf vielen Politikfeldern Einspruchsmöglichkeiten bestehen bzw. weil Zustimmung erforderlich ist, was eine Kooperation zwischen Bund und Ländern nach sich zieht. Zwar gilt im Bundestag wie im Bundesrat das Mehrheitsprinzip, aber ebenso gilt, dass ohne die jeweils andere Institution keine verbindliche Entscheidung zustande kommen kann.

Die Verfassung der Bundesrepublik Deutschland verquickt zudem das föderative System mit einer parlamentarischen Demokratie. Im föderalen Bundesstaat kooperieren deshalb dieselben Parteien, die in der parlamentarischen Demokratie um die politische Willensbildung konkurrieren, auf unterschiedlichen Ebenen des Entscheidungsprozesses. Das hat einen positiven und einen negativen Aspekt.[6] Positiv ist, dass die Parteien eine Arena eröffnen, in der »Konflikte zwischen Bund und Ländern im Vorfeld der offiziellen Verfahren ausgetragen werden können«. Negativ wirkt, dass die Kooperation zwischen Bund und Ländern durch die Konkurrenz zwischen den Parteien behindert wird.

Die Parteibindung schlägt auch auf die einzelnen Akteure dieser Kooperationsprozedur durch. Zur Kennzeichnung unterschiedlicher Akteurskompetenzen unterscheidet Scharpf »Generalisten« von »Spezialisten«.[7] Spezialisten sind das Personal von Fachverwaltungen, das tendenziell sektorale Interessen vertritt und sich an fachlichen Normen orientiert. Generalisten sind Regierungsmitglieder oder politische Beamte, die zwar auch das Interesse ihrer jeweiligen Gebietskörperschaft berücksichtigen, aber in parlamentarischen Regierungssystemen Parteiinteressen eine bedeutende Rolle zuweisen, weil sie auf das Vertrauen ihrer Partei angewiesen sind. Politikverflechtung kann dann zur Verflechtungsfalle werden, wenn sich Ländervertreter – in der Regel Generalisten – bei Abstimmungen im Bundesrat nicht an den spezifischen Belangen ihrer Länder, sondern vorrangig am Interesse ihrer Parteien orientieren. Herrschen in Bundestag und Bundesrat unterschiedliche Mehrheitsverhältnisse, kann die Mehrheit im Bundesrat, weil dessen Zustimmung bei vielen Gesetzen erforderlich ist, den Gesetzgebungsprozess blockieren. Roland Lhotta weist in diesem Zusammenhang darauf hin, dass »Regieren in den Vordergrund rückt und als Grundvoraussetzung für Reformfähigkeit gehandelt wird – mit erkennbaren Folgen für die Positionierung des Bundesrates zwischen Kontrolle und Mitregierung«.[8] Wegen der großen Zahl (mehr als 60 Prozent) von Gesetzen, die der Zustimmung des Bundesrats bedürfen, wird der Bundesrat faktisch zu einer »zweiten Kammer« und der Vermittlungsausschuss zu einer Nebenregierung. Der daraus resultierende Zwang zur Konsensbildung verschafft den politischen Akteuren auf Bundes- und Länderebene Vetopositionen. Der Rolle des »Vetospielers« immanent ist, dass Entscheidungskosten ansteigen – also etwa ein hoher Zeitaufwand erforderlich ist – und die Gesetzgebung »verwässert« wird.[9] Der Einigungszwang zwischen Bundestag und Bundesrat setzt den Bundesrat in die Lage, das Zustandekommen von Gesetzen zu verhindern, wie beispielsweise 1997 im Falle der von der Regierung Kohl eingebrachten Steuerreform.

Blockade ist nicht die einzige strategische Option, über die ein von der Oppositionsmehrheit dominierter Bundesrat verfügt. Aus der Tatsache, dass der Bundesrat kontinuierlich mit Gesetzentwürfen des Bundestags befasst ist, erwächst die Möglichkeit, im Vermittlungsausschuss zu einer »Einigung über Zeit« oder einer »Einigung über Themen« zu kommen. Bei der »Einigung über Zeit« vertrauen die Akteure darauf, dass bei einer späteren Abstimmung eine Entscheidung gefällt wird, die ihren Interessen stärker entspricht, während der aktuell erzielbare Kompromiss eher die Interessen der Gegenpartei berücksichtigen würde. »Einigung über Themen« meint die Verknüpfung an sich unterschiedlicher und unabhängiger Politikbereiche in einer Entscheidungsrunde. Geht man von rational handelnden Individuen aus und setzt dabei voraus, dass der erzielbare Nutzen für Individuen Reflexionsgrundlage ihres Handelns ist, dann können solche Einigungen als »suboptimal« bezeichnet werden. Nur selten sind nämlich Kompromisse ausschließlich sachbezogene Einigungen, und sie verursachen deshalb nicht-intendierte Kosten.

Weder die kompromisstypische Verknüpfung von unterschiedlichen Problembereichen noch die Rücksicht auf Parteiinteressen lassen erwarten, dass der ausgehandelte Kompromiss die dem Problem angemessenste Sachlösung ist. Das Ergebnis solcher Entscheidungsfindungsverfahren wird deshalb häufig als »fauler« Kompromiss qualifiziert, dem die Betroffenen zustimmen, um eine bestehende Machtbalance aufrechtzuerhalten. Die Partei, welche die größeren Zugeständnisse gemacht hat, kann die ausgehandelte Lösung bei nächster Gelegenheit infrage stellen, um sich in einer neuen Entscheidungsrunde in eine strategisch bessere Position zu bringen.

Gerhard Lehmbruch charakterisiert das Problem, das sich durch den Parteienwettbewerb im Bundesrat bei gegensätzlichen Mehrheiten in den Kammern manifestiert, als Effektivitätslücke des Regierens.[10] Andererseits erschweren es sowohl finanzielle Abhängigkeiten armer Länder vom Bund als auch aus unterschiedlichen Parteien zusammengesetzte Regierungskoalitionen in den Ländern, den Bundesrat für parteipolitische Interessen zu instrumentalisieren.[11]

Jedoch werden so genannte Nebenwahlen – Kommunal- und Landtagswahlen, die von den Wählern als zweitrangig eingeschätzt werden – dazu genutzt, Unzufriedenheit mit der Politik der Bundesregierung zu dokumentieren, und seit 1994 verhelfen sie häufig der jeweiligen großen Oppositionspartei im Bund zur Regierungsmehrheit in den Ländern. Profitierte in den 1990er-Jahren die SPD in den Ländern, so konnte die CDU nach dem Regierungswechsel 1998 ihre Position in den Landtagen deutlich verbessern und dort wiederholt der SPD die Oppositionsrolle zuweisen. Weil in Deutschland rein rechnerisch pro Jahr vier Landtagswahlen stattfinden, entzieht der Wähler jeder Bundesregierung im Laufe einer Legislaturperiode immer wieder die Unterstützung; dies bedeutet zugleich in den Ländern ein

Zuwachs an Unterstützung für die jeweilige Oppositionspartei im Bund. Entzug wie Zuwachs von Unterstützung sind in parlamentarischen Demokratien ein zentrales Entscheidungskalkül und beeinflussen daher die politische Entscheidungsfindung in den Kammern.

Das Scheitern der Neuverteilung der Kompetenzen zwischen Bund und Ländern 2004 vergegenwärtigte ein weiteres Defizit des kooperativen Föderalismus. Es gab keinen Anreiz für die beteiligten Akteure, sich auf eine Kompetenzverschiebung zugunsten des einen oder anderen Akteurs, die sich als Nullsummenspiel darstellt, einzulassen.

Parteienwettbewerb

Ein typisches Produkt der deutschen Bundestags-, aber auch der Landtagswahlen sind Koalitionsregierungen. Verhältniswahlrecht und Fünfprozentklausel machen in Deutschland eine Mehrheit unwahrscheinlich, die es ermöglicht, ohne Koalitionspartner zu regieren. Eine Konsequenz ist, dass bereits in Koalitionsverhandlungen Kompromisse über die zukünftige Regierungspolitik geschlossen werden. Das Standardformat ist die »kleine Koalition« aus Kanzlerpartei und Juniorpartner. Obwohl der »großen Koalition« beträchtlichere Problemlösungs- und Innovationskompetenz zugetraut wird und Reformvorhaben deshalb auf eine breitere Unterstützung zählen könnten, gibt es für die großen Parteien gute Gründe, die gegen ein Zusammengehen sprechen.

So wird angenommen, dass große Koalitionen radikalen (Protest-)Parteien Wähler zutreiben, weil sich zahlreiche Wähler durch die Einbindung der Volksparteien in die Regierung nicht länger repräsentiert fühlen. Obwohl es als Leistung der Volksparteien angesehen wird, uneinheitliche Wählerschichten zu integrieren, besteht Gefahr, dass ein Teil der Wähler das Gefühl hat, nicht integriert zu sein. Kleine Parteien wie FDP, Bündnis90/Die Grünen und Neue Linke müssen – verglichen mit den Volksparteien CSU/CSU und SPD – nur die spezifischen Interessen ihrer eigenen, meist homogeneren Klientel berücksichtigen. Hinzu kommt, dass Koalitionsregierungen bloß dann gebildet werden, wenn eine einzelne Partei keine Parlamentsmehrheit erreicht, die zur Regierungsbildung ausreicht. Nutzen maximierende Akteure gehen diejenige Koalition ein, die ihnen den größten Gewinn bringt. Gewinnerwartungen definieren sich als »Policy Seeking«, also als Chance zur Verwirklichung des eigenen politischen Programms, und als »Office Seeking«, das heißt als Chance auf möglichst viele

Regierungsämter. Große Koalitionen nötigen deshalb einmal zum Abgleich unterschiedlicher Programme und weiter zur Ämtervermehrung. Hinzu kommt, dass der »Juniorpartner« in Großen Koalitionen zur konfliktträchtigen Profilierung gegen die Kanzlerpartei neigt oder mittelfristig eine kleine Koalition anstrebt. Koalitionsregierungen verhalten sich also in der Regel eher restaurativ, sei es, weil Zugeständnisse an den Koalitionspartner den gemeinsamen Nenner vergrößern, sei es, weil Konflikte zwischen den Koalitionären den Status quo zementieren.

Ohne die Volksparteien SPD und CDU/CSU sind hierzulande im Allgemeinen keine Reformen möglich. Beide Parteien stehen vor dem Dilemma, die Erwartungen ihrer jeweiligen breiten und heterogenen Wählerschaft befriedigen zu müssen und gleichzeitig Stimmverluste zu vermeiden. Siegfried Franke bewertet den Parteienwettbewerb mit dem Konzept der »Verlustfunktion«.[12] Demnach manifestiert sich Machtgebrauch trotz aller Versuche, die Forderungen unterschiedlicher Wählerschichten zu erfüllen, für viele Wähler als Links- oder Rechtsdrift. Deshalb entziehen diese Wähler bei der nächsten Wahl häufig »ihrer« Partei zugunsten der anderen Volkspartei die Stimme und vergrößern die Wechselwählerschaft.

Auf der Agenda der Volksparteien finden sich deswegen Anliegen, »denen eine hohe Wählerbeweglichkeit anhaftet. Die damit verbundenen Interessen können durchaus mit dem langfristigen Interesse an einer effizienten Umgestaltung bestehender gesellschaftlicher Regelsysteme, also mit notwendigen Wirtschafts- und Sozialreformen einhergehen. Der Regelfall ist dies aber nicht.«[13] Regelfall ist vielmehr die Besitzstandswahrung, die den Volksparteien eher ein »Durchwursteln« als ein Umsteuern angeraten sein lässt.

Nicht nur Identifikationsdefizite, sondern auch ökonomische Nutzenkalküle begünstigen den Wählerwechsel.[14] Wähler taxieren zwischen und vor Wahlen die Auswirkungen, die politische Entscheidungen auf ihre Einkommen haben. Für die Beurteilung der Leistungsfähigkeit von Parteien spielt also die wirtschaftliche Kompetenz eine gewichtige Rolle. Wähler favorisieren Parteien, die allgemeine Prosperität erwarten, und lehnen Parteien ab, die Kollisionen mit ihren individuellen Interessen befürchten lassen. Da eine gesamtwirtschaftliche Umsteuerung häufig einzelwirtschaftliche Einkommen mindert, droht bei Reformvorhaben, die Wählergruppen als für sich nachteilig bewerten, der Entzug von Unterstützung. Entziehen die Wähler aus wirtschaftlichen Beweggründen[15] nicht nur einer Partei, sondern dem politischen System ihre Unterstützung, kann die Demokratie insgesamt Schaden nehmen.

Europäische Union

Die Entscheidungsfindung der politischen Organe hat aber nicht nur eine nationale, sondern auch eine supranationale Dimension. Vor allem die EU bestimmt den Entscheidungsprozess mit. Weil es sich bei der Europäischen Union weder um einen Staat noch um eine Internationale Organisation handelt, wird sie in der EU-Forschung üblicherweise als ein »politisches System sui generis« charakterisiert.[16] In diesem System steht die Problemverarbeitung unter dem »Zwang zum Konsens«, was ein hervorstechendes Kennzeichen des politischen Willensbildungsprozesses ist. Der Willensbildungsprozess ist auf EU-Ebene als Verflechtungssystem und, unter Einbezug der nationalen Ebene, als Mehrebenensystem strukturiert.

Dabei zeigt sich, dass hier Beziehungen sowohl innerhalb nationaler Regierungssysteme als auch zwischen nationalen Regierungen geknüpft sind. Wie im deutschen findet sich auch im europäischen Mehrebenensystem keine »hinreichend durchsetzungsfähige zentrale Institution, die Konflikte entscheiden kann«.[17] Deshalb gibt es eine große Anfälligkeit für Blockaden, falls in Verhandlungen Verteilungskonflikte zwischen parlamentarisch kontrollierten Regierungen ausgetragen werden. Auch wenn den Verhandlungspartnern an gemeinsamen Entscheidungen gelegen ist, versuchen sie alle, eigene Interessen so weit wie möglich durchzusetzen. Überwiegt das Eigeninteresse das Interesse an der kollektiven Entscheidung, ist die Blockadegefahr groß. Das lässt sich damit erklären, dass im europäischen Entscheidungsprozess die Akteure gleichzeitig in verschiedene Arenen eingebunden und damit den häufig unvereinbaren Logiken dieser Arenen verpflichtet sind; so kann die Öffnung des Arbeitsmarkts aus europäischer Sicht geboten und aus nationaler Sicht verfehlt sein. Im Gegensatz zur deutschen Politikverflechtung ist allerdings die Koppelung der Arenen eher schwach ausgeprägt. Benz verwendet zur Beschreibung der europäischen Mehrebenenpolitik den Begriff »lose gekoppelte Verhandlungssysteme«,[18] die dadurch gekennzeichnet sind, dass einzelne Arenen den Kontext für Verhandlungen anderer Arenen bilden, deren Prämissen jedoch nicht determinieren. Zur Abwendung eventueller Blockaden haben die Akteure deshalb die Möglichkeit, auf die Anwendung von Macht zu verzichten und stattdessen Einfluss per Kommunikation auszuüben.

Die Verträge der Europäischen Union schreiben in ausgewählten Politikfeldern vorrangige Entscheidungskompetenzen der EU mit der Folge fest, dass EU-Richtlinien für die Einzelstaaten bindend sind. Daraus resultiert für die Einzelstaaten die Chance, der Entgrenzung von Politik, das heißt einer neuen, nicht mehr territorial gebundenen Form von Herrschaft, entgegenzuwirken: »Entgrenzung geht mit der Verringerung politischer Steuerungsfähigkeit des Staates einher, weil die Reichweite seines Handelns territorial begrenzt, die Adressaten seiner Politik aber transnational beweglich oder gar exterritorial verankert sind.«[19] Die Bündelung »nationaler« Entscheidungskompetenzen bei der EU schafft somit ein staatenübergreifendes Steuerungszentrum, das die Exit-Optionen nationaler politischer Akteure schmälert.

Für die deutsche Bundesregierung ergeben sich aus der Mitgliedschaft in der EU mindestens zwei strategische Optionen. Zum einen eröffnet sich mit den EU-Richtlinien eine Legitimationsressource für national nur schwer legitimierbare politische Programme, weil Richtlinien nachfolgend in nationales Recht transformiert werden müssen. Zum anderen eröffnet das EU-Mehrebenensystem die Chance, politische Entscheidungen auszulagern, weil politisch notwendige Regelungen, welche auf der nationalen Ebene keine Zustimmung finden, auf die europäische Ebene transferiert werden können. Die europäische Integration schränkt den Handlungsspielraum von nationalen Regierungen also einerseits ein, eröffnet aber andererseits Optionen, die ohne die Einbindung in die EU nicht zur Verfügung stünden.

Globalisierung

Neben der nationalen und der supranationalen lässt sich schließlich auch noch eine internationale Dimension des politischen Entscheidungsprozesses identifizieren. Der gängige Begriff dafür ist »Globalisierung«. Darunter wird die Zunahme grenzüberschreitender Aktivitäten privater Akteure verstanden.[20] Aktivitäten von Privatunternehmern auf globalen Märkten erhöhen den wechselseitigen Konkurrenzdruck mit der Folge, dass Kostensenkung eine Voraussetzung erfolgreicher Konkurrenz ist. Da für Unternehmer Steuern oder Sozialabgaben Kosten sind, sehen sich die Staaten in den Globalisierungswettbewerb involviert. Die Forderung nach Senkung solcher Kosten wird nämlich oft mit einem Verweis auf eine Exit-Option untermauert, etwa mit der Drohung, massiv Arbeitsplätze ins kostengünstigere Ausland zu verlagern. Auch wenn es keine empirisch abgesicherten Belege dafür gibt, dass von dieser Option Gebrauch gemacht wird und etwa wegen zu hoher Staatsabgaben tatsächlich Arbeitsplätze verlagert wurden,[21] reagiert die Politik gleichsam im Umkehrschluss mit der politisch folgenreichen Unterstellung, kostengünstige Standortbedingungen verbürgten gesamtwirtschaftliche Prosperität. So etabliert sich neben der Konkurrenz von Unternehmen um Marktanteile eine Konkurrenz von Staaten um Standortvorteile.

Dieser Wettbewerb der Staaten realisiert sich vor allem als Deregulierung sozial und umweltpolitischer Standards. Für »Globalisierungsoptimisten« trägt Deregulierung zur Entstehung eines globalen Marktes bei, der allen Wettbewerbern die gleichen Chancen einräumt, Globalisierungsgewinne abzuschöpfen.[22] »Globalisierungspessimisten« befürchten dagegen ein »race to the bottom« in dem Sinn, dass die schwächsten Gesellschaften und die Schwächsten einer Gesellschaft mit den Kosten belastet und so zu den »Verlierern« der Globalisierung gestempelt werden.[23]

Kein Staat kann sich folglich den Wirkungen der Globalisierung entziehen. Für die deutsche Politik stellt sich deshalb die Aufgabe, trotz des Globalisierungsdrucks für »die Sicherung und Finanzierung der Rechts- und Sozialordnung und anderer ›Öffentlicher Güter‹ zu sorgen. Diese geraten teilweise durch den globalen Beschleunigungsdruck in Gefahr. Und ihre Finanzierung gestaltet sich schwieriger.«[24] Weiter formulieren die Autoren des Enquetekommissionsberichts »Globalisierung der Weltwirtschaft«: »In der Gefährdung bzw. Vernachlässigung öffentlicher Aufgaben [...] liegt vielleicht die wichtigste Gefahr einer Globalisierung, welche sich hauptsächlich um die Mehrung der privaten Güter durch die globale Effizienzsteigerung dreht.«[25]

Als Instrumente zur Finanzierung von öffentlichen Aufgaben und Gütern stehen hierzulande vornehmlich Steuern und Abgaben zur Verfügung. Die allgemeine Staatstätigkeit wird über Steuern finanziert, während Transferleistungen in der Regel von öffentlichen Versicherungssystemen erbracht werden, die sich aus Abgaben, also zweckgebundenen Einnahmen, finanzieren. Nun sind es gerade Steuern und Abgaben, die durch die Globalisierungsrhetorik der Unternehmen unter Druck geraten. Zudem haben aber andere nationale Finanzierungs- und Gestaltungsinstrumente durch die transnationale wirtschaftliche Verflechtung ihre Wirksamkeit eingebüßt. So misslingt z.B. auf einem globalen Finanzmarkt die Ankurbelung der Wirtschaft über »Deficitspending«, weil vor allem ausländische Investoren, die sich an kurzfristigen Gewinnerwartungen orientieren, ihr Engagement in einem Staat rasch beenden, sobald die staatlichen Subventionen und Aufträge auslaufen.

Globalisierungstheoretiker nehmen deshalb an, dass zwischenstaatliche Interdependenzen die Handlungs- und Steuerungskapazität der Nationalstaaten beeinträchtigen.[26] Als Gründe dafür werden der Standortwettbewerb der Nationalstaaten, der Vorrang von Rahmenbedingungen, die die Privatwirtschaft begünstigen, oder die Tatsache, dass traditionelle Steuerungsinstrumente ihre Wirkung einbüßen, benannt.

Fazit

Politikverflechtung ist also kein Phänomen, das sich auf Deutschland beschränkt. Gleichwohl wird die deutsche Variante, insbesondere die Verschränkung zwischen Bundestag und Bundesrat, als ein systemspezifischer Nachteil geortet. Hauptgrund dafür dürfte sein, dass der föderative Bundesstaat auf Kooperation und Konsens, die parlamentarische Demokratie dagegen auf Konfrontation und Konflikt gründet.

Vorteile von Kooperation und Konsens kann man darin sehen, dass durch die Einbindung konkurrierender Parteien die Legitimation politischer Entscheidungen nachhaltig erhöht und damit diffuse Unterstützung mobilisiert wird. So vergrößert sich die Chance auf innovative Entscheidungen dann, wenn der soziale Problemdruck eine kooperative Lösungssuche erzwingt. Das ist beispielsweise der Fall, wenn Parteien den Vorwurf fürchten müssen, sich der Beantwortung einer Schicksalsfrage entzogen zu haben. Die politische Agenda, die sodann im Konsens abgearbeitet wird, enthält in der Regel Problemwahrnehmungen und Lösungskonzepte aller beteiligten Parteien. Abweichungen von der eigenen Programmrhetorik verstehen sich als unausweichlicher Preis für den gefundenen Konsens und lassen sich so vor der eigenen Wählerschaft rechtfertigen. Aber auch das alltägliche Regierungsgeschäft funktioniert trotz oder wegen aller Kooperationsnotwendigkeiten in der Regel recht gut, wie Zeiten mit parteipolitisch unterschiedlich besetzten Kammern zeigen. Hinzu kommt, dass sich zur Vermeidung von Entscheidungsblockaden auch jenseits des institutionellen Rahmens Entscheidungsstrukturen ausbilden. Mit informellen Netzwerken, die unterschiedliche Arenen verbinden, haben sich die Akteure »neue Institutionen zur Entscheidungssteuerung geschaffen.«[27]

Nachteile von Kooperation und Konsens sind also Blockademöglichkeiten, aber auch die Gefahr suboptimaler Entscheidungen. Deshalb wird »Politikentflechtung« empfohlen.[28] Dazu sollen Kompetenzen von der Bundesebene auf die Länderebene verlagert und der »kooperative Föderalismus« soll in einen »Wettbewerbsföderalismus« transformiert werden. Von einem institutionalisierten Wettbewerb zwischen den Ländern erhofft man sich mehr Effizienz bei der politischen Entscheidungsfindung, weil eine klare Aufgabentrennung zwischen den unterschiedlichen Ebenen durch politikfeldspezifische Bundes- wie Länderkompetenzen die Länder in die Lage setze, für »ihre« Politikfelder ohne Einigungszwang gemeinsame Regelungen zu treffen. Ein derartiger Föderalismus verstünde sich als Zusammenschluss gleichberechtigter und eigenständiger Staaten und machte obsolet, was Michael W. Braun als »schleichende Entmachtung der Landtage, steigende exekutive Politikverflechtung und [...] Tausch landespolitischer Autonomie gegen bundespolitische Blockademöglichkeiten via Bundesrat« kritisiert.[29] Erhielten die Länder mehr Kompetenzen, dann müssten umgekehrt ihre Mitwirkungsmöglichkeiten bei der Bundesgesetzgebung beschnitten werden. Wiegen sich allerdings ein Mehr an Kompetenzen für die Länder und ein Weniger an Mitwirkungsmöglichkeiten auf, so gibt es für die Länder keinen Anreiz, sich auf einen solchen Kompetenztausch einzulassen. Damit wird deutlich, inwieweit institutionelle Kontexte die Handlungsmöglichkeiten politischer Eliten bestimmen, also derjenigen Akteure, die den politischen Entscheidungsprozess maßgeblich beeinflussen können.

Dabei führt die horizontale Politikverflechtung zwischen Bund und Ländern immer wieder zu Zwangsverhandlungssituationen. Schnappt dann die Verflechtungsfalle zu, werden Handlungsoptionen reduziert. Wird die Falle mit Hilfe informeller Netzwerke umgangen, können sich die Handlungsoptionen so erweitern, dass es sogar zu innovativen Entscheidungen kommen kann. Informelle institutionelle Kontexte eröffnen also oft größere Entscheidungsspielräume als formelle institutionelle Kontexte. Hauptgrund dafür ist, dass Eliten in inoffiziellen Entscheidungsgremien Konflikte diskret austragen und diffuse Loyalität für sich mobilisieren können.

Aber auch formelle institutionelle Kontexte verkleinern in Zwangsverhandlungssituationen zwar die Entscheidungsspielräume von Eliten, lassen sie aber nicht verschwinden. Stehen die Eliten in Konkurrenz, etwa um die Wählergunst, kann die Blockade von Entscheidungen Wählerstimmen kosten, wenn landläufig Entscheidungsbedarf konstatiert wird. Besteht keine Konkurrenz wie im Falle der Regierungschefs im EU-Ministerrat, führt selbst das Einstimmigkeitsprinzip selten zu Blockaden, weil Sach- die Prestigegesichtspunkte überlagern. Die Mitgestaltung der Weltordnungspolitik (»Global Governance«) eröffnet den hiesigen politischen Eliten zudem neben der nationalen und der supranationalen noch eine internationale Entscheidungsebene, auf der es in formellen Entscheidungsarrangements wie der UN oder in (weitgehend) informellen Entscheidungsarrangements wie der WTO um die politische Bewältigung globaler Herausforderungen geht. Würden so aus Wettbewerbs- am Ende Verhandlungsstaaten, wäre das vernetzte Mehrebenensystem mit seinen spezifischen Entscheidungsstrukturen allumfassend: »The context of policy making is changing. More than before, solutions for pressing problems cannot be found within the boundaries of sovereign policies. As established institutional arrangements often lack the power to deliver the required or requested policy results on their own, they take part in transnational, polycentric networks of governance in which power is dispersed.«[30]

Anmerkungen

1 Vgl. dazu Deutscher Bundestag (Hrsg.): Abschlussbericht der EnqueteKommision »Schutz des Menschen und der Umwelt«, Bonn 1998.
2 Katrin Gillwald: Konzepte sozialer Innovation, Wissenschaftszentrum Berlin (WZB), Discussion Paper der Querschnittsgruppe »Arbeit & Ökologie«, Berlin 2000, S. 6 (OnlineVersion: http://skylla.wz-berlin.de/pdf/2000/p00-519.pdf, Stand 10.4.2006).
3 Vgl. dazu Fritz W. Scharpf/Bernd Reissert/Fritz Schnabel: Politikverflechtung. Theorie und Empirie des kooperativen Föderalismus in der Bundesrepublik, Kronberg/Ts. 1976.
4 Arend Lijphart: Patterns of Democracy. Government Forms and Performance in ThirtySix Countries, New Haven/London 1999.
5 ebd., S. 243ff.
6 Arthur Benz: Reformpromotoren oder Reformblockierer? Die Rolle der Parteien im Bundesstaat, in: Aus Politik und Zeitgeschichte, B 29–30/2003, S. 32–38, hier S. 33f. Dort auch das folgende Zitat.
7 Scharpf/Reissert/Schnabel (wie Anm. 3), S. 273.
8 Roland Lhotta: Zwischen Kontrolle und Mitregierung. Der Bundesrat als Oppositionskammer?, in: Aus Politik und Zeitgeschichte, B 43/2003, S. 16–22, hier S. 16.
9 George Tsebelis: Decisionmaking in political systems: Veto players in presidentialism, parliamentarism, multicameralism and multipartyism, in: British Journal of Political Science 25 (1995), S. 289–325, hier S. 310.
10 Gerhard Lehmbruch: Parteienwettbewerb im Bundesstaat. Regelsysteme und Spannungslagen im Institutionengefüge der Bundesrepublik Deutschland. 2., erw. Aufl., Opladen 1998, hier S. 179.
11 Ludger Helms: Deutschlands »semisouveräner Staat« Kontinuität und Wandel parlamentarischer Regierung in der Bundesrepublik, in: Aus Politik und Zeitgeschichte, B 43/2003, S. 38, hier S. 6.
12 Siegfried F. Franke: Wählerwille und Wirtschaftsreform, in: Aus Politik und Zeitgeschichte, B 18–19/2003, S. 22–31, hier S. 26.
13 ebd., S. 28.
14 Richard Hilmer: Wer gewinnt die Bundestagswahl?, in: Der Bürger im Staat 52 (2002), S. 4–9, hier S. 8f.
15 Vgl. hierzu Oscar W. Gabriel: Politische Unterstützung, in: Martin Greiffenhagen/Sylvia Greiffenhagen (Hrsg.): Handwörterbuch zur politischen Kultur der Bundesrepublik Deutschland, Wiesbaden 2000, S. 477–482, hier S. 482.
16 In diesem Sinne Jan Bergmann: Recht und Politik der Europäischen Union, Grevenbroich 2001, S. 13ff.
17 Arthur Benz: Entflechtung als Folge von Verflechtung. Theoretische Überlegungen zur Entwicklung des europäischen Mehrebenensystems, in: Edgar Grande/Markus Jachtenfuchs (Hrsg.): Wie problemlösefähig ist die EU? Regieren im europäischen Mehrebenensystem, Baden-Baden 2000, S. 141–163, hier S. 155.
18 ebd., S. 157.
19 Vgl. Markus Jachtenfuchs/Beate Kohler-Koch: Regieren im dynamischen Mehrebenensystem, in dies. (Hrsg.): Europäische Integration, Opladen 1996, S. 15–44, hier S. 22.

20 Siehe Stefan A. Schirm: Globale Märkte, nationale Politik und regionale Kooperation in Europa und den Amerikas, Baden-Baden 1999, vgl. hier insbesondere S. 24.

21 Siehe Steffen Kinkel/Petra Jung Erceg/Gunther Lay: Auslandsproduktion – Chance oder Risiko für den Produktionsstandort Deutschland?, Fraunhofer ISI, PI-Mitteilung Nr. 26, Karlsruhe 2002, S. 1 (OnlineVersion: http://www.isi.fhg.de/publ/downloads/pimitteilungen/pimitt26.pdf, Stand 10.4.2006).

22 Dani Rodrik: Globalisation, Social Conflict and Economic Growth, in: The World Economy, 21/2 (1998), S. 143–156.

23 Vgl. dazu Kenichi Ohmae: The End of the Nation State. The Rise of Regional Economics, New York 1995; Richard Falk: Predatory Globalization. A Critique, Cambridge 1999.

24 Deutscher Bundestag (Hrsg.): Schlussbericht der Enquete-Kommission Globalisierung der Weltwirtschaft, Opladen 2002, S. 55f.

25 ebd., S. 56

26 Edeltraud Roller: Leistungsprofile von Demokratien. Eine theoretische und empirische Analyse für westliche Demokratien, 1974–1995, in: Dieter Fuchs/Edeltraud Roller/Bernhard Wessels (Hrsg.): Bürger und Demokratie in Ost und West. Studien zur politischen Kultur und zum politischen Prozess, Wiesbaden 2002, S. 547–571, hier S. 547.

27 Karl-Rudolf Korte: Was kennzeichnet modernes Regieren?, in: Aus Politik und Zeitgeschichte, B 5/2001, S. 313, hier S. 9.

28 Lehmbruch (wie Anm. 10), S. 179ff; Fritz W. Scharpf: Föderale Politikverflechtung. Was muss man ertragen – was kann man ändern?, in: Konrad Morath (Hrsg.), Reform des Föderalismus. Beiträge zu einer gemeinsamen Tagung von Frankfurter Institut und Institut der deutschen Wirtschaft Köln, Bad Homburg 1999, S. 23–36.

29 Hier zitiert nach: Michael W. Bauer: Deutscher Föderalismus und Politikberatung, in: Beiträge zur Adhoc-Gruppe »Politikberatung« im Rahmen des DVPW-Kongresses 2003, S. 1 (als Onlineversion unter: http://www.dvpw.de/data/doc/adhocBeratung.pdf, Stand: 10.4.2006).

30 Maarten Hajer: Policy without Polity? The Challenge for Policy Analysis, in: HIS Newsletter 11 (2003), S.5.

Birgitta Wolff*

Wirtschaftselite für die Zukunft?

Führende Politiker beschimpfen Unternehmer, die, um Steuern zu sparen, ins Ausland umziehen, als »unpatriotisch«, die ehemaligen Manager und Aufsichtsräte eines einstmals renommierten Unternehmens wie Mannesmann gelten als Raffzähne der Nation. »Heuschrecken« werden zum allgemein verbreiteten Feindbild. Und die Technik-Elite des Landes schädigt mit einem Spätstarter namens TollCollect die eh schon gebeutelte Staatskasse. Dass der Begriff Elite »heute nur noch negativ besetzt«[1] sei, verkünden selbst Provinzblätter. Warum häufen sich die Fälle, in denen deutsche Unternehmer, vor allem aber Spitzenmanager, in der Öffentlichkeit in Verruf geraten? Was machen die Betroffenen, was machen möglicherweise aber auch andere Akteure falsch? Warum »versagt« die Managerelite?

Dieser Aufsatz soll Denkanstöße zum Umgang mit Eliten der Wirtschaft und dazu, was sie aus Sicht der Personal- und Organisationsökonomik sein könnten, bieten. Zunächst wird das scheinbare Spannungsfeld zwischen persönlicher und gesellschaftlicher Wohlstandsmehrung, in dem Spitzenmanager agieren, dargestellt (1.). Danach wird eine Heuristik zur besseren Problemdiagnose und Ursachenidentifikation entwickelt (2.). Abschließend wird dargestellt, dass letztlich nicht Appelle, sondern eher Reformen der Rahmenbedingungen Lösungsansätze bieten (3.). Mitgliedern einer potentiellen Elite müssen sowohl Möglichkeiten zu entsprechender Qualifikation und Handlungsräume als auch Anreize für eine gesellschaftlich wünschenswerte Nutzung ihrer Fähigkeiten und Freiheiten geboten werden. Auf der systematischen Gestaltungsebene gibt es in der Bundesrepublik Verbesserungspotenziale.

Spannungsfeld zwischen persönlicher und gesellschaftlicher Wohlstandsmehrung

Joseph Ackermann hat sich im Mannesmann-Prozess besonders profiliert mit der Bemerkung, dass Deutschland das einzige Land sei, in dem diejenigen,

die Werte schaffen, vor Gericht gestellt würden. Damit diese Aussage Sinn macht, muss man folgende Annahmenkette nachvollziehen:
1. Hohe Entgelte bekommt, wer Wert schafft.
2. Wert schaffen heißt (u. a.), Aktienkurse bestimmter Unternehmen (temporär) nach oben zu bringen.
3. Wer Wert (in diesem Sinne) schafft, tut Gutes für die Allgemeinheit.
4. Wer Gutes für die Allgemeinheit tut, verdient gesellschaftliches Ansehen.

Dies reflektiert bei einer skeptischen Interpretation einige Simplifizierungen, insbesondere in den Annahmen 1 bis 3. Erstens ist häufig nicht erkennbar, inwiefern Managerentgelte an eine Wertschöpfung gebunden sind.[2] Zweitens ist in vielen Fällen nicht durchschaubar, wie eine solche Wertschöpfung definiert und gemessen wird. Und drittens ist nicht klar, wem eine solche »Wertschöpfung« nützt. Häufig entsteht der Eindruck, dass sie zwar den Aktionären eines bestimmten Unternehmens zugute kommt, aber nicht automatisch auch der Allgemeinheit. Betriebswirtschaftlicher Einzelerfolg ist nicht unbedingt deckungsgleich mit volkswirtschaftlicher Wohlstandsmehrung.[3] Beispielsweise kann es auch in Nullsummen- oder Negativsummenspielen noch immer einzelne »Sieger« geben; andere verlieren dann umso mehr. Es ist, bildlich gesprochen, in Deutschland gut möglich, das eigene Tortenstück zu vergrößern, ohne eine größere Torte zu backen. Solange nicht der Kuchen insgesamt größer wird, bleibt bei sich vergrößernden individuellen Tortenstücken deshalb ein Zweifel am Wert der individuellen Aktivitäten für die Gesellschaft. Schließlich kann es sich um distributive (verteilende) statt um produktive Aktivitäten handeln.[4] Und erstere sind nicht per se wohlfahrtssteigernd.

Im Fall einer wohlwollenden Deutung reflektiert die obige Annahmenkette den Geist einer protestantischen Ethik, die in Deutschland nur begrenzt Gültigkeit beanspruchen zu können scheint.[5] Vielmehr schimmert hierzulande häufig das katholische »Eher geht ein Kamel durch ein Nadelöhr …« durch: Es wird vielfach für geradezu unmöglich gehalten, auf anständige Weise reich zu werden. Wer viel Wohlstand zeigt, bringt sich damit tendenziell eher in Verruf. Gesellschaftliches Ansehen kommt nicht automatisch mit materiellem Erfolg.[6]

Ansehen verleiht die deutsche Gesellschaft nach anderen Kriterien als dem materiellen Wohlstand der Betreffenden. Das sich auftuende Spannungsfeld veranschaulicht *Abbildung 1*. Der einleitend anekdotisch beschriebene Managertyp, der »Heuschrecken-Typ«, entspricht in der öffentlichen Wahrnehmung dem Typ A: Er ist erfolgreich in der persönlichen Wohlstandsmehrung, aber wenig erfolgreich in der wahrgenommenen gesellschaftlichen Wertschöpfung. Den Gegenpol in dieser dichotomischen Darstellung belegt

Typ C, der »Mutter-Teresa-Typ«: Er ist erfolgreich in Punkto gesellschaftliche Wertschöpfung, deshalb hoch angesehen, aber persönlich bettelarm.

Abb. 1: Spannungsfeld zwischen individueller und gesellschaftlicher Wohlstandsmehrung

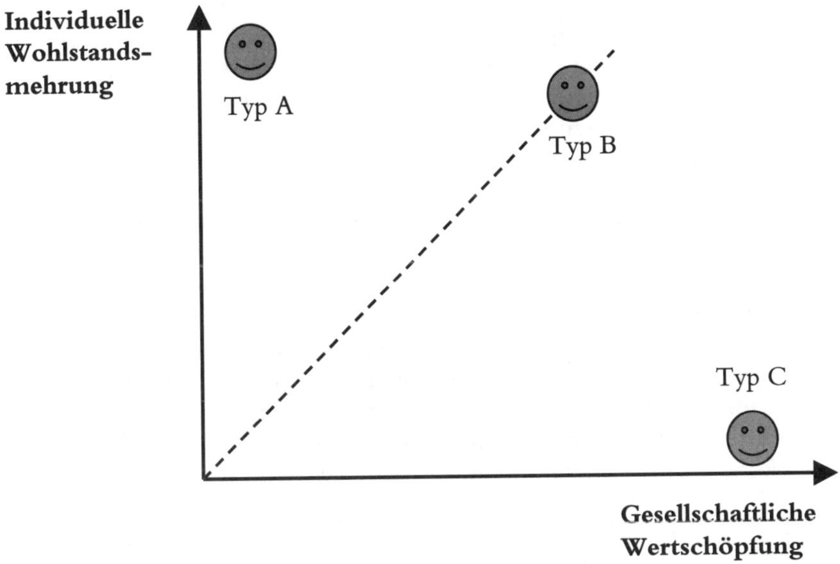

Die Typen A und C stellen gewissermaßen die Archetypen einer kapitalismuskritischen Logik dar, nach der man entweder gut oder reich sein kann. Typ B befindet sich in der Abbildung auf der 45-Grad-Linie. Er repräsentiert einen Typus, der zugleich erfolgreich in beiden Dimensionen ist. Zum einen könnte hier an Unternehmer des alten, patriarchisch-verantwortungsbewussten Schlages gedacht werden, denjenigen, der als Stifter und Mäzen aktiv ist und Häuser für die Familien der Mitarbeiter bauen lässt – wovon noch heute ganze Straßenzüge, beispielsweise im Ruhrgebiet, Zeugnis ablegen. Zum anderen gibt es aber auch angesehene »moderne« Unternehmer, denen es zu gelingen scheint, sich nahe der 45-Grad-Linie zu positionieren. So ist in den USA allgemein bekannt, dass Bill Gates inzwischen über die Hälfte seines Milliarden-Vermögens für wohltätige Zwecke gestiftet hat, u. a. für die Bekämpfung von Malaria in Afrika. Ted Turner hat die Schulden der USA bei der UNO um einen Milliardenbetrag reduziert. Und George Soros macht sich mit Millionen von Dollars um die »offene Gesellschaft« in Osteuropa verdient. Dem Unternehmertyp B gelingt es, nicht nur als Raffzahn wahrgenommen zu werden, sondern eigenen Wohlstand mit gesellschaftlichen Anliegen zu verbinden.

Unter welchen Umständen wird jemand zum A-, B- oder C-Typ? Sind es wirklich vorwiegend objektiv nicht weiter hinterfragbare persönliche Präferenzen der Betroffenen, die individuelle Handlungsmuster im Sinne von regelmäßig beobachtbaren Maximen prägen? Dies wäre eine individualethische Erklärung.[7] Sie beantwortet jedoch nicht die Frage, warum in gewissen Regionen zu bestimmten Zeiten anscheinend Häufungen von A-, B- oder C-Typen auftreten – aktuell in Deutschland dem Vernehmen nach A-Typen. Nachfolgend wird aus personalökonomischer Perspektive nach einer systemischen anstelle einer auf das Individuum bezogenen Erklärung gesucht. Die systemische ist eine Erklärung, die nicht das Verhalten bestimmter Menschen zum Gegenstand moralisierender Überlegungen und Appelle macht. Vielmehr geht sie der Frage auf den Grund, ob und ggf. warum unter den jeweils herrschenden Umfeldbedingungen wahrscheinlich jeder so handeln würde. Denn: Wenn ein Phänomen immer wieder und geradezu regelmäßig auftaucht, dann sind wahrscheinlich nicht die Menschen, sondern die Regeln schlecht. Damit werden die Umfeldbedingungen, das heißt die Spielregeln für menschliches Handeln, zum Gegenstand des Nachdenkens – nicht bestimmte, einzelne Spielzüge.

Möglichkeiten und Anreize für eine gesellschaftlich akzeptable Wirtschaftselite

Eine solche andere als die individualethische Erklärung der moralischen Verfassung einer Gesellschaft findet sich in der Regel- oder Institutionenethik, die Grundlage einer modernen Wirtschafts- und Unternehmensethik geworden ist[8]. Institutionenethik beschreibt individuelles Verhalten als Folge gesellschaftlicher Regeln und Sanktionsprinzipien: Ist es individuell vorteilhaft, sich im Sinne der Gesellschaft wohlfahrtsfördernd zu verhalten, so wird der Einzelne dies tun. Gesellschaftliche Regeln sollten – im normativen Schluss – also so gestaltet werden, dass gesellschaftlich erwünschtes Handeln positiv, unerwünschtes dagegen negativ sanktioniert wird. Statt Individuen in ein Dilemma zwischen Eigen- und Fremdinteresse zu stürzen, sollen Regeln so gestaltet sein, dass sie solche Dilemmastrukturen vermeiden bzw. aufheben.[9] Elite – bzw. was die Gesellschaft als eine solche akzeptiert – ist dann nicht Folge individuellen Heldentums im Sinne von altruistischem

Wohltätertum, sondern Resultat von Anreizstrukturen, die individuell vorteilhaftes Verhalten in stärkerem Maße mit gesellschaftlich erwünschtem Verhalten zur Deckung bringen. Wie kann diese Idee für die hier vorliegende Problemstellung konkretisiert werden?

Die Personalökonomik analysiert Probleme in Leistungsprozessen – und als ein solches kann auch das »Versagen« einer vermeintlichen Elite bei der Schaffung von gesellschaftlich erwünschten Werten interpretiert werden – anhand von zwei Leitunterscheidungen. Diese sollen hier als Heuristik, gewissermaßen als Faustregel, zur besseren Problemdiagnose vorgestellt werden.[10] Die erste ist die Unterscheidung von Koordinations- und Motivationsproblemen. Koordinationsprobleme bezeichnen Situationen, in denen ein Individuum eine bestimmte Aufgabe nicht erfüllen *kann.* Dies liegt daran, dass ihm die Ressourcen fehlen, die zur Erfüllung der Aufgabe notwendig sind, z.B. materielle oder personelle Ressourcen, aber auch Zeit und Wissen oder Informationen. Das Individuum verfügt also schlichtweg nicht über die für eine bestimmte Leistung unabdingbaren Inputfaktoren. Häufig kommt hier der individuellen Qualifikation eine Schlüsselrolle zu. Motivationsprobleme beschreiben im Unterschied zu Koordinationsproblemen Situationen, in denen ein Akteur eine Aufgabe zwar erfüllen könnte, es aber nicht *will.* Dies lässt sich damit begründen, dass die Erfüllung der gesellschaftlich wünschenswerten Aufgabe aus der persönlichen Sicht des Akteurs unattraktiv ist, weil die subjektiven Mühen und Kosten den persönlichen Nutzen aus der entsprechenden Handlung übersteigen bzw. weil ein alternativer Einsatz derselben Ressourcen einen höheren persönlichen Nutzen verspricht.

Wenn nun eine individuelle Handlung nicht die gestellte Aufgabe erfüllt, d.h. das Ziel des Auftraggebers nicht erreicht wird, so lautet die erste Frage, die der Organisationstheoretiker stellt: Kann jemand nicht oder will er nicht? Die Antwort auf diese Frage ist wichtig, weil sie den Ansatzpunkt für die Lösung des Problems vorgibt. Wie in der Medizin bietet die richtige Diagnose die Voraussetzung für eine wirkungsvolle Therapie: Wenn jemand nicht kann, aber will, so braucht er mehr oder andere Inputressourcen. Wenn jemand könnte, aber nicht will, so braucht er andere Anreize, mit anderen Worten: Er muss in angemessener Weise an der durch seine Handlung generierten Wertschöpfung teilhaben, so dass Wertschöpfung zum »Win-Win-Spiel« für ihn selbst und den Auftraggeber wird. Sowohl Kosten als auch Vorteile sind in diesem Modell keineswegs nur materiell zu verstehen. Sie beschreiben alles, was für das handelnde Individuum subjektiv wahrgenommene Nutzenminderungen bzw. -zuwächse darstellt. Anders ausgedrückt: Man muss fragen, ob eine bestimmte Handlung (z.B. eine gesellschaftlich wünschenswerte) den betreffenden Akteur *persönlich* stärker »glücklich« macht als eine gegebene Alternative (z.B. private Bereicherung). Dies bringt Subjektivität ins Kalkül, weil »Glück« für jeden etwas anderes bedeuten kann. In der Regel ist aber für den Diagnostiker relativ leicht zu identifizieren und prognostizieren, welche von zwei Handlungsalternativen aus der Sicht eines bestimmten Akteurs vorteilhafter ist. Ökonomen untersuchen nun, ob tatsächlich eine Interessenangleichung zwischen Organisation (als Auftraggeber) und den einzelnen Akteuren (als den Ausführenden) besteht. Falls nicht, sind »unerwünschte« Handlungen des Akteurs systematisch zu befürchten.

Die so genannte Prinzipal-Agenten-Theorie modelliert solche Interessenkonflikte: Der Prinzipal ist jemand, der einen anderen, den Agenten, mit der Durchführung einer Handlung für ihn beauftragt. Das führt zwangsläufig dazu, dass der Agent den übertragenen Entscheidungsspielraum bzw. die zur Verfügung gestellten Ressourcen (materielle oder immaterielle wie Arbeitszeit oder Wissen) auch anders als im Interesse des Prinzipals nutzen könnte. Schließlich kann der Prinzipal nicht alle seine Agenten vollständig überwachen. Ansonsten könnte er den mit guten Gründen delegierten Job nämlich gleich selbst machen. Als Auftraggeber in so einem Prinzipal-Agenten-Szenario ist modelltheoretisch auch »die Gesellschaft« denkbar; der Auftragnehmer wäre dann der betrachtete Akteur, in diesem Fall ein Spitzenmanager. Auch in unserem Kontext kann man also fragen: *Können* oder *wollen* deutsche Wirtschaftsführer keine »Win-Win-Spiele« mit »der Gesellschaft« spielen? Im Falle des Nicht-Könnens muss überlegt werden, welche Inputs ihnen fehlen. Mangelt es vielleicht an Qualifikationen oder Informationen? Oder vielleicht auch an Handlungsfreiräumen? Im Falle des Nicht-Wollens muss identifiziert werden, wodurch gegebenenfalls bestehende Fehlanreize behoben werden könnten. Wie könnten gesellschaftliche Anreizstrukturen verändert werden, damit es auch aus Sicht des Betreffenden relativ attraktiver wird, anderen Handlungsmustern zu folgen? *Abbildung 2* zeigt diese erste Leitunterscheidung in den Koordinations- und Motivationsaspekt von Leistungsprozessen.[11] Beide Aspekte sind simultan und komplementär für den jeweiligen Leistungsprozess zu betrachten, ebenso wie ein gleichschenkeliges Dreieck auch nicht nur an einem Winkel oder an einer Seite verändert werden kann, ohne die »Balance« des Ganzen zu zerstören.

Die zweite Leitunterscheidung bezieht sich auf Entscheidungsebenen. Handlungen von Managern stellen sich – modelltheoretisch ausgedrückt – als Funktionen dar, die nicht nur endogen gestaltbare Variablen enthalten, sondern auch von exogen vorgegebenen Parametern abhängen. Endogene Variablen sind Handlungsbedingungen, die vom Manager selbst beeinflusst werden können, exogene dagegen sind solche, auf die er keinen (direkten) Einfluss hat.

Abb. 2: Koordination und Motivation als erste Leitunterscheidung der Problemanalyse

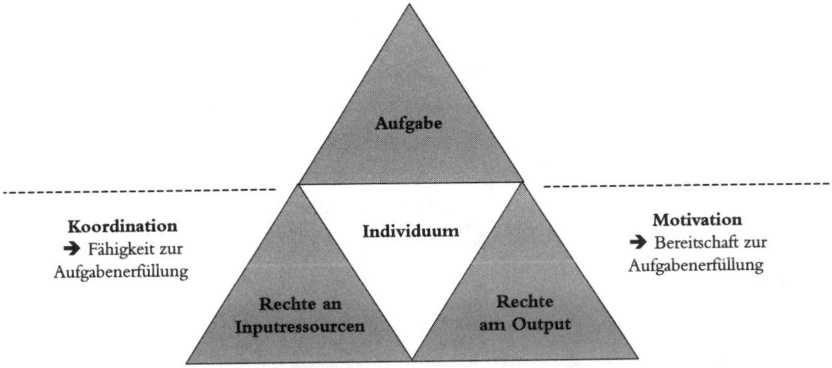

Die endogenen Variablen beziehen sich auf die Entscheidungsebene, die neudeutsch *Corporate Governance* genannt wird. Beispielsweise können Manager über Kontrollsysteme und Weisungsbeziehungen innerhalb ihres Unternehmens weitgehend selbst entscheiden. Exogene Parameter kommen zum einen von der Ebene der institutionellen Rahmenbedingungen (wie Gesetze), zum anderen von der Ebene der individuellen Eigenschaften (z. B. persönliche Risikobereitschaft).[12] *Abbildung 3* veranschaulicht diesen Zusammenhang.[13] Darüber hinaus verweist die Abbildung auf einen weiteren Zusammenhang: Die Präferenzen der einzelnen Akteure mögen aus Sicht eines bestimmten Unternehmens (bzw. seiner Manager) exogen sein, aus der Perspektive des Gesamtsystems »Gesellschaft« sind sie jedoch wieder endogen erklärbar: Die formellen und informellen Rahmenbedingungen, unter denen Akteure sozialisiert werden, beeinflussen (längerfristig), aus welchem Wertegerüst heraus diese Akteure handeln. Dies deutet die gestrichelte Feedback-Linie zwischen Rahmenbedingungen und individueller Ebene an. Bezogen auf die hier gestellte Frage, warum die deutsche »Managerelite« im Hinblick auf die Erfüllung gesellschaftlicher Ansprüche versagt, sind unter Bezugnahme auf die beiden dargestellten Leitunterscheidungen – »Koordination oder Motivation?« und »drei Ebenen von Einflussfaktoren« drei Fragen zu stellen:

1. Existieren Koordinations- und/oder Motivationsprobleme auf der individuellen Ebene? Diese lägen in den individuellen Voraussetzungen des

Managers begründet. Sie könnten sich zum einen auf Qualifikationen und fachliche Fähigkeiten, zum anderen aber auch auf persönliche Verhaltensdispositionen und Werthaltungen beziehen.

Abb. 3: Drei Handlungsebenen als zweite Leitunterscheidung der Problemanalyse

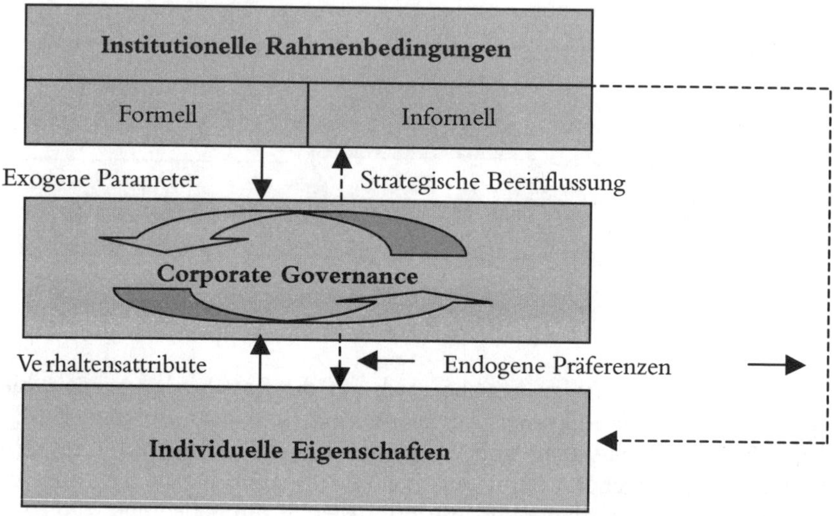

2. Gibt es Koordinations- und/oder Motivationsprobleme auf der Ebene der *Corporate Governance*? Gibt es Regeln auf der Organisationsebene, die dem Einzelnen den Zugang zu notwendigen Ressourcen verwehren, so dass er ein gewünschtes Ziel nicht erreichen kann? Oder gibt es evtl. geschriebene oder ungeschriebene Regeln im Unternehmen, die gesellschaftlich wünschenswertes Managerverhalten für diese systematisch unattraktiv machen, beispielsweise Anreizsysteme, die zu Manipulationen und kurzsichtigen Entscheidungen einladen? Solche Regeln wären letztlich von den Spitzenmanagern (weitgehend) selbst geschaffen, könnten ergo auch von ihnen abgeschafft werden. Erfolgsindikatoren für variable Vergütungssysteme, beispielsweise, sind Vereinbarungssache und können somit auch geändert werden. Ein drastisches Beispiel zur Veranschaulichung: Ein Manager, der zu kurzfristig handelt, bekommt vielleicht seine Leistungsprämie auf der Basis von Quartalsergebnissen – kein Wunder, dass er kurzfristig optimiert und längerfristige Ziele zu stark ausblendet. Ebenso kann es auch ungeschriebene Regeln des Unternehmens bzw. Eigenschaften der Unternehmenskultur geben, die förderlich oder hinderlich für gesellschaftlich wünschenswertes

Verhalten der Akteure sind. Unternehmen können ihre interne Kultur, die Unternehmenskultur, dahingehend beeinflussen, dass gesellschaftlich erwünschtes Verhalten (wie Unbestechlichkeit, Umweltschutz-Orientierung) auch im Unternehmen positiv sanktioniert wird, anstelle gewisse gesellschaftsschädigende Verhaltensweisen heimlich sogar zu honorieren oder zumindest als Kavaliersdelikt zu akzeptieren. Hier ist sorgfältig zwischen werbewirksamen, aber nicht durchsetzbaren und somit wirkungslosen Absichtserklärungen einerseits und sanktionsbewehrten Unternehmensethikprogrammen andererseits zu unterscheiden.[14]

3. Gibt es Koordinations- und/oder Motivationsprobleme auf der Ebene der institutionellen Rahmenbedingungen? Hier müsste sich »die Gesellschaft« letztlich an die eigene Nase fassen, denn die formellen (vor allem rechtlichen) und informellen (vor allem kulturellen) Regeln, die individuelles Handeln in einer Gesellschaft organisieren, sind – zumindest in demokratischen Systemen – letztlich selbst implementiert. Dies gilt zum einen für Institutionen, die Koordinationsfragen betreffen, beispielsweise das Bildungs- und Ausbildungssystem. Es gilt zum anderen ebenso für Institutionen, die die Motivationsfrage betreffen, also für formelle und informelle gesellschaftliche Anreizstrukturen. Beispielsweise ist Gewährung oder Verweigerung von Anerkennung ein Sanktionsinstrument. Das verbale Zurückrudern einiger Beteiligter des Mannesmann-Prozesses illustriert, dass es sehr wohl trifft, von der Öffentlichkeit als »Raffzahn« eingeschätzt zu werden. Manager müssen ihr Verhalten, soweit es bekannt wird, rechtfertigen können. Hier ist Transparenz ein wichtiges Instrument, und gesellschaftliche Wertvorstellungen werden zur Messlatte. Diese Faktoren sind aus Sicht der Gesellschaft – nicht aus Sicht der Manager – endogen, d. h. sie können von und in der Gesellschaft verändert werden. Hier, wie bei der Gestaltung der formalen Rahmenbedingungen, kommt den Gestaltern der Rahmenbedingungen, das heißt Politikern, eine Schlüsselrolle zu. Sind Rahmenbedingungen disfunktional, so müssen sich diejenigen, die sie beeinflussen können, dieselbe Frage gefallen lassen, wie die Manager auf der Ebene der *Corporate Governance*: Können oder wollen sie nicht anders?

Institutionelle Rahmenbedingungen zur Förderung oder Verhinderung von »Eliten«

Um die Wirkungen institutioneller Rahmenbedingungen zu verstehen, sind internationale Vergleiche hilfreich.[15] Gibt es Unterschiede in den »gesellschaftlichen Verfassungen«, beispielsweise zwischen den USA und Deutschland, die in einem Land Mäzenatentum und private Wohltätigkeit für Bürger (und Manager) attraktiv machen, im anderen dagegen weniger attraktiv? Gibt es spezifische Parameter, beispielsweise auf der politischen Regelungsebene, die bestimmte Verhaltensmuster systematisch provozieren? Auf diese Weise kann individuelles Verhalten organisationstheoretisch erklärt (positive Analyse) und in einem zweiten Schritt durch Modifikationen der Rahmenregelungen anders ausgerichtet werden (normative Analyse).[16] Drei Beispiele sollen dies veranschaulichen:

1. Leicht nachvollziehbar ist der Zusammenhang zwischen der Höhe von Steuern an verschiedenen Standorten und der Wohnsitzentscheidung von Unternehmern. Wenn relativ hohen Einkommens-, Unternehmens- oder auch Erbschaftssteuern aus subjektiver Sicht keine entsprechende Leistung eines Staates gegenübersteht bzw. an anderen Standorten das wahrgenommene Preis-Leistungs-Verhältnis günstiger ist, so wird es eine systematische Tendenz zur Standortverlagerung geben. Ausschlaggebend ist dabei nicht die absolute oder relative Höhe der Steuern, sondern das relative Preis-Leistungs-Verhältnis. Hier liegt ein systematisches Motivationsproblem vor, das sich kaum dadurch lösen lässt, dass die, die wegziehen, als »unpatriotisch« beschimpft werden. Derartige Äußerungen fallen eher unter den – relativ wirkungslosen – Tatbestand dessen, was Homann in Anlehnung an Luhmann »Appellitis« nennt.[17]

2. Solange gesellschaftliche Interessengruppen bzw. deren Vertreter für Lobbyaktivitäten systematisch belohnt werden, überrascht es nicht, dass viel Energie in distributive statt in produktive Aktivitäten fließt.[18] Wird »laute« Lobbyarbeit systematisch belohnt, z. B. durch Subventionen oder eine für die entsprechende Interessengruppe vorteilhafte Gesetzgebung, so bleibt es aus Sicht der Einzelnen attraktiv, Energie in distributive anstatt in produktive Aktivitäten zu investieren. Auch hier liegt also ein systembedingtes Motivationsproblem vor.

3. Der Exodus deutscher Studierender vor allem in die USA – selbst unter Inkaufnahme von Studiengebühren – lässt darauf schließen, dass die Ansicht besteht, dass die dort vermittelte Ausbildung der in Deutschland verfügbaren überlegen ist. Zu einer guten Ausbildung von Managern und Aufsichtsräten zählt u. a., dass die hier dargestellten Zusammenhänge im Spannungsfeld von eigennutz- und allgemeinnutz-orientiertem Handeln mitreflektiert werden.[19] Anreiztheoretisch fundierte Überlegungen zur Wirtschafts- und Unternehmensethik werden an deutschen Hochschulen eher selten angeboten.[20] Und welcher deutsche Aufsichtsrat beherrscht wirklich das Handwerkszeug, das nötig ist, um ein Managementanreizsystem (z. B. Ak-

tienoptionen) zu schaffen, das andere als nur kurzfristige und aktienkursorientierte Handlungsanreize für Topmanager setzt? Für die Ebene der Hochschulen wäre zu fragen: Können oder wollen die dortigen Akteure nicht anders? Aus Sicht der Akteure auf der Ebene der Rahmenbedingungen stellt sich diese Facette der Hochschulreformdiskussion letztlich als Koordinationsproblem dar: Eine bestimmte Ressource, in diesem Fall qualifizierte Ausbildung für Manager und Aufsichtsräte, ist an einem bestimmten Standort anscheinend nicht hinreichend verfügbar.[21]

Die Liste der Beispiele ließe sich fortsetzen und die Diskussion jedes Einzelnen analytisch vertiefen. In jedem Fall ist zu fragen: Warum wird das bestehende Motivations- oder Koordinationsproblem nicht gelöst? Betrachtet man die Ebene derjenigen, die über die Rahmenbedingungen entscheiden, so ist grundsätzlich jedes dieser Probleme hausgemacht oder zumindest einer Lösung zugänglich. Unterstellen wir, dass guter Wille vorhanden ist, so müssen sich Politiker also fragen: »Wie können wir es besser machen?«, und das ihnen aufgegebene Koordinationsproblem lösen. Auch das Problem des Versagens einer (vermeintlichen) Elite in der Wirtschaft stellt sich somit als ein organisatorisches Gestaltungsproblem dar, indem simultan sowohl gesellschaftlich erwünschte Handlungschancen aber auch Anreize zu schaffen sind. Eine personalökonomisch fundierte Analyse, wie hier im Ansatz vorgestellt, könnte dabei hilfreich sein.

Anmerkungen

* Für wertvolle Anregungen danke ich Stefanie Sperber und Petra Risch.

1 Philipp Hoffmann: Eine Elite ohne Vorbildcharakter, in: Magdeburger Volksstimme vom 14.2.2004.

2 Insbesondere schlecht konstruierte Aktienoptionspläne lassen an diesem Zusammenhang zweifeln, denn zum einen sind Aktienkurse manipulierbar und nicht unbedingt Indikatoren nachhaltiger Wertschöpfung, zum anderen lassen Optionspläne häufig so genannte *windfall profits*, das heißt Entgelte für positive exogene Einflussfaktoren, zu. Siehe Uschi Backes-Gellner/Edward P. Lazear/Birgitta Wolff: Personalökonomik. Fortgeschrittene Anwendungen für das Management, Stuttgart 2001, S. 337ff.

3 Zu den grundsätzlichen Problemen der Feststellung und Messung gesellschaftlicher Wohlfahrt vgl. auch Joachim Weimann: Wirtschaftspolitik. Allokation und kollektive Entscheidung, 3. Aufl., Berlin u.a. 2004, S. 73ff.

4 Vgl. dazu David P. Baron: Business and its Environment, 3. Aufl., Upper Saddle River 2000, S. 166ff.

5 Vgl. dazu auch Bettina Palazzo: Interkulturelle Unternehmensethik. Deutsche und amerikanische Modelle im Vergleich, Wiesbaden 2000, S. 151f. und 235f.

6 Vgl. ebd., S. 155.

7 Vgl. ebd., S. 123ff.

8 Vgl. ebd. und Karl Homann: Vorteile und Anreize, hrsg. von Christoph Lütge, Tübingen 2002.
9 Vgl. Homann (wie Anm. 8), S. 95ff. und 155f.
10 Vgl. etwa Birgitta Wolff/Edward P. Lazear: Einführung in die Personalökonomik, Stuttgart 2001, S. 51ff.
11 Vgl. ebd., S. 51. Diese Darstellung korrespondiert mit der »Organizational Architecture« nach: James A. Brickley/Clifford W. Smith Jr/Jerold L. Zimmerman: Managerial Economics and Organizational Architecture, 3. Aufl., Boston u.a. 2004, S. viiif., wobei dort der Anreizaspekt noch stärker im Vordergrund steht.
12 Für ausführliche Erläuterungen zu diesen drei Ebenen vgl. Wolff/Lazear (wie Anm. 10), S. 47 und 53ff.
13 In Anlehnung an Oliver E. Williamson: The Mechanisms of Governance, Oxford u.a. 1996, S. 326.
14 Vgl. z.B. Baron (wie Anm. 4), S. 657ff.
15 Vgl. z.B. Palazzo (wie Anm. 5) und Birgitta Wolff: Der Einfluss institutioneller Rahmenbedingungen auf den Wandel von Unternehmen, in: Thomas Edeling/Werner Jann/Dieter Wagner (Hrsg.): Reorganisationsstrategien in Wirtschaft und Verwaltung, Opladen 2001, S. 119–171.
16 Für einen Anwendungsfall dieser Logik vgl. z.B. Birgitta Wolff: Multitasking zwischen Kooperation und Wettbewerb. Zur Anreizgestaltung in Universitäten, in: Stefan Titscher/Sigurd Höllinger (Hrsg.): Hochschulreform in Europa – Konkret. Österreichs Universitäten auf dem Weg vom Gesetz zur Realität, Opladen 2003, S. 171–182.
17 Homann (wie Anm. 8), S. 165.
18 Vgl. Mancur Olson: Die Logik des kollektiven Handelns, 2. Aufl., Tübingen 1985.
19 Vgl. z.B. Baron (wie Anm. 4), S. 657ff.
20 Vgl. dazu Liane Borghardt: Stunde der Moralisten, in: Junge Karriere 2 (2004), S. 54f.
21 Dies ist nicht die einzige Erklärung für das »Versagen« der deutschen *Corporate Governance*. Die Diskussion um Richtlinien für die *Corporate Governance* illustriert die Spannweite der Probleme, zu denen u.a. auch Selektionskriterien und Überkreuzverflechtungen zählen. Diese führen nicht nur dazu, dass falsch qualifizierte Akteure in Aufsichtsgremien sitzen, sondern auch dazu, dass nicht alle motiviert sind, sorgfältig genug ihren Aufsichtspflichten nachzugehen.

Dieter Witt/Hilmar Sturm

Eliten in Verbänden

Einführung

Von Verbänden ist die Rede, in einem Sammelband über Eliten? Aber gibt es denn überhaupt Eliten in Verbänden? Schon 1911 meinte der Soziologe Robert Michels, dass in entscheidende Funktionen von Verbänden nicht unbedingt die Führer mit dem weitesten Horizont gelangten – zumindest in der Arbeiterbewegung.[1] Doch woran misst sich, wer zum Mittelmaß gehört, wer darunter oder darüber einzustufen wäre? Und sind nicht am wirksamsten die Eliten der Gesellschaft, die in mehr oder weniger geschlossenen und verborgen einflussreichen Verbänden organisiert sind, man denke an Freimaurer und Studentenverbindungen (früher) oder die Rotary und Lions Clubs (heute)?

In Verbänden sammeln sich Interessen und Engagement, die Aktiven, die an der Gestaltung der Gesellschaft mitwirken, sozusagen eine Aktivitätselite. Viele Verbände sind eine Auswahl (das ist das deutsche Wort für Elite) derer, die sich (auch unbezahlt) für irgendetwas engagieren, sich mit anderen zusammentun und irgendetwas Erkennbares wollen: tun wollen, haben wollen, erreichen wollen.

Der »Korporatismus«, die starke Stellung von Verbänden, wird oft als ein bestimmender und teilweise bedenklicher Zug der deutschen Gesellschaft und Politik angesehen.[2] Insbesondere die Gewerkschaften, die Unternehmensverbände und die politischen Parteien stehen in der Kritik, auch wegen der Auswahl ihres Führungspersonals.

Zumindest in einem Sinne haben auch Verbände Eliten: ihre »Funktionäre«, diejenigen, die den eigenen Verband und durch ihn die Gesellschaft (mit)gestalten und (mit)prägen. Die herausgehobene Stellung ist *ein* Kriterium für einen solchen empirischen Elitebegriff: Elite ist, wer tatsächlich ausgewählt ist, wer »oben«, »außerhalb« des Allgemeinen steht. Woran erkennt man diese Elite? Macht und Einfluss lassen sich kaum objektiv ermitteln und messen; wer tatsächlich, zum Beispiel als »graue Eminenz«, und in welchem Maße Einfluss ausübt – und auf wen, das ist schwer zu beantworten. Positionen und Ämter, Titel und Gehalt können daher beispielsweise als Anhaltspunkte dienen, da sie objektiv fassbar sind.

In Verbänden kann es darüber hinaus auch Eliten von Nichtfunktionären geben, deren Elitezugehörigkeit zum Beispiel durch Wettkämpfe erwiesen wird. Gerade im Sport kann man sehen, dass der »politische« (das heißt auch verbandspolitische) Einfluss dieser Leistungseliten oft in keinem Verhältnis zu ihren Leistungen steht.

Von diesen empirischen Elitenbegriffen sind die normativen zu trennen. Nach ihnen bilden diejenigen Personen oder Gruppen die Elite, die nach bestimmten Werturteilen für »gut« erachtet werden, also etwa nach Moral, Wissen, Können oder Kreativität. In einer pluralistischen Gesellschaft wird es nur wenige oder nur sehr unkonkrete Werte geben, nach denen eine Mehrheit oder sogar die Allgemeinheit ihre Eliten definiert. Zudem sind Werturteile, gerade beim Thema »Elite«, schwer zu begründen, weil Menschen bewertet würden.

In diesem Beitrag wird das Thema »Eliten« unter verschiedenen Aspekten behandelt, und dabei wird nicht durchgehend derselbe Elitenbegriff verwandt. Ziel des Beitrags ist es, das Thema »Eliten« vorwiegend aus der Sicht der Verbandsführung zu diskutieren und aus zwei größeren empirischen Erhebungen Schlüsse auf die Eliten in Verbänden zu ziehen, bis hin zu Konsequenzen für das Verbandsmanagement.

Verbände

Unter Verbänden (im engeren Sinne) verstehen wir private Organisationen oder Betriebe, die nicht nach Gewinn streben, sondern unmittelbar bestimmte Bedürfnisse decken wollen, sich nicht durch Entgelte finanzieren (daher haushaltsweise zu führen sind, was bedeutet, dass sie bei ihrer Planung von gegebenen Mitteln ausgehen müssen) und von freiwilligen, unbestimmten Mitgliedern getragen werden.[3] Nach einer Klassifikation von Schwarz kann man beispielsweise unterscheiden: soziale (karitative), soziokulturelle, politische, religiöse und Wirtschaftsverbände.[4] Diese Verbände haben sehr unterschiedliche Ziele und damit sehr verschiedene Wertgrundlagen; sie werden auch jeweils ganz andere Gruppen von Individuen als »Elite« sehen, und intern werden sie verschiedene Menschentypen zu ihren Eliten machen. Allgemeingültige Aussagen zu Eliten in Verbänden sind wegen ihrer Vielfalt daher nur begrenzt möglich.

Nur wenige Daten über Verbände wurden bis heute aus ökonomischer Sicht erhoben. In der amtlichen Statistik kommen sie so gut wie überhaupt nicht vor. Verbände bestehen meistens in der Rechtsform von Vereinen.

Selbst über deren Zahl in Deutschland bestehen sehr unterschiedliche Angaben. Es werden genannt 350 000, 544 701 oder 659 400 Vereine,[5] darunter auch seit Jahren inaktive und solche, die kaum Mitglieder haben. In der Lobby-Liste des Deutschen Bundestags sind 1 928 Verbände eingetragen.[6] Eine Zählung der Deutschen Gesellschaft für Verbandsmanagement ergab rund 8 500 Verbände mit hauptamtlicher Geschäftsführung.[7] Diese Zahlen sagen aber noch nichts über die inneren Strukturen und den tatsächlichen Einfluss von Verbänden – und damit ihrer Eliten – aus.

Das Seminar für Vereins- und Verbandsforschung an der Technischen Universität München in Freising (SVV) hat in den Jahren 1996/97 eine größere empirische Erhebung unter Verbänden vorgenommen (im Folgenden: Verbändeerhebung 1996/97).[8] Sie sollte einen Überblick über allgemeine Merkmale von Verbänden aus betriebswirtschaftlicher Sicht geben, erlaubt aber auch einige Aussagen und begründete Vermutungen über Verbandseliten. Acht Jahre später folgte, gemeinsam mit Partnern,[9] die »Verbändeumfrage 2005«.[10]

Zur Wahl und Auswahl der Auserwählten in Verbänden

Wie wird Führungspersonal (Elite) praktisch ausgewählt, und welche Möglichkeiten gibt es dafür? Schon vor Jahren wurde konstatiert, »dass Verbandsdemokratie nicht mehr als weitestmögliche Entscheidungsbeteiligung der Mitglieder definiert ist, sondern nur noch als Methode der Führungsrekrutierung«.[11] Diese bleibt immerhin wichtig, auch wenn sie nur ein Aspekt einer weitgehenderen Demokratie wäre.

Verbände sind zum größten Teil in der Rechtsform des eingetragenen oder des nicht eingetragenen Vereins organisiert.[12] Nach dem Gesetz müssen sie einen Vorstand (auch oft als Präsidium bezeichnet) haben. Er muss nicht demokratisch gewählt sein, wenn auch die Wahl von »unten« der Regelfall ist. Auch andere Gremien und Personen werden gewählt, zum Beispiel Beiräte, (Fach-)Ausschüsse, Regionalvertreter. Wesentlich für unser Thema sind die Fragen nach den Kriterien der Wahl, dem Wahlkörper, den Wahlverfahren, den Wahlämtern und deren Amtszeit sowie den Kompetenzen und Aufgaben. All diese Punkte unterliegen im Wesentlichen der Satzungsfreiheit des einzelnen Vereins, soweit sie überhaupt geregelt sind, und sind nicht in allgemeinen Formeln zu fassen. In den meisten Fällen sind die Gewählten ehrenamtlich tätig.[13]

Aus-gewählt und nur selten *ge*-wählt werden in vielen Verbänden zudem hauptamtliche Mitarbeiterinnen und Mitarbeiter, die mehr oder weniger offensichtlich zur Elite des Verbands gehören: etwa Mitglieder der Geschäftsführung. Manchmal sind die Geschäftsführer Teil des Vorstands, dann werden sie in der Regel auch gewählt. Wo nicht, werden sie vom Vorstand ausgewählt und ernannt. Bei der Elite dieser Art ist die »Auswahl« im Sinne von Personalauswahl zu verstehen, also einer Wahl von »oben«. Von einer professionellen Personalauswahl mit Stellenausschreibung, Auswahlverfahren mit Assessment Center über die Inanspruchnahme von Personalvermittlern (»Headhunter«) bis zur relativ informellen, spontanen und eher intuitiven, bisweilen auch durch Beziehungen vorgeprägten Einstellung von Personen existieren auch in Verbänden wohl alle denkbaren Verfahren der Personalauswahl.

Hier stellt sich die grundsätzliche Frage, ob man sich bei der Personalauswahl bereits für Personen entscheidet, die erkennbar einer (Leistungs-, Wissens- oder anderen) Elite angehören, oder aber für solche Personen, die man für fähig hält, sich zur künftigen Elite zu entwickeln. Es dürfte eher selten sein, dass sich die Aufgaben und die Kompetenzen eines Verbandsgeschäftsführers vollständig auflisten und abgrenzen lassen, so dass allgemeine Fähigkeiten und Kenntnisse sowie Entwicklungsfähigkeit beachtet werden sollten.

Im Laufe der Zeit werden Geschäftsführer durch ihre hauptamtliche, das heißt intensivere Arbeit häufig zur Fach- und Wissenselite, die nicht selten mit jener der gewählten Vorstände in Konflikt oder Konkurrenz gerät. Die vom Vorstand als Geschäftsführer berufenen Personen wachsen durch die ständige und tiefe Beschäftigung mit den Verbandsfragen möglicherweise über diesen hinaus, bis zu dem Punkt, an dem der Vorstand weitgehend den Vorgaben der Geschäftsführung folgt und vorwiegend repräsentative Funktionen ausübt. In Verbänden gibt es damit zweierlei Arten von formalen oder Positions-Eliten: die *gewählten* und die *bestellten,* deren Verhältnisse zueinander unterschiedlicher Natur sein können.

In immerhin 59 Prozent der Verbände der Stichprobe in unserer Verbändeerhebung 1996/97 (siehe S. 263) waren die Aufgabenbereiche von ehren- und hauptamtlicher Führung nur ungefähr oder überhaupt nicht getrennt. Dennoch hatte in 42 Prozent der Verbände die hauptamtliche Führung eine hohe Autonomie gegenüber dem ehrenamtlichen Vorstand, in 53 Prozent immerhin noch teilweise und nur in 5 Prozent keine Autonomie. Nach der Erhebung ist die Autonomie des Hauptamtes in den Wirtschaftsverbänden viel größer als bei den politischen und den soziokulturellen Verbänden. Das passt gut zu dem Ergebnis, dass in Wirtschaftsverbänden die Zuständigkeiten häufiger genauer getrennt und damit geklärt sind (in 52 Prozent exakt, in 39 Prozent ungefähr, in 10 Prozent nicht; bei den politischen Verbänden: in 19 Prozent exakt, in 61 Prozent ungefähr, in 19 Prozent nicht).

Die Eliten in Unternehmensverbänden werden oft aus den Eliten in Unternehmen oder in »der Wirtschaft« ausgewählt. Es sind regelmäßig Manager aus den höchsten Ebenen oder Unternehmer, die beispielsweise die Spitzenpositionen im Bundesverband der Deutschen Industrie oder bei der Bundesvereinigung der Deutschen Arbeitgeberverbände einnehmen. Ebenso werden die (staats-)politischen Eliten fast ausnahmslos in Verbänden – Parteien, Gewerkschaften und anderen Verbänden – herangebildet, organisiert und auch großteils ausgewählt.[14] Dennoch begründet sich die Zugehörigkeit zur politischen Elite häufig nicht allein aus der Position in einem Verband, sondern die Position im Staat selbst, das heißt im Parlament, in einem Amt oder Ministerium, ist oft ausschlaggebend. Diese staatlichen Positionen werden jedoch häufig auf dem Weg über einen Verband errungen, auch wenn eine solche Karriere oder Auswahl einer gewissen demokratischen Legitimierung bedarf. Doch auch der umgekehrte Weg ist möglich. Die enge Verknüpfung von Staat und Verbänden ist in Deutschland auch außerhalb der politischen Verbände sichtbar, zum Beispiel am »hohen Anteil öffentlicher Gelder an der Finanzierung«[15] der Verbände. Darüber hinaus gibt es persönliche Netzwerke, die nicht formal als Verbände institutionalisiert sind und dennoch oder gerade dadurch großen Einfluss ausüben können, manche davon werden als Seilschaften bezeichnet.[16] Diese verbinden Staat, Wirtschaft und Dritten Sektor personell und informell.

(Nicht-)Einigkeit der Verbandseliten

Bei der Erörterung des Verhältnisses von haupt- und ehrenamtlich tätigen Verbandseliten wurde schon die Frage nach Übereinstimmung oder Dissens gestellt. Diese Frage kann auch auf Untergliederungen der Verbände angewandt werden. Sind die Eliten innerhalb von Verbänden in grundsätzlichen Fragen gleicher oder unterschiedlicher Ansicht? Gleichen Verbände unterschiedliche Interessen in sich aus oder bündeln sie gleiche Interessen? Die Wirtschaftsverbände hatten nach der Verbändeerhebung 1996/97 nicht nur im Durchschnitt die klarsten Kompetenzverteilungen zwischen Haupt- und Ehrenamt, sondern auch die größte Einigkeit zwischen Teilen des Gesamtverbands (etwa zwischen Landesverbänden): Hier gaben nur 39 Prozent unterschiedliche Auffassungen an. Bei den politischen Verbänden waren dies

58 Prozent, im Gesamtdurchschnitt der befragten Verbände 51 Prozent. Ein Grund dafür könnte sein, dass die Interessen von Unternehmen eines Wirtschaftszweigs relativ wenig Dimensionen und Differenzen aufweisen, weniger als die vielfältigeren Interessen in sozialen Verbänden, wo 72 Prozent der Antwortenden angaben, dass es unterschiedliche Auffassungen zwischen den verschiedenen Verbandsteilgliederungen gibt. Wenn Einigkeit stark macht, dann wäre es wenig verwunderlich, wenn Wirtschaftsverbände sich im politischen Diskurs und in politischen Entscheidungen öfter oder mit höherem Gewicht durchsetzen könnten. Denkbar ist aber auch, dass zu der größeren Einigkeit in den Wirtschaftsverbänden nicht nur quasi natürlich gleichlaufende Interessen, sondern auch effizientere Organisationsstrukturen, Abstimmungs- und Entscheidungsprozesse beitragen. Wenn dies so wäre, dann sollten manche andere Verbände versuchen, von den Wirtschaftsverbänden zu lernen, denn in allen Verbänden mit Ausnahme der sozialen wurden Differenzen in den Auffassungen tendenziell häufiger als negativ gesehen (alle Verbände: negativ 53 Prozent, positiv 47 Prozent).

Elitenförderung im Verband

Häufig wird beklagt, Verbände fänden auch für (ehrenamtliche) Führungspositionen nur noch schwer oder gar keinen Nachwuchs. In manchen Fällen ist die Klage berechtigt, doch häufig ist auch nicht erkennbar, in welcher Weise der Nachwuchs gefördert und die Besetzung von Positionen längerfristig geplant und verfolgt wird. Das ehrenamtliche Engagement insgesamt ist jedenfalls in der Vergangenheit stark gewachsen – allerdings auch die Zahl der Verbände und damit auch Nachfrage nach ehrenamtlichem Personal.

Grundlage einer Förderung des Führungsnachwuchses ist stets eine Personalplanung. Eine formelle Personalplanung ist erst ab einer gewissen Mitarbeiterzahl nötig, auch wenn beim kleinsten Verein der Vorstand so etwas wie einen Personalplan »im Kopf haben« sollte, also einigermaßen durchdachte Vorstellungen über die Besetzung der wichtigen Positionen in der Zukunft. Jede Organisation braucht eine Führungsreserve und muss auf das (auch plötzliche) Ausscheiden von Führungskräften vorbereitet sein. Erstaunlicherweise hatten nach den Daten der Verbändeerhebung 1996/97 sogar recht große Verbände keinen Personalplan. Das mag sich inzwischen geändert haben (es wurde 2005 nicht mehr erfragt). Damals bot sich folgendes Bild (s. *Tab. 1*):

Tab. 1: Verbände mit Personalplan nach Mitarbeiterzahl

Verbandsgröße	Verbände *mit* Personalplan (%)
nach der Zahl der hauptamtlichen Mitarbeiter	
11–100	57
101–1 000	89
über 1 000	55
nach der Zahl der ehrenamtlichen Mitarbeiter	
11–100	28
101–1 000	56
über 1 000	73

Quelle: SVV-Verbändeerhebung 1996/97.

Die Mehrheit der Verbände setzte Personalpläne ein. Es erstaunt jedoch, dass 44 Prozent der Verbände mit über 101 und unter 1 000 ehrenamtlichen Mitarbeitern dies nicht taten. Fünf von den elf Verbänden mit über 1 000 hauptamtlichen Mitarbeitern in der Stichprobe zu dieser Frage betrieben ebenfalls keine Personalplanung. Dabei hatten 1996/97 nur 23,6 Prozent der befragten Verbände keine Probleme, ehrenamtliche Mitarbeiter zu finden. Bei den Wirtschaftsverbänden waren es 31,8 Prozent, aber auch hier fanden 45,5 Prozent, dass die Bereitschaft, ein Ehrenamt zu übernehmen, sinke oder gesunken sei. Diese Probleme haben sich laut der Umfrage 2005 so gut wie nicht verändert, allenfalls leicht verschärft.

Es bestünde also deutlicher Bedarf an einer systematischen Heranbildung und Heranziehung des ehrenamtlichen Nachwuchses, der in Wirtschaftsverbänden fast immer Führungsnachwuchs ist. (In karitativen Verbänden dagegen sind auch viele einfachere Tätigkeiten vorhanden, die auf ehrenamtliche Mitarbeiter warten.) Dazu gehört neben einer Art »Laufbahn«, die die ausgewählten Personen immer näher an ihre künftigen verantwortungsvollen Aufgaben heranführt – und sie für diese mit mehr Verantwortung auch interessanter macht –, die Fort- und Weiterbildung. Wenn es nicht selbstverständlich ist, dass der (Eliten-)Nachwuchs von sich aus kommt, dann sollte er gezielt und systematisch geworben, gewonnen und herangebildet werden.

In manchen Verbänden gibt es zu wenig Möglichkeiten für ehrenamtlichen Nachwuchs, sich als Elite zu versuchen oder sich ihr anzuschließen; alle Posten sind dauerhaft besetzt. Ein Anreiz für alle Seiten könnte eine Amtszeitbegrenzung sein, die in der Satzung bestimmt ist. Mit ihr wäre allen, den jetzigen Funktionseliten und dem Elitennachwuchs, klar, dass sich bald etwas ändern wird, dass Nachwuchs gesucht werden muss und dass eine verantwortungsvolle Position in absehbarer zeitlicher Nähe frei wird. Abzuwägen ist eine solche Klausel gegen die Erfahrung, dass manche Vorstände durchaus über längere Zeiträume einen Verband sehr erfolgreich führen.

Fort- und Weiterbildung als Motivationsinstrument für ihre ehrenamtlichen Mitarbeiter boten nur 22,6 Prozent aller befragten Verbände (nur 8,2 Prozent der Wirtschaftsverbände, aber 38,3 Prozent der politischen Verbände). Aufstiegsmöglichkeiten spielten nur bei 3,4 Prozent der Verbände für ihre Ehrenamtlichen eine motivierende Rolle. Das lässt auf geringe Aktivitäten der Elitenförderung schließen – und auf eher kurzfristige Führungsnachwuchsplanung und -entscheidungen. Bei den Wirtschaftsverbänden sahen nur von 0,4 Prozent Aufstiegsmöglichkeiten als Motivationsinstrument für Ehrenamtliche (dagegen 9,4 Prozent für Hauptamtliche). Sind in Wirtschaftsverbänden die höheren Positionen so unattraktiv oder wird die Auswahl dafür nicht längerfristig geplant? Ist eine solche Planung nicht möglich oder nicht nötig? Möglicherweise haben die Verbandsfunktionäre schon vorher hohe Positionen in Unternehmen inne.

Anforderungen an Verbandseliten

Was muss ein Mitarbeiter können, damit er einen Verband (ehren- oder hauptamtlich) führen kann? Welche Eigenschaften machen ihn zur Verbandselite? Das wird vom Verband und vom genauen Zuschnitt der Aufgaben abhängen. Führungspositionen haben es an sich, dass die notwendigen Qualifikationen und die anderen erforderlichen Eigenschaften nicht einfach und nie abschließend festgestellt werden können. Es gibt kein festes Anforderungsprofil. Die Verbandselite vertritt nach außen und führt nach innen. Das ist stets eine Gratwanderung zwischen *Aus*-Führen der Verbandsziele und des Mitgliederwillens einerseits und *Hin*-Führen des Verbandes zu neuen Zielen und neuer Willensbildung andererseits.

Die Öffentlichkeit verlangt, vielleicht sogar in zunehmendem Maße, von Funktionseliten, dass sie auch Werteliten sind, also eine bestimmte Mindestmoral, Redlichkeit und Verantwortung für das Ganze vorweisen. Andererseits kann manchmal eine gewisse Durchtriebenheit und nicht allzu skrupelhafte Schlauheit einem Verband zumindest kurzfristig größere »Erfolge« bescheren. Es sind eben viele verschiedene, auch widersprüchliche Anforderungen, die an Eliten gestellt werden, je nach Elitenverständnis und Werthaltungen.

Ein Schlagwort unserer Zeit lautet »Professionalität«. Auch ehrenamtliche Arbeit soll »professionell« sein. Das gilt selbstverständlich in besonderem Maße für Eliten. Aber gibt es eine Professionalität ohne Berufsbild?[17] Oder wird als professionell einfach alles bezeichnet, was man für gut und modern hält? Auch die Vorstellungen von Professionalität ändern sich und sie unterscheiden sich von Mensch zu Mensch. Wenn Professionalität bedeutet, dass die neuesten wissenschaftlich fundierten Betriebsführungsmethoden angewandt werden, dann ist die Führung vieler Verbände nicht unbedingt als Elite zu bezeichnen, wie einige Detailergebnisse unserer Erhebungen zeigen. Angesichts der Moden auch in der Betriebswirtschaftslehre, die kommen und gehen, darf man sich aber zu Recht fragen, ob das jeweils »Professionelle« auch auf Dauer erfolgversprechend, sinnvoll und rationell ist. Die in der SVV-Verbändeerhebung 1996/97 befragten Verbandsführungen selbst sahen Verbesserungsbedarf vor allem in der Öffentlichkeitsarbeit, im langfristigen strategischen Denken, in der Motivation zur ehrenamtlichen Arbeit und bei Finanzen und Kapital. Nur wenige sahen bei Rechnungswesen und Statistik Verbesserungsbedarf. Aus betriebswirtschaftlicher Sicht sind aber gerade Rechnungswesen und Statistik wichtige Voraussetzungen für brauchbare langfristige Planungen, nicht nur was Personal und Finanzen angeht.

Es kann nicht mehr als sicher gelten, dass Verbandsführungseliten zugleich als Verantwortungseliten gesehen werden – nicht nur für den Verband selbst, sondern auch für Staat, Gesellschaft und übergreifende, sogar globale menschliche Gemeinschaften. Wem sind Verbandsführungskräfte verantwortlich? Wofür tragen sie die Verantwortung und in welcher Weise, das heißt, woran zeigt es sich, dass sie die Verantwortung real tragen? Verantwortung ist ein schwieriger, ein offener Begriff. Schon wegen des langfristigen Erfolgs des Verbandes selbst ist zu fordern, dass Verbandseliten sich durch Verantwortungsgefühl auszeichnen, das durch langfristiges und umfassendes, übergreifendes, das Ganze sehendes Denken und Wollen gekennzeichnet ist. Verbände brauchen nicht nur effiziente und durchsetzungsfähige Eliten, sondern ebenso Reflexionseliten, welche Interessen nicht nur durchfechten, sondern auch zugunsten des Gemeinwohls abwägen und wenn nötig zurückstellen können.

Voraussetzung für Führung ist Autorität als Eigenschaft der Beziehung zwischen Personen. Autorität an sich gibt es nicht, sie wirkt sich nur gegenüber bestimmten Personen in ihrer bestimmten Weise aus. Autorität kann aus formaler Position fließen, das hieße dann Positionsmacht. Diese erscheint jedoch zu Recht im Schwinden begriffen. »Eine wahre Legitimation der Führungsfunktion kann in heutiger Zeit ausschließlich durch die Geführten selbst erfolgen.«[18] Das bedeutet: Führung – und damit Elite – entsteht durch Anerkennung durch die Geführten. Diese erhält, wer fachliche Fähigkeiten hat, Verantwortung übernimmt, prosozial eingestellt ist, das heißt auch: nicht autoritär auftritt, aber selbstsicher, wofür ein gewisses Lebensalter eine gute Grundlage darstellt.

Abgehobene Eliten?

Woher wissen die Verbandseliten eigentlich, welche Verbandspolitik sie betreiben sollen? Sind sie visionäre Führungspersönlichkeiten, die den Mitgliedern zeigen, wo es langgeht? Oder sehen sie sich eher als Dienstleister oder als Vollstrecker des Mitgliederwillens? Wenn ja, woher kennen sie diesen Willen?

In der Verbändeerhebung 1996/97 zeigten sich teilweise deutliche Unterschiede zwischen den Verbandstypen: Die politischen Verbände verstanden sich nur zu 57 Prozent als Dienstleister, die Wirtschaftsverbände jedoch zu 94 Prozent (die soziokulturellen Verbände zu 82 Prozent, die sozialen zu 89 Prozent). Einsichten in das Verhältnis der Eliten zu den Nichteliten geben die Antworten auf die Frage: Wie planen die Verbände, das heißt ihre Eliten, ihr Leistungsangebot (das sich zu großen Teilen an die Mitglieder wendet)? Zwei Drittel aus der Stichprobe 1996/97 führten dazu Umfragen unter Mitgliedern und Klienten durch, davon einige jedoch nur selten, ein Drittel nie. Umfragen waren am häufigsten bei Wirtschaftsverbänden, am seltensten bei politischen Verbänden. Bei diesen verlässt man sich wohl auf den verbandsinternen demokratischen Willensbildungsprozess, der auch einen ihrer Hauptzwecke darstellt.

Es könnten sich daraus auch zwei verschiedene Rollenmodelle der Eliten erkennen lassen: Während in politischen Verbänden die Eliten ihre Aufgabe so verstehen, dass sie politische Ziele vorgeben und durchsetzen, dabei aber die Mitglieder als Mitwirkende im politischen Prozess voraussetzen, sehen Eliten in Wirtschaftsverbänden sich möglicherweise in einer ähnlichen Rolle wie Unternehmer, die bei ihren Kunden erfragen, mit welchen Produkten und Produktvariationen sie eine größere Zufriedenheit und Nachfrage auslösen können, ohne den Kunden damit Mitentscheidungsrechte einzuräumen oder um Ansprüchen auf Mitentscheidung zuvorzukommen. So sahen 1996/97 auch nur 53 Prozent der politischen Verbände die Zufriedenheit der Mitglieder oder Klienten als wichtiges Kriterium für den Erfolg ihres Verbandes; sie werden sich wohl an der realen Durchsetzung ihrer Ziele im politischen Prozess orientieren und an der Zustimmung der Öffentlichkeit oder Wähler. 90 Prozent der Wirtschaftsverbände hielten die Mitgliederzufriedenheit dagegen für ein wichtiges Erfolgskriterium ihrer Arbeit. Auch Dienstleistungen für Mitglieder spielen in Wirtschaftsverbänden eine wesentlich größere Rolle: 65 Prozent sahen in der Inanspruchnahme solcher Dienstleistungen ein Erfolgskriterium; bei politischen Verbänden waren das nur 38 Prozent. Auch daraus ließe sich der Schluss ziehen, dass Wirtschaftseliten stark auf die Vertretung konkreter Einzelinteressen ausgerichtet sind, während politische Eliten tendenziell umfassendere Ziele verfolgen. Letztere sahen in einer Wandlung zu unternehmerischeren Organisationsformen und Leistungen zu – immerhin – 52 Prozent eine sinnvolle Zukunft, während 70 Prozent der Wirtschaftsverbände dies taten. Insgesamt war 1996/97 das Erwerbsunternehmen für eine große Mehrheit (63 Prozent aller Verbände in der Stichprobe) ein Vorbild. Bei der Verbändeumfrage 2005 ergab sich überraschend, dass fast alle Verbände, auch solche mit sozialen und soziokulturellen Zwecken, sich *auch* als »Wirtschaftsverband« bezeichneten. Über die Hälfte der Verbände wollte ihr Angebot an entgeltlichen Leistungen ausweiten, also unternehmerisch am Markt auftreten. Eine Ökonomisierung ist unverkennbar, vielleicht sogar eine Kommerzialisierung.

Wie offen sind die Verbandseliten nach »unten«? Ein Indikator ist der Umgang mit Vorschlägen und Beschwerden in einem Verband. In der Verbändeerhebung 1996/97 gaben nur 8 Prozent der Verbände an, viele Vorschläge und Beschwerden zu bekommen, 65 Prozent aber, nur wenige zu erhalten. Nur 12 Prozent der Verbände erfassten und werteten sie systematisch aus, betrieben also ein Beschwerdemanagement – obwohl 60 Prozent der Aussage zustimmten, solche Kontakte hätten sie schon oft auf gute Ideen gebracht. Es scheint, als legten weite Teile der Verbandseliten keinen großen Wert auf Beratung und Kritik »von unten«. Dabei sagten nur 17 Prozent der politischen und nur 7 Prozent der Wirtschaftsverbände, Vorschläge und Beschwerden brächten meist keine konstruktiven Verbesserungen (Durchschnitt aller Verbände: 10 Prozent).

Die Verbände insgesamt stuften sich selbst – durch ihre Eliten, die die Fragebögen ausgefüllt haben dürften – auf einer Skala von 1 (demokratisch) bis 4 (hierarchisch) mit dem Durchschnittswert von 1,8 als eher demokratisch ein. Die Unterschiede zwischen den Verbandstypen waren hier graduell, doch sahen sich die politischen (1,5) demokratischer als die sozialen Verbände (2). Die Wirtschaftsverbände lagen ziemlich genau im Gesamtdurchschnitt. Zur Demokratie gehört offensichtlich nicht unbedingt die Offenheit für Vorschläge und Beschwerden; es genügen wohl formale Entscheidungsprozesse und Wahlen.

Wie üben Verbandseliten Interessenvertretung aus?

Häufig wird die – oft diffuse – Befürchtung geäußert, Verbände, insbesondere Wirtschaftsverbände, nähmen auf unsichtbare, aber wirkungsvolle Weise unter der Hand Einfluss auf politische Entscheidungen. In der Tat schätzten in der Verbändeerhebung 1996/97 die Verbandseliten im Durchschnitt den persönlichen Kontakt als effizientesten Weg der politischen Interessenvertretung ein. Presse- und Medienarbeit galt auch noch als effizient, weniger dagegen Veranstaltungen, die Aufmerksamkeit erregen sollen. Die Verbände, die sich selbst eher als konservativ betrachten, halten den persönlichen Kontakt für effizienter; die sich selbst als eher »revolutionär« sehenden Verbände meinen, offensivere, öffentlichkeitswirksamere Strategien seien wirksamer. Das überrascht nicht, denn es ist davon auszugehen, dass reale Positions- oder Funktionseliten tendenziell konservativ sind. Schließlich haben sie ihre Position oder Funktion bereits inne und wollen sie in der Regel nicht an eine neue, innovativere und andere Ziele verfolgende Elite verlieren; für ihre Ansprechpartner, die Eliten in Politik und Verwaltung dürfte das Gleiche gelten. Die aktuellen Eliten wollen vielleicht außerdem die Ergebnisse ihrer eigenen Bemühungen nicht infrage stellen.

Es überrascht nicht, dass politische Verbände auf öffentliche Bekanntheit und Unterstützung angewiesen sind und damit darauf, öffentliche Aufmerksamkeit zu erregen; viele von ihnen brauchen Wählerstimmen. Wirtschaftsverbände hingegen scheinen es tatsächlich relativ häufig für angemessener zu halten, wenn ihre für politische Planungen und Entscheidungen bereitgestellten Fachinformationen und ihre Versuche, Einfluss zu nehmen, nicht zu sehr an die Öffentlichkeit getragen werden; sie können ihren Einfluss vielleicht auch leichter im Gespräch mit Politikern und Beamten ausüben, die sich von ihnen oft beraten lassen.

Ein Aufgabenheft für Verbandseliten

Die Verbändeumfrage 2005 zeigt wieder, dass die Verbandseliten bei sich selbst durchaus Verbesserungsbedarf sehen. Insbesondere wollen und müssen sie das langfristige, strategische Denken, die Öffentlichkeitsarbeit, das Marketing und das Dienstleistungsangebot verbessern. Ähnliche Ergebnisse hatte es 1996/97 gegeben. Die Finanzen sind für zwei Drittel der Verbände ein wichtiges Handlungsfeld der Zukunft.

Doch besteht auch – wie von Kritikern des Korporatismus moniert – die Gefahr, dass den Eliten ihr Verband zum Selbstzweck wird: Fast 70 Prozent haben in der Verbändeumfrage 2005 als Erfolgsmaßstab die Mitgliederzahl und den Organisationsgrad angegeben (das Image etwa 60 Prozent, Lobby-Erfolge ca. 47 Prozent, die Mitarbeiterzahl nur 2 Prozent). Im Vergleich zur Erhebung 1996/97 ist die Mitgliederzahl deutlich wichtiger geworden, das Image aber unwichtiger. Die eigentlichen Zwecke der Verbände sind hier nicht angesprochen, was auch am Schwerpunkt der Umfrage liegt, der eher auf dem Gebiet des operativen Managements gesehen wurde. Ein großer Teil (über 80 Prozent) der Verbandseliten stellen, wie oben schon erwähnt, die Notwendigkeit fest, ihr langfristiges, strategisches Denken besser zu pflegen. Mit der Langfristigkeit nähern sie sich dem Ideal der Nachhaltigkeit an – und tragen damit jene herausragende Mitverantwortung für das große Ganze und die Zukunft, die ihnen immer schon aufgegeben ist.

Anmerkungen

1 Robert Michels: Zur Soziologie des Parteiwesens in der modernen Demokratie, Stuttgart 1989 (erstmals: Leipzig 1911), z.B. S. 165; siehe auch – immer noch unterhaltsam und nachdenkenswert: Laurence J. Peter/Raymond Hull: Das Peter-Prinzip oder Die Hierarchie der Unfähigen, Reinbek 1992 (erstmals: New York 1969 als »The Peter Principle«). Darin wird – sehr kurz gesagt – argumentiert, jeder werde aufgrund seiner Bewährung auf einem Posten so lange befördert, bis er auf dem letzten schließlich überfordert sei.

2 Aus der Fülle der Literatur herausgegriffen: Theodor Eschenburg: Herrschaft der Verbände?, 2. Aufl., Stuttgart 1963.

3 Näheres hierzu bei Dieter Witt/Gernot Seufert/Hannes Emberger: Typologisierung und Eigenarten von Verbänden, in: Zeitschrift für öffentliche und gemeinwirtschaftliche Unternehmen 19 (1996), Heft 4, S. 414–427.

4 Aus der großen Vielfalt relativ willkürlich gewählte Beispiele für soziale (karitative) Verbände sind Caritas und Diakonie; für soziokulturelle: Sport-, Theater- und Gesangsvereine; für politische: die Parteien; für religiöse: katholische Bruderschaften; für Wirtschaftsverbände: Arbeitgeberverbände und Gewerkschaften. Vgl. Peter Schwarz: Management in Nonprofit-Organisationen, Bern/Stuttgart/Wien 1992, S. 17f.

5 Vgl. Deutscher Bundestag – 14. Wahlperiode: Drucksache 14/8900 vom 3. Juni 2002 (Bericht der Enquete-Kommission »Zukunft des bürgerschaftlichen Engagements«), S. 30. Die erste Zahl ist die Antwort der Bundesregierung auf eine dementsprechende große Anfrage der CDU/CSU-Fraktion. Die mittlere Zahl »fasst die Angaben der 600 örtlichen Vereinsregister zusammen«, das heißt, hier sind die eingetragenen Vereine gezählt worden. Zusätzlich werden – auf welcher Grundlage auch immer – 500 000 nicht eingetragene Vereine geschätzt. Die letzte Zahl beruht auf einer Expertise des Bundesministeriums für Familie, Frauen, Senioren und Jugend.

6 Stand der Lobbyliste: 30. November 2005 (www.bundestag.de).

7 Persönliche Mitteilung von Herrn Wolfgang Lietzau, Deutsche Gesellschaft für Verbandsmanagement e. V. (DGVM), Bonn. Grundlage ist eine Datenbank der DGVM.

8 Dieter Witt/Beate Lakes/Hannes Emberger/Burkhard von Velsen-Zerweck/Gernot Seufert: Stand des Managements in Verbänden: Ergebnisse der Verbändeerhebung 1996/97, Gesamtauswertung, Freising 1998. Es handelte sich um einen fünfseitigen Fragebogen mit 47 Fragekomplexen, der an 2.345 Verbände, vorwiegend Wirtschaftsverbände, versandt worden war. Der Rücklauf enthielt Fragebögen von 492 Verbänden (21 Prozent). Darin befanden sich zu 23 Prozent Bögen von sozial-karitativen Verbänden, zu 47 Prozent von Wirtschaftsverbänden, zu 18 Prozent von soziokulturellen und zu 12 Prozent von politischen Verbänden. Eine ähnlich umfangreiche Erhebung zum Verbandsmanagement ist weder vorher noch bis 2005 bekannt geworden.

9 Außer dem SVV der TU München sind dies: Fachhochschule Magdeburg-Stendal (Prof. Dr. Burkhard v. Velsen-Zerweck); Deutsche Gesellschaft für Verbandsmanagement e.V. (DGVM), Bonn; MichaelThiess Management Consultants, München. Am SVV wird ein großer Teil der Arbeit von Dipl.-Kffr. Astrid Heilmair geleistet, der auch die hier genannten Auswertungen geschuldet sind.

10 Stichproben-Grunddaten: verteilte Fragebögen (auf mehreren Wegen) ca. 6000; Rücklauf 348. Eine Abgrenzung nach Verbandstypen ist nicht möglich. Ergebnisse siehe auch unter www.verbandsforschung.de im Internet.

11 Gunther Teubner: Organisationsdemokratie und Verbandsverfassung, Tübingen 1978, S. 91.

12 Siehe §§ 21 bis 79 des Bürgerlichen Gesetzbuches (BGB). Für den Vorstand siehe vor allem §§ 26, 27 in Verbindung mit 40 BGB.

13 Die Übergänge vom Ehrenamt zur Erwerbstätigkeit stellt u.a. dar: Roland Stanienda: Verständnis, Bewertung und Analyse des Ehrenamts, München 2003.

14 Hans Herbert von Arnim hat errechnet, dass etwa 66 bis 83 Prozent der Abgeordnetenmandate bereits vor der Wahl vergeben seien – durch Vorentscheidungen von Parteiapparaten; vgl. z.B. Hans Herbert von Arnim: Wahl ohne Auswahl, in: Die Welt, 21. August 2002, S. 9.

15 Wolfgang Seibel: Der Nonprofit-Sektor in Deutschland, in: Christoph Badelt (Hrsg.): Handbuch der Nonprofit-Organisation, Stuttgart 1997, S. 19–34, hier S. 28f. Seibel stellt die enge Verbindung von Staat und Drittem Sektor so dar: »Diese Verknüpfung erfolgt im Wesentlichen durch Netzwerke von Reputations- und Machteliten« (S. 29). 68 Prozent aller Einnahmen des Dritten Sektors stammten demnach aus öffentlichen Mitteln. Hier ist vor allem aber an Entgelte für soziale Leistungen zu denken, die etwa an die Verbände der Freien Wohlfahrtspflege flossen, weniger an Zuschüsse. Denn gleichzeitig ist im internationalen Vergleich das Spendenaufkommen in Deutschland nicht geringer als in den wichtigen anderen Ländern in Europa. Siehe auch Günter Triesch/Wolfgang Ockenfels: Interessenverbände in Deutschland, München und Landsberg am Lech 1995, S. 128ff.

16 Zum Verhältnis von Netzwerken und Verbänden siehe: Karin Roßkopf: Wissensmanagement in Nonprofit-Organisationen, Wiesbaden 2004.

17 Vorschläge für eine verbandsbezogene Berufsbildung mit Hinweisen auf mögliche Berufsbilder von Verbandsmanagern finden sich bei: Dieter Witt/Hilmar Sturm: Anforderungen an betriebswirtschaftliche Qualifikationen des Personals in Non-Profit-Organisationen und Möglichkeiten ihrer Deckung, in: Dieter Witt/Claudia Eckstaller/Peter Faller (Hrsg.): Non-Profit-Management im Aufwind?, Wiesbaden 2001, S. 27–42; Karin Roßkopf/Hilmar Sturm: Berufsausbildung in und für Nonprofit-Organisationen, in: Reinbert Schauer/Robert Purtschert/Dieter Witt (Hrsg.): Nonprofit-Organisationen und gesellschaftliche Entwicklung: Spannungsfeld zwischen Mission und Ökonomie, Linz 2002, S. 151–163. Bei der Verbändeumfrage 2005 gab fast die Hälfte aller befragten Verbände an, deshalb Probleme bei der Beschaffung hauptamtlicher Mitarbeiter zu haben, weil es zu wenig Fachpersonal dafür gibt. Darin sehen wir einen weiteren Hinweis auf die Notwendigkeit einschlägiger Studiengänge und Berufsbilder. (1996/97 hatten dies als Grund für Personalgewinnungsprobleme nur 11 Prozent angegeben.)

18 Häufig sind auch Äußerlichkeiten (Körpergröße, Aussehen) Kriterien, an denen sich Geführte orientieren, vgl. Wiesenbauer, Ludwig: Führung durch Autorität, in: Zeitschrift Führung + Organisation 4 (1991), S. 267–272, hier S. 267.

Hermann Kühnle

Die Besten gehen

Zur Attraktivität des Bildungs- und Forschungsstandorts Deutschland

Die Diskussion um die Qualität des Forschungs- und des Bildungsstandorts Deutschland dauert nunmehr seit Jahren an. Eingebettet in die seit fast zwei Jahrzehnten anhaltende, in sehr negativem Unterton geführte Standortdebatte könnte man sie als artikulierten Zweckpessimismus, als Dauerthema zur Kritik an den jeweils regierenden politischen Parteien oder aber als maßlose Übertreibung, die persönliche und berufliche Entscheidungen Einzelner dramatisiert, abtun.

Erhebungen zum Thema, die die Standortsituation tiefer analysieren und beispielsweise verlässliche Zahlen zur Migrationsbewegungen der Bildungs- und Forschungselite liefern, müssen jedoch die Alarmglocken schrillen lassen.[1] Die tatsächliche Lage ist mindestens so schlimm wie die empfundene Stimmung, eher noch schlechter. Die Abwanderung der Höchstqualifizierten steht nicht etwa bevor, sondern sie ist in vollem Gange, weil in Deutschland keine Aussicht auf ein Klima für Innovation und Leistung zu bestehen scheint. So verlassen immer mehr hoch qualifizierte Menschen Deutschland, weil es sich offenbar jenseits seiner Grenzen besser lebt.

Wirtschaft und Globalisierung stellen jeden Standort auf die Probe. Daher gilt es, auch in Deutschland die Standortbedingungen für Bildung und Forschung rasch und durchgreifend so zu gestalten, dass Begabungen nicht ab-, sondern zuwandern. Denn der Wettbewerb um die besten Köpfe verschärft sich.[2] Globalisierung wirkt eben nicht nur in Form der Freizügigkeit des Aktienkapitals, sondern insbesondere auch des »Humankapitals«. Wissenschaftler,* Krankenschwestern, Gastronomen, Ärzte sowie Handwerker wissen längst, dass man in anderen Ländern Europas besser bezahlt wird.[3]

Bei der zunehmend wissensorientierten wirtschaftlichen Entwicklung kann eine derart negative Wanderungsbilanz – insbesondere bei hoch qua-

---

* Um der besseren Lesbarkeit willen wurde darauf verzichtet, jeweils die männliche und weibliche Variante niederzuschreiben. Selbstverständlich sind in der gewählten Variante jeweils beide Geschlechter eingeschlossen.

lifizierten Fachkräften und Spitzenwissenschaftlern – nicht ohne Auswirkungen auf die Wettbewerbsfähigkeit der Bundesrepublik Deutschland bleiben. Der entstandene Schaden ist enorm, die dauerhafte Schwächung der Innovationskraft der Nation direkt spürbar, der Zustand nicht länger hinnehmbar.

Und die jungen Forscher? Cum tacent, clamant! – Indem sie schweigen, klagen sie an [Cicero]. Kaum zu glauben, dass der wissenschaftliche Nachwuchs hier schon resigniert, bevor seine Karriere überhaupt begonnen hat.[4] Erst kommt der Zorn, dann die Abwanderung. Zahlreiche junge Menschen mit guter akademischer Ausbildung sehen in Deutschland für sich keine Zukunft – jeder siebte Studierende in speziellen Technologiebranchen, der in Deutschland promoviert wird, wandert in die USA aus.

Der internationale Ruf der deutschen Hochschulen kann so schlecht gar nicht sein, wenn in den Vereinigten Staaten, wo man sich ja schon seit langer Zeit der besten Köpfe aus der ganzen Welt bedient, jeder dritte ausländische Post-doc und jeder fünfte Professor in den Naturwissenschaften aus der Bundesrepublik kommt.[5] Mit ihnen ist offenbar durchaus Staat zu machen. Leider nicht mehr bei uns in Deutschland.[6]

Junge, kreative, dynamische Leute kehren Deutschland zunehmend den Rücken. Sie finden anderswo bessere Bedingungen – und mehr gesellschaftliche Anerkennung.[7] Die Besten gehen. Es gilt, dringender denn je, endlich Bedingungen zu schaffen, die dieses Potenzial hier halten und zur Entfaltung bringen.

Eliten haben es schwer

Scientia est potentia – Wissen ist Macht [Francis Bacon]

Was – so beteuern alle – in Deutschland zur Zeit mehr denn je gefragt ist, sind eigenständig denkende, ihre Möglichkeiten und Zukunftsperspektiven nüchtern einschätzende, dynamische, hoch intelligente Menschen; für sie gilt es, dauerhaft Perspektiven und Bindungen zu erzeugen und sie darüber hinaus dafür zu gewinnen, Beiträge für das Allgemeinwesen zu leisten. Da dies nur sehr unzureichend und in abnehmendem Maße zu gelingen scheint, lohnt ein genauerer Blick auf Erwartungshaltung und Motivlage des zu umwerbenden Personenkreises.

Erste Einblicke geben von jungen Forscher unterbreitete »Defizitlisten«.[8] Stichpunktartig ergeben sich eine Reihe von Übereinstimmungen:

- zu unbewegliche Berufsbilder,
- zu starre Organisationen und Arbeitsbedingungen,
- mangelnde Akzeptanz und Durchsetzungsfähigkeit von Querschnittsaktivitäten und interdisziplinären Errungenschaften,
- Widerstände gegen Neues, die höher sind als anderswo,
- satte, wenig experimentierfreudige Führungskräfte,
- eine zu staatsnahe Gesellschaft (hohe Staatsquote) mit Schwierigkeiten für private Initiativen, eigene Existenzen und persönliche Freiräume,
- Konsensmechanismen in Institutionen und Gesellschaft, die ungeeignet sind Innovationskonflikte auszutragen und dadurch zum Erfolg zu führen.

Darüber hinaus drückt das allgemeine Leistungsklima auf die Motivation.

Der Elitebegriff ist in Deutschland – aus der Historie erklärbar – negativ belegt. Elitäres Wirken hat daher mit besonderen und intensiven Widerständen zu kämpfen. Hoch begabte und hoch motivierte junge Akademiker und Studenten sehen sich bereits an den Universitäten vielfach angefeindet und damit in ihrer Entwicklung von Beginn an stark beeinträchtigt.

Das Resultat ist: Es werden weiterhin diejenigen in Entscheiderpositionen aufsteigen, die mit dem Erhalt ihrer eigenen Position bzw. ihrer Organisationen mehr beschäftigt sind als mit dem dringend notwendigen Wandel bzw. mit Entwicklungen, die unbedingt einzuleiten sind, um neue Möglichkeiten und Chancen zu schaffen. Im Gegenteil: In den entscheidenden Positionen sitzen viele Bedenkenträger und kaum Innovatoren oder unternehmerisch denkende Menschen. Konfliktfreudige Entscheider und den Wandel gestaltende, mit Weitblick agierende, Gesamtverantwortung tragende Persönlichkeiten gelangen eben in Deutschland eher selten in Spitzenpositionen.

Enttäuschte Erwartungen

Neben wesentlichen Kritikpunkten an den Gegebenheiten in Deutschland wurden in speziellen Erhebungen auch Erwartungshaltungen herausgearbeitet. Hier sind häufige Nennungen bei den Punkten

- Verwirklichung eigener Ideen,
- Umsetzung eigener Konzepte sowie
- Eigenverantwortlichkeit und Freiraum

zu verzeichnen. Dabei kommen bei der Befragung die ausländischen, insbesondere US-amerikanischen, Institutionen zu deutlich besseren Bewertungen als die entsprechenden deutschen Einrichtungen. Derartige Vorstellungen könnten auch hier in Deutschland erfüllt werden, zum Beispiel in einem Umfeld von Gründer- und Unternehmergeist sowie dazu passenden Rahmenbedingungen und daran angepassten Führungsmodellen in öffentlichen und privaten Forschungsstrukturen.

Beträchtliche Unzufriedenheit resultiert daraus, dass die technologische Leistungsfähigkeit Deutschlands hinter der anderer großer Forschungsnationen weit zurückbleibt. Innovationsschwächen sowie in ihrer Bedeutung zu spät erkannte oder unbesetzte Technologiesektoren lassen diese Rückstände leicht belegen.

Regelmäßig werden diese von der Politik auch eingeräumt und ebenso regelmäßig melden sich Vertreter der dafür (seit Jahrzehnten) zuständigen oder sich zuständig fühlenden öffentlich getragenen Institutionen und Einrichtungen,[9] unter deren Jahrzehnte währender »hoheitlicher« Begleitung Deutschland in die derzeitig miserable Forschungsposition geraten ist, völlig unbefangen zu Wort und versichern, dass die nächste Budgetsteigerung die Lösung des Problems bringen wird. Bleibt dann die Steigerung der Mittelzuwendungen in geforderter Höhe aus, führt man sich auf, als sei die gesamte (weiterhin voll gewährte!) Förderung entzogen worden und verfällt in Drohgebärden.[10]

Angesichts derlei eigennütziger Machtgefüge sind tief greifende Reformen unausweichlich, wenn Deutschland nicht weiterhin durch Abwanderung seiner Talente zum Aufbau von Technologiespitzenpositionen ausschließlich in anderen Ländern beitragen will. US-Ökonomen führen beispielsweise Aufstieg und Vormachtstellung ihrer Biotech-Industrie einigermaßen verwundert zu einem beträchtlichen Anteil auf den Zustrom europäischer Talente zu ihren Forschungszentren zurück.[11]

Aber statt zu reformieren beruhigt man mit Bestandsaufnahmen und Kennzahlvergleichen,[12] durchgreifende Maßnahmen unterbleiben. Während die Innovationskraft Deutschlands infolge der stetigen Ausdehnung der Staatsaktivitäten in Innovation und Entwicklung weiter schwindet, bleibt die dringend erforderliche Debatte über Strukturveränderungen und den überfälligen Rückzug der staatsgeführten Institutionen aus diesen Feldern zugunsten echten Forschungswettbewerbs hartnäckig Tabu.

Dabei ist bekannt: Unter den attraktivsten Migrationszielen für deutsche Forscher werden regelmäßig diejenigen Länder genannt, in denen der Anteil privat finanzierter Forschung an den Hochschulen nennenswert bis erheblich ist und daneben private, wettbewerbsgetriebene Forschungslandschaften bestehen.

Die Summe der Defizite in der Forschungs- und Bildungslandschaft in Deutschland, wie auszugsweise ausgeführt, rechtfertigen in der Tat wenig

Hoffnung auf kurzfristig greifende Verbesserungen. Ob bewusst verschaukelt oder nur in bester Absicht und wider besseres Wissen hingehalten – für hausgemachte Probleme und Karrieresackgassen haben junge begabte Forscher ein ausgeprägtes Gespür. Sie gewinnen zur Zeit weder den Eindruck, dass diese Sachverhalte breit zur Kenntnis genommen werden – die Probleme also erkannt sind – noch können sie in diesen Punkten auf einen handlungs- und durchsetzungsfähigen Staat vertrauen, der die Fehlentwicklungen stoppt und beherzt umsteuert. Zunehmend suchen sie ihre Chancen daher außerhalb Deutschlands.

Spitzenkräfte halten

animum debes mutare, non caelum – Die Einstellung musst du ändern, nicht den Ort wechseln [Seneca]

Ohne alle Probleme der Republik auf einen Ruck lösen zu müssen, können zumindest im persönlichen Umfeld Strukturen geschaffen und Kulturen entwickelt werden, die für Leistungseliten echte Angebote darstellen. Dabei können Freiräume im deutschen Hochschulwesen ebenso wie Gestaltungsmöglichkeiten im privaten Forschungssektor geschaffen und genutzt werden.

Das deutsche duale Ausbildungssystem, in aller Welt hoch geschätzt, könnte weiterentwickelt und auf die Hochschullandschaft ausgedehnt werden. Mit einigem Geschick lassen sich auch im privaten Sektor hochwertige Forschungsqualifizierungs- und, damit im Gleichklang, Praxisangebote entwickeln. Sie können bewirken, dass sich zumindest einige der Besten bei uns entfalten und ihre Lebensplanung mit und in Deutschland vollziehen. Dazu ist den persönlichen Interessen und Hintergründen sowie vor allem den Erwartungen an die persönliche und berufliche Entwicklung durch die Vermittlung tragfähiger Perspektiven zu entsprechen.

Das Aufzeigen von verlässlichen langfristigen Optionen ist ein Grundelement. Gerade in den entscheidenden Lebenszeitabschnitten sind die angesprochenen Personen aus völlig berechtigten Motiven heraus stark darauf bedacht, klare Vorstellungen über ihr zukünftiges Berufsleben, ihre Karrieremöglichkeiten und ihre Erfolgschancen mit entsprechenden Verdienstmöglichkeiten vor Augen zu haben und im persönlichen Umfeld mittel- bis langfristige Optionen zu sehen. Dabei bieten Ausgründungen und private Forschung reichhaltige Möglichkeiten. Der Übergang zur Industrieforschung ist fließend; dadurch eröffnen sich weitere Karrierepfade bei Auftraggebern und Kunden. All dies erschließt Freiräume für den Einzelnen. Die Attraktivität forschungsintensiver Unternehmen ist gerade für Hochschulabgänger sehr hoch und stellt deshalb eine wichtige Möglichkeit zur dauerhaften Bindung hoch qualifizierter Forscher an den Standort dar.

Allerdings darf der Erfolg auch hier nicht durch die öffentlich betriebene Forschung gefährdet werden. Oft tritt diese nämlich, zum Teil gestützt durch millionenschwere Förderprogramme, als Imitator, Mitläufer und Billigkonkurrenz auf den Markt, flacht die Innovationsspitzen völlig ab und stellt gar durch Adaption von Kenntnissen (sogar aus Steuermitteln finanzierte Patente) weitere Marktzugangshürden auf.

Die Welt ist hier

Die Tätigkeit von hoch motivierten Spitzenkräften spielt sich, insbesondere im Forschungsgeschehen, im internationalen Kontext ab, das heißt, sie arbeiten mit Fachkolleg(innen)en aus anderen Ländern und Kontinenten zusammen. Dies ist an den eventuellen Wunschaufenthaltsorten (Princeton, Stanford, Cambridge etc.) nicht anders als an gut funktionierenden Leistungseinheiten in Deutschland. Wie mein Kollege in Cambridge (Großbritannien) im Auftrag der Blair-Regierung darüber hinaus erhoben hat, ist der Umfang der Themen, deren Transfer aus dem Massachusetts Institute of Technology (MIT) und anderen US-Spitzenstandorten nach Europa sich lohnt, überraschend gering. Mancher Nachteil, der in Deutschland ohne Zweifel für Höchstbegabte und Spitzenleistungsträger besteht, kann durch Schaffen geeigneter Rahmenbedingungen ausgeglichen werden. Voraussetzung dafür sind international angelegte Projekte unter regem Austausch mit ausländischen Forschungsinstitutionen und deren Spitzenforschern. Innerhalb eines solchen Kontextes lässt sich meist rasch und dauerhaft die Erkenntnis vermitteln, dass die in solchem Umfeld betriebenen Arbeiten an jedem beliebigen anderen Ort auf der Welt kaum anders laufen als hier in Deutschland, ja dass an den deutschen Zentren im Vergleich auch einige Vorzüge bestehen.

»Die Welt hereinholen« ist eine Option, die für Spitzenleute reizvoll ist. Sie stellt hohe Anforderungen: Weltweit angelegte Forschungsarbeiten, internationale Personalrekrutierung und damit globale Wettbewerbsfähigkeit. Gelänge in Deutschland der Aufbau privater exzellenter Forschungszentren, gegebenenfalls auch in Zusammenarbeit mit öffentlichen Strukturen, so könnte der »brain-drain« rasch zu einer »brain-circulation« werden, so die klare Erkenntnis der Hauptnutznießer des derzeitigen Zustandes. US-Experten jedenfalls treibt wegen der starken Abhängigkeit der US-Spitzenforschung von der stetigen Zuwanderung qualifizierter Wissenschaftler ernsthaft die Sorge um, Deutschland könnte auf diesem Wege rasch beträchtliche Anteile der abgewanderten Talente wiedergewinnen.[13]

Die Rückkehrer – es gibt sie

patria est ubicumque bene – Wo es mir gut geht, ist die Heimat [Cicero]

Auch die »Besten« haben hinsichtlich einiger Qualitäten noch an sich zu arbeiten. Nicht alles, was den Weg zum Erfolg ebnet, muss von anderen erbracht werden. Wille und Entschlossenheit zu intelligentem Verhalten innerhalb der Gegebenheiten gehören dazu – ebenso wie Geschick und Ausdauer zur Schaffung eigener Freiräume und zur Erschließung von Chancen. So vermisst man bei hoch motivierten, hoch begabten und durchsetzungsfähigen Köpfen oft das Vertrauen in die eigene Kraft und Durchsetzungsfähigkeit. Selbst bei diesem Personenkreis ist festzustellen, dass Ausbildungsziele, Freiräume für Selbstverwirklichung, Stossrichtung der Innovation sowie die Einbindung in Fachgebiete bzw. Personengruppen überwiegend unter der Perspektive einer späteren Tätigkeit als Arbeitnehmer stehen.

Anders die »Pioniere«, die Rückkehrer, von denen sich alle so viel versprechen. Gemeint sind nicht diejenigen, die sich etwa bessere Wiedereinstiegsbedingungen nach Ablauf von aus Steuermitteln finanzierten Auslandsstipendien versprechen, indem sie die entstandene Sensibilität instrumentalisieren, wie in einem offenen Brief dieser »Rückkehrer« an die Bundesbildungsministerin im Jahre 2005 zum Ausdruck gebracht. Vielmehr sind höchst qualifizierte Personen von Interesse, die im Ausland erworbene oder erprobte Kenntnisse und Innovationen nach Deutschland zurückbringen, um mit diesen Errungenschaften hier unternehmerisch tätig zu werden.

Für die Gewinnung genau dieser Personengruppen gibt es natürlich kein Patentrezept. Beispielhaft soll daher aufgezeigt werden, welche Faktoren zur Rückkehr solcher Eliten führen können: Ein Betrieb der Photovoltaik etwa, der 1998 von drei »Rückkehrern« gegründet wurde, hält für eine Analyse einiges an Anhaltspunkten bereit.

Die Gründer, hoch qualifiziert mit Ausbildungen in Naturwissenschaften und Management an Eliteuniversitäten in Europa und in den USA (MIT –

Massachusetts Institute of Technology, INSEAD – Institut Européen d'Administration des Affaires, University of Nottingham), verfügen über weltweit erworbene Berufserfahrung. Sie waren im Ausland sehr erfolgreich tätig, bis die deutsche Konstellation der Gemeinschaftsaufgabe Sonderförderung (Bundesmitteln zur Förderung von Investitionen der gewerblichen Wirtschaft sowie wirtschaftsnaher Infrastrukturmaßnahmen), kombiniert mit den Subventionsmaßnahmen auf dem regenerativen Energiesektor, ihre Aufmerksamkeit weckte. Als zusätzlich noch deutlich wurde, dass auch Gründerkapital in Aussicht stand, entschlossen sich die drei Spezialisten und Vorstände der mittlerweile 700 Mitarbeiter zählenden Photovoltaik Produktion zu Firmengründung und Investitionen. Bereits innerhalb der ersten Schritte wurde beachtet, dass die Standortbedingungen auch für das angestrebte rasante Wachstum gegeben sind.

Die Nähe zu einer Großstadtzone (Flughafen, Autobahn) bei gleichzeitig weitläufigen Naturschutz- und Naherholungsgebieten waren geeignet, weitere Experten aus aller Welt zu gewinnen. Aufgrund der eingesetzten Hochtechnologie war es wichtig, jüngere, hoch qualifizierte Mitarbeiter anzuwerben, was mittels angepasster Arbeitszeitmodelle, eines firmeneigenen Kindergartens sowie eines Wohnungs- und Immobilienservices auch gelang. Mittlerweile hat sich um dieses Unternehmen ein stattliches Technologiecluster mit ca. weiteren 1000 Beschäftigten gebildet, mit Gründern, die aus aller Welt gekommen sind (auch Einwanderer), um hier Firmen aufzubauen und von Standort und Umfeld nachhaltig zu profitieren.

Auch die Analyse ähnlich gelagerter Erfolgsbeispiele führt immer wieder zu Konstellationen, die sich grob in nachstehendem Fragenkatalog zusammenfassen lassen:

- Herrscht ein günstiges unternehmerisches Klima?
- Sind Kapital und Fördermöglichkeiten gegeben?
- Entspricht die Standortqualität den Vorstellungen? Existiert Freiraum für eigene Arbeitszeit-, Schul- und Wohnmodelle?
- Herrscht ein familienfreundliches Klima?
- Wie ist die Innovations- und Technologiewertigkeit?
- Leisten die Verantwortlichen vor Ort Unterstützung?

Können diese und gegebenenfalls weitere Fragen positiv beantwortet werden, stehen auch die Chancen zur Gewinnung höchst qualifizierter Rückkehrer gut. Da in den USA und anderen als attraktiv geltenden Gebieten die Güte einiger Standortbedingungen derzeit etwas nachlässt, könnten sich diese Chancen in naher Zukunft weiter erhöhen.

Zusammenfassung

Der Forschungs- und Bildungsstandort Deutschland bereitet schon seit längerer Zeit Sorge. Die zutage tretenden Schwächen stehen in ursächlichem Zusammenhang mit massiver Abwanderung der Leistungselite. Junge, kreative, dynamische Leute kehren Deutschland zunehmend den Rücken. Sie finden anderswo bessere Bedingungen – und mehr gesellschaftliche Anerkennung. Im vorliegenden Beitrag wurde neben einer Skizze der Lage sowie einer Analyse aus der Sichtweise der Leistungseliten und Rückkehrer deshalb versucht, in Deutschland umsetzbare Modelle aufzuzeigen, die in einem lokalen Rahmen erfolgreich sein können. Hier empfehlen sich beispielsweise privat betriebene Forschungs- und Bildungsstrukturen – auch in Verbindung mit Neu- und Ausgründungen und Wirtschaftsbetrieben – in besonderer Weise.

Anmerkungen

1 Beate Backhaus/Lars Ninke/Albert Over: BRAIN DRAIN – BRAIN GAIN, in: Gesellschaft für Empirische Studien (Hrsg.): Eine Untersuchung über internationale Berufskarrieren, Kassel 2002, S. 27 ff; Wilhelm Bürklin/Hilke Rebenstorf u. a.: Eliten in Deutschland – Rekrutierung und Integration, Opladen 1997.

2 Vgl. etwa Manfred Erhardt: Hochschule in der Wissensgesellschaft – Zwischen Ökonomisierung und Bildungsauftrag. Vortrag 10. Haniel-Forum 3. Mai 2002, Franz Haniel-Akademie, Duisburg-Ruhrort, http://www.haniel-stiftung.de.

3 Der frühere Ministerpräsident des Landes Baden-Württemberg warnt insbesondere vor einer weiteren Zunahme der Abwanderung: Erwin Teufel: »Ingesamt sind im vergangenen Jahr 2002 120 000 junge Leute ausgewandert, 10 Prozent mehr als im Vorjahr 2001«. VDI nachrichten 34 (2003), S. 4.

4 M. Spiewak: Flucht der Forscher, in: Die Zeit vom 17. Mai 2001, S. 15.

5 Johannes Rau: Vortrag des Bundespräsidenten zum 52. Hochschulverbandstag, 8. April 2002, Koblenz.

6 Second European Report on S&T Indicators 1997, S. 643; vgl. Klaus Tänzer: Sozialstaat Deutschland: Oase rückwärtsgerichteter Bedenkenträger. Bürokratie, Verkrustung, Vollkaskomentalität und Gleichmacherei vertreiben die Eliten, in: Celler Blickpunkt 3 (2003), S. 3.

7 So beispielsweise Jörg Schönbohm: Konservative Reformer braucht das Land. Rede des Stellvertretenden Ministerpräsidenten des Landes Brandenburg auf dem 13. Brandenburgtag der Jungen Union, Brandenburg, 23. November 2002.

8 In diesem Sinne etwa Bürklin/Rebenstorf u. a. (wie Anm. 1), S. 110 ff.

9 Diese von der öffentlichen Hand betriebenen Strukturen präsentieren sich der erstaunten Öffentlichkeit in jüngerer Zeit gar als eigenständige Interessengruppen, die sich auf gleicher Stufe mit Industrievereinigungen und Wirtschaftsverbänden sehen, um der Politik Aufgaben zuzuweisen und so den Staat auf die Linie eigendefinierter

Ziele zu bringen. Sollte sich ein derartiger Mechanismus wirksam etablieren, so verstärkt er die ohnehin vorhandene Neigung, sich als Selbstzweck zu sehen und sich seinen Auftrag gegenüber der Allgemeinheit selbst zu definieren. Jüngstes Beispiel für solches Rollenverständnis ist die »Gemeinsame Position der Allianz der Wissenschaftsorganisationen zur Neuordnung der Forschungsfinanzierung und des Hochschulbaus« vom 22. Juli 2003, durch die Politik und Staat öffentlich Belehrungen zu gesamtstaatlicher Verantwortung für Forschung und deren Finanzierung zuteil werden, www.helmholtz.de/de/Aktuelles/Stellungnahmen/Gemeinsame_Position_der_Allianz_der_Wissenschaftsorganisationen_zur_Neuordnung_der_Forschungsfinanzierung_und_des_Hochschulbaus.html (30.4.2006)

10 So der Finanzvorstand der Fraunhofer-Gesellschaft, Grossner; Pressemitteilung vom 14. April 2003, Fraunhofer-Gesellschaft: Gebremstes Wachstum (anlässlich einer Budgetstraffung von 22 Millionen Euro, ca. 2 Prozent (!) des Gesamtbudgets): »Wenn die angewandte Forschung einen Beitrag zur Überwindung der wirtschaftlichen Probleme leisten soll, dann muss sie auch gefördert werden. Ansonsten müsste die Fraunhofer-Gesellschaft den Schwerpunkt ihrer Tätigkeiten auf kurzfristige Produkt- oder Prozessoptimierungen verschieben«, siehe www.fraunhofer.de/fhg/archiv/uebersicht/pi/ → 2003 → Gebremstes Wachstum (Pressemitteilung vom 14.4.2003)

11 Lynne Zucker/Michael Darby/Marilynn Brewer: Intellectual Human Capital and the birth of US Biotechnology Enterprises, NBER Working Paper Series, 1996.

12 Report of the Federal Government on Research 2000. Bundesministerium für Bildung und Forschung (BMBF), Bonn 2001.

13 Jean M.Johnson/Mark Regets: International Mobility of Scientists and Engineers to the US – Brain Drain or Brain Circulation? NSF Issue Brief 98–316, June 22, 1998.

Teil IV: Elitenförderung in der Schule

Claudia Solzbacher

Pädagogik mit Verantwortung

Möglichkeiten der Förderung von Eliten in der Schule

Einleitende Betrachtungen

»Ein Schulmeister hat lieber zehn notorische Esel als ein Genie in seiner Klasse, und genau betrachtet, hat er ja Recht, denn seine Aufgabe ist es nicht, extravagante Geister heranzubilden, sondern gute Lateiner, Rechner und Biedermeier«, so Hermann Hesse in seinem schulkritischen Roman »Unterm Rad«.[1] Hesses Schulkritik bezog sich auf den vermeintlichen Gegensatz »Individualität und Schule« und war gespeist von dem großen Autonomie-Bewusstsein eines besonders begabten, vielleicht hoch begabten Schriftstellers. Die Künstler galten damals mehr als heute als »Meldeinstrumente«, Seismographen also, die infolge ihrer Empfindsamkeit Essentielles über Phänomene der Zeit mitteilen können. So wurde das Thema »Begabung und gesellschaftliche Elitefunktion« als eine Art literarischer Schulkritik sehr bald breit in der Gesellschaft diskutiert.[2] Bis in die Gegenwart werden Hochbegabung und Elite häufig in einem Atemzug genannt. Ob dies seine Berechtigung hat und wie und ob die Förderung besonders Begabter oder anderer potentieller zukünftiger Eliten in und durch Schule geleistet werden kann, ist Thema dieses Beitrags.

Im deutschen Sprachgebrauch ist von Elite überwiegend in einem »normativ-werthaften Sinn« die Rede: »Zur Elite werden Personen gerechnet, die sich durch hervorragende Fähigkeiten und Leistungen auszeichnen und daher besonders für Positionen mit hoher Verantwortung geeignet erscheinen.«[3] Dem Wortsinn nach ist im Elite-Begriff das Qualitätsmoment bereits enthalten.

Da sich moderne, pluralistische Gesellschaften aber nicht nur hinsichtlich der Vielfalt der Funktionen, sondern auch hinsichtlich der Vielfalt der Wertmaßstäbe unterscheiden, stehen Erziehung und Bildung zukünftiger Eliten in und durch Schule vor der Herausforderung, aus eher generalisierenden Zuschreibungen Qualifikationen und Kompetenzen abzuleiten, die dann in schulische Konzepte überführt werden können.

Generell ist fraglich, ob ausschließlich auf Eliten zielende Förderprogramme in der Schule verantwortbar oder wünschenswert sind. Die Hochbegabtenforschung z. B. gibt durchaus Anlass zu der Vermutung, dass Konzepte zur Förderung besonders Begabter der Gesamtheit der Klasse bzw. der Schule zugute kommen können,[4] getreu einem Motto der Begabtenförderung: »Die steigende Flut hebt alle Schiffe«. Warum ist dies für das Thema Eliteförderung in der Schule von Bedeutung?

Gibt es »die« Elite?

Der Begriff der Elite wird unterschiedlich definiert bzw. unterschiedlich interpretiert. Doch auch wenn unterschiedliche Zuschreibungen mit diesem Begriff verbunden sind, so scheint man doch in der Regel grob von drei Bereichen auszugehen, in denen sich Elite manifestiert: Funktionselite, Leistungselite und Machtelite.

Dabei erfolgt die Rekrutierung von Eliten in verschiedenen Phasen: innerhalb der Sozialisation, innerhalb des Aufbaus von »Karrieren« und innerhalb der Übernahme bestimmter Spitzenpositionen. Schule ist sekundäre Sozialisationsinstanz. Ein Sozialisationsziel ist es Leistungseliten auszubilden, von denen man sich erhofft, dass diese auch einmal geeignet sein werden, Funktionseliten und Machteliten zu bilden. Eng verbunden mit dem Begriff der Leistungselite ist der Begriff der Werteelite; er stand und steht mitunter noch für die Auslese der jeweils »Besten« einer Gesellschaft, die in ihren persönlichen Eigenschaften und ihrem Lebensstil die höchsten Werte des Gemeinwesens in exemplarischer Weise verkörpern.[5] »Demgegenüber verzichtet der Begriff der Funktionselite auf die nicht unproblematische und von subjektiven Werturteilen geprägte Annahme, es existiere eine Gruppe geistlich, sittlich oder sozial höherwertiger Individuen in einer Gesellschaft.«[6]

Die klassischen und geschlossenen Modelle der Eliteforschung sind durch die neuen Demokratieformen mit immer besser gebildeten und informierten Massen überholt. Infolge der Vielzahl der Interessenverbände und der Beteiligung der Massen am gesellschaftlichen und politischen Entscheidungsprozess, muss der Begriff der Elite in einer offenen Gesellschaft immer neu definiert werden: Was sind Eliten, wer zählt dazu und welche Funktionen übernehmen sie in demokratischen Gesellschaften?

Trotz aller Meinungsverschiedenheiten und unabhängig von politischer Couleur oder religiösem Selbstverständnis kristallisieren sich bei der Sichtung moderner Abhandlungen zum Thema zwei Begriffe als untrennbar mit der Aufgabe und der Funktion von Eliten verbunden heraus: Verantwortung und Vorbild.

Wenn dies so ist, so kann man festhalten, dass die meisten Menschen im Laufe ihres Lebens beide Funktionen an dem einen oder anderen Platz einmal erfüllen werden müssen. Insofern hat die pädagogische Beschäftigung mit diesem eher soziologischen oder politischen Begriff durchaus für das Gros der Schüler und Schülerinnen eine Bedeutung, deshalb muss die Pädagogik breit und umfassend auch über Eliteförderung nachdenken.

In und für Schule Verantwortliche müssen zunächst die Begriffe Verantwortung und Vorbild operationalisieren (sprich für Schule »klein arbeiten«) und auf Chancengerechtigkeit bei der Entwicklung von Förderkonzepten für Eliten achten. Denn Menschen in Führungspositionen wird es in jeder Gesellschaft zu jeder Zeit geben. Aber wenn wir heute um die Konturen einer »neuen Elite« ringen, dann meinen wir doch nicht irgendwelche Eliten, sondern eine Wissens- und Verantwortungselite.

Fest steht: Nachdem in Deutschland in den letzten 30 Jahren die Diskussion um den Elitebegriff mit ideologischer Schärfe und sehr kritisch geführt wurde, scheinen sich jetzt politische Parteien, Wirtschaftsvertreter und Interessenverbände darin einig zu sein, dass angesichts immer komplexerer und schneller funktionierender Lebens- und Arbeitswelten »Eliten« ihre Existenzberechtigung haben. Dabei wird besonders hervorgehoben, dass es zunehmend wichtig sei, dass es eine Gruppe von Menschen gebe, die in der Lage sei, über ihr Fachgebiet hinauszublicken und das eigene Handeln selbstkritisch zu reflektieren.

Angesichts weltweiter Zusammenarbeit und der Notwendigkeit, Folgen technischer Entwicklung genau abzuschätzen, wird der Ruf nach Menschen zunehmend lauter, die in der Lage sind, Probleme zu lösen und über vernetztes Wissen verfügen. Mit der Betonung des »Rohstoffes Geist«, auf dem ganz wesentlich die Wertschöpfung in der Informations- und Wissensgesellschaft beruhe, wird die Diskussion um Eliten in die Nähe des fast ebenso umstrittenen Themas »Hochbegabung« gerückt. Von der Qualität unseres Bildungssystems, von unseren Leistungen in Wissenschaft und Forschung, von der Innovationskraft und Kreativität unserer Jugend hänge, wie niemals zuvor, künftig Wohlstand, soziale Sicherheit, ja Freiheit und Demokratie ab.

Aktuelle Studien beschreiben die neuen Herausforderungen: In Anbetracht der Tatsache, dass wir es in der Regel mit sehr komplexen Problemen zu tun hätten und wir uns in einer Informations- und Wissensgesellschaft befänden, wo wir das Problem der Überflutung mit Informationen (*information overload*) hätten, sei im Prinzip jeder Einzelne überfordert. Konsens und Konflikt seien heute entscheidende Rahmenbedingungen für das Handeln von Eliten. Die Kooperations- und Kompromissfähigkeit von Führungsschichten wurde in der Vergangenheit möglicherweise dadurch erleichtert, dass es innerhalb der Führungsschicht ein höheres Maß an Konsens über grundlegende Werte und Verfahrensregeln gab.[7] Mit einem System, das die Problemkomplexität einer Informations- und Wissensgesellschaft aufweise, könne man jedoch nur durch kommunikative Vernetzung umgehen. Insofern verlangten die neuen Anforderungen an die modernen Eliten vorrangig kommunikative und moderierende Kompetenzen. Zu einer solchen »Interaktionskompetenz« komme die Entscheidungskompetenz hinzu, die sich mehr oder minder darauf reduziere, dass derjenige, der letztlich die Verantwortung trägt, sich die Vor- und Nachteile zu den verschiedenen Themen anhöre und dann aus eigener Abwägung irgendwann das Zünglein an der Waage spiele.

Heute scheint, deutlicher als früher, nicht mehr über Eliten als Einzelpersonen gesprochen zu werden, sondern über Eliten als »Elite-Netzwerke«, als Kommunikationsverbünde von Führungspersonen in verschiedenen gesellschaftlichen Bereichen. So wichtig Konfliktmanagement und Kommunikationsfähigkeit unbestritten sind – läuft die Verpflichtung zur Übernahme von Verantwortung in einem solchen Ansatz nicht Gefahr zu verwässern? Wer verantwortet in den Netzwerken noch was auf welchen Entscheidungsgrundlagen?

Was bedeutet Verantwortung?

»Verantwortlichkeit setzt neben Freiheit die Geltung von praktischen Gesetzen bzw. Regeln voraus.«[8] Ohne Freiheit gibt es keine Verantwortung und ohne Gesetze und Regeln gibt es keine Verantwortungsinstanz, keinen Maßstab zur Beurteilung der Handlungen des Verantwortlichen.

Der Satz »Die Person A übernimmt Verantwortung« besagt, dass A sich durch einen Akt freiwilliger Selbstbindung zur Verantwortlichkeit verpflichtet. Personen können gegenüber anderen Personen oder Personengruppen verantwortlich sein. Man kann verantwortlich sein gegenüber einer Sache oder für Handlungen bzw. für die Wirkung eigener Handlungen. In der Regel wird das Wort »verantwortlich« also im normativen Sinn verwendet.[9] Wenn im Zusammenhang mit Eliten von Verantwortung bzw. Verantwortungsübernahme gesprochen wird, ist in der Regel immer Verantwortung vor jemandem und für etwas gemeint. Damit wird eine hohe fachliche, in der Regel aber auch moralische Qualität vorausgesetzt. In diesem Zusammenhang meint Verantwortung, Verantwortung für andere, die als grundlegende Fähigkeit jedoch auch die Verantwortung für sich selbst voraussetzt. Damit hat Verantwortung auch eine Schnittstelle zu modernen Autonomiedebatten. Gemeint ist soziale Verantwortung oder Verantwortung für das Gemeinwesen, so problematisch diese auch zu beschreiben ist. Somit ist Verantwortung immer werteorientiert.

Wer oder was ist aber die Instanz, an der sich Verantwortung bereits in der Schule orientiert? Längst diskutiert doch eine breite Öffentlichkeit das, was Hans Jonas damals »das Versagen traditioneller Ethik« genannt hat und was heute als Werterelativismus wahrgenommen wird.[10]

Warum sollen wir tun, was dem Gemeinwesen oder gar der Welt nützt? In jedem Fall sind hier in einem säkularisierten Staat Rechtsverhältnisse ausschlaggebend. Aber denken wir die Übernahme von Verantwortung durch Eliten auf der Ebene der Legalität? Viel eher schweben uns doch moralisch integre Führungspersönlichkeiten oder politische Eliten vor, die ihr Tun auf Legitimität gründen und Verantwortung übernehmen, weil etwas richtig ist und nicht weil es im Gesetz steht. In einer solchen Situation wird die potentielle Übernahme von Verantwortung durch Eliten somit durch eine weitere Eigenschaft bestimmt, nämlich durch Mut, den Mut in einer immer unüberschaubareren Welt, in einer »Risikogesellschaft«, Verantwortung zu übernehmen.

Hinzu kommt für schulische Bildung und Erziehung eine zusätzliche Problematik: Wie weit reicht individuelle Verantwortlichkeit? Anders gefragt: Hat Verantwortung nicht immer bestimmte Zuständigkeitsbereiche? Theoretisches Wissen alleine führt nicht dazu, dass Menschen Verantwortung übernehmen. Verantwortung lernt man, indem man in praktischen Anwendungsfeldern Verantwortung übernehmen muss bzw. darf.

Kann man Verantwortung also lernen? Insgesamt gilt, dass Schule, wenn sie zur Verantwortung erziehen oder bilden will, folgende Fragen thematisieren muss:

- Die Kompetenz- und Machtfrage: Wer ist das Subjekt der Verantwortung? Wer trägt die Verantwortung wofür?
- Die Orientierung an humanen Beziehungen und Sachaufgaben: Was heißt human und sachgerecht zugleich?
- Die Orientierung an Wertmaßstäben: Wo gibt es eine Verbindung zu humanen und allgemein menschlich nachvollziehbaren Ansprüchen?
- Welches Wissen ist nötig, um Verantwortung übernehmen zu können?
- Wo gibt es Handlungssituationen, in denen man Verantwortung einüben kann?

- Wie kann man in der Schule Verantwortungsübernahme durch Reflexion zu einer Art »Haltung« generieren?

Der Weg zu einer besseren Elite führt nur über eine bessere (Aus-)Bildung möglichst vieler Menschen

Das bisher Dargestellte legt nahe: Die Zugehörigkeit zur Elite ist nicht in jedem Fall eine dauerhafte Eigenschaft einer Person, sondern Ausdruck ihres jeweiligen Status bzw. ihres jeweiligen Tätigkeitsfelds. Innerhalb dieses Status werden von der einzelnen Person jedoch sehr wohl Eigenschaften verlangt, die in der Regel mit Verantwortungsbewusstsein, Engagement, Kreativität und Problemlösungskompetenz umschrieben werden. Diese Fähigkeiten gilt es, in der Schule zu fördern und zu fordern, und zwar in einer Weise, die den jeweiligen Begabungen angemessen ist und zugleich Chancengerechtigkeit sicherstellt.

Gerade weil die durch Bildung und Ausbildung zu entwickelnden persönlichen Qualifikationen und Leistungen bei der Herausbildung gesellschaftlicher Eliten eine entscheidende Rolle spielen, genügt gerade nicht die bestmögliche Förderung von bestimmten, als zukünftige Eliten erachteten Gruppen. Um es an einem Beispiel des Sports zu verdeutlichen: Erst die Förderung des Breitensports erhöht die Wahrscheinlichkeit, überhaupt eines Tages die richtigen Spitzensportler auswählen zu können. Dies auf Bildung übertragen gilt besonders angesichts der verheerenden Ergebnisse der PISA-Studie zur gerechten Verteilung von Bildungschancen in Deutschland.

Wenn die Auswahl von Eliten nicht auf die Angehörigen einer bereits existierenden Elite beschränkt bleiben soll – und dies ist das konstitutive Merkmal offener, freier Systeme –, dann führt der Weg zu besserqualifizierten und leistungsfähigeren Eliten nur über die bestmögliche Ausbildung und Bildung möglichst vieler Menschen.[11]

Es ist wichtig zu betonen, dass mit dem Aufruf nach optimaler Förderung, nicht »Gleichmacherei« gemeint ist. Im Gegenteil: Individuell angemessene Förderung schließt die Förderung von besonders Begabten und Hochbegabten unbedingt mit ein, ja ermöglicht sie erst. Moderne Hochbegabungsdefinitionen machen allerdings auch deutlich, dass nicht alle ehedem als hoch begabt Diagnostizierte (z.B. qua Intelligenztest) einmal potentiell zu einer wie immer gearteten Elite gezählt werden können. Verantwortung zu übernehmen und hohe Leistungen zu erbringen setzt vielfältige Persönlichkeitseigenschaften voraus, und es ist überdies sehr umstritten, inwieweit diese immer mit einem überdurchschnittlichen IQ einhergehen.[12]

Eine Bildung von und für Eliten muss sich davor hüten, eine abgeschottete Gruppe von Menschen zu schaffen, die durch eine eigene Kultur und Sprache verhindern, dass Außenstehende Zugang erhalten. Ebenso wenig darf eine solche Bildung Kinder und Jugendliche bereits frühzeitig zu bestimmten »Funktionen« erziehen wollen, das heißt für bestimmte Verwendungssituationen heranziehen. Man muss Kindern und Jugendlichen aber sehr wohl die Möglichkeit geben, sich auf der Grundlage einer guten Schulbildung in möglichst vielen »Verwendungssituationen« und persönlichen Herausforderungen ihren Begabungen entsprechend optimal beweisen zu können.[13]

Es wird deutlich, dass Schule hier wichtige Aufgaben hat und vermutlich immer größere Herausforderungen auf sie zukommen. Es geht, wie viele fälschlicherweise annehmen, bei der Diskussion um Eliten nur bedingt um Selektion. Es geht zur Zeit besonders darum, für eine breite Masse eine (möglichst frühzeitige) optimale Förderung vorzuhalten, welche eben auch den bis hierhin ausgebreiteten Kriterien von Eliteförderung genügt. Wie könnte diese aussehen?

Fassen wir zunächst zusammen: Der Begriff der Verantwortung bezieht sich grundsätzlich auf gesamtmenschliche Handlungs- oder Verhaltensverhältnisse. Wenn wir Verantwortung zuschreiben oder übernehmen, dann konstruieren wir einen auf die Person bezogenen ethisch verbindlichen Zusammenhang von Wollen, Tun und Haltung. Dieser Zusammenhang begründet unser Verständnis von personaler Identität, Freiheit und Mündigkeit, der Fähigkeit zu selbstständigem Leben.[14]

Persönlichkeitsbildung und Werteerziehung

Wie schon betont, hängen Erziehung zur Verantwortung und Werteerziehung eng zusammen. Diese Themen werden immer wieder im Zusammenhang mit vielfältigen Fragestellungen diskutiert: Passt der Begriff der Werteerziehung überhaupt in den Rahmen eines öffentlichen Bildungsauftrags von Schule, wenn Öffentlichkeit im liberal-demokratischen und pluralistischen Sinn gedacht werden muss als der Raum, in dem sich die vielfältigen gesellschaftlichen Kräfte artikulieren und um Einfluss in Staat und Politik konkurrieren? Welche Werte können gemeint sein? Wer kann sie festsetzen? Gibt es in unserer Gesellschaft einen Konsens über grundlegende Werte? Pädagogisch ist darüber hinaus zu fragen, wie man zu Werten erziehen kann und ob eine verbindliche Setzung hier überhaupt Sinn hat. Zugleich jedoch macht gerade diese Situation eine Werteerziehung besonders dringlich, wenn nicht die Masse der Außengesteuerten unser Ziel und Schicksal sein soll. Moralische Erziehung ist also erheblich schwieriger und zugleich auch für die Schule eine dringende Aufgabe geworden.

Festgehalten werden muss, dass das, was man als Bildungs- und Erziehungsziel von Schule ansieht, nämlich die Selbständigkeit des Einzelnen, eine für den Staat grundlegende politische Parallele hat, nämlich die der Mündigkeit. Die Problematik, die beide Ansätze verbindet, ist die Tatsache, dass der freiheitliche Staat über seine eigenen sittlichen Grundlagen, deren er in der Gesellschaft bedarf, nicht unmittelbar verfügen kann. Er lebt von Voraussetzungen, die er selbst nicht in der Hand hat. Diese Grundlage des mündigen Engagements des Einzelnen ist Zielsetzung von Schule. Hier befindet sich Schule also in einer Zwischen- oder Mittlerposition zwischen Individuum und Gesellschaft. Betont werden muss in diesem Rahmen: Es mangelt den Jugendlichen nicht an Idealen und Werten, wie man der 12. Shell-Studie entnehmen kann; sie sind bereit sich zu engagieren.[15] Es hat bei ihnen »lediglich« die Hoffnung nachgelassen, dass man diese in der Gesellschaft auch vorfindet und leben kann. Hartmut von Hentig weist, dies interpretierend, zu Recht darauf hin, dass die Schule Teil dieser Gesellschaft ist und keine pädagogische Provinz, in der im Ernstfall gegen die Gesellschaft gelebt und gelehrt werden könne und solle. Wenn die »Polis« als Ganze, also die Gemeinschaft insgesamt, Probleme nicht bewältige und gegen Werte verstoße oder Werte nicht reflektiere und lebe, dann sei die Pädagogik alleine mit dieser Aufgabe überfordert.[16]

Werteerziehung ist das Bemühen, es so wenig wie möglich dem Zufall zu überlassen, ob Kinder und Jugendliche eine hinreichende normative Orientierungssicherheit erwerben. Das kann bei realistischer Betrachtung nur ein Werteinstellungs-Gefüge sein, das zum sinnvollen und sozialverantwortlichen Leben unter den Bedingungen einer pluralistischen Gesellschaft befähigt. Damit ist jedoch noch nicht eindeutig erkennbar, was inhaltlich und formal bezweckt wird.

Bei der Sichtung der einschlägigen Literatur zum Thema ergeben sich diesbezüglich zwei idealtypisch einander gegenüberstehende Positionen:

1. Werteerziehung als eine formale »Bewertungs-Erziehung«, bei der von der Vermittlung überindividueller Normen so weit wie möglich abgesehen wird.
2. Eine materiale (inhaltliche) Werteinstellungserziehung, die ausdrücklich auf die Vermittlung überindividueller Normen und deren Verinnerlichung abzielt.

Einige Theoretiker zur Moralerziehung behaupten, man müsse zwischen beiden Ansätzen wählen, um zu einem gelungenen Resultat zu gelangen. Die in der Schule zu leistende Alternative zu der so genannten emanzipatorischen Werteerziehung und zu der immer wieder so genannten konservativen Werteerziehung ist die Konzeption einer profunden Allgemeinbildung auf der Grundlage eines erziehenden Unterrichts. Dieses Konzept hat den Vorzug, dass es weder Demokratie und Pluralismus im Sinne eines Selbstbedienungsladens interpretiert, noch die Gefahr einer irrationalen oder gar anti-pluralistischen Moralerziehung in sich birgt. Die Kritik an beiden vorher genannten Ansätzen ergibt nämlich, dass moralische Erziehung nicht ohne profundes Wissen (oder besser Verstehen) auskommt, das heißt nicht in dem bloßen guten Willen verharren darf, dass aber auf der anderen Seite die Einsicht in bestimmte Zusammenhänge noch kein Engagement hervorbringt.

Wir wissen weiterhin aus Untersuchungen, dass eine Werteerziehung nur dort funktionieren kann, wo der Lebensraum als sinnvoll erkannt wird, das gilt sowohl für die Inhalte als auch für den emotionalen Rahmen, und wo innerhalb dieses Raumes Möglichkeiten geschaffen werden, selbsttätig das als richtig Erkannte umzusetzen. Dies verweist auf einen weiten Bereich innerer Reformen in der Schule, die jedoch keineswegs neu, sondern spätestens seit der Wende zum letzten Jahrhundert Bestandteil reformpädagogischer Theorien sind.

Gemeint ist zunächst sowohl die Verbesserung der Qualität des Schulunterrichts als auch des Schullebens. Das reicht von der Verbesserung der Sozialbeziehungen zwischen Lehrern und Schülern bis hin zu einer baulich ansprechenden und moderner Pädagogik entsprechenden Ausgestaltung des Schulgebäudes. Zu schulischer Qualität gehört zuvorderst das gegenseitige Einvernehmen in grundsätzlichen Fragen wie der Zielausrichtung, der pädagogisch anthropologischen Auffassung und der Stimmigkeit des Schulgeschehens im Sinne des erziehungswirksamen Ineinandergreifens aller Handlungselemente. Denn, wie Hartmut von Hentig zu Recht anmerkt: Man trägt der Schule auf, einen anerkannten Wertekanon zu vermitteln, und hat nicht einmal einen Konsens darüber, was die Schule leisten soll.[17]

Konsens wird in einer Schule umso stärker wirksam, wenn er nicht nur durch Not entsteht, sondern wenn er durch eine von allen getragene Erziehungsauffassung gefördert, getragen, erhalten und immer wieder neu herbeigeführt wird: durch Pflege von Kollegialität und Gemeinschaftlichkeit innerhalb der Lehrer- und Schülerschaft, durch freie Aussprache und das Bewusstsein um die Unvollkommenheit der eigenen Schule und ebenso um die Erfordernisse ihrer Weiterentwicklung. Eng damit zusammen hängt die Forderung nach pädagogisch sinnvollen Ordnungen. Auf Konsens beruhende, klare Spielregeln schaffen erst den Rahmen für Selbsttätigkeit, Initiative und Mitwirkung des einzelnen Schülers wie auch für die Kooperation der Schüler untereinander. Als weitere Punkte nennt die so genannte Gute-Schule-Forschung eine auf Vertrauen sich gründende Kultur mitmenschlichen Umgangs, angemessene Abstimmung von Fördern und Fordern und ein reiches, der Umwelt gegenüber offenes, die Lebenswelten der Kinder verbindendes, gemeinschaftsförderndes Schulleben. Kurz: Die Möglichkeit zu reichhaltigen Erfahrungen in Schule und Unterricht. Dahinter steckt die Auffassung, dass jeder Unterricht, der seine Erkenntnisse in die jungen Menschen erfahrbaren Lebensprobleme und -zusammenhänge einzubringen weiß, erziehungswirksam und wertfördernd zugleich ist.[18]

Die zunehmende Vernachlässigung der elterlichen Erziehungsaufgaben scheint mehr und mehr auch eine sozialpädagogische Betreuung der Schule vonnöten zu machen. Immer häufiger lernen Schüler und Schülerinnen erst in der Institution Schule das Umgehen mit sich selbst, mit Frustrationen und Belastungen im Leistungsbereich und im Sozialbereich, entwickeln sie Handlungskompetenzen in verschiedenen Sektoren ihrer Persönlichkeitsentwicklung und erhalten sie damit Gelegenheit, sich auf vielfältige Anforderungen nicht nur der Schule, sondern auch des allgemeinen sozialen und politischen Umfelds, ja auf Verantwortungsübernahme im Sinne einer Elitebildung vorzubereiten. Man wird eben nicht als Elite geboren. Auch Hochbegabten z.B. kann es an (Werte-)Erziehung mangeln. Pädagogen müssen ihre Einstellungsmuster verändern: Allen Kindern muss potentiell zugetraut werden, einmal zur Leistungs- und Verantwortungselite unseres Landes zu gehören. Man muss Kinder »wertschätzen«, damit sie sich und andere wertschätzen können.

Bis hierhin ist deutlich geworden, dass Verantwortungsübernahme keine Fähigkeit ist, welche mit der Verleihung von Abschlusszeugnissen gleichsam vom Himmel fällt. Sie erfordert Wissen (Verstehen), Können, Wollen und Handeln. Es ist ebenfalls deutlich geworden, dass sich die Bildung potentieller Eliten nicht alleine an kognitiven und wissenschaftlichen Kriterien orientieren kann. Elitebildung ist immer Persönlichkeitsbildung. Bildung als allgemeine Menschenbildung heißt zuerst und vor allem, das Individuum in jenen Zustand von Selbstständigkeit zu bringen, ohne den humane Lebensführung nicht möglich ist. Was heißt das neben dem bisher Ausgeführten? Zur weiteren Qualitätsentwicklung von Schule, besonders unter dem Blickwinkel der Elitebildung, ist es notwendig, die Begriffe »Allgemeinbildung« und »erziehender Unterricht« einer für die Schule handhabbaren Operationalisierung zuzuführen. Der aktuell in der Bildungspolitik so hoch gehandelte Kompetenzbegriff scheint dies möglich zu machen.

Persönlichkeitsbildung und Lernkompetenzförderung

Inwieweit ist Persönlichkeitsentwicklung auch Kompetenzentwicklung? Dies soll im Folgenden an dem Beispiel des Forschungsprojekts »Lernkompetenzförderung in der Schule« der Bertelsmann-Stiftung vorgestellt werden.[19] Die Autoren der Untersuchung haben es sich zur Aufgabe gemacht, in den Schulen des »Netzwerks innovativer Schulen Deutschland« gelungene Konzepte von Lernkompetenzförderung zu sichten und zu systematisieren.

Die Arbeitsdefinition, die der Untersuchung zugrunde gelegt wurde, geht von einem erweiterten Lernbegriff aus, der sich nicht mehr nur vorwiegend an kognitiven Zielen orientiert, sondern auf eine komplexe Persönlichkeitsentwicklung abzielt. Ein solches weites Lernverständnis führt zwangsläufig zu einem ganzheitlichen Kompetenzbegriff, der sich an den Erfordernissen der gesellschaftlichen und individuellen Entwicklung orientiert und dem untrennbaren Zusammenhang von Sach-, Methoden-, Sozial- und Selbstkompetenz Rechnung trägt. Aus dieser Sicht bezeichnet Lernkompetenz die individuelle Verhaltensdisposition, erfolgreich zu lernen sowie das Gelernte beim weiteren Lernen anzuwenden.

Bei der nachfolgenden Definition der Dimensionen von Sach-, Methoden-, Sozial- und Selbstkompetenz wird deutlich, inwieweit Schule, indem sie diese Kompetenz systematisch fördert, gleichzeitig zu einer Elitebildung beiträgt:

- Sachkompetenz zielt auf den Erwerb sachlicher Kenntnisse und Einsichten in verschiedenen Fachgebieten und auf deren Anwendung in fächerübergreifenden Zusammenhängen und Problemorientierungen. Es geht damit um die Anwendung der Kenntnisse und ihre Verknüpfung in Handlungszusammenhängen. Im Unterschied zu den anderen Kompetenzbereichen ist Sachkompetenz inhaltsgebunden bestimmbar. Sie zu erwerben, schließt die individuelle Aneignung von Kenntnissen (Fakten, Regeln, Gesetzen, Begriffen, Definitionen), das Erkennen von Zusammenhängen, das Verstehen von Argumenten, Erklärungen sowie das Urteilen und Beurteilen z.B. von Thesen und Theorien ein. In diesem Bereich hat PISA große Defizite aufgezeigt.
- Die Methodenkompetenz, die nur im Zusammenhang mit Sachkompetenz erworben werden kann, ermöglicht, die eigene Tätigkeit bewusst,

zielorientiert, ökonomisch und kreativ zu gestalten und dabei auf ein Repertoire geeigneter Methoden zurückzugreifen. Diese Aneignungs-, Erkenntnis- und Arbeitsmethoden sind zwar stets inhaltsgebunden, dabei aber teilweise fachspezifisch und teilweise überfachlich.

- Die Sozialkompetenz befähigt dazu, in wechselnden sozialen Situationen bei unterschiedlichen Aufgaben und Problemen die eigenen bzw. übergeordneten Ziele erfolgreich im Einklang mit den anderen Beteiligten zu verfolgen. Im Zentrum steht das Bewusstsein einer Verantwortung für sich selbst und für andere, vor allem Fremdwahrnehmung, solidarisches Handeln, Kooperations- und Konfliktfähigkeit.
- Selbstkompetenz (auch oft personale Kompetenz genannt) erfasst grundlegende Einstellungen, Werthaltungen und Motivationen, die das Handeln des Einzelnen beeinflussen. Man kann dies auch das Selbstkonzept nennen, das sich auf Selbstvertrauen und Selbstwertgefühl gründet, also auf Einstellungen zur eigenen Person, emotionale Unabhängigkeit und Zuversicht in die eigenen Fähigkeiten. Zum Selbstkonzept gehören auch die kritische Selbstwahrnehmung in Auseinandersetzung mit der Umwelt und der eigenen Position in ihr, das Bewusstsein über eigene Werthaltungen sowie die moralische Urteilsfähigkeit.

Es ist für unser Thema wichtig darauf hinzuweisen, dass Leistungseliten voraussetzten, dass das einmal erreichte Lernniveau nicht mehr unterschritten wird und dass die Niveauanforderungen einschließlich der Methodenzugänge fest verankert sind.[20] Eine weitere wichtige Erkenntnis ist ebenso für die Förderung von Leistungseliten in Schule und Unterricht unerlässlich: »Persönliches Können entsteht nur dann, wenn mit den Aufgaben die Anforderungen zunehmen und Schwierigkeiten überwunden werden müssen. Das gestern noch unlösbare Problem muss morgen lösbar erscheinen, was einzig dann möglich ist, wenn die individuelle Kompetenz ständig und zuverlässig wächst. Wer lediglich darum besorgt ist, Serien von Lernanlässen ohne Erhöhung der Schwierigkeitsgrade zu schaffen, bedient ›Selbstorganisation‹, aber nicht den Fortschritt des Könnens«.[21] In einem leistungszugewandten Lernklima lernen Schüler nachweislich besser.

Wenn in der Schule die Entwicklung von Lernkompetenz in diesem Sinne systematisch und zielstrebig gefördert werden soll, muss genauer darüber nachgedacht werden, welche Teilkompetenzen zu den eben beschriebenen Kompetenzbereichen gehören, um ein erfolgreiches Weiterlernen zu ermöglichen. Die Suche nach deutlich voneinander unterscheidbaren Teilkompetenzen wird allerdings dadurch erschwert, dass diese Persönlichkeitseigenschaften komplexer Natur und miteinander verbunden sind. Jede Aufzählung von Kenntnissen, Fähigkeiten, Fertigkeiten und Einstellungen muss demzufolge unvollständig und mehrdeutig bleiben. Dennoch muss diese Operationalisierung unbedingt vollzogen werden, um im Schulalltag dann in Konzepte münden zu können.

Notwendig ist eine Hierarchisierung und ein schrittweiser Aufbau der Lernkompetenz. Es bedarf der Standards, insbesondere zwischen den Schulstufen entlang der Lernbiographie der Schüler (vertikal), aber auch innerhalb der Schulen zwischen den Fächern (horizontal), die zugleich einen ausreichenden individuellen Spielraum für jeden Lernenden und jedes Fach lassen: Nicht jeder Lernende ist in der Lage, Lernkompetenz auf höchstem Niveau zu erwerben. Jeder muss aber zu seiner bestmöglichen Form geführt werden. Grundlage hierfür ist eine auf Selbstständigkeit und Kreativitätsentwicklung zielende Lehr-Lernkultur, die vielfältige Maßnahmen der Differenzierung und individuellen Förderung vorhält.

Aufgrund der großen Bedeutung der Lernkompetenz für die erfolgreiche Bewältigung der individuellen und gesamtgesellschaftlichen Herausforderungen der Wissensgesellschaft gehört sie zu den Basiskompetenzen (neben der Sprach- und Lesekompetenz). In der Arbeit an Konzepten zur Lernkompetenzförderung beweist sich eine neue Qualität von Schule, die notwendige Grundlage für Elitebildung sein muss. Im Einzelnen geht es darum:

- zunächst eine Gesamtstrategie zu entwickeln, in der die zu erreichenden Standards in ein didaktisch-methodisches Konzept eingefügt werden;
- Formen der Reflexion von Lernprozessen und Lernergebnissen zu etablieren und dabei die unterschiedlichen Kompetenzebenen ausdrücklich einzubeziehen;
- die Zusammenarbeit der Schule mit Eltern, schulischen und außerschulischen Partnern und der Schulbehörde zu stärken, um alle, die an der Entwicklung des Kindes beteiligt und interessiert sind, optimal einzubinden;
- komplementär zur Stärkung der Selbstständigkeit von Schülern die Eigenverantwortlichkeit der Schulen zu stärken und die Qualität der Lernkompetenzförderung in den Schulen durch angemessene Formen interner und externer Evaluation zu sichern und weiterzuentwickeln;
- vonseiten des Bildungssystems Mindeststandards für den Lernkompetenzerwerb zu setzen.

Ein Beispiel aus der Praxis: Die Gründung von Schülerfirmen

Da an dieser Stelle die vielfältigen Konzepte zur Selbsttätigkeit und Reflexion des eigenen Lernens im Hinblick auf unser Thema nicht insgesamt vorgestellt werden können, soll beispielhaft ein relativ neuer Ansatz herausgehoben werden, der gerade im Zusammenhang mit Verantwortungsübernahme von großem Interesse ist: Die Initiierung und Etablierung von Schülerfirmen. Eine Schülerfirma ist keine reale Firma, sondern ein Schulprojekt mit Unternehmergeist. Hierbei sollen Kompetenzen wie Verantwortungsbereitschaft und Eigeninitiative erlernt werden. Die Schule bietet hierfür den rechtlichen Schutzraum und die ideelle Unterstützung.

In der Regel unterstützen Lehrer oder »Coachs« aus der Wirtschaft die Schülergruppen bei der Verwirklichung ihrer Ideen und bei der Erarbeitung von Gründungsmodalitäten oder der Sponsorenfindung. Die Schülerfirmen, die Geschäftsidee und verschiedene Phasen der Durchführung werden regelmäßig einem Fachpublikum präsentiert, und es wird von Erfahrungen bei der Umsetzung berichtet. Analog der bereits bekannten wissenschaftlichen Voraussetzungen für ein Schulprojekt sollen die Schüler die Idee zu ihrer Schülerfirma selber generieren und festlegen, wer sich mit welchen Tätigkeiten an was beteiligt und wer welche Verantwortungsbereiche übernimmt. Konzepte müssen an den »Markt« angepasst werden, für den »Nachwuchs« muss gesorgt werden, wenn der erste »Geschäftsführer« nach dem Abitur die Schule verlässt, die Buchhaltung muss gemacht werden, kurz, der Alltag will gemeistert sein.[22]

Die Schule unterstützt das Schülerunternehmen, stellt Platz und Raum zur Verfügung und beratende Lehrer, von denen man sich erhofft, dass sie die Möglichkeit, theoretische Unterrichtsinhalte mit einer derartigen praktischen Arbeit zu verbinden, aufgreifen. Neben den sachlichen und praktischen Erfahrungen prägen sich soziale Kompetenzen aus bzw. werden eingeübt. Teamarbeit, Kontakt mit Kunden und Kollegen, Kooperation mit möglicherweise realen Firmen bis hin zu Einstellungsgesprächen mit Schülern und Schülerinnen und möglicherweise sogar deren Kündigung zeigen eigene Fähigkeiten und Grenzen auf und lehren, Verantwortung zu übernehmen. Schülerinnen und Schüler arbeiten mit Eigenmotivation und Engagement, denn der Arbeitsprozess und damit auch der Lernprozess wird von ihnen selbst organisiert. Sie müssen eigene Entscheidungen treffen und sind für den Erfolg ihrer Schülerfirma selbst verantwortlich.

Projekte wie »TheoPrax«, »Trans-Job«, »Junior«, »Region des Lernens« (Niedersachsen) oder »business@school« (von Stiftungen, Unternehmen oder Ländern getragen) können mit sehr vielversprechenden Ergebnissen oder Zwischenergebnissen aufwarten.[23] So gründeten z. B. Gymnasiasten Azubi-Hilfen, wurden Reisebüros eigens für die jeweilige Schule eingerichtet, richtete man Umweltfirmen ein oder wurde Altenhilfe organisiert. Nicht selten erfüllen die Schülerfirmen einen selbst gesetzten sozialen oder ökologischen, das heißt am Gemeinwesen orientierten Auftrag. Die Nachhaltigkeit im Sinne einer Elite-Bildung wird davon abhängen, inwieweit derartige Projekte in den Unterrichtsalltag einbezogen werden und über das dort Gelernte reflektiert wird. Verstärkt werden kann die Wirkung solcher Projekte, indem sie regelmäßig und systematisch durchgeführt werden und die Kultur der Schule insgesamt auf Mitwirkung und Gemeinsinn, also auf Verantwortungsübernahme ausgerichtet ist.

Man ist in einer guten Schulkultur und in schulischen Projekten darauf angewiesen, dass jeder fair und gerecht, das heißt moralisch handelt und Werte entwickelt und lebt; auf eine Fairness und Gerechtigkeit also, die man von jedem Teilnehmer erwartet und auch erwarten darf. Verantwortlichkeit erzeugt bei allen Teilnehmern die Erwartung, dass sie auf Gegenseitigkeit setzen dürfen. Das ist eine Voraussetzung von Moral. Da auf eine Verletzung der gegenseitigen Erwartung der Entzug des Vertrauens oder sogar der Zusammenbruch des Projekts folgt, funktioniert es nicht in jedem Fall – aber in der Regel. Deshalb haben kooperative Projekte einen hohen sachlichen und moralischen Lerneffekt.[24]

Eine derart auf Persönlichkeitsentwicklung hin ausgerichtete Lehr- und Schulkultur hat den wichtigen Effekt, dass die Schule für Schülerinnen und Schüler »Sinn macht« und sinnvoll erscheint. Damit wird es, wie oben betont, wahrscheinlicher, dass Jugendliche sich für eine Sache engagieren, da sie sich mit ihrer Schule identifizieren. Jede Form von Engagement und jedes Feedback wiederum führt zur Stärkung der individuellen Persönlichkeit. Schüler trauen sich mehr zu bzw. kennen ihre Grenzen und erfahren, woran sie noch arbeiten müssen. Jugendliche lernen Verantwortung, indem sie Verantwortung bereits in Elternhaus und Schule übernehmen – durch praktisches Tun also. Problemlösungskompetenz entsteht, indem man sie im (Fach-)Unterricht einübt, Kreativität wird durch die Möglichkeit, in den unterschiedlichsten Anwendungsgebieten kreativ sein zu können, gefördert.

Dabei geht es gesellschaftspolitisch gesehen darum, Begabungsressourcen zu sichten und zu fördern, also die Leistungsmöglichkeiten eines jeden Schülers potentiell zu analysieren und bestmöglich zu entwickeln. So beschrieben heißt Eliteförderung eben nicht die Vernachlässigung und Entmutigung der nicht Auserwählten und deren Unterdrückung, wie zum Teil bis heute behauptet wird. Der Mensch wächst mit seiner Rolle. Deshalb müssen Schulen die Übernahme von Rollen ermöglichen (z.B. durch die eben genannten Projekte). Das Fächerspektrum der Schule kann und muss (im Sinne der Verbindung von Sach- und Methodenkompetenz) derartige »Lebenstüchtigkeit« unterstützen, das heißt das Kind/den Menschen als geschichtliches (Geschichte), sprachliches (Deutsch, Fremdsprachen), wissbegieriges (Mathematik, Naturwissenschaften), politisches (politische Bildung im weitesten Sinne), ästhetisches (Kunst, Musik, Literatur), motorisches (Sport), sinnsuchendes, sittliches und religiöses (Religion, Philosophie) Wesen (an)erkennen und fördern.

Dass dieses Wissen deutlich mehr, als es heute geschieht, in fächerübergreifenden Zusammenhängen präsentiert werden muss, liegt angesichts zunehmend vernetzter Probleme auf der Hand. Zu fragen ist, inwieweit dann folgerichtig neue Inhalte hinzukommen müssen (aus Wirtschaft, Recht, Medizin etc.) oder – besonders wichtig – inwieweit bestimmte Inhalte deutlich früher in der Entwicklung vermittelt werden sollten (z. B. Fremdsprachenunterricht bereits in Kindergarten und Grundschule etc.).[25]

Die individuelle Förderung kann nur nach fairen Maßstäben erfolgen, wenn sie altersgebunden auf die jeweiligen Fähigkeiten und Begabungen abgestimmt ist. Jede Schulform trägt dabei ihre eigene Verantwortung. Institutionen der höheren Bildung, wie das Gymnasium, sind potentiell eher auf Eliteförderung ausgerichtet. Doch die aktuellen Herausforderungen, vor denen die gymnasiale Bildung steht, zwingen insbesondere hier dazu, immer wieder (bei manchen Schulen leider erstmals) über angemessene Konzepte individueller Leistungsförderung nachzudenken, beispielsweise auch und gerade für die häufig eher vernachlässigten besonders begabten oder hochbegabten Schüler.

Förderung von Hochbegabten

Das Münchner Hochbegabungsmodell zeigt verschiedene Begabungsfaktoren. Ob aber aus den Begabungsfaktoren Leistungen entwickelt werden können, hängt von zahlreichen kognitiven und nicht kognitiven Faktoren ab, die in *Abbildung 1* veranschaulicht sind.[26]

Es gibt unterschiedliche Möglichkeiten der Hochbegabtenförderung. Wir unterteilen diese grob in Maßnahmen des Enrichment und Maßnahmen der Akzeleration. Unter Enrichment versteht man Maßnahmen, die die Schüler mit Zusatzstoff versorgen, den Unterrichtsstoff vertiefen und erweitern, ohne dass sie insgesamt in der Schullaufbahn schneller vorankommen. Unter schulischer Akzeleration versteht man Maßnahmen, die es Schülern ermöglichen, den vorgesehenen Lehrplan oder Teile davon früher zu beginnen, zu beenden oder schneller zu passieren, als es teils üblich oder gar gesetzlich vorgesehen ist. Man findet auch Kombinationen von beidem, z. B. wenn der Unterrichtsstoff innerhalb eines Schuljahres so gestrafft wird,

Abb. 1: Münchner (Hoch-)Begabungsmodell von Heller, Perleth und Hany

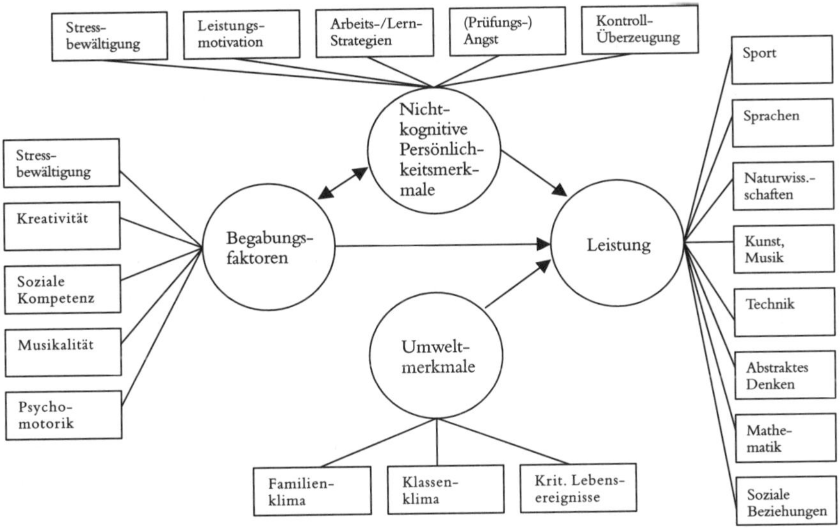

Quelle: Claudia Solzbacher/Annette Heinbokel (Hrsg.): Hochbegabte in der Schule – Identifikation und Förderung, Münster 2002, S. 44.

dass Raum für Zusatz- oder Erweiterungsthemen geschaffen wird.[27] Häufig werden hierzu eigene Lerngruppen eingerichtet (so z. B. im Elsa-Brandström-Gymnasium, Oberhausen).[28] Dazu gehören ebenfalls Intensivkurse, Spezialklassen (wie wir sie in verschiedenen Schulen der CJD-Jugenddörfer finden) und Spezialschulen (z. B. St. Afra, Meißen).[29] Wenn man Lerngruppen nach ähnlichen Fähigkeiten und Interessen zusammensetzt, kann eine Steigerung der Leistungsmotivation und der Leistungsentwicklung erreicht werden.

Zu den Mischformen zählen aber auch – und dies ist angesichts der zuvor erläuterten Bedeutung veränderter Lehr-Lernkulturen besonders wichtig zu betonen – reformpädagogische Schulmodelle im Sinne einer integrativen Förderung von besonders begabten Kinder. Der Vorteil: Die Kinder verbleiben im Klassenverband und die Gruppen, in den unterschiedliche Fähigkeiten vorhanden sind, können sich positiv auf das soziale Lernen auswirken. Mit Maßnahmen der inneren und äußeren Differenzierung, der Kooperation mit Universitäten und Betrieben u.v.a.m. werden hier sehr flexibel und individuell begabte angemessen Kinder gefördert.[30]

Zusammenfassung

Das bisher Dargelegte beruht auf wichtigen Voraussetzungen, damit Eliteförderung gelingen kann. Diese müssen als Aufgaben von Pädagogik und Bildungspolitik in Angriff genommen werden, wenn Eliteförderung tatsächlich gelingen soll:

a) Verbesserung der Diagnose- und Beratungsfähigkeit von Kindergärtnerinnen und Lehrern. Begabungen müssen bereits frühzeitig diagnostiziert werden, um rechtzeitig gefördert werden zu können.
b) Verbesserung (fach-)didaktischer und methodischer Fähigkeiten von Lehrern: Jedes Potential bedarf der Realisierung – für jeden die passende Herausforderung.[31]
c) Veränderung des Umgangs mit Kreativität: Kreativität muss vom Störfaktor zum Unterrichtsziel werden.[32]
d) Anerkennung besonderer Begabungen, so dass diese zum spannenden Parcours anstatt zum Hindernislauf werden. Maßnahmen des Enrichment und der Akzeleration sind auszubauen und zu forcieren, das heißt, Kindergärten, Schulen, Universitäten und Betriebe müssen flexibel und unbürokratisch vernetzbar werden, um »kreative« (Begabten-)Biographien zu ermöglichen.
e) Ausbildung von Lehrkräften als Erzieher und als Fachwissenschaftler: Verantwortungsübernahme sowie Engagement fußen auf Neugierde und Respekt vor Mensch und Umwelt. Die Bereitschaft, sich anzustrengen, und Ausdauer müssen stärker als Ziel von Unterricht definiert und gefördert werden. Es gilt »Zu-Mutungen« zu praktizieren.
f) Verbindung von Leistungsförderung und sozialem Lernen: Das Schulklima schafft positive oder negative Lernbedingungen. Schule muss als sinn- und erfahrungsintensive Welt gestaltet werden. Mitgestaltung ermöglichen bedeutet soziale Selbstwirksamkeit zu fördern.[33]
g) Zulassen von Konsens, aber auch von Dissens: Es gibt keine Verantwortungsübernahme ohne Autonomie. (Schul-)Leben will gelebt, nicht verwaltet sein.
h) Neugewichtung und Neugestaltung von Lehrplänen: Breite Grundlagen schaffen, globales Denken schulen, interkulturelles Lernen forcieren, aktuelle Probleme fächerübergreifend bearbeiten helfen und auf Zukunft befragen lassen.
i) Ausbildung und Motivation von Lehrkräften zu Selbstständigkeit und Eigenverantwortung.

Diese Maßnahmen kommen, wie oben betont, allen Schülerinnen und Schülern zugute. Für die frühzeitige Rekrutierung von Eliten sind sie allerdings unabdingbar: »Die Frage, wie man eine Elite bekommt, die den unabwägbaren Erwartungen der Zukunft entspricht, ist in erster Linie eine Frage an das Bildungssystem, in zweiter Linie aber auch eine Frage an die flankierenden Institutionen, die Weltsichten, Deutungsangebote, Einstellungsmuster vermitteln, wie die Familie, Kirchen, Medien. Das Bildungssystem tritt aber deswegen in den Vordergrund, weil es diejenigen Formalqualifikationen vergibt, die für gewöhnlich Aufstiegsvoraussetzungen sind und Führungspositionen eröffnen. Im Bildungssystem sind auch die Chancen für eine Grundlegung der zur Elite qualifizierenden Fähigkeiten besonders groß, weil man in der Ausbildung von den Funktionszwängen der übrigen Systeme noch frei ist.«[34]

Anmerkungen

1 Hermann Hesse: Unterm Rad, Frankfurt/M. 1972 [Erstausgabe 1904/05], S. 115.

2 Vgl. dazu Claudia Solzbacher: Literarische Schulkritik des frühen 20. Jahrhunderts, Frankfurt/M. 1993.

3 Vgl. dazu Görres-Gesellschaft (Hrsg.): Staatslexikon Recht, Wirtschaft, Gesellschaft, Bd. 2, Freiburg 1986, S. 218.

4 Joseph S. Renzulli/Sally M. Reis/Ulrike Stedtniz: Das schulische Enrichment Modell SEM. Begabungsförderung ohne Elitebildung, Aarau/Schweiz 2001.

5 Vgl. dazu Helmut Schelsky: Die Arbeit tun die anderen, Opladen 1975.

6 Wilhelm Bürklin: Die Potsdamer Elitestudie von 1995: Problemstellungen und wissenschaftliches Programm, in: Wilhelm Bürklin/Hilke Rebensdorf u. a. : Eliten in Deutschland. Rekrutierung und Integration, Opladen 1997, S. 11–34, hier S. 16; dazu auch Peter Glotz/Rita Süssmuth/Konrad Seitz: Die planlosen Eliten. Versäumen wir Deutschen die Zukunft?, München 1992.

7 Vgl. dazu Bürklin (wie Anm. 6).

8 Vgl. dazu Görres-Gesellschaft (Hrsg.): Staatslexikon Recht, Wirtschaft, Gesellschaft, Bd. 5, Freiburg 1986, S. 591.

9 Vgl. dazu ebd., S. 590 ff.

10 Näheres bei Hans Jonas: Das Prinzip Verantwortung. Versuch einer Ethik für die technologische Zivilisation, Frankfurt/M. 1979; ders: Technik, Ethik, Medizin. Zur Praxis des Prinzips Verantwortung, Frankfurt/M. 1985.

11 Vgl. dazu Jürgen Lüthje: Wie werden Eliten gebildet? Plädoyer für eine bestmögliche Bildung aller, in: Forschung und Lehre 4 (1997), S. 178 f., hier S. 178.

12 Claudia Solzbacher/Annette Heinbokel (Hrsg.): Hochbegabte in der Schule – Identifikation und Förderung, Münster 2002.

13 Michael Hartmann/Johannes Kopp: Elitenselektion durch Bildung oder durch Herkunft? Promotion, soziale Herkunft und der Zugang zu Führungspositionen in der deutschen Wirtschaft, in: Kölner Zeitschrift für Soziologie und Sozialpsychologie 53 (2001), S. 436–466; Hartmann und Kopp gehen z. B. in einer Studie von 2001 am Beispiel der Wirtschaftselite der Frage nach, ob die soziale Herkunft eine wichtige eigenständige Rolle für die ungleiche soziale Rekrutierung der deut-

schen Eliten spielt oder ob sie nur vermittelt wird durch die ungleichen Bildungsbeteiligungen der verschiedenen Bevölkerungsschichten. Das Ergebnis ist eindeutig: Die Chancen, eine Führungsposition in der Wirtschaft zu erreichen, sind für Promovierte, die aus dem gehobenen oder dem Großbürgertum stammen, um 50 bis 100 Prozent größer als für die Promovierten aus der Arbeiterklasse oder den Mittelschichten. Die soziale Herkunft stellt somit einen wesentlichen eigenständigen Faktor der sozialen Auslese dar. Vgl. auch Bürklin/Rebensdorf (wie Anm. 6), S. 11–43.

14 Peter Fauser: Verantwortung als pädagogisches Problem, in: Stiftung Brandenburger Tor der Bankgesellschaft Berlin (Hrsg.): Jugend übernimmt Verantwortung. Ergebnisse Jugendwettbewerb 1999/2000. Dokumentation des Symposiums »Verantwortung lernen, Berlin 2000, S. 77–104 , hier S. 86.

15 Vgl. Deutsche Shell (Hrsg.): 12. Shell-Jugendstudie, 2 Bde., Opladen 1997.

16 Vgl. Hartmut von Hentig: Ach, die Werte!, München 1999, S. 49f. u. S. 59.

17 Vgl. ebd., S. 11.

18 Dazu gehört auch die Vorbildfunktion des Lehrers und dessen Erziehungsstil. In diesem Sinn müsste die ständige Reflexion auf Werte und moralische Erziehung zum wichtigen Inhalt von Aus- und Fortbildung von Lehrkräften gehören.

19 Vgl. dazu insgesamt Annette Czerwanski/Claudia Solzbacher/Witlof Vollstädt (Hrsg.): Förderung von Lernkompetenz in der Schule, Gütersloh 2002 (Bd.1) und 2004 (Bd.2).

20 Vgl. dazu Jürgen Oelkers: Die Funktion der Schulleitung in der Entwicklung von Gymnasien, 2002, www.paed.unizh.ch/ap/downloads/oelkers/Vortraege/083_Giessen.pdf (13.4.06).

21 Oelkers, Jürgen: Schlüsselqualifikationen oder Standards? Zur Entwicklung des Gymnasiums, 2002, www.paed.unizh.ch/ap/downloads/oelkers/Vortraege/046_Muttenzdef.pdf (13.4.06).

22 Vgl. dazu Landesarbeitsgemeinschaft Schule-Wirtschaft (Hrsg.): Schülerfirmen. Wenn Schüler zu Unternehmern werden, Thüringen 2002.

23 Stiftung der deutschen Wirtschaft (Schule-Wirtschaft) in Zusammenarbeit mit dem Bundesministerium für Bildung und Forschung: Trans-Job: Übergang Schule-Beruf-Studium, www.sdw.org/SDW/SDWCMS.nsf/framesets/Start?OpenDocument&url=http://www.sdw.org/SDW/SDWCMS.nsf/ID/trans-job; Verbundprojekt des Landes Baden Württemberg, TheoPrax: Verbindung von Theorie und Praxis, www.theo-prax.de; Claudia Solzbacher: »Region des Lernens« – Konzeption und praktische Perspektiven. Förderung von Lernkompetenz und Berufsfähigkeit im Sekundarbereich I, in: Claudia Solzbacher/D. Minderop (Hrsg).: Qualitätsentwicklung durch Netzwerke, SchulVerwaltung spezial. Zeitschrift für SchulLeitung, SchulAufsicht und SchulKultur, Sonderausgabe Nr. 2/2005, S. 4–7. Vgl. dazu auch www.bbs-bersenbrueck.dyndns.org/region/

24 Wolfgang Edelstein: Verantwortlich handeln lernen, in: Stiftung Brandenburger Tor der Bankgesellschaft Berlin (wie Anm. 14), S. 8–17, hier S. 16.

25 BMW AG in Zusammenarbeit mit dem Staatsinstitut für Schulpädagogik und Bildungsforschung München (Hrsg.): HomoSuperSapiens. Hochbegabte Kinder in der Grundschule erkennen und fördern, München 2000.

26 Vgl. dazu Heinz Holling u. a. : Schulische Begabungsförderung in den Ländern der Bundesrepublik Deutschland, in: Solzbacher/Heinbokel (wie Anm. 12), S. 43–64.

27 Annette Heinbokel: Enrichment und Akzeleration als Möglichkeiten schulischer Förderung hochbegabter Kinder, in: Solzbacher/Heinbokel (wie Anm. 12), S. 65–75.

28 Vgl. dazu Erika Risse: Das hochbegabte Kind – gefördert oder unterfordert an einem normalen Gymnasium?, in: Solzbacher/Heinbokel (wie Anm. 12), S. 104–125.

29 Werner Esser: Über die Fürstenschule St. Afra in Meißen – Kreativität etwas Verbotenes?, in: Solzbacher/Heinbokel (wie Anm. 12), S. 133–137.

30 Christian Fischer: Hochbegabung als schulische Herausforderung: Definition, Identifikation und Förderung von besonderen Begabungen, in: Solzbacher/Heinbokel (wie Anm. 12), S. 26–42; hier S. 35 f.

31 Hildegard Macha/Claudia Solzbacher (Hrsg.): Welches Wissen brauchen Lehrer? Lehrerbildung aus dem Blickwinkel der Pädagogik, Bad Heilbrunn 2002.

32 Klaus K. Urban: Kreativität: Vom Störfaktor zum Unterrichtsziel, in: Harald Wagner (Hrsg.): Begabung und Leistung in der Schule. Modelle der Begabtenförderung in Theorie und Praxis, Bad Honnef 2002, S. 117–138.

33 Vgl. dazu Albert Bandura: Self-efficiency. The exercise of control, New York 1997.

34 Dieter Grimm, Welche Elite für welche Gesellschaft? In: Eduard Kroker/Bruno Deschamps (Hrsg.): Bürgergesellschaft. Was hält unsere Gesellschaft zusammen?, Frankfurt/M. 2002., S. 81–92.

Anhang

Oliver Gierens

Annotierte Bibliografie

Adam, Konrad/Leggewie, Claus u. a.: Junge Eliten. Selbständigkeit als Beruf, hrsg. v. Heinz Bude und Stephan Schleissing, Stuttgart/Berlin/Köln 1997.
Tagungsband der Anfang 1997 von der Evangelischen Akademie Tutzing und der Bertelsmann Stiftung unter dem gleichen Titel abgehaltenen Veranstaltung, bei der Wissenschaftler, Politiker, Wirtschaftsfachleute und Publizisten über die Themenblöcke junge Eliten, berufliche Selbständigkeit und Perspektiven der Lebensführung diskutierten.

Bauerkämper, Arnd/Danyel, Jürgen/Hübner, Peter/Roß, Sabine (Hrsg.): Gesellschaft ohne Eliten? Führungsgruppen in der DDR, Berlin 1997.
Der Sammelband geht der Frage nach, ob es in der DDR-Gesellschaft überhaupt »Eliten« gegeben hat, zumal die Existenz solcher Führungsgruppen im Kontrast zu der häufig vertretenen Auffassung steht, die ostdeutsche Gesellschaft sei weitgehend nivelliert gewesen. Weitere Aufsätze befassen sich mit Eliten in Polen und Ungarn sowie der Reichstagsfraktion der NSDAP von 1928 bis 1933.

Berchem, Theodor: Elitebildung in der Massenuniversität? Bilanz und Perspektiven der Hochschulreform, Köln 1985 (Walter-Raymond-Stiftung, Kleine Reihe, Heft 37).
Überarbeitete und aktualisierte Fassung eines Vortrags des früheren Vorsitzenden der Westdeutschen Hochschulrektorenkonferenz, Professor Theodor Berchem. Er zieht eine kritische Bilanz der Hochschulreform der 1970er- und 1980er-Jahre und befasst sich dabei vor allem mit der Frage, inwiefern die heutigen »Massenuniversitäten« in der Lage sind, Spitzenleistungen in Forschung und Lehre zu erbringen und dabei eine akademische Elite auszubilden. Obwohl das Buch schon vor 20 Jahren erschienen ist, hat es an Aktualität nur wenig eingebüßt, da die Probleme wie auch die Argumente nahezu gleich geblieben sind.

Berghahn, Volker R./Unger, Stefan/Ziegler, Dieter (Hrsg.): Die deutsche Wirtschaftselite im 20. Jahrhundert. Kontinuität und Mentalität, Essen 2003 (Bochumer Schriften zur Unternehmens- und Industriegeschichte, Bd. 11).
In zahlreichen Aufsätzen behandelt der Band verschiedene Aspekte der Geschichtsschreibung zu den deutschen Wirtschaftseliten. Neben der Frage nach Kontinuität und Wandel der Eliten im 20. Jahrhundert geht es in einzelnen Artikeln u. a. um das Schicksal der jüdischen Kaufleute, die Entwicklung persönlichkeitsbezogener Anforderungsprofile in den 1960er-Jahren, die Rolle der Frauen in der Wirtschaftselite sowie um Aspekte bürgerlicher Lebensführung in Unternehmerfamilien.

Beyme, Klaus von: Die politische Elite in der Bundesrepublik Deutschland, München 1971.
Eine der zentralen Studien zur politischen Führungsschicht in Deutschland. Untersucht werden soziale Herkunft, Ausbildung und berufliche Laufbahn sowie Karrieremuster und Strategien des Machterhalts von Berufspolitikern. Abschließend werden Selbstverständnis und Ansehen der Politiker diskutiert und die Frage aufgeworfen, ob

in Deutschland von einer Machtelite oder von Elitenpluralismus gesprochen werden kann.

Ders.: Die politische Klasse im Parteienstaat, Frankfurt/M. 1993.

Beyme vertritt in diesem Band die These, dass die »politische Klasse« nur zum Teil mit der »politischen Elite« identisch sei. Sie bestehe vielmehr aus einem Personenkartell, das durch den Ausbau des Parteienstaats zusammengehalten werde. Dennoch wehrt sich der Autor – trotz aller Kritik an den Privilegien und der vermeintlichen »Selbstbedienungsmentalität« der Parteipolitiker – gegen die seiner Auffassung nach »neopopulistische« Parteienschelte mancher Publizisten.

Borchert, Jens (Hrsg.) unter Mitarbeit von Jürgen Zeiß: Politik als Beruf. Die politische Klasse in westlichen Demokratien, Opladen 1999 (Europa- und Nordamerika-Studien, Bd. 5).

Der Sammelband gibt in Form von Länderartikeln einen Überblick über die politische Führungsschicht in 19 westlichen Demokratien sowie einigen ehemaligen Ostblockstaaten. Dabei wird den Abgeordneten der jeweiligen nationalen Parlamente besondere Aufmerksamkeit gewidmet. Gegenstand der Artikel sind der historische Prozess politischer Professionalisierung, die institutionellen Rahmenbedingungen, die Strukturmerkmale der politischen Klasse, typische Rekrutierungs- und Karrieremuster sowie Legitimationsprobleme und aktuelle Reformdebatten.

Braun, Sebastian: Elitenrekrutierung in Frankreich und Deutschland. Sporteliten im Vergleich zu Eliten in Politik, Verwaltung und Wirtschaft, Köln 1999 (Wissenschaftliche Berichte und Materialien des Bundesinstituts für Sportwissenschaft, Bd. 10/1999)

Braun untersucht deutsche und französische Spitzensportler in Bezug auf ihre soziale und kulturelle Herkunft, ihren Bildungsgrad sowie ihre berufliche Stellung. Neben diesem interkulturellen Vergleich werden die Sportler mit den Eliten in Politik, Wirtschaft und Verwaltung beider Länder verglichen. Die Studie wird abgerundet durch eine Gegenüberstellung beider Bildungssysteme unter besonderer Berücksichtigung der Spitzensportpolitik.

Broszat, Martin/Schwabe, Klaus (Hrsg.): Die deutschen Eliten und der Weg in den Zweiten Weltkrieg, München 1989.

Die Autoren dieses Sammelbandes befassen sich mit der Einstellung verschiedener Eliten zu Hitlers Kriegsplänen im Deutschland der Zwischenkriegszeit. Während Broszat die Frage aufwirft, ob der Zweite Weltkrieg als Krieg der »alten Eliten« bezeichnet werden kann, beleuchten die weiteren Autoren die Rolle der Industrieunternehmer, der Katholischen Kirche, der Diplomatie, der Militärelite, der Hochschullehrer sowie der Agrareliten.

Bürklin, Wilhelm/Rebenstorf, Hilke u. a.: Eliten in Deutschland. Rekrutierung und Integration, Opladen 1997.

Das Werk gehört mittlerweile zu den Klassikern der Elitenforschung in Deutschland. Es beinhaltet die Auswertung der »Potsdamer Elitestudie« von 1995 – eine der umfangreichsten Studien dieser Art der letzten Jahrzehnte. In ihr wurden zentrale Fragestellungen wie die Zugehörigkeit zu gesellschaftlichen Führungsgruppen und deren Herkunft, Ausbildung sowie deren Offenheit gegenüber unterschiedlichen sozialen Gruppen untersucht.

Dahrendorf, Ralf: Gesellschaft und Demokratie in Deutschland, München 1968.

In einem seiner zentralen Werke versucht Dahrendorf, die deutsche Gesellschaft in ihrer Gesamtheit darzustellen. Neben Betrachtungen über die »Deutsche Frage«, die Weimarer Zeit, den Nationalsozialismus und die beiden deutschen Nachkriegsstaaten steht eine Beschreibung der gesellschaftlichen Phänomene Gleichheit, Konflikt, Vielfalt und Öffentlichkeit im Vordergrund. Ein Kapitel befasst sich mit »Eliten zwischen Monopol und Kartell«.

Dönhoff, Marion Gräfin/Markl, Hubert/Weizsäcker, Richard von (Hrsg.): Eliten und Demokratie. Wirtschaft, Wissenschaft und Politik im Dialog – zu Ehren von Eberhard v. Kuenheim, Berlin 1999.
Diese Festschrift zu Ehren des Unternehmers von Kuenheim enthält unter den drei Leitlinien »Gemeinsinn und Verantwortung«, »Innovation und Orientierung« sowie »Realien und Realitäten« Beiträge aus Politik, Wirtschaft, Wissenschaft, Publizistik und Kultur, die sich mit zentralen Problemfeldern wie gesellschaftliche Freiheit, Konsequenzen aus der Globalisierung, Zukunft der Bildungspolitik und Verantwortung der Eliten für das Gemeinwesen befassen.

Dreitzel, Hans P.: Elitebegriff und Sozialstruktur. Eine soziologische Begriffsanalyse, Stuttgart 1962 (Göttinger Abhandlungen zur Soziologie, Bd. 6).
Einer der Klassiker der Elitenforschung, der in der Absicht entstanden ist, den ideologiebehafteten Elitebegriff einer wissenschaftlichen Definition zu unterziehen. Über diese rein begriffsgeschichtlich orientierte Fragestellung hinaus werden im zweiten Teil des Buches eine Analyse der Sozialstruktur industrialisierter Staaten unter dem Aspekt ihrer Führungsgruppen vorgenommen und der Zusammenhang zwischen »Elite« und »Leistungswissen« untersucht.

Eliten in Deutschland und Frankreich im 19. und 20. Jahrhundert. Strukturen und Beziehungen; Bd. 1, hrsg. im Auftrag des Deutsch-Französischen Historikerkomitees von Rainer Hudemann und Georges-Henri Soutou, München 1994; Bd. 2, hrsg. im Auftrag des Deutsch-Französischen Historikerkomitees von Louis Dupeux, Rainer Hudemann und Franz Knipping, München 1996.
Die umfangreiche Studie hat sich zum Ziel gesetzt, die Entwicklung der Eliten in Deutschland und Frankreich seit dem 19. Jahrhundert zu vergleichen, da beide Staaten nach Auffassung der Herausgeber trotz tief greifender Unterschiede zahlreiche Parallelen in ihrer politischen, wirtschaftlichen und sozialen Entwicklung aufweisen. In einzelnen Kapiteln werden u. a. die politischen, diplomatischen, wirtschaftlichen, kulturellen und religiösen Eliten beider Länder gegenübergestellt.

Freund, Michael: Eliten im Meinungsstreit. Darstellung eines gesellschaftspolitischen Problems, Flensburg 1995.
In diesem kurzen, 52-seitigen, Buch setzt sich der Leiter der Europäischen Akademie Schleswig-Holstein mit dem Elitebegriff und der Rolle von Eliten in der Demokratie auseinander. Des Weiteren wirft er die Frage auf, ob Eliten in der heutigen Zeit lediglich ein historisches Relikt oder nach wie vor eine gesellschaftliche Realität darstellen. Abschließend formuliert er Forderungen an zeitgemäße Eliten. Gute Überblicksdarstellung, die sich zum Einstieg in das Thema eignet.

Führer, Karl Christian/Hagemann, Karen/Kundrus, Birthe (Hrsg.): Eliten im Wandel. Gesellschaftliche Führungsgruppen im 19. und 20. Jahrhundert. Für Klaus Saul zum 65. Geburtstag, Münster 2004.
Die Festschrift für den Historiker Klaus Saul bietet einen Überblick über das in Deutschland noch junge Forschungsfeld der historischen Elitenforschung. Nach einer theoretischen und methodischen Einführung im ersten Kapitel befassen sich einzelne Aufsätze exemplarisch mit diversen Forschungsthemen und -ansätzen unter den Schlagwörtern »Selbstdeutungen und Handeln gesellschaftlicher Führungsschichten«, »Lebens-Geschichte – Lebensgeschichten« sowie »Administration zwischen Restauration und Reform«.

Gabriel, Oscar W./Neuss, Beate/Rüther, Günther (Hrsg.): Konjunktur der Köpfe? Eliten in der modernen Wissensgesellschaft, Düsseldorf 2004.
Der Sammelband beinhaltet Beiträge zahlreicher Wissenschaftler zu zentralen Themen der Elitediskussion in Deutschland. Während im ersten Teil des Bandes die Bedeutung von Eliten in demokratisch verfassten Staaten diskutiert wird, behandelt der zweite Teil insbesondere die historische Rolle der Eliten vom Kaiserreich über den Nationalsozialismus bis hin zur Nachkriegszeit. Teile III und IV befassen sich mit Funktionseliten in der heutigen Wissensgesellschaft (Wirtschaft, Medien, Verbände etc.) sowie mit der Zukunft des Bildungs- und Forschungsstandorts Deutschland.

Gretz, Winfried: Politische Eliten im internationalen Vergleich. Eine Studie über die Parlamentsmitglieder in South Carolina und Baden-Württemberg, Aachen 1997 (Soziologische Studien); zugl. Tübingen, Univ., Diss., 1993.
Gegenstand der Dissertation ist ein Vergleich der politischen Eliten im US-Bundesstaat South Carolina und in Baden-Württemberg. Ausgehend von der These, dass die politische Führungsschicht im Regelfall die gesamtgesellschaftlichen Verhältnisse nicht abbildet, werden die Parlamente beider Länder untersucht, und zwar u.a. mit Blick auf ihre personelle Zusammensetzung, den sozialen Hintergrund der Abgeordneten, den Prozess der Kandidatennominierung oder den Verlauf politischer Karrieren.

Hachmeister, Lutz/Siering, Friedemann (Hrsg.): Die Herren Journalisten. Die Elite der deutschen Presse nach 1945, München 2002.
Die Aufsätze dieses Bandes befassen sich mit Funktion und Selbstverständnis der führenden deutschen Journalisten nach 1945. Dabei stehen die Anfangsjahre der maßgeblichen deutschen Presseorgane (FAZ, Spiegel, Süddeutsche Zeitung etc.) im Vordergrund, wobei die Frage nach der Verstrickung der Gründergeneration in die NS-Herrschaft besondere Berücksichtigung findet. Zwei weitere Essays behandeln die Affäre um den WDR-Redakteur Werner Höfer sowie die Nachkriegskarriere eines ehemaligen führenden NS-Funktionärs, der später Lektor der Bücher von Hannah Arendt wurde.

Hartmann, Michael: Der Mythos von den Leistungseliten. Spitzenkarrieren und soziale Herkunft in Wirtschaft, Politik, Justiz und Wissenschaft, Frankfurt/M./New York 2002.
Hartmann analysiert den Zusammenhang von Elite und Leistung, wobei die Frage im Vordergrund steht, ob sich die soziale Herkunft bei der Besetzung von Spitzenpositionen nur vermittels der ungleichen Bildungsbeteiligung bemerkbar macht oder ob sie unmittelbaren Einfluss besitzt. Ebenso wird untersucht, ob die Bildungsexpansion zu einer Angleichung der Karrierechancen geführt hat. Im Ergebnis vertritt Hartmann die These, dass für Spitzenkarrieren nach wie vor die soziale Herkunft in hohem Maße ausschlaggebend ist.

Ders.: Elitesoziologie. Eine Einführung, Frankfurt/M./New York 2004.
Der Band bietet eine Einführung in die wichtigsten Elitetheorien der letzten 120 Jahre (Mosca, Pareto, Michels, Mills, Bourdieu u.a.), die in kompakter Form dargestellt und kritisch kommentiert werden. Im zweiten Teil des Buches werden die Führungseliten in Wirtschaft, Politik, Verwaltung und Justiz aus fünf Industrieländern (Frankreich, Großbritannien, USA, Japan und Deutschland) vorgestellt. Gut geeignet zum Einstieg in das Thema.

Hatschikjan, Magarditsch A./Altmann, Franz-Lothar (Hrsg.): Eliten im Wandel. Politische Führung, wirtschaftliche Macht und Meinungsbildung im neuen Osteuropa, Paderborn u.a. 1998 (Studien zur Politik, Bd. 32).

Thema des Sammelbands ist der gesellschaftliche Wandel in Osteuropa nach dem Ende des Kommunismus. In mehreren Aufsätzen werden dabei zentrale Aspekte wie die Herausbildung neuer politischer und wirtschaftlicher Eliten, die Rolle der Intellektuellen im Übergang zur Marktwirtschaft sowie der Kampf um die Kontrolle der Medien in Osteuropa behandelt. In einem einführenden Kapitel wird zum Vergleich auf den Zustand der Eliten in Deutschland und Frankreich eingegangen.

Hecht, Arno: Die Wissenschaftselite Ostdeutschlands. Feindliche Übernahme oder Integration?, Leipzig 2002.
Der Autor untersucht das Schicksal der einstigen wissenschaftlichen Elite der DDR nach der Wiedervereinigung. Dabei setzt er sich betont kritisch mit der seiner Auffassung nach pauschalen Verurteilung der DDR-Elite als Stütze des SED-Regimes auseinander. Die Welle von Entlassungen ostdeutscher Wissenschaftler in den 1990er-Jahren charakterisiert er als »feindliche Übernahme« der ostdeutschen Hochschulen durch den Westen.

Herzog, Dietrich: Politische Karrieren. Selektion und Professionalisierung politischer Führungsgruppen, Opladen 1975 (Schriften des Zentralinstituts für sozialwissenschaftliche Forschung der Freien Universität Berlin, Bd. 25).
Herzogs Studie befasst sich mit dem Gesamtprozess der Auswahl des politischen Führungspersonals in Deutschland und beleuchtet u. a. die politische Organisationswirklichkeit, die Strukturmuster politischer Karrieren, die Zusammenhänge mit der beruflichen Laufbahn sowie das Rollenverständnis des Berufspolitikers. Der Autor leistete gewissermaßen »Pionierarbeit«, da es sich um eine der ersten Studien dieser Art in Deutschland handelte.

Hoffmann-Lange, Ursula: Eliten, Macht und Konflikt in der Bundesrepublik, Opladen 1992.
Diese Untersuchung gehört zu den Klassikern der deutschen Elitenforschung. Basierend auf den Ergebnissen der »Mannheimer Elitestudie« von 1981 sowie weiteren Erhebungen analysiert die Autorin schwerpunktmäßig den sozialen Hintergrund von Eliten, ihre Karrieremerkmale und politischen Einstellungen, ihre Integration in die Gesellschaft sowie die Bildung von Netzwerken zwischen einzelnen Führungsgruppen.

Hradil, Stefan/Imbusch, Peter (Hrsg.): Oberschichten – Eliten – Herrschende Klassen, Opladen 2003.
Der Band bietet eine Einführung in konzeptionelle Grundlagen der Elitenforschung und stellt dabei vor allem soziokulturelle und internationale Aspekte in den Vordergrund, die nach Auffassung der Herausgeber in der Forschung bisher eher vernachlässigt wurden. Neben der Darstellung von Lebensstilen sowie Selbst- und Fremdbildern der Eliten wird ein Vergleich europäischer Führungsgruppen vorgenommen und dabei abschließend die Frage erörtert, ob wir uns auf dem Weg zu einer transnationalen Elite befinden.

Hübner, Peter (Hrsg.): Eliten im Sozialismus. Beiträge zur Sozialgeschichten der DDR, Köln/Weimar/Wien 1999.
Die Aufsätze dieses Sammelbands beleuchten verschiedene Aspekte der Elitenforschung über die sowjetische Besatzungszone und die DDR. Neben dem Elitenwechsel nach 1945 und dem »antifaschistischen« Selbstverständnis der neuen Führungsschichten werden Kontinuitäten und Brüche in der Entwicklung der DDR-Eliten in verschiedenen gesellschaftlichen Bereichen (Wirtschaft, Wissenschaft, Militär etc.) sowie die Rolle der ostdeutschen Eliten im Prozess der Wiedervereinigung untersucht.

Klages, Wolfgang: Republik in guten Händen? Leistungsschwächen des politischen Personals in Deutschland, Würzburg/Boston 2001.
Klages, Leiter einer unabhängigen Agentur für Politikberatung, unterstellt der politischen Klasse in Deutschland eine Leistungskrise und macht hierfür den seiner Meinung nach ausufernden Parteienstaat verantwortlich. Als Gegenmaßnahmen schlägt der Autor vor, den Parteienstaat zu überwinden, die direkte Demokratie zu beleben, einen Leistungskodex für Berufspolitiker einzuführen und mehr parteilose Bewerber in die Parlamente zu entsenden.

Klingemann, Hans-Dieter/Stöss, Richard/Weßels, Bernhard (Hrsg.): Politische Klasse und politische Institutionen. Probleme und Perspektiven der Elitenforschung. Dietrich Herzog zum 60. Geburtstag, Opladen 1991 (Schriften des Zentralinstituts für sozialwissenschaftliche Forschung der Freien Universität Berlin, Bd. 66).
Diese Festschrift für den Soziologen Dietrich Herzog beinhaltet wissenschaftliche Aufsätze zu zentralen Themen der Elitenforschung wie Herkunft und Rekrutierung der politischen Klasse, die Bedeutung politischer Führungsgruppen für die demokratische Willensbildung sowie neue Herausforderungen für politische Eliten (direkte Demokratie und Bürgerbeteiligung, Grüne und Neue Soziale Bewegungen).

Kurp, Matthias: Lokale Medien und kommunale Eliten. Partizipatorische Potentiale des Lokaljournalismus bei Printmedien und Hörfunk in Nordrhein-Westfalen, Opladen 1994 (Studien zur Kommunikationswissenschaft, Bd. 2), zugl. Universität Münster (Westf.), Diss.
Gegenstand der Dissertation sind die Kommunikationsstrukturen auf kommunaler Ebene. Der Autor untersucht, ob und inwiefern alle Bürger gleich große Chancen haben, sich lokaler Medien aktiv oder passiv zu bedienen. In diesem Zusammenhang wird auch der Einfluss kommunaler Eliten auf die Berichterstattung einer kritischen Betrachtung unterzogen.

Lasswell, Harold D.: World Politics and Personal Insecurity, in: Ders./Merriam, Charles E./Smith, T.V.: A Study of Power, Glencoe (Illinois) 1950, S. 3–307.
Lasswells Studie gehört zu den zentralen Werken der US-amerikanischen Elitenforschung. Der Autor nimmt eine Analyse der wesentlichen Triebkräfte der Weltpolitik vor und vergleicht dabei die weltweiten Eliten u. a. in Bezug auf ihre soziale Herkunft, besonderen Fähigkeiten sowie ihre persönliche Einstellung. Charakteristisch für Lasswell ist die weitgehende Vernachlässigung sozialstruktureller Prozesse und die Konzentration auf die psychologischen Voraussetzungen für die Eroberung und Behauptung von Führungspositionen.

Leif, Thomas/Legrand, Hans-Josef/Klein, Ansgar (Hrsg.): Die politische Klasse in Deutschland. Eliten auf dem Prüfstand, Bonn/Berlin 1992.
In diesem Sammelband ziehen Politiker, Journalisten und Wissenschaftler eine kritische Bilanz über die politische Klasse in Deutschland. Diskutiert werden u. a. die Rolle politischer Eliten in der Demokratie, die Rekrutierung politischer Amtsträger sowie aktuelle und künftige Herausforderungen wie Neue Soziale Bewegungen oder die Zukunft des Politikerberufs.

Markl, Hubert: Wissenschaftliche Eliten und wissenschaftliche Verantwortung in der industriellen Massengesellschaft, Opladen 1994 (Nordrhein-Westfälische Akademie der Wissenschaften; Natur-, Ingenieur- und Wirtschaftswissenschaften; Vorträge, Bd. N 406).
Tagungsband der gemeinsamen Sitzung der Klasse für Natur-, Ingenieur- und Wirtschaftswissenschaften und der Klasse für Geisteswissenschaften (Leo-Brandt-Vortrag) der Nordrhein-Westfälischen Akademie der Wissenschaften vom 22. September 1993 in Düsseldorf. Markl versucht, in seinem Vortrag einen Bogen zwischen Geis-

teswissenschaften, Ökonomie und Technik zu schlagen und an die Verantwortung der Eliten für die gesamte Gesellschaft zu appellieren.

Meyer, Gerd: Die DDR-Machtelite in der Ära Honecker, Tübingen 1991 (Tübinger Mittel- und Osteuropastudien – Politik, Gesellschaft, Kultur, Bd. 3).
Die Studie befasst sich mit der Zusammensetzung und Abgrenzung der DDR-Machtelite, ihrer Rekrutierung, ihrem Sozialprofil sowie der politischen Kultur der Führungsschichten. Eigene Kapitel sind den Strategien zur Sicherung der eigenen Macht sowie der Rolle der Frauen in der Machthierarchie gewidmet. Im Schlusskapitel widmet sich Meyer der Frage, auf welche Weise und aus welchen Beweggründen heraus die Machtelite zur bürokratischen Erstarrung der DDR und damit zu ihrem Niedergang beigetragen hat.

Mills, C. Wright: The Power Elite, New York 1956.
Eines der klassischen Werke der US-amerikanischen Elitenforschung. Mills legt eine umfassende Studie der amerikanischen Gesellschaft vor und definiert dabei die »herrschende Elite« als eine Gemeinschaft von Männern, die im Machtdreieck von Politik, Militär und Wirtschaft Spitzenpositionen bekleide und durch eine Identität ihrer Interessen gekennzeichnet sei. Ihre Mitglieder rekrutierten sich überwiegend aus den oberen Schichten der Gesellschaft und besäßen ein ausgeprägtes Klassenbewusstsein. Mills bildet mit dieser These einen Gegenpol zu Harold D. Lasswell, der gesellschaftliche Klassenstrukturen eher vernachlässigt.

Mosca, Gaetano: Die herrschende Klasse. Grundlagen der politischen Wissenschaft, Bern 1950.
Das Werk (Originaltitel: »Elementi di Scienza Politica«) gehört zu den Klassikern der Elitesoziologie. Mosca unterscheidet grundsätzlich zwei Klassen innerhalb einer Gesellschaft: Eine zahlenmäßig kleine Gruppe, die herrscht, und eine erheblich größere Gruppe, die beherrscht wird. Auch in einem parlamentarischen Repräsentativsystem seien die Gewählten nicht die Vertreter der Mehrheit, sondern Teil der herrschenden Minderheit. Dennoch gehört Mosca zu den prinzipiellen Verteidigern des parlamentarischen Systems.

Papcke, Sven: Gesellschaft der Eliten. Zur Reproduktion und Problematik sozialer Distanz, Münster 2001.
Der Autor versucht, Aufgaben, Strukturen und Defizite von Eliten in historisierender Sicht darzustellen. In einer »Art soziologischem Roman als beschreibend-evaluierendes patch work«, wie Papcke sein Werk bezeichnet, werden verschiedene Gesichtspunkte wie Elitenprofile, Spitzenkräfte, das Verhältnis von Politik und Moral, Mediendemokratie sowie Elitenauslese übersichtsartig dargestellt.

Pareto, Vilfredo: Allgemeine Soziologie. Ausgewählt, eingeleitet und übersetzt von Carl Brinkmann, Tübingen 1955.
Deutsche Übersetzung des Hauptwerks der italienischen Soziologie (Originaltitel: »Trattato di Sociologia Generale«). Pareto geht von einem »Kreislauf der Eliten« aus, das heißt von einem stetigen Auf- und Abstieg der herrschenden Klasse. Die Bevölkerung zerfällt seiner Auffassung nach in eine zweigeteilte Elite (Regierende und Nichtregierende) und die große Masse. Zwischen diesen Gruppen finde eine ständige Elitenzirkulation statt, bei denen fähige Menschen aus den unteren Schichten die »entartetsten Mitglieder« der Elite ablösen würden.

Rebenstorf, Hilke: Die politische Klasse. Zur Entwicklung und Reproduktion einer Funktionselite, Frankfurt/M./New York 1995.
Das zentrale Anliegen der Autorin besteht darin, den Begriff »politische Klasse« einer wissenschaftlichen Definition zu unterziehen, um sich damit nach eigenen Angaben

von populärwissenschaftlichen Darstellungen abzusetzen, die den Begriff in pejorativer Weise mit Klüngel, Clique oder Seilschaft in Verbindung bringen würden, ohne das dahinter stehende Phänomen inhaltlich zu präzisieren. Die Autorin entwirft daher ein Klassenmodell und wendet es in zwei weiteren Kapiteln auf die Verhältnisse in Deutschland an.

Röhrich, Wilfried (Hrsg.): »Demokratische« Elitenherrschaft. Traditionsbestände eines sozialwissenschaftlichen Problems, Darmstadt 1975.

Der Sammelband enthält eine Zusammenstellung von Auszügen aus diversen »Klassikern« der Elitesoziologie, die sich vorrangig mit Elitesystemen in demokratisch verfassten Gesellschaften befassen. Enthalten sind Schriften von Mosca, Michels, Pareto, Aron, Stammer, Freund, Burdeau, Mills, Guttsman, Dahrendorf und Lasswell.

Roth, Dieter: Zum Demokratieverständnis von Eliten in der Bundesrepublik Deutschland, Bern/Frankfurt/M. 1976.

Thema dieser Dissertation ist die Einstellung der deutschen Eliten zur parlamentarisch-demokratischen Staatsform. Dabei wird in einem theoretischen Teil zunächst auf die Rolle der Eliten in einem gesellschaftlichen System sowie auf das Problem der Voraussage des Verhaltens von Eliten auf der Basis ihrer Denkweisen und Einstellungen eingegangen. Das Datenmaterial des empirischen Teils beruht auf den Ergebnissen der »Mannheimer Elitestudie« aus dem Jahre 1968.

Schulz, Günther (Hrsg.): Frauen auf dem Weg zur Elite. Büdinger Forschungen zur Sozialgeschichte 1998, München 2000 (Deutsche Führungsschichten in der Neuzeit, Bd. 23).

Der Tagungsband aus der Reihe der »Büdinger Gespräche« beinhaltet Forschungsbeiträge zur Rolle der Frauen in gesellschaftlichen Führungspositionen. Neben methodologischen Problemen steht dabei die Frage im Vordergrund, auf welchen Feldern und unter welchen Bedingungen Frauen führende Positionen in Politik, Wirtschaft und Gesellschaft übernehmen und in welchen Bereichen hier Erfolge und Defizite zu verzeichnen sind. Ferner werden die Faktoren ermittelt, die den Weg der Frauen in Elitepositionen gefördert oder behindert haben.

Srubar, Ilja (Hrsg.): Eliten, politische Kultur und Privatisierung in Ostdeutschland, Tschechien und Mittelosteuropa, Konstanz 1998.

Die hier veröffentlichten Beiträge entstammen einer deutsch-tschechischen Tagung aus dem Jahre 1995, in der Wissenschaftler beider Staaten die gesellschaftlichen Transformationsprozesse in ihren Ländern darstellten und miteinander verglichen, aber auch die Frage thematisierten, welche Relevanz das Thema in den jeweiligen Gesellschaften einnimmt. Weitere Beiträge stellen den Prozess der Elitentransformation in einen allgemeineren Kontext, um ihn auf diese Weise einer zeitkritischen Bewertung zu unterziehen.

Sterbling, Anton: Eliten im Modernisierungsprozess. Ein Theoriebeitrag zur vergleichenden Strukturanalyse unter besonderer Berücksichtigung grundlagentheoretischer Probleme, Hamburg, Univ. der Bundeswehr, Diss., 1987.

Die 1987 veröffentlichte Dissertation befasst sich mit theoretischen Überlegungen zum Ablauf gesellschaftlicher Wandlungsprozesse und zur Rolle der Eliten bei der Steuerung des sozialen Wandels, der Institutionenbildung, der Austragung gesellschaftlicher Konflikte sowie der kulturellen Sinnstiftung einer Gesellschaft.

Stoffregen, Matthias: Kämpfen für ein demokratisches Deutschland. Emigranten zwischen Politik und Politikwissenschaft, Opladen 2002.

In seiner Studie analysiert der Autor die Vorstellungen der während des »Dritten Reiches« ins Ausland emigrierten Juristen, Soziologen und Wirtschaftswissenschaftler, die im Exil zu Politologen wurden und stärker als die Besatzungsmächte nach 1945 einen demokratischen Neuaufbau Deutschlands unter Ausschaltung der alten Eliten forderten. Dabei steht die Frage im Mittelpunkt, inwieweit die Demokratiekonzeptionen der in die USA emigrierten Wissenschaftler durch ihre Stellung zwischen zwei politischen Systemen und Traditionen beeinflusst wurden.

Wasner, Barbara: Eliten in Europa. Einführung in Theorien, Konzepte und Befunde, Wiesbaden 2004.
Das Buch bietet eine knappe Einführung in die Grundlagen der Elitesoziologie und eignet sich daher besonders für Einsteiger. Während im ersten Teil des Bandes die Hauptfragen sowie die Klassiker der Elitenforschung (Mosca, Pareto, Michels, Weber u. a.) erläutert werden, befasst sich der zweite Teil mit Elitemustern in ausgewählten europäischen Gesellschaften. Behandelt werden jeweils politisches System, politische Kultur, Bildungssystem sowie sozialstrukturelle und sozio-ökonomische Faktoren.

Welzel, Christian: Demokratischer Elitenwandel. Die Erneuerung der ostdeutschen Elite aus demokratie-soziologischer Sicht, Opladen 1997.
In dieser gekürzten Fassung seiner Dissertation an der Universität Potsdam von 1996 untersucht der Autor auf der Basis der ein Jahr zuvor durchgeführten »Potsdamer Elitestudie« Herkunft und mentale Prägung der Ostdeutschen in der heutigen bundesrepublikanischen Elite. Hierbei widmet sich Welzel vor allem der Frage, inwiefern sich die ostdeutsche Elite aus sozialen Gruppen rekrutiert, die in der ehemaligen DDR der demokratischen Gegenelite angehörten.

Wildenmann, Rudolf u. a.: Führungsschicht in der Bundesrepublik Deutschland 1981, Mannheim 1982.
Einer der Klassiker der deutschen Elitenforschung. Der Band bietet einen umfassenden Überblick über die im Jahre 1981 von Rudolf Wildenmann und Max Kaase durchgeführte Umfrage unter deutschen Führungspersonen (sog. »Mannheimer Elitestudie«). Im Vordergrund der Befragung standen die soziale Zusammensetzung, die politischen Zielsetzungen und das Kommunikationsverhalten verschiedener Eliten in Deutschland.

Zapf, Wolfgang: Wandlungen der deutschen Elite. Ein Zirkulationsmodell deutscher Führungsgruppen 1919–1961, 2. Aufl., München 1966.
Ebenfalls ein bedeutendes Werk der Elitenforschung in Deutschland. Zapf entwirft ein »Zirkulationsmodell«, um die Veränderungen der deutschen Elite zwischen Weimarer Republik, »Drittem Reich« und Bundesrepublik zu beschreiben. Im Mittelpunkt steht dabei die Frage, welche Personengruppen jeweils die gesellschaftlichen Spitzenpositionen besetzt haben und welche sozialen Merkmale sie besaßen.

Autoren und Herausgeber

Dähn, Horst, Dr. phil., geb. 1941, Professor für Politikwissenschaft an der Universität Stuttgart und ehrenamtlicher Leiter des Instituts für vergleichende Staat-Kirche-Forschung in Berlin. Publikationen u. a.: Konfrontation oder Kooperation? Das Verhältnis von Staat und Kirche in der SBZ/DDR (1982); Das politische System der DDR (1986); Die Rolle der Kirchen in der DDR. Eine erste Bilanz (Hrsg., 1993); Luther und die DDR. Der Reformator und das DDR-Fernsehen (mit Joachim Heise, 1996); »Und führe uns nicht in Versuchung ...«. Jugend im Spannungsfeld von Staat und Kirche in der SBZ/DDR 1945–1989 (mit Helga Gotschlich, 1998); Staat und Kirchen in der DDR. Zum Stand der zeithistorischen und sozialwissenschaftlichen Forschung (mit Joachim Heise, 2003).

Gabriel, Oscar W., Dr. rer. pol., geb. 1947, Professor am Institut für Sozialwissenschaften der Universität Stuttgart, Inhaber des Lehrstuhls für politische Systeme und politische Soziologie. Publikationen u. a.: Wirklich ein Volk? Die politischen Orientierungen von Ost- und Westdeutschen im Vergleich (Hrsg. mit Jürgen Falter und Hans Rattinger, 2000); Sozialkapital und Demokratie – Zivilgesellschaftliche Ressourcen im Vergleich (Hrsg. mit Jan van Deth, Volker Kunz und Sigrid Roßteutscher 2002); Parteien, Parteieliten und Mitglieder in einer Großstadt (Hrsg. mit Melanie Walter-Rogg, 2004); Handbuch politisches System der Bundesrepublik Deutschland (Hrsg. mit Everhard Holtmann, 3. Aufl. 2004).

Gierens, Oliver, M. A., geb. 1980, Wissenschaftlicher Mitarbeiter im Wahlkreisbüro des Landtagsabgeordneten und NRW-Ministerpräsidenten Jürgen Rüttgers.

Görlitz, Axel, Dr. jur. Dr. rer. pol. habil., em. Professor für Politikwissenschaft an der Universität Stuttgart. Publikationen u. a.: Politische Steuerung. Ein Studienbuch (mit H.-P. Burth, 2. Aufl. 1998); Modelle des Rechtswandels (in: Evolution des Rechts, 1998); Politische Steuerung (in: Handwörterbuch zur Politischen Kultur der Bundesrepublik Deutschland, 2002); zusammen mit S. Adam, Strukturelle Kopplung als Steuerungstheorie (in: Das System der Politik. Niklas Luhmanns politische Theorie, 2003).

Grabow, Karsten, Dr. phil. habil., geb. 1967, Privatdozent am Institut für Sozialwissenschaften der Humboldt-Universität Berlin. Publikationen u. a.: Abschied von der Massenpartei. Die Organisationsentwicklung von SPD und CDU seit der deutschen Vereinigung (2000); Die westeuropäische Sozialdemokratie in der Regierung. Sozialdemokratische Beschäftigungspolitik im Vergleich (2005); Reformpolitik in westeuropäischen Gesundheitssystemen (in: Zeitschrift für Politikwissenschaft, 2006).

Grieswelle, Detlef, Dr. phil., geb. 1942, Grundsatzabteilung des Bundesministeriums für Gesundheit und Soziale Sicherung. Publikationen u. a.: Propaganda der Friedlosigkeit. Eine Studie zu Hitlers Rhetorik (1972); Allgemeine Soziologie (1978); Studenten aus Entwicklungsländern (1978); Jugendliche Arbeitslose und Jungarbeiter (1978); Sozialpolitik der Zukunft (1996); Politische Rhetorik (2002); Gerechtigkeit zwischen den Generationen (2002); ca. 50 Aufsätze zu historischen und politischen Themen.

Hoffmann-Lange, Ursula, Dr. phil., geb. 1943, Professorin für Politikwissenschaft an der Universität Bamberg. Publikationen u. a.: Social and Political Structures in West

Germany. From Authoritarianism to Postindustrial Democracy (Hrsg., 1991); Eliten, Macht und Konflikt in der Bundesrepublik (1992); Jugend und Demokratie in Deutschland (Hrsg., 1995); Demokratieentwicklung und Elitentransformation in Deutschland (Schweizerische Zeitschrift für Soziologie, 1997); Political Crises, Regime Change and Elite Change in Germany (in: Elites, Crises, and the Origins of Regimes, 1998); Bildungsexpansion und politische Kultur in der Bundesrepublik (in: Sozialisation zur Mitbürgerlichkeit, 2000); Elite Research in Germany (International Review of Sociology, 2001); Eliten (in: Demokratien des 21. Jahrhunderts im Vergleich, 2003).

Kaina, Viktoria, Dr. rer. pol., geb. 1969, Wissenschaftliche Mitarbeiterin an der Professur Regierungssystem der Bundesrepublik Deutschland an der Universität Potsdam. Publikationen u. a.: Elitenvertrauen und Demokratie. Zur Akzeptanz gesellschaftlicher Führungskräfte im vereinten Deutschland (2002); Direkte Demokratie als Ausweg? Repräsentativverfassung und Reformforderungen im Meinungsbild von Politikeliten und Bevölkerung (Zeitschrift für Politikwissenschaft, 2002); Zwischen Euphorie und Skepsis – Demokratieverständnis und EU-Beitrittsakzeptanz in Polen (in: Europäische Integration in der öffentlichen Meinung, 2003).

Kißener, Michael, Dr. phil., geb. 1960, Professor für Zeitgeschichte an der Johannes-Gutenberg-Universität Mainz. Publikationen u. a.: Ständemacht und Kirchenreform. Bischöfliche Wahlkapitulationen im Nordwesten des Alten Reiches (1993); Die Führer der Provinz. NS-Biographien aus Baden und Württemberg (mit J. Scholtyseck, 2. Aufl. 1999); Zwischen Diktatur und Demokratie. Badische Richter 1919–1952 (2003); Das Dritte Reich (Kontroversen um die Geschichte, 2005).

Kühnle, Hermann, Dr.-Ing., geb. 1952, Professor für Fabrikbetrieb und Produktionssysteme an der Otto-von-Guericke Universität Magdeburg. Arbeiten mit führenden Betrieben in In- und Ausland auf den Gebieten Unternehmensorganisation, Betriebliche Informationssysteme und Technisches Innovationsmanagement. Mehrere hundert Publikationen zu neuen Technologien sowie Paradigmen der Produktion u. a.: International Journal of Manufacturing Systems Design (Hrsg., Vol. 2, 1995), Rapid Prototyping (in: Enzyklopädie Naturwissenschaft und Technik (2. Aufl. 1996).

Neuss, Beate, Dr. phil., geb. 1953, Professorin für Internationale Politik an der Technischen Universität Chemnitz. Stellvertretende Vorsitzende der Konrad-Adenauer-Stiftung. Publikationen u. a.: Deutsche personelle Präsenz in der EU-Kommission (mit Wolfram Hilz 1999); Geburtshelfer Europas? Die Rolle der Vereinigten Staaten im europäischen Einigungsprozess 1945–1958 (2000); Mission Impossible? The Task of Enlarging and Deepening the European Union (2003); Wozu brauchen wir die Amerikaner noch? (2003); Thomas Mann: Demokrat -Europäer – Weltbürger (2003).

Plöhn, Jürgen, Dr. phil. habil., Dipl.-Pol., M. A. (Washington Univ.), Mag. rer. publ., geb. 1957, Akademischer Direktor des Zentrums für Deutschland- und Europastudien an der Sofioter Universität und Privatdozent für Politikwissenschaft an der Universität Halle-Wittenberg. Publikationen u. a.: Untersuchungsausschüsse der Landesparlamente als Instrumente der Politik (1991); Mehrheitswechsel in Sachsen-Anhalt. Modellfall oder Sackgasse? (1996); Vertrauen und Verantwortung in den politischen Systemen westlicher Demokratien. Eine gouvernemental-vergleichende Analyse Deutschlands und der USA unter ergänzender Einbeziehung Großbritanniens und der Schweiz, Habilitationsschrift, Martin-Luther-Universität Halle (2001).

Rüther, Günther, Dr. phil., geb. 1948, Leiter »Begabtenförderung und Kultur« in der Konrad-Adenauer-Stiftung in Sankt Augustin, Honorarprofessor an der Universität

Bonn. Publikationen u. a.: Zwischen Anpassung und Kritik. Literatur im real-existierenden Sozialismus der DDR (1989); »Greif zur Feder, Kumpel«; Schriftsteller, Literatur und Politik in der DDR (1991); Politische Kultur und innere Einheit (1995); Geschichte der christlich-demokratischen und christlich-sozialen Bewegung in Deutschland, 2 Bde. (Hrsg. und Mitautor, 1986); Kulturbetrieb und Literatur in der DDR (1987); Politik und Gesellschaft. Grundlagen, Zusammenhänge, Herausforderungen (1994); Repräsentative oder plebiszitäre Demokratie – eine Alternative? (1996); Literatur in der Diktatur. Schreiben im Nationalsozialismus und DDR-Sozialismus (1997); Konjunktur der Köpfe? Eliten in der modernen Wissensgesellschaft (Hrsg. und Mitautor, 2004).

Salewski, Michael, Dr. phil., geb. 1938, em. o. Professor für Mittelalterliche und Neuere Geschichte an der Christian-Albrechts-Universität Kiel, Vorstandsmitglied der Ranke-Gesellschaft und der Gesellschaft für Geistesgeschichte, Fregattenkapitän d.R. a.D. Publikationen u. a.: Entwaffnung und Militärkontrolle in Deutschland (1966); Die deutsche Seekriegsleitung 1935–1945, 3 Bde. (1970–1975); Von der Wirklichkeit des Krieges. Analysen und Kontroversen zu Buchheims »Boot« (1976); Die bewaffnete Macht im Dritten Reich 1933–1939 (1978); Tirpitz (1979); Zeitgeist und Zeitmaschine, Science Fiction und Geschichte, 1986; Deutschland, eine politische Geschichte, 2 Bde. (1993); Europa. Staaten und Nationen von der Antike bis zur Gegenwart (2000); Der Erste Weltkrieg (2003).

Sigrist, Oliver, M. A., Wissenschaftlicher Mitarbeiter am Institut für Sozialwissenschaften (Abtl. II: Prof. Fuchs) an der Universität Stuttgart.

Solzbacher, Claudia, Dr. phil., geb. 1956, Professorin für Schulpädagogik an der Universität Osnabrück. Publikationen u. a.: Wege zur Mündigkeit. Herausforderungen pädagogischer Professionalität (Hrsg. mit Christine Freitag, 1999); Anpassen, verändern, abschaffen? Schulische Leistungsbewertung in der Diskussion (Hrsg. mit Christine Freitag, 2001); Welches Wissen brauchen Lehrer? Lehrerbildung aus dem Blickwinkel der Pädagogik (Hrsg. mit Hildegard Macha, 2002); Hochbegabte in der Schule – Identifikation und Förderung (Hrsg. mit Annette Heinbokel, 2002); Förderung von Lernkompetenz in der Schule (mit Annette Czerwanski und Witlof Vollstädt, 2002).

Sturm, Hilmar, Dr. oec., geb. 1965, Wissenschaftlicher Angestellter an der Professur für Dienstleistungsökonomik der Technischen Universität München und Freiberufler. Publikationen u. a.: Anforderungen an betriebswirtschaftliche Qualifikationen des Personals in Non-Profit-Organisationen und Möglichkeiten ihrer Deckung (mit Dieter Witt, 2001); Krankenhausreformen und Personalwirtschaft (2002); Bürgergutachten zum Verbraucherschutz in Bayern (mit Christian Weilmeier u. a., 2002); Die Vielfalt der Dienstleistungsökonomik (Hrsg. mit Burkhard von Velsen-Zerweck und Eckart Stüber, 2003), darin: Wirtschafts- und berufspädagogische Aspekte der privaten Non-Profit-Organisationen (2003).

Wiesendahl, Elmar, Dr. rer. pol. habil., geb. 1945, Professor für Politikwissenschaft an der Universität der Bundeswehr München. Publikationen u. a.: Parteien in Perspektive. Theoretische Ansichten der Organisationswirklichkeit politischer Parteien (1998); Changing Party Organisations in Germany: How to Deal With Uncertainty and Organised Anarchy? (in: Bundestagswahl '98: End of an Era?, 1999); Berufspolitiker zwischen Professionalismus und Karrierismus (in: Politische Klasse und Verfassung, 2001); Die Zukunft der Parteien (in: Parteiendemokratie in Deutschland, 2. akt. Aufl. 2001); Die Strategie(un)fähigkeit politischer Partein (in: Jenseits des

Regierungsalltags, 2002); Parteiendemokratie in der Krise, oder: Das Ende der Mitgliederparteien (in: Die Parteiendemokratie auf dem Prüfstand. Trends und Optionen, 2003).

Witt, Dieter, Dr. rer. pol., geb. 1941, Professor für Dienstleistungsökonomik an der Technischen Universität München, Leiter des Seminars für Vereins- und Verbandsforschung. Publikationen u. a.: Stand des Managements in Verbänden: Ergebnisse der Verbändeerhebung 1996/97 – Gesamtauswertung (mit Beate Lakes, Hannes Emberger, Burkhard von Velsen-Zerweck und Gernot Seufert, 1998); Ehrenamt und Modernisierungsdruck in Nonprofit-Organisationen. Eine Dokumentation (hrsg. mit Ernst-Bernd Blümle, Reinbert Schauer und Helmut K. Anheier, 1999); Non-Profit-Management im Aufwind? Festschrift für Karl Oettle (hrsg. mit Claudia Eckstaller und Peter Faller, 2001); Dienstleistungsstrategien von Unternehmensverbänden in Zeiten gewandelter Mitgliederinteressen und -ansprüche. Erhöhung des Membership Value durch verbandliches Beziehungsmanagement (mit Martin E. Schwarz, 2003).

Wolff, Birgitta, Prof. Dr. oec. publ., geb. 1965, Banklehre, Studium der Wirtschaftswissenschaft in Witten/Herdecke, München und Cambridge (MA); Gastprofessur an der School of Foreign Service der Georgetown University in Washington 1999–2000; seit 2000 Lehrstuhl für BWL, insbes. Internationales Management an der Otto-von-Guericke-Universtität Magdeburg, Sabbatical an der Stanford Graduate School of Management 2002. Veröffentlichungen u. a.: Organisation durch Verträge (1995); Anreizkompatible Reorganisation von Unternehmen (1999); Einführung in die Personalökonomik (mit Edward P. Lazear; 2001); Personalökonomik – Fortgeschrittene Anwendungen für das Management (mit Uschi Backes-Gellner und Edward P. Lazear, 2001).